O curso de Geografia e História

da FFCL/USP e a constituição de um campo disciplinar em São Paulo (1934-1968)

Diogo da Silva Roiz

O curso de Geografia e História

da FFCL/USP e a constituição de um campo disciplinar em São Paulo (1934-1968)

alameda

Grafia atualizada segundo o Acordo Ortográfico da Língua Portuguesa de 1990, que entrou em vigor no Brasil em 2009.

Edição: Haroldo Ceravolo Sereza
Editora assistente: Danielly de Jesus Teles
Projeto gráfico, diagramação e capa: Mari Ra Chacon Massler
Assistente acadêmica: Tamara Santos
Revisão: Alexandra Colontini
Imagem da capa: Palacete Jorge Street, demolido nos anos 70: sede da Química, Biologia e Ciências Naturais Centro de Apoio à Pesquisa em História /FFLCH-USP/Divulgação.

Esta obra recebeu *auxílio publicação*, da Coordenação de Aperfeiçoamento de Pessoal de Nível Superior (Capes), por meio do Edital n. 013/2015 – Memórias Brasileiras: Biografias, que contemplou o projeto: "Biografias intelectuais: trajetórias de pesquisadoras pioneiras nos estudos históricos brasileiros", com vigência entre Nov./2016 e Nov./2019, auxílio n. 2003/2016, processo n. 88881.130669/2016-01.

CIP-BRASIL. CATALOGAÇÃO-NA-FONTE
SINDICATO NACIONAL DOS EDITORES DE LIVROS, RJ

R644c

Roiz, Diogo da Silva
O curso de geografia e história da FFCL/USP e a constituição de um campo disciplinar em São Paulo (1934-1968) / Diogo da Silva Roiz. - 1. ed. - São Paulo : Alameda, 2021.
518 p. ; 23 cm.

Inclui bibliografia e índice
ISBN 978-65-86081-60-2

1. História - Estudo e ensino - História - São Paulo (Estado). 2. Geografia - Estudo e ensino - História - São Paulo (Estado). 3. Universidade de São Paulo. Faculdade de Filosofia, Ciências e Letras - História. 4. Historiografia. I. Título.

20-67353
CDD: 907.208161
CDU: 94:378.016(815.6)

ALAMEDA CASA EDITORIAL
Rua 13 de Maio, 353 – Bela Vista
CEP 01327-000 – São Paulo, SP
Tel. (11) 3012-2403
www.alamedaeditorial.com.br

Sumário

Prólogo

Debruçar-se sobre o próprio ofício constitui um exercício exigente e por vezes árduo quando feito pelos historiadores e Diogo Roiz tem todos os méritos por ter construído há tempos uma trajetória significativa nessa direção. Com este trabalho sobre a trajetória da escrita da História e do seu ensino na (atual) Faculdade de Filosofia, Letras e Ciências Humanas da Universidade de São Paulo (FFLCH/USP), o leitor é guiado em um percurso historiográfico de grande relevância e rica contribuição para a compreensão do regime de cátedras vigente na instituição entre 1934 e 1968.

Uma questão de fundo orienta a pesquisa documental e bibliográfica densa, a do surgimento do historiador profissional no Brasil. Para respondê-la são percorridas trajetórias institucionais e mais abrangentes de docentes e historiadores que implantaram as estruturas curriculares de História e de Geografia – assim foi o nascimento do curso – ao longo de décadas. Depoimentos e correspondências que expressam a escrita de si por docentes e seus alunos foram cotejados com documentos oficiais para que se desvendassem os procedimentos de contratação de professores, a implantação de estruturas curriculares e de programas de ensino e o trânsito do autodidatismo à adoção de cânones historiográficos hegemônicos na Europa, desde os metódicos até os participantes dos grupos da revista/"escola" dos *Annales*.

Para além dessa perspectiva, o trabalho abre pistas sugestivas para a compreensão de outro aspecto da questão, a formação de professores para a educação básica em São Paulo, os antigos cursos primário e ginasial. Em plena expansão desse nível de educação formal, a adequada formação dos professores de História era tarefa a ser enfrentada num curso superior que dava conta também de formar pesquisadores num processo de ensino superior tardiamente iniciado se consideradas outras áreas, como o Direito e a Medicina.

Para o autor, o surgimento da Faculdade de Filosofia, Letras e Ciências Humanas ocorreu não apenas em função do contexto da derrota pelas armas da reação paulista à perda de hegemonia política em 1932, como é comumente justificada sua fundação, mas também decorreu de um processo de modernização da sociedade brasileira pós-1930, em plena era Vargas. Nesse sentido, o balanço crítico da historiografia apresentado permite ao leitor acompanhar as nuances interpretativas da questão e enveredar pela análise centrada na apropriação dos aportes teóricos de Bourdieu e Sirinelli que se revelam fecundos para o estudo das trajetórias de intelectuais e suas formas de sociabilidade e das relações de poder nelas vigentes.

É esse enfoque que autoriza o autor analisar a carreira universitária no regime de cátedras como majoritariamente masculina e apresentar os dados que permitem ao leitor discernir como contrapartida dessa sociabilidade formadora do reduto feminino, a expansão do ensino secundário que abria as portas para a formação de professoras, as quais surgem na pesquisa como alunas dos catedráticos. Contradições que revelam o descompasso entre os dois níveis de ensino, distanciados pela atividade de pesquisa, esta sim, reduto masculino por excelência, bem como a formação de um mercado de trabalho no ensino secundário com características muito peculiares.

Docentes franceses em início de carreira abalaram-se do além-mar para formar aqui práticas historiográficas inovadoras em relação ao posicionamento metódico que impregnava o autodidatismo dos intelectuais brasileiros. De Afonso de Taunay a Alfredo Ellis Júnior, pioneiros do regime de cátedras, o estudo perpassa a presença de nomes da estatura de Braudel, o grande paradigma, além de Monbeig, De Martonne, Gagé, Deffontaines, para alcançar Sérgio Buarque de Holanda, Eurípedes Simões de Paula e Eduardo d'Oliveira França como consolidadores do curso que na década de 1950 abandonou a interdisciplinaridade restritiva da dupla formação para se tornar enfim o curso de formação exclusiva de pesquisadores e professores de História, com fértil produção de pesquisa e formadores de gerações de historiadores.

Teresa Maria Malatian
Professora Titular de Teoria e Metodologia da História na UNESP, Campus de Franca.

Apresentação

Hoje, um dos grandes desafios brasileiros é ter uma educação de qualidade. Para atingir esse objetivo, é preciso, antes, responder à pergunta: como formar bons professores? O debate sobre o formato ideal dos cursos de graduação não constitui novidade. Na década de 1930, quando foram criados os primeiros cursos de formação de professores de História, já se discutiam essas questões na Universidade do Distrito Federal (UDF), na Faculdade de Filosofia, Ciências e Letras da Universidade de São Paulo e na Faculdade Nacional de Filosofia (FNFi) da Universidade do Brasil.

Como um indivíduo se tornava professor de História, nos anos 1930 e 1940, no Brasil? Conhecer a história das primeiras instituições que formavam esses profissionais é um bom caminho para compreendermos como os cursos de História surgiram e se transformaram ao longo do tempo. A USP, a UDF e, posteriormente, a FNFi constituíram-se em um padrão para as demais Faculdades de Filosofia, o que faz da análise de suas trajetórias uma contribuição importante para a história da educação no Brasil. Portanto, o estudo do surgimento das universidades no Brasil, reveste-se de grande relevância para compreender os desafios que se colocam para nosso país na atualidade.

A dissertação de mestrado de Diogo Roiz ampliada e revista, e agora publicada em livro, sob o título de: *Caminhos (da escrita) da História e os descaminhos de seu ensino: a institucionalização do ensino universitário de História na Faculdade de Filosofia, Ciências e Letras da Universidade de São Paulo (1934-1968)*, oferece uma contribuição de grande valia para esse debate. Focada no estudo do curso de Geografia e História na USP (e que, depois de 1955, se tornariam independentes), o trabalho apresenta uma reflexão interessante sobre a criação e o desenvolvimento do curso de História, especialmente, por meio da trajetória de seus professores e suas respectivas disciplinas.

Em 1930, com a criação do Ministério de Educação e Saúde, iniciou-se uma nova fase para as políticas educacionais. No ano de 1932, a Revolução

Constitucionalista de São Paulo foi derrotada, levando suas elites políticas a desenvolver um projeto intelectual de formação de novos quadros para o Estado. A fundação da Universidade de São Paulo (USP) e do curso de História tiveram lugar exatamente nessa conjuntura. E o livro de Diogo Roiz focaliza o período desde a fundação da FFCL, em 1934, até 1968, quando, a partir da reforma universitária, foi extinto o sistema de cátedras, inaugurando um novo momento na historia das universidades brasileiras.

Nos últimos anos, a estruturação dos cursos universitários tem sido objeto de um número considerável de pesquisas desenvolvidas, tanto por pesquisadores da área de educação, quanto por especialistas em História das Ciências. A obra de Anísio Teixeira, em geral, e da UDF, em particular, têm também recebido considerável atenção, com muitos trabalhos publicados (NUNES, 2000; BARBOSA, 1996; PAULILO, 2005). Deve-se também mencionar que todas essas publicações não enfocam campos disciplinares específicos. Assim, as abordagens adotadas privilegiam a compreensão das universidades no sentido amplo do termo, sem se deterem na análise dos campos de conhecimento específicos (SCHWARTZMAN, 1982; PAIM, 1982).

No caso da História, essa avaliação se revela de forma ainda mais explícita. A despeito de uma rica produção historiográfica sobre o ensino da História (MATTOS, 1999; RESNIK, 1992; NADAI, 1996; ABUD, 1993; BITTENCOURT, 1993) e do surgimento de vários grupos dedicados ao estudo do ensino de História, a temática de sua institucionalização como disciplina universitária, preocupada com as concepções historiográficas que orientaram sua criação e expansão, não tem recebido a devida atenção. A maior parte dos estudos concentra-se nas obras, nos autores, nos currículos e nas escolas voltadas para o ensino secundário e primário.

Podem ser mencionados alguns trabalhos que discutem as trajetórias de cursos específicos como os de Mara Cristina de Matos Rodrigues (2002), que se dedica à análise do curso de História, na Universidade de Porto Alegre; de Marieta de Moraes Ferreira (2006), que tem estudado a organização dos cursos de Geografia e História da Universidade do Distrito Federal (UDF) e da Universidade do Brasil; e de Francisco Falcon (2002), que focalizou a cadeira de historia moderna e contemporânea da Universidade do

Brasil. Além disso, começa a surgir uma produção sobre cursos de História criados mais recentemente, localizados na região Nordeste e Sul, mas que, não chegaram a funcionar como referência para outros cursos, e só parcialmente nos permitem acompanhar os itinerários dos indivíduos e o processo percorrido pelo processo de profissionalização neste campo disciplinar.[1]

Como se pode perceber, há um interesse crescente pelo objeto, mas ainda não são muitas as pesquisas sobre o ensino superior da disciplina, que nos permita uma visão de conjunto da institucionalização das graduações em História e dos percursos para a formação de professores. Mesmo no caso da USP, onde é possível detectar uma grande concentração de estudos sobre diferentes temáticas, a institucionalização do ensino superior de História não foi ainda alvo de grande desenvolvimento. Merece especial destaque os trabalhos das historiadoras Maria Helena Capelato, Raquel Glezer e Vera Lúcia Ferlini (1994).

Partindo dessa avaliação, este livro oferece uma contribuição das mais importantes. O trabalho está dividido em duas grandes partes: a primeira, voltada para a análise da trajetória do curso de História, o elenco de suas disciplinas, o perfil de seus professores e suas redes de contatos, o funcionamento das cátedras e a relação entre ensino e pesquisa. Com essa perspectiva, o autor analisou as concepções de História que informavam o curso e os debates acerca de como deveria ser escrita a História das civilizações como um todo, e da civilização brasileira, em particular. Na segunda parte, no intuito de aprofundar essa questão, são apresentadas as trajetórias de três grandes professores do curso: Alfredo Ellis Jr (1938-1956), Sérgio Buarque de Holanda (1956-1968) e Eduardo d'Oliveira França (1942-1968), com o

1 Podemos citar como exemplo, os trabalhos de: Francisco Chaves Bezerra (2007), que analisou o ensino superior de História na Paraíba; João Paulo Gama Oliveira (2008, 2011), que discutiu a formação dos professores e o curso de História da Faculdade Católica de Filosofia de Sergipe, entre 1951 a 1962; Aryana Lima da Costa (2010), que focalizou a formação de profissionais de História no Rio Grande do Norte; Silvana Carvalho (2010), que estudou as propostas curriculares e as memórias dos docentes do curso de História da Faculdade de Filosofia da Universidade Estadual de Ponta Grossa, entre 1950 e 1970; Roniglese Tito (2011) e Norma Silva (2011), que dedicaram suas teses de doutorado aos cursos de História em Tocantins.

objetivo de acompanhar os percursos de uma geração de intelectuais autodidatas em direção ao processo de profissionalização do ofício de historiador e do ensino superior de História. Merece ainda menção, os anexos onde são analisados o perfil, a origem social e a movimentação dos alunos do curso de História que ingressaram na USP.

Baseado em uma pesquisa com fontes pouco exploradas, o livro de Diogo Roiz contribui para ampliar as discussões nessa área de trabalho.

Marieta de Moraes Ferreira

Professora Titular do CPDOC/FGV e adjunta na UFRJ

Prefácio a nova edição

Em 2004, quando Diogo Roiz havia defendido uma dissertação de mestrado,[1] que anos depois daria base a publicação da primeira edição deste livro,[2] em pequena tiragem de 300 exemplares (que rapidamente se esgotaram), o estudo da constituição do campo disciplinar da História no Brasil estava começando a ser definido e investigado pelos pesquisadores e pesquisadoras brasileiros.[3]

---

1 Com o título: A institucionalização do ensino universitário de História na Faculdade de Filosofia, Ciências e Letras da Universidade de São Paulo entre 1934 e 1956, sob a orientação do Prof. Dr. Ivan Aparecido Manoel (UNESP), perante a banca constituída pelo Prof. Dr. José Luis Sanfelice (Unicamp) e da Profa. Dra. Márcia Regina Capelari Naxara (UNESP), em 01 de abril de 2004. A pesquisa contou com o apoio da Capes. A eles e a ela mais uma vez sou grato pelos comentários, críticas e sugestões.

2 Publicado com o título: OS CAMINHOS (DA ESCRITA) DA HISTÓRIA E OS DESCAMINHOS DE SEU ENSINO: a institucionalização do ensino universitário de História na Faculdade de Filosofia, Ciências e Letras da Universidade de São Paulo (1934-1968).

3 Já em 1996, Francisco Falcon em texto pioneiro, *A identidade do historiador*, ressaltava que se observava o surgimento do ofício de historiador no Brasil, em função da delimitação e dos resultados obtidos no campo disciplinar da História com a criação dos cursos de mestrado e doutorado, a partir dos anos iniciais da década de 1970, mas se deixava de lado uma questão fundamental, que era a criação dos cursos de Geografia e História a partir da década de 1930. Para ele, foi com a criação desses cursos que, de fato, começava a se delimitar o ofício e o campo disciplinar da História no Brasil. Com os cursos de Geografia e História que foi possível a formação dos primeiros licenciados e bacharéis em História. Apesar da definição do ofício de historiador não ter início com a criação dos cursos de Geografia e História, em função da contribuição marcante do IHGB criado em 1838 (Cf. GUIMARÃES, 1988, 2011) e seus congêneres estaduais, e nem terem sido eles que fizessem com que o ofício fosse regulamentado no país (questão, aliás, que ainda

Em Porto Alegre, Mara Rodrigues havia acabado de defender sua dissertação de mestrado, *A institucionalização da formação superior em história no Rio Grande do Sul: o curso de Geografia e História da UPA/URGS (1943-1950)*, em 2002.

No Rio de Janeiro, Marieta de Moraes Ferreira estava iniciando a publicação dos primeiros resultados de sua pesquisa sobre o curso de História da Faculdade de Filosofia, Ciências e Letras da Universidade do Distrito Federal (UDF, criado em 1935) e o curso de Geografia e História da Faculdade Nacional de Filosofia, Ciências e Letras da Universidade do Brasil (atual UFRJ) criado em 1938 – substituindo o curso de História da UDF, que acabava de ser extinto junto com a instituição no final daquele ano, e cujo processo se concluiu no início de 1939. O resultado daquelas pesquisas foi aparecer em 2013 sistematizadas no livro: "*A História como ofício:* a constituição de um campo disciplinar", no qual Marieta Ferreira além de nos apresentar a organização curricular (e suas reformulações) entre esses dois cursos, e analisar a trajetória de alguns docentes pertencentes aos quadros dos cursos, também nos oferecia 14 entrevistas realizadas com ex-alunos (então professores) dos cursos de História, e de Geografia e História. Como se vê o quadro de estudos era, na época, ainda incipiente.

Mas, note-se que durante o período de 1934 a 1964 foram criados 30 cursos de História no país, dos quais 23 com licenciatura e bacharelado e 7 apenas com licenciatura, conforme nos demonstram Marieta Ferreira e Norma Lucia (2016, p. 132-134). No período de 1965 a 1985 foram criados outros 43 cursos de História. E se observarmos o período de 1934 a 2010 foram institucionalizados 211 cursos de História no país, em instituições públicas, sendo 54 de licenciatura e bacharelado e 157 apenas com licenciatura. Se a esses dados considerarmos o quantitativo de cursos de História em instituições privadas, que se multiplicaram vertiginosamente a partir dos

permanece em discussão atualmente em projeto de lei), foi com a criação desses cursos que ganhou dimensão as discussões sobre o que era uma "obra de história" e qual deveria ser o perfil e o papel a ser exercido pelo "historiador profissional" na sociedade brasileira (Cf. ROIZ, 2019d; FERREIRA, 2013).

anos 1970, esses números ultrapassariam facilmente 600 cursos de História (Cf. SILVA, FERREIRA, 2011, p. 298-305).

No entanto, se, como os dados apresentados indicam, a constituição do campo disciplinar da História no Brasil, que iniciou nos anos 1930 e em pouco mais de 70 anos houve um enorme crescimento no número de cursos em funcionamento, sendo fundamentais para a delimitação da escrita da história e do ofício de historiador nas universidades e para a formação de professores na área, por que tão poucos cursos foram até aqui estudados?

Em primeiro lugar, porque como nos indica Francisco Falcon (1996) se observou durante muito tempo a importância dos programas de pós-graduação, deixando-se um pouco de lado o papel e a importância que tiveram os cursos de graduação de História.[4]

Em segundo lugar, como indicam Marieta Ferreira e Norma Lucia (2011, 2016), as pesquisas históricas e educacionais priorizaram muito mais o estudo de instituições de ensino, do que seus respectivos cursos, quadros curriculares, docentes e estudantes.

Em terceiro lugar, como ressaltam Diogo Roiz (2012a, 2013) e Marieta Ferreira (2013), supôs-se por muito tempo que a provável escassez de fontes impressas e manuscritas, públicas e privadas, pudesse inviabilizar a produção de pesquisas consistentes nesta área. Para o Rio de Janeiro, Marieta Ferreira (2013) observa inclusive que a falta de produção sistemática de *Anuários* entre as instituições de ensino tornou muito mais difícil a coleta, seleção, organização e análise das fontes, e a consequente interpretação da temática. Mesmo em São Paulo e no Paraná, onde a produção de *Anuários* foi ininterrupta até meados dos anos 1960, nem por isso a produção de estudos foi diferente. (Cf. ROIZ, 2012a, 2013, 2019d).

Em quarto lugar, o próprio campo teórico e metodológico exige que o pesquisador crie estratégias para conduzir sua análise das fontes e da bibliografia, de modo a produzir uma interpretação plausível, com uma apresentação didática dos resultados. (Cf. FERREIRA, 2013; ROIZ, 2012a).

Em quinto, mas não menos importante, o estudo da temática exige que o pesquisador conheça uma legislação diversificada, com rápidas mu-

4 Situação a qual pode ser observada facilmente em: GLEZER, 2011.

danças no tempo e espaço, além de nem sempre a mudança legal, coincidir com as propostas disciplinares, dificultando ainda mais esmiuçar as relações, tensões, aproximações e diferenciações entre o currículo oficial (prescrito legalmente) e o currículo oculto (e muitas vezes muito mais praticado que o "real").

Daí a importância de se cruzar os dados dos *Anuários*, com os diários de classe e os planos de aula dos docentes; mas, infelizmente, são muito poucos casos em que o estudioso se depara com todas essas fontes a seu dispor para executar a pesquisa e elaborar sua interpretação dos dados. Poderíamos perfeitamente exemplificar tal questão, informando ao leitor que enquanto em São Paulo é facilmente acessível os *Anuários*, não se encontram completos os diários de classe até meados dos anos 1960; enquanto no Paraná, encontram-se os *Anuários* e os diários de classe perfeitamente agrupados, mas não ocorre o mesmo em relação aos planos de aula, cadernos de anotações de docentes (que são ainda de cunho privado de familiares e de difícil acesso), correspondências ativas e passivas, administrativas e pessoais/profissionais dos docentes, que são de acesso muito mais restrito e fragmentário.[5] Para o caso de São Paulo poderíamos ainda exemplificar a situação de Eurípedes Simões de Paula, que deixou vários cadernos de anotações sobre o planejamento de suas aulas e de seus cursos na cadeira de História da Civilização Antiga e Medieval, relativos ao período de 1940 até o final dos anos 1950 – e que se encontram disponíveis no arquivado do Centro de Apoio a Pesquisa Histórica "Sérgio Buarque de Holanda" da Faculdade de Filosofia, Letras e Ciências Humanas da Universidade de São Paulo (CAPH/FFLCH/USP).

Apesar da síntese indicada não ser suficiente para compreender, nem tampouco justificar, a exigüidade de estudos neste campo de pesquisa, percebe-se facilmente o quanto é importante o estudo da temática para enten-

---

5 Veja-se a respeito o trabalho de Aryana Lima Costa (2015), intitulado "A construção da cadeira de História das Civilizações da USP nas cartas de Jean Gagé, Branca Caldeira e Eurípedes Simões de Paula", no qual a autora demonstra a propriedade do estudo das correspondências. Para acessar o trabalho, link: http://www.snh2015.anpuh.org/resources/anais/39/1434480720_ARQUIVO_SimposioNacionalANPUHTextoCompleto.pdf. Acesso em setembro de 2018. Veja-se também: ROIZ, 2019a, 2019b.

dermos como ocorreu a constituição da História como um ofício desempenhado por profissionais, com um campo disciplinar (muito bem) definido. Ao mesmo tempo, o crescimento rápido de cursos de graduação e pós-graduação (acadêmica e profissional), ampliando consideravelmente o número de profissionais formados anualmente, de professores em plena atividade de ensino, pesquisa e extensão nas universidades, e ensino nas escolas de nível fundamental e médio, bem como de leitores interessados em questões históricas em nosso país, torna ainda mais relevante o estudo da temática. Além disso, a comparação das experiências estaduais, regionais e nacional; a distribuição dos cursos de graduação e pós-graduação no país; a relação entre inscritos e formados no passado e no período atual; o estudo do(s) currículo(s) e de suas mudanças no tempo e peculiaridades no espaço; a análise da composição do corpo docente dos cursos e suas respectivas qualificações profissionais (títulos e planos de cargos e carreiras entre as universidades); as relações entre currículo "oficial" e currículo "oculto"; as discussões sobre o ofício, a delimitação do campo e a identificação da produção na área; o estudo dos periódicos (como são criados, administrados, o que produzem e o que discutem), são temas de fundamental importância para compreendermos todas as complexidades que estão por traz da constituição de um campo disciplinar, seja ele qual for. Essas são algumas das questões a serem mais bem conhecidas para que possam ser produzidos balanços mais adequados e consistentes sobre a temática da formação do ofício de historiador e do campo disciplinar da História no Brasil.

É bem provável que essa tenha sido uma das razões que levaram esse modesto estudo a ser referenciado em muitas pesquisas e ter propiciado algumas discussões. Já em 2012, Tiago Benfica em sua resenha do livro[6] indicava que "é um dos poucos pesquisadores que se aventuraram nos estudos sobre a institucionalização do ensino universitário de história" (BENFICA, 2012, p. 189), e estudar "a instituição universitária, tanto para o pesquisador quanto para o leitor da obra "pronta", traz à tona muitos elementos vivenciados e ocultos da instituição universitária" (BENFICA, 2012, p. 192).

6 Que pode ser acessada em: http://ojs.ufgd.edu.br/index.php/FRONTEIRAS/article/viewFile/2204/1514.

Para ele, é notório o "rigor dispensado pelo autor com relação ao tratamento documental [...] e à atenção acerca da importância da teoria para a escrita da história", apesar de a obra mostrar-se "tímida em propor teorizações ou inferências teóricas" (BENFICA, 2012, p. 192). No ano seguinte, em 2013, outras duas resenhas foram publicadas. Daiane Machado[7] mostrava como o livro estava inserido num emergente e fecundo campo de estudos, e:

> Valendo-se de um vasto e diversificado material de trabalho (obras, correspondências, testemunhos, programas de ensino, relatórios oficiais, entre outros), Roiz nos proporciona um amplo olhar sobre o processo de implantação do ensino universitário de História no Brasil, e sobre as dificuldades enfrentadas para a definição de um campo próprio de atuação profissional, tanto pela composição do quadro docente quanto pelos projetos de escrita, que envolveram filiações a correntes de pensamento. Sua obra é um convite para se desbravar o terreno ainda pouco explorado da institucionalização acadêmica do discurso histórico. (MACHADO, 2013, p. 247).

Apesar dos méritos do estudo, ao comparar as trajetórias de Alfredo Ellis Jr., Sérgio Buarque de Holanda e Eduardo d'Oliveira França, o autor teria comparado as trajetórias dos dois primeiros, mas não fazendo o mesmo em relação ao último, o que o teria deixado "aparecer isolado dos demais". Para Fábio Franzini,[8] o principal objetivo da obra era "mostrar e discutir o processo pelo qual o ensino universitário de História se implementou e se desenvolveu na Faculdade de Filosofia, Ciências e Letras da Universidade de São Paulo entre 1934 e 1968" (FRANZINI, 2013, p. 253), o que colocava o estudo em sintonia com algumas das questões debatidas na história da historiografia brasileira. Além disso, para ele é:

> Desnecessário dizer que a tarefa de Diogo Roiz não foi simples, nem fácil. Em primeiro lugar, porque ela carrega consigo certo pioneirismo ao to-

7 A resenha pode ser acessada em: https://historiadahistoriografia.com.br/revista/article/viewFile/543/391.

8 A resenha, publicada na revista *História da Historiografia*, pode ser acessada em: https://www.historiadahistoriografia.com.br/revista/article/view/648/430.

> mar o curso da FFCL-USP como objeto de estudo, consciente de que era necessário ir além das interpretações oferecidas pela pequena e pontual bibliografia disponível a seu respeito (a qual, aliás, não deixa de ser comentada pelo autor na introdução); depois, devido ao desafio das fontes, trabalhado de maneira muito original graças ao inteligente equilíbrio que buscou promover entre documentos institucionais (com destaque para os *Anuários da FFCL*), pessoais (como correspondências e depoimentos) e bibliográficos (a produção de Professores-chave no curso); e, por fim, por deparar-se com o incontornável peso da tradição e da memória, que também se inventam e se institucionalizam à medida que o curso, seus sujeitos e suas redes de sociabilidade ganham contornos e papeis mais bem definidos e entram em disputa, explícita ou velada.
> O resultado é um texto ousado, que assume e enfrenta os riscos inerentes à análise de um objeto tão esquivo por meio da articulação entre as suas dimensões estruturais e conjunturais. (FRANZINI, 2013, p. 253-54).

Ao lado de uma respeitosa e elegante análise dos méritos do texto, Franzini também mostrava as fragilidades, as quais um texto que tem o desafio de "ser pioneiro" carrega inevitavelmente em sua produção e análise do tema. Entre as quais, a de tratar das trajetórias de Alfredo Ellis Jr., Sérgio Buarque de Holanda e Eduardo d'Oliveira França, mas não o fazer para as igualmente importantes trajetórias de Eurípedes Simões de Paula e Astrogildo Rodrigues de Mello. Mas:

> [...] é importante voltar a enfatizar que o trabalho de Diogo Roiz deve ser lido, discutido e tomado como inspiração de novos estudos dedicados à formação do historiador no Brasil, que possam iluminar cada vez mais esse ângulo tão marcante e, ao mesmo tempo, tão pouco conhecido da história da historiografia brasileira. (FRANZINI, 2013, p. 258).

Além de ser um importante veículo de discussões, as resenhas[9] possibilitam a divulgação da obra, com leituras críticas instigantes e pertinentes. Com

9 Em 2014, outra resenha foi publicada na *Revista Brasileira de História da Educação*, e pode ser acessada no link: http://periodicos.uem.br/ojs/index.php/rbhe/article/view/38873/pdf_9. Desnecessário informar ao leitor de que nesta rápida busca o autor não pode afirmar com precisão se essas foram às únicas resenhas

a mesma pertinência seria aqui importante discorrer sobre as citações (mais de 70) e comentários (mais de 35) feitos a obra, mas o espaço aqui não nos permite. Até porque foram as resenhas, citações e comentários que possibilitaram a circulação da obra, contribuindo para que a primeira edição, publicada em 2012, com uma pequena tiragem de 300 exemplares, já ficasse esgotada em 2013. Passados quase oito anos, a oportunidade de uma nova edição se apresentou pertinente, mas com os devidos acréscimos, correções e revisões.

É sempre muito gratificante num país como o nosso, em que as edições de livros acadêmicos são muito exíguas, quase sempre não passando de sua primeira edição, ter a possibilidade de lançar uma nova edição. Como quase sempre acontece a vontade de alterar todo o texto é sempre muito sedutora, mas o tempo transcorrido (quase 8 anos) já mostrava um crescimento significativo deste campo de estudo, inviabilizando em curto espaço de tempo a leitura, revisão e alteração substancial do texto. Mas dentro do possível muito coisa foi feita e o texto passou por uma revisão considerável.

Ao mesmo tempo, quando um texto é publicado, ele ganha uma autonomia que foge ao controle de seu autor(a), limitando-se há um tempo e espaço de produção muito precisos. De qualquer forma, na medida do possível, muitas alterações foram feitas, inclusive, o acréscimo de 4 novos capítulos que deram maior consistência as análises propostas. A começar pelo título, para tornar mais precisa suas intenções e objetivos – mesmo considerando que ele não tenha sido alvo de críticas entre as resenhas. Na edição original o livro estava distribuído em 2 partes, com 6 capítulos. Nesta nova edição, o livro conta com 10 capítulos, distribuídos em 3 partes. Acrescentou-se ao rol de historiadores estudados, os casos de Eurípedes Simões de Paula e Astrogildo Rodrigues de Mello, como fora sugerido em duas resenhas; além de se procurar articular melhor suas relações no interior das cátedras, suas aproximações e distanciamentos. Há um capítulo sobre a formação da instituição e de suas tradições, e outro comparando a constituição do campo disciplinar da História entre São Paulo, Rio de Janeiro e o Paraná. Por fim,

---

publicadas em revistas especializadas, ou se houve mais alguma publicada em outros veículos de informação.

foi feita uma revisão do texto, procurando corrigir suas imprecisões e erros tipográficos identificados na primeira edição.

O resultado que se apresenta ao leitor e a leitora é o movimento de uma obra que foi amadurecendo concomitantemente com o desenvolvimento deste campo de pesquisa, e que se espera continue sendo útil na inspiração de novos trabalhos, na proposição de discussões, fomentando comentários e incentivando críticas pertinentes ao avanço dos debates sobre a constituição do ofício de historiador, do campo disciplinar da História, e na promoção de pesquisas a respeito de historiadores e historiadoras, profissionais ou autodidatas, que fizeram parte do desenvolvimento da história da historiografia brasileira e da consolidação dos estudos relativos à história do Brasil republicano a partir dos anos 1950.

A publicação desta nova edição, na Alameda Casa Editorial, com auxílio à publicação da Capes é motivo de orgulho para seu autor, que igualmente agradece ao incentivo inicial que lhe foi dado por Ivan A. Manoel, Teresa Malatian e Marieta de Moraes Ferreira, por meio de seus generosos textos, que comparecem nesta nova edição, em suas versões originais.

Prefácio

Diogo da Silva Roiz escreveu o presente livro a partir de sua Dissertação de Mestrado, defendida com brilhantismo, em abril de 2004, junto ao Programa de Pós-Graduação em História da Faculdade de Ciências Humanas e Sociais (FCHS), da Universidade Estadual Paulista (UNESP) "Júlio de Mesquita Filho", Campus de Franca, sob minha orientação.

O tema proposto para a Dissertação, e que se ampliou consideravelmente no presente livro, é muito difícil, seja pela exiguidade de estudos sobre o tema, que àquela época se mostrava, e ainda hoje, se mostra plenamente, seja pela complexidade dos temas e subtemas que perpassam o universo da história do ensino superior de História, no Brasil e no mundo.

Há um postulado a orientar o trabalho de todo professor e historiador profissional, aquele postulado que afirma não existir neutralidade e isenção na pesquisa, na escrita e no ensino da História; ao contrário, todos sabemos que a historiografia, base do ensino da História, é vincada por interferências político-ideológicas inevitáveis, quando não, desejáveis.

As marcas ideológicas na história do ensino da História no Brasil se mostram cristalinamente desde seus inícios, quando da fundação do Real Colégio de Pedro II, em 1838, no Rio de Janeiro.

O ensino sistematizado da História, no Brasil, não se iniciou com a implantação do curso de História e Geografia, na Faculdade de Filosofia, Ciências e Letras (FFCL) da Universidade de São Paulo (USP), em 1934. Antecendendo em quase um século a essa criação, em 1838 foi criado o Instituto Histórico e Geográfico Brasileiro (IHGB) e também em 1838, o Real Colégio de Pedro II, ambos no Rio de Janeiro. Portanto, se criava, naqueles meados do século XIX um centro de pesquisa histórica e uma escola que teve no ensino da História uma de suas razões de ser, senão sua razão mais importante.

A proposta do ensino da História no "Pedro II" era construir a ideia de identidade nacional para estabelecer e consolidar os vínculos internos do jovem império brasileiro, que não havia sequer chegado à maioridade como Estado independente. Em outras palavras, depois de mais de três séculos de existência sob o antigo Regime Colonial, a Proclamação da Independência brasileira criou um Estado onde não havia sequer uma nação brasileira em que os habitantes pudessem se reconhecer, como a ela pertencentes, e que pudessem se identificar como brasileiros.

Me permitam uma digressão: em 2000, organizei um congresso de Historiadores na FCHS – Unesp, Campus de Franca (e o Diogo da Silva Roiz fez parte da comissão organizadora), cuja proposta era debater o tema: o que é ser brasileiro? De modo espantoso, depois de 500 anos de história do Brasil e mais de 100 anos de existência do ensino de História, com as funções acima referidas, rigorosamente falando o Congresso realizado não apresentou respostas para o tema proposto.

Em 1838, ao mesmo tempo em que entrava em funcionamento o Colégio Pedro II, instituía-se também o Instituto Histórico e Geográfico Brasileiro. Enquanto o "Pedro II" fora criado para dar formação aos jovens nobres da Corte e prepará-los para o exercício do poder, era tarefa do IHGB construir, pela pesquisa histórica, a identidade da Nação brasileira.

Vários estudos mostram que as vinculações entre as duas instituições eram profundas, porque os professores de História do Colégio Pedro II também pertenciam aos quadros do IHGB, de tal sorte que as deliberações do Instituto Histórico e Geográfico Brasileiro sobre a pesquisa e o ensino de história se tornavam matéria de ensino e eram inseridas no currículo do colégio.

O significado dessas vinculações é muito importante, porque se tratava de vinculações políticas que determinavam a própria direção a ser seguida no estudo da História Universal, conforme a nomenclatura da época, e no estudo da Historia do Brasil.

Em 1838, quando entraram em funcionamento o Colégio Pedro II e o Instituto Histórico e Geográfico Brasileiro, o Brasil tinha passado pelo processo da Independência havia apenas 16 anos; pela Constituição Outorgada, há 14 anos; pela Abdicação, há sete anos; pelo Ato Adicional, há quatro anos; era governado por uma Regência tumultuada, que nem se firmava como una ou trina, como provisória ou permanente, fato que levaria ao Golpe da Maioridade, em 1840, apenas dois anos após a criação das duas instituições referidas.

Tratava-se, portanto, de um momento indeciso e tenso da história do Brasil, onde perigos reais circundavam o Estado brasileiro, recém-criado, perigos tais como a reunificação com Portugal – afinal, Pedro I renunciara e fora ser Pedro IV em Portugal, deixando ao seu filho, ainda criança, a tarefa de se tornar Pedro II, no Brasil.

No remoinho das tensões e incertezas que circundavam o recém-criado Estado do Brasil, a instituição do Colégio Pedro II e do Instituto Histórico e Geográfico Brasileiro cumpria uma tarefa política fundamental, a de construir a nação brasileira, de soldar as fissuras existentes entre as províncias, herança do passado colonial, e o cimento a unir os díspares no todo nacional seria o humanismo, lido na versão de Bernardo de Vasconcelos, Ministro do Império e criador do Real Colégio de Pedro II, um conceito de humanismo assentada no estudo dos autores clássicos.

Refletindo bastante bem a herança jesuítica na história do Brasil, herança que se evidenciava na própria estruturação administrativa do Colégio Pedro II, cuja Reitoria fora entregue a um Bispo, o humanismo de Bernardo de Vasconcelos propunha um programa de ensino assentado em temas históricos da Antiguidade Clássica, apreendidos por meio da leitura de autores como Ovídio, Cícero, César, Virgílio, Horácio e Homero.

A inserção das humanidades como centro dos programas de estudo cumpria, no sistema jesuítico, uma tarefa específica, a de formar "homens de escol", tanto para *Ad Majorem Dei Gloria*, quanto para o ingresso nos graus mais elevados de ensino e, mais importante, para a direção da sociedade.

Recuperando o ideal formulado por Catão, *Vir bonus, discendi peritu*, (CLAUSSE, 1974, p. 130), a pedagogia jesuítica se propunha: "[...] entregar à saída do colégio, jovens cultos, que possuam a fundo aquilo a que Montaigne e Pascal chamam de arte de discorrer (art de conferér), isto é capazes de sustentar na sociedade uma discussão brilhante e cerrada sobre todos os assuntos referentes à condição humana, tudo isso para maior proveito da vida social e para defesa e ilustração da religião cristã." (MESNARD, 1978, p. 76, itálico no original).

Entretanto, aos "homens de escol", destinados à direção da sociedade não poderia faltar a retidão moral e a prudência necessária ao exercício do poder. Ao estudo da História era atribuída a tarefa de dar essa consistência às Humanidades na exata medida em que ela seria a intermediária entre o texto dos antigos e a filosofia moral. Estudando essa "mestra da vida", os jovens aprenderiam a necessária lição de moral, fazendo com que as palavras dos autores romanos e gregos, traduzindo uma suposta maneira de viver considerada a ideal, se constituíssem em direcionamentos, em exemplos para a vida atual:

> O benefício último será a aquisição da prudência civil, com a qual o homem avezado à reflexão histórica sabe deixar de lado os acontecimentos que nada ensinam, e interpretar favoravelmente os outros, ver as coisas sob seu verdadeiro aspecto, destacar os bons princípios, aprender a restabelecer, contra o adversário, a verdade histórica, compreender sob todos os seus aspectos as razões profundas das ações humanas. (MESNARD, 1978, p. 80).

Nomes importantes vicejaram na pesquisa, escrita e ensino de História naqueles tempos anteriores e posteriores à criação IHGB e do "Pedro II", nomes como: Pe. Januário da Cunha Barbosa, Von Martius, dentre outros, esquecidos durante algum tempo e que hoje voltam como objeto de pesquisas. Cabe lembrar que, por iniciativa do Pe. Januário da Cunha Barbosa, então Secretário do IHGB, foi instituído um concurso para escolher a melhor proposta de teoria para o estudo da História do Brasil e o concurso foi ganho pelo naturalista alemão, em viagem de pesquisa ao Brasil, Von Martius com a monografia: Como se deve escrever a história do Brasil.

Entretanto, os pesqusiadores, autores de vasta produção historiográfica e os professores de História daqueles tempos não eram "profissionais", tal como hoje se entende um historiador profissional. Eram "diletantes", "amadores", ou seja, tinham formação em outras áreas, o Direito notadamente, e exerciam outras atividades proficionais tais como a advocacia, o jornalismo, a medicina, etc. É o caso de Francisco Adolfo de Varnhagen, o Visconde de Porto Seguro, autor da História Geral do Brasil antes de sua separação e independência de Portugal, em 5 volumes, Diplomata de carreira.

A formação profissional do historiador e do professor de História se iniciará, no Brasil, com a criação do curso de História e Geografia, na Faculdade de Filosofia, Ciências e Letras da Universidade de São Paulo (FFCL/USP), em 1934. Isto é, a partir de então, o historiador e professor passou a ser preparado em um curso de graduação de nível superior e, mais à frente, especializado em nível de pós-graduação com a defesa de teses e dissertações – Mestrado e Doutorado.

Posto assim o problema, duas perguntas são inevitáveis. Primeira, porque se demorou tanto tempo para se criar um curso superior de História, no Brasil? Segunda, qual o projeto do curso de História criado na USP, em 1934?

Dar essas respostas é (ou ao menos instigar a curiosidade dos leitores) o projeto deste livro, escrito por Diogo da Silva Roiz.

Entretanto, creio não cometer nenhum deslize ético ensaiando um comentário a esse espeito, focando nos períodos anteriores.

Se nos reportarmos a Heródoto, Políbio, Tucídides, Tito Lívio, Flávio Josefo, e tantos outros, sem nos esquecermos de obras consideradas estritamente literárias, como Desireé, Memórias de Adriano, Guerra e Paz, e não omitindo aquelas de caráter religioso, como a Torá judaica, encontraremos um traço de união entre elas, qual seja, a preservação da memória e a explicação dos fatos.

Herótodo, nos limites de seu tempo (440 a.C.), teve duas preocupações, descrever os episódios das Guerras Médicas e registrar a memória dos grandes feitos. Políbio, além de registrar a memória dos feitos de Cipião, o Africano, teve a preocupação de explicar a situação do mundo greco-romano a partir da ideia de que a *Fortuna* girou a roda da história para onde bem quis.

Em outras palavras, esteve presente, desde Heródoto, a ideia de que o processo histórico seguiu rumos muito precisos, mesmo que direcionado pelos deuses, e a escrita da História era considerada uma ferramente, tanto para a preservação da memória, para que as lembranças conservassem a identidade do povo, quanto para que os impulsionassem para os caminhos futuros.

Mesmo Vico, ao criar a "ciência nova", a História, para entender a própria estruturação cultural da humanidade e a formação dos Estados, não rompeu com a memória e a tradição da Lei Mosaica, incorporada à Bíblia cristã como Antigo Testamento, e não questionou o caráter de história sagrada da Torá judaica.

Esse caráter, digamos utilitário da História, ou como disse Nilo Odália em seu livro, O saber e a história (1994), essa tecnologização da História, isto é, a proposta de transformar o estudo e a pesquisa histórica em uma tecnologia para se fazer as mudanças revolucionárias, se tornou mais evidente e, diria mais eficiente, ao logo do século XIX e parte do século XX.

Como desdobramento do Iluminismo e da positividade científica herdada das revoluções científicas, a História passou a ser considerda a demonstração inelutável do progresso do espírito humano, confundido com a civilização europeia, como também entendida como previsível e passível de transformações por meio de instrumentos e procedimentos científicos.

Mas não somente isso; se a História jamais foi considerada aleatória ou casual, ao longo dos anos de 1800 e parte dos anos de 1900, ela passou a ser entendida como a demonstração de ser uma linha reta orientada para um destino final, ponto de chegada onde se encontraria a redenção da humanidade.

Esse foi o período das grandes utopias escatológicas de raízes racionalistas, materialistas ou não. Foi o período em que Kant e Condorcet acreditaram que o progresso do espírito humano levaria a humanidade à plena civilização, à sociedade pacificada e harmonizada conforme os preceitos das Luzes da civilização européia. Também foi o período em que Comte e os outros Positivistas proclamavam a ciência como a redenção humana e a Física Social (mais tarde rebatizada de Sociologia), como o instrumento para o aperfeiçoamento humano. Mas também foi o momento em que Marx, Engels e, depois, todos os marxistas, sustentavam a tese de ser a história humana uma caminhada irreversível em direção à sociedade perfeita, a sociedade sem classes sociais.

Posto assim tais assertivas, evidencia-se que estudar a história humana não se restringia mais à preservação da memória ou à constituição das identidades étnicas ou nacionais.

A partir de então, estudar a história humana, segundo os métodos desenvolvidos nos séculos XIX e XX, passou a ser um ato de conscientização do Homem, segundo Iluministas e Positivistas, ou da classe proletária, segundo os comunistas; portanto passou a ser um projeto político com vistas à consecução final (escatológica, portanto) do processo histórico e a construção da sociedade perfeita.

Essa forma de se entender o transcurso do processo histórico e essa proposta de como pesquisar, escrever e ensinar a História não se extinguiu com a chegada e a entrada no emblemático século XXI, embora seja certo que hoje, outras concepções e outros projetos estejam presentes e a demonstrarem também validade. Mas, essa existência não obliterou os projetos anteriores.

Não por outra razão, Manuel Moreno Fraginals, em artigo publicado na: Revista de las Américas, em Cuba, no ano de 1969, comemorando a Revolução Cubana, sob o título, La história como arma, sustentava a tese de que somente o conhecimento da História poderia levar os proletários às transformações revolucionárias da história.

Do mesmo modo, mas com vetor à direita, em 1988, Francis Fukuyama, no artigo, O fim da história e, depois, no livro, *O fim da história e o último homem*, sustentava tese de que após o esfacelamento do Leste Europeu, o fim da experiência socialista e a sobrevivência fortalecida da liberal democracia burguesa, o processo histórico tinha chegado ao seu ponto final, ou seja, a escatologia histórica tinha se cumprido.

A Universidade de São Paulo, criada em 1934, o foi dentro de um projeto sócio-político, na esteira da derrota paulista na Revolução de 1932, e consoante às propostas elaboradas por muitos pensadores paulistas, dentre os quais se destacava Fernando de Azevedo e defendidas publicamente pelo jornal, *O Estado de S. Paulo*, tendo em seu Diretor, Júlio de Mesquita Filho, um de seus mais fortes baluartes.

No contexto de sua criação, a Faculdade de Filosofia, Ciências e Letras (e que, em decorrência das reformas da década de 1960, será rebatizada como Faculdade de Filosofia, Letras e Ciências Humanas, tal como segue até hoje) ocupava o lugar central como produtora do conhecimento humano e filosófico, ao redor do que as outras ciências se desenvolveriam.

Cabe a pergunta final: qual o projeto que se consignou ao estudo da História, no curso de História e Geografia da USP, nesse ambiente sócio-político e cultural?

Recomendo a todos os interessados (que somos todos nós, afinal) a leitura atenta deste livro escrito por Diogo da Silva Roiz. Certamente encontrarão muitas respostas e respostas importantes a essa e a outras questões.

Ivan A. Manoel

Professor Titular de História do Brasil do Departamento de História da UNESP

Introdução e agradecimentos

> Tornou-se comum, entre nós, a idéia de que a criação e rápida expansão dos cursos de pós-graduação em História, nos anos [19]70, tornaram possível o surgimento do historiador profissional no Brasil. Verdadeira em parte [...], tal idéia contém [...] um certo risco, qual seja, o de levar ao esquecimento certos dados históricos igualmente importantes. Refiro-me, por exemplo, a um dos mais conhecidos de todos aqui – o fato de que a fase inicial da formação de profissionais *de História* antecedeu a pós-graduação respectiva. Foi nos cursos de graduação em História das Faculdades de Filosofia que se formaram os primeiros profissionais na área, licenciados e/ou bacharéis *em História*. A história dos cursos de graduação tão pouco foi escrita [...] (FALCON, 1996, p. 10-11).

Quando Francisco Falcon (2011) lançou esta constatação, em texto emblemático publicado na década de 1990 como o foi: *A identidade do historiador*, as primeiras pesquisas sobre a constituição do campo disciplinar da História estavam sendo feitas no Brasil.

Quase vinte anos depois, Marieta de Moraes Ferreira (2013) no seu livro *A história como ofício* observava que o tema começava a ser estudado com maior detalhamento, permitindo-se os primeiros mapeamentos sobre a questão.

Essas duas constatações, publicadas com quase 20 anos de diferença, demonstram como um campo de pesquisa é definido, este começava a ser pesquisado e, nesse movimento, vai se consolidando ao longo do tempo. As expectativas, no entanto, continuavam grandes em relação à constituição do campo disciplinar da história no Brasil, durante o século passado, porque apesar dos avanços significativos que a temática passou neste período, há ainda muito a ser feito – como veremos ao longo deste livro.

O presente livro passou por três momentos em seu processo de elaboração: 1. No primeiro deles foi apresentado como dissertação de mestrado em 2004, quando então este campo de pesquisa começava a ser estudado; 2. No segundo, com a publicação de uma primeira versão do texto (em pequena tiragem de 300 exemplares), revisto por novas pesquisas, em 2012; 3. E, um terceiro, com a revisão da questão, em nova edição, que procurou pensar a constituição do campo disciplinar da História em São Paulo, comparativamente com o Rio de Janeiro e o Paraná, com a experiência trazida com o estágio de pós-doutorado concluído em 2015.

Um "campo disciplinar" é definido pela demarcação de regras e condições específicas de pesquisa e análise de um dado saber. Sua função é tanto a de produção de conhecimento, como a de preparar novos profissionais para o exercício do ofício. É produto da história, assim como produtor de novas regras no estudo da história e de outros setores da sociedade, da cultura, da política, ou da economia. A sua constituição também é historicamente produto de condições específicas do desenvolvimento das ciências. Pode ter conexão com outros campos, de acordo com as condições de possibilidade de formação de cada um deles, ou mesmo ter temas e métodos de análises semelhantes, um em relação a outros (campos), faz com que sua origem, formação e desenvolvimento estejam entrelaçadas entre eles no tempo e no espaço. Tudo indica que existem sempre confluências de saberes na formação, ou mesmo no desenvolvimento de um campo. Não é raro que um novo campo surja dos desdobramentos de um outro campo disciplinar. As redes de relações entre os campos são parte dos processos de interação que asseguram a própria existência dos campos disciplinares. O desenvolvimento de um campo pode, inclusive, gerar desdobramentos internos, e produzir campos ainda mais especializados. Por isso mesmo, o desenvolvimento de um campo disciplinar depende intimamente do movimento de certas teorias, metodologias e práticas discursivas, que lhe dão base e lhe asseguram certa autonomia em relação aos outros campos disciplinares. (BARROS, 2004). A finalidade deste movimento é a de proporcionar a institucionalização e a autonomização de certas práticas científicas. (BOURDIEU, 1983). Foi com a formação de um espaço acadêmico no Brasil dos anos 1930 e 1940, que possibilitou a constituição de vários "campos disciplinares", efeito imediato da fundação de nossas primeiras universidades.

Com este movimento procuraremos definir caminhos para o estudo de um "campo disciplinar", a exemplo do que é aqui analisado, o da História, por meio da investigação da instituição e da conformação de suas regras; em seguida, pela investigação do curso, seu currículo e mudanças no tempo, o ensino e a pesquisa que então eram ministradas aos iniciantes ao ofício de historiador e a profissão docente; e, por fim, adentrando nas cadeiras de história, com o estudo detido da trajetória de seus docentes, a saber: Alfredo Ellis Júnior, Sérgio Buarque de Holanda, Eurípedes Simões de Paula, Eduardo d'Oliveira França e Astrogildo Rodrigues de Mello.

Em resumo, o estudo passa pela análise da instituição, do curso e dos docentes, para demonstrar como foi constituído o campo disciplinar da História em São Paulo entre os anos 1930 e 1960.

Desse modo, o leitor encontrará neste livro um estudo pormenorizado do primeiro curso de Geografia e História, fundado em 1934, na Faculdade de Filosofia, Ciências e Letras da Universidade de São Paulo (FFCL/USP), que seguiu aproximadamente aos preceitos do decreto de 1931, emitido por Francisco Campos (1891-1968), então Ministro da Educação e Saúde Pública. Nele, estuda-se desde a definição de um conjunto de regras que tornaram seu funcionamento minimamente operacional; seguindo-se de uma análise das transformações curriculares, do momento em que os cursos tiveram um funcionamento unificado, até o período em que vieram a se tornar independentes, em meados dos anos 1950; vindo a se debruçar sobre qual o tipo de ensino e pesquisa que então se ministrava no curso, para formar as primeiras gerações de historiadores e geógrafos profissionais no país, assim como de licenciados.

Após ser efetuada esta interpretação, procura-se averiguar como alguns dos profissionais do curso vislumbraram a transição do autodidatismo para a profissionalização do trabalho intelectual de história, detendo-se nas trajetórias de vários docentes, com o intuito de perscrutar quais caminhos propuseram para a escrita da história das civilizações em geral, e da civilização brasileira em particular.

Ao mesmo tempo em que traça o panorama do funcionamento do curso, quanto dos fundamentos e tensões na escrita da história, praticados durante o período de vigência do regime de cátedras (entre 1934 e 1968), a pesquisa não deixa de lado indicar como nesse processo, as mulheres tentaram se inserir num mercado de trabalho, ainda fechado e contrário a sua presença, de tal modo que na própria universidade as escrituras da história então compostas as viam, quando muito, como uma pequena sombra a projetar as ações dos ("grandes" e "pequenos") homens.

Evidentemente, o próprio contexto contribuiria com essas escolhas, e as exclusões que se faziam no passado, também se reproduziam naquele presente histórico, dos anos 1930 até meados da década de 1950, de modo a perpetuar um tipo específico de divisão dos papéis masculinos e femininos na sociedade brasileira. (BLAY & LANG, 2004).

Por essa razão, procurou-se estudar o processo de institucionalização do ensino universitário de História na Faculdade de Filosofia, Ciências e Letras da Universidade de São Paulo (FFCL/USP), entre 1934 e 1956, período em que o curso de História esteve ligado ao curso de Geografia.[1] Não por acaso, analisou-se como os professores do curso, brasileiros e franceses, e que fizeram parte do elenco inicial de contratados nos quadros de docência e pesquisa, procuraram delimitar o quadro curricular, organizar e estruturar as cadeiras, e definir as disciplinas do curso.

Ao fazerem isso, estiveram as voltas com os desdobramentos das cátedras e as renovações do corpo docente e de pesquisa, com a contratação de profissionais, sendo em sua maioria, provenientes dos formandos das primeiras turmas do curso.

De imediato, cabe destacar que o desenvolvimento dos cursos de Geografia e História, a partir da década de 1930, seguiu a um movimento geral que poderia ser dividido em três períodos centrais: a) de 1838 a 1889, quando seriam criados o Instituto Histórico e Geográfico Brasileiro (IHGB), e começavam a ser fundados seus congêneres estaduais, o Colégio Pedro II e os primeiros museus do Império (SCHWARCZ, 1993; ver também apêndice n. 2), e estas instituições favoreceriam as primeiras tentativas de sistematização de pesquisas e a organização do ensino de História e de Geografia (Cf.

---

1 Ainda que dentro do espaço temporal proposto o curso de Geografia e História estivesse em constante organização curricular, o que alterou o formato do curso foi à lei federal n. 2.594 de 8 de setembro de 1955, que veio a torná-los cursos independentes. A proposta foi incorporada pelo decreto estadual n. 25.701 de 4 de abril de 1956, que levou a Faculdade de Filosofia, Ciências e Letras da Universidade de São Paulo a transformar o curso de Geografia e História, em cursos independentes, a partir do ano letivo de 1957.

HAIDAR, 1972; GUIMARÃES, 1988; MORAES, 1991, 2002; MANOEL, 2002); b) de 1890 a 1930, quando aquelas iniciativas são propagadas pelas cadeiras de história universal e do Brasil, normalmente, criadas em Faculdades de Educação e Filosofia, com a fundação das primeiras universidades do país (Cf. BITTENCOURT, 1990; GOMES, 1996, 2009; ARAUJO, 2006); c) e, a partir de 1934, quando começavam a ser fundadas as primeiras universidades no país, sob o decreto de 1931 de Francisco Campos, que regulamentava um estatuto de criação de universidades no Brasil, de modo a agrupar Faculdades e Institutos isolados já existentes, junto com a criação de Faculdades de Filosofia, Ciências e Letras e seus respectivos cursos de História e Geografia (Cf. DIEHL, 1999; ROIZ, 2004a; FERREIRA, 2006) – e é a esse período que este estudo se deterá com maior atenção.[2]

Antes da década de 1930 a formação de profissionais em nível superior no Brasil estava limitada às áreas de Medicina, Direito e Engenharia (COELHO, 1999). Com a Reforma do Ensino de 1931, que houve as primeiras tentativas de formação de pessoal qualificado para suprir as necessidades do ensino 'primário' e 'secundário' no país. Por outro lado, começava-se a discutir o aparecimento da figura do filósofo, geógrafo e historiador, profissional na sociedade.

No Estado de São Paulo, segundo Sérgio Miceli (2001), essas reformas foram propostas em um contexto de crise de 'frações da classe dirigente'

---

2 Evidentemente, não se deve desconsiderar o papel exercido pelos jesuítas no período colonial (cujos reflexos se notaram mesmo no período Imperial), no qual propuseram um amplo projeto para o ensino, de modo a executarem as primeiras experiências com o ensino nessas terras, inclusive, com respeito ao ensino universitário. Todavia, quando ocorreu a expulsão dos jesuítas no século XVIII, em função dos preceitos de Pombal, aquela experiência não teve continuidade imediata ou regular. Por essa razão, as experiências que se darão a partir do século XIX, também favorecidas pela vinda da família real portuguesa em 1808 para sua colônia nos Trópicos, praticamente, não tiveram relações diretas com o projeto jesuíta, ensaiado no momento anterior. Mas, nem, por isso, deve-se deixar de lado o importante papel que tiveram na inspiração dos modelos de administração de instituições e quanto aos preceitos de ensino-aprendizagem, facilmente identificados em instituições como o Colégio Pedro II. Para maior detalhamento da questão, ver: HAIDAR, 1972; DA CÁS, 1996; DA CÁS, MANOEL, 2009.

proveniente da desvalorização da economia cafeeira, em 1929, e a consequente transferência de riquezas para outros setores da sociedade. Esse processo teria substituído as 'frações de classe' então no poder, a partir da "Revolução de 1930", por outros grupos, mas isso não quer dizer que a classe dirigente anterior fosse totalmente deslocada de seus postos.

Ao mesmo tempo em que aquela conjuntura tornava dinâmica e fluída a economia, a política, a sociedade e os grupos no poder, a tentativa de recuperação da hegemonia e da autonomia política e econômica de São Paulo, com a "Revolução Constitucionalista de 1932", segundo Fernando Limongi (1989, p. 111-189), não conseguiria atingir o efeito esperado, mas, ao contrário, teria tornado profícua a construção de um novo setor de produção de grupos dirigentes, por meio de uma intervenção direta sobre a formação cultural dos indivíduos, com a criação de Faculdades de Educação, Ciências e Letras, posteriormente multiplicadas com as Faculdades de Filosofia, Ciências e Letras e as Faculdades de Economia e Administração. Nesse sentido, a Universidade de São Paulo (USP), criada em 1934, esteve articulada a um conjunto de iniciativas (de letrados vinculados ao movimento da 'Escola Nova' e de empresários liberais, em geral, proprietários de jornais e revistas de circulação nacional), e foi uma das pioneiras, neste projeto político, institucional, cultural e intelectual.

Até a criação do curso de Geografia e História em Faculdades de Filosofia, a partir da década de 1930, o exercício do ofício de historiador foi praticado no Brasil, por aqueles que se dedicavam ao estudo do passado e escreviam textos que, reconhecidas suas especificidades, poderiam ser entendidos como de história (Cf. JANOTTI, 1977; MALATIAN, 2001). Esses textos, muitas vezes, não tinham propósitos exclusivamente acadêmicos, com o objetivo de obtenção de títulos e o exercício de uma prática 'científica' (RODRIGUES, 1965, 1969; LAPA, 1981). Não foi por acaso, que a maior parte de seus autores tivesse sido composta por biógrafos, memorialistas e profissionais inicialmente formados nas áreas de Letras, Direito, Sociologia, Engenharia e Medicina, que se dedicaram ao estudo do passado mais como 'cultores do ofício', do que como historiadores profissionais (Cf. GOMES, 1996, 2009).

Apesar da importância da institucionalização do ensino universitário de História, que se materializou com o surgimento (das primeiras universidades do país e) da Universidade de São Paulo,[3] dentro da execução do projeto político posterior à "Revolução de 1930", e em função da derrota sofrida por São Paulo em 1932, há poucos trabalhos sobre a história do surgimento e desenvolvimento dos cursos de graduação (e pós-graduação) em História (seja em São Paulo ou em outras partes do país), que investigam o processo de institucionalização do ensino universitário e o perfil social dos alunos formados e dos professores (pesquisadores) que definiram seus quadros curriculares e orientaram as primeiras pesquisas (de mestrado e) de doutorado no 'antigo regime' de cátedras. Posto o problema desse modo: quando e sob quais condições surgiram os cursos de Geografia e História no Brasil? Como ocorreu a institucionalização do ensino universitário de História? Como era o ensino e a pesquisa no período? De que maneira se propunha a escrita da história das civilizações em geral, e da brasileira em particular?

Os avanços evidentes na literatura especializada ainda não permitem que seja construído um painel adequado sobre a questão – como veremos ao longo dos capítulos deste livro. No conjunto, tais análises avançam sobre o estudo do processo de institucionalização do curso de Geografia e História no Brasil, a partir dos anos iniciais da década de 1930, mas ainda assim fixam suas problemáticas nesta década, ou após os anos de 1940 e 1950[4]. Com isso, não se têm estudos sistemáticos sobre o período em que o curso de Geografia e História permaneceram unificados (entre 1934 e 1955), nem tampouco é possível inquirir todas as sutilezas do processo, ou as semelhanças e diferenças sobre sua implantação de um Estado para o outro da Federação (ROIZ, 2019a, 2019b).

---

3 Para Lucia Lippi Oliveira: "A Universidade no Brasil se instala tarde: a Universidade de São Paulo (USP) em 1934, a Universidade do Distrito Federal (UDF) em 1935 e a Universidade do Brasil em 1939. Em seus primeiros anos, a produção universitária teve como objetivo e metas construir os campos específicos das disciplinas e, nesta tarefa, separar-se, distinguir-se da produção literária/ensaísta anterior, que passou a ser considerada pré-científica. Assim, autores e temas característicos da época imediatamente anterior foram relegados à posição secundária, tendo demorado muitos anos para que fossem conhecidos, lidos e analisados no espaço dos cursos e pesquisas universitárias" (OLIVEIRA, 2000, p. 20).

4 A exemplo do trabalho de Fagundes (2019).

A partir desse conjunto de questionamentos que estão visitando temas ainda pouco investigados pela historiografia nacional, surgem novos apontamentos sobre: as redes de poder produzidas no interior do "campo intelectual", a trajetória de "intelectuais" e os caminhos dos cursos de graduação e pós-graduação nas universidades brasileiras. Nesse sentido que se deve averiguar quais os questionamentos e como foram feitas as pesquisas que estudaram o curso de Geografia e História da Faculdade de Filosofia, Ciências e Letras da Universidade de São Paulo (FFCL/USP).

Carlos Guilherme Mota (2000), em estudo pioneiro na década de 1970, fez um balanço das pesquisas sobre o Brasil que tiveram como base a expressão "cultura brasileira", procurando analisar os diferentes significados empregados à expressão, de acordo com o projeto social do autor e o contexto no qual produziu sua obra. Tentou ainda delimitar certa 'cultura uspiana', produzida entre os anos 1930 e o início dos anos 70. Desse modo elegeu períodos sob os quais revelou a existência de peculiaridades no tipo de produção histórica e na forma como se entendia a expressão "cultura brasileira". Segundo ele: a) num primeiro momento estaria o *Redescobrimento do Brasil*, de 1933 a 1937, onde se produziu ensaios de interpretação da nação, seja por meio de sua cultura e sociedade, ou então a partir de sua economia; b) num segundo estariam os *primeiros frutos da universidade*, entre 1948 e 1951, pois foi, para ele, apenas no final da década de 1940 que a universidade produziu seus primeiros resultados, definia a base curricular dos cursos e avançava em campos como a História da Civilização Antiga e Medieval; c) num terceiro houve *ampliação e revisões reformistas*, de 1957 a 1964, e ocorreria o desenvolvimento de grupos de "intelectuais" entre os cursos e se procuraria rever as interpretações elaboradas sobre a história do país; d) num quarto haveria *revisões radicais*, entre 1964 e 1969, porque houve a participação de "representantes das mais variadas correntes do pensamento progressista no Brasil"; e) e, por fim, de 1969 a 1974, nos *impasses da dependência* houve a revisão sobre as formas que ocorreu o desenvolvimento da América Latina e a utilização, no Brasil, de ideias produzidas no exterior.[5]

5 Fernanda Massi (1989), por sua vez, buscou analisar a presença francesa e norte-americana nas Ciências Sociais brasileiras, entre 1930 e 1960, com os exemplos de

Irene Cardoso (1982), nos anos iniciais da década de 1980, analisou as características da organização de grupos políticos e "intelectuais", que no período posterior a "Revolução de 1930", procuraram construir uma Universidade no Estado de São Paulo, com a participação de profissionais de várias partes da Europa e, principalmente, da França. Para ela, a universidade representou uma reação do grupo do jornal *O Estado de S. Paulo* à derrota da "Revolução Constitucionalista de 1932". Ela era um momento essencial de um projeto de reconstrução nacional mais ambicioso, sob a hegemonia da 'Comunhão Paulista'. De acordo com esse grupo, a reconstrução nacional só poderia acontecer a partir da reconstrução da educação nacional. No final dos anos 1980, Fernando Limongi (1988, 1989), por outro lado, demonstrou que 'frações de classe' dos grupos que se desdobraram da ação política liderada por empresários e educadores na construção da USP vieram a fazer parte da demanda de alunos que pleiteavam vagas nos cursos. Além de sondar a contribuição dos educadores nos quadros curriculares e administrativos da universidade, elaborou um quadro sucinto do perfil social das quatro primeiras turmas de alunos distribuídas nas nove subseções da FFCL/USP – sobre tal questão ver também apêndice n. 1.

São Paulo, Rio de Janeiro e Bahia, para avaliar a contribuição de professores estrangeiros na constituição do sistema universitário nacional. Para ela, enquanto franceses pretenderam trazer procedimentos de pesquisa, visando desenvolver os diversos cursos em que fizeram parte do corpo docente; os norte-americanos, por outro lado, visavam encontrar temas e desenvolver pesquisas. A autora assim objetivou elaborar o perfil social dos grupos de professores pesquisadores, traçando suas carreiras antes e depois de sua estada no país. Além disso, em outro trabalho, a autora (1991) fez um balanço das contribuições da "missão francesa" no processo de fundação e desenvolvimento dos cursos da FFCL/USP. Já José Ribeiro Júnior (1993), a partir de um quadro sucinto de memórias sobre sua trajetória acadêmica, mostrou as peculiaridades do curso de História e a "influência" recebida da 'escola francesa'. Segundo ele, ela foi marcante na década de 1960, quando ocorria o lento processo de separação dos cursos de História e Geografia. Para ele, a estrutura curricular objetivava desenvolver a interdisciplinaridade, que na prática foi pouco aplicada, pois, a aproximação mais fecunda foi da História com a Geografia, conforme havia detalhado F. Braudel (1937), já nos anos de 1930, a propriedade desse intercâmbio, nos relatórios que enviou da cadeira de História das Civilizações.

Maria Capelato, Raquel Glezer e Vera Ferlini (1994), no início dos anos 1990, estudaram a formação de professores e historiadores no curso de História de 1934 a 1993. Para elas, esse período poderia ser situado em três momentos centrais: a) no primeiro estariam os formadores, que foram os primeiros professores do curso, e formaram as primeiras turmas, quando ainda estava ligado ao curso de Geografia; b) num segundo estaria a primeira geração de professores formados na universidade, entre 1951 e 1973; c) e, num terceiro, a segunda geração, formada entre 1971 e 1993, e em que houve a participação de professores da primeira e da segunda geração, na formação de professores e pesquisadores na área de História no sistema atual de pós-graduação.[6]

---

6 Sônia Maria de Freitas (1992, 1993) buscou reconstituir o passado da FFCL/USP, por meio de memórias de professores e alunos do período de 1934 a 1954, com o objetivo de analisar os dilemas na fundação dos cursos e as disputas pelo poder, provenientes das várias posições teórico-metodológicas dos professores e pesquisadores brasileiros, e entre brasileiros e estrangeiros. Em perspectiva próxima de análise, Maria Trigo (1997) estudou a formação de grupos de "intelectuais", com posições teóricas e metodológicas distintas, no interior do "campo intelectual", no período de funcionamento do 'antigo regime' de cátedras na FFCL/USP, onde ocorriam às disputas por cargos e produção de "bens simbólicos", além de situar o espaço de sociabilidade e as relações de gênero. Márcia D'Aléssio (1994) pretendeu discutir algumas ideias a respeito das tendências historiográficas que marcaram os estudos históricos, entre a USP e a PUC/SP, dos anos 1930 a década de 1970, a partir das teses e dissertações defendidas no período nestas universidades. No exame do material a autora verificou duas grandes presenças nas pesquisas, a historiografia francesa e o marxismo. Desse modo, fez um apanhado dos temas, fontes e métodos escolhidos nos estudos, por meio de uma análise quantitativa e qualitativa do material coletado. Laima Mesgravis (1983), por outro lado, estudou a implantação da pós-graduação em História na FFCL/USP, de 1934 a 1982. Ao analisar as características e ampliação do número de vagas oferecidas procurou catalogar os orientadores de teses e dissertações no 'regime de cátedras', entre 1939 e 1969/1972, e nos programas de pós-graduação em História Social e História Econômica, situando o número de pesquisas orientadas entre cada um dos docentes do curso, a partir do início dos anos iniciais da década de 1970 até 1982. O trabalho não procurou fazer um cruzamento dos dados levantados, nem verificou qual a porcentagem dos alunos aproveitados nos quadros de docência/pesquisa do curso.

A partir dos trabalhos listados, verifica-se que, ora estudavam o curso de História e Geografia em meio aos desdobramentos da Faculdade de Filosofia, ora avaliavam as relações de gênero e disputas dentro das subseções, ou ainda, reconstituíam ou o perfil de alunos das primeiras turmas, ou de professores estrangeiros, sem, com isso, analisarem os desdobramentos das cadeiras e as mudanças curriculares do curso; nem tão pouco o perfil dos alunos e quais eram aproveitados nos quadros de docência e pesquisa, enquanto os cursos se mantiveram unificados e mesmo depois de sua separação nos anos 1950. Assim, percebe-se que no conjunto dos apontamentos, forma-se um período mais complexo e verifica-se a multiplicidade de caminhos possíveis a serem seguidos, que não aqueles já conhecidos e divulgados pela historiografia brasileira.

Nesse sentido, o presente estudo, buscou, num primeiro momento, verificar como um grupo de professores, situados entre aqueles que fizeram parte do elenco inicial de contratados para o curso, entre brasileiros e franceses, bem como os alunos das primeiras turmas que vieram a fazer parte dos quadros de professores/pesquisadores, no período de 1934 a 1956, procuraram delimitar o quadro curricular do curso, na medida em que ocorriam os primeiros desdobramentos nas cátedras. E, num segundo momento, procuramos analisar, com base nas trajetórias de alguns dos docentes do curso, de que modo propuseram a escrita da história das civilizações e da civilização brasileira.

As fontes principais desta pesquisa foram, portanto, os *Anuários da Faculdade de Filosofia, Ciências e Letras* da Universidade de São Paulo produzidos entre as décadas de 1930 e 1950. Na década de 1930 foram produzidos três números referentes aos anos: 1934-35; 1936; 1937-38. Neles apresenta-se: aulas inaugurais (proferidas pelo catedrático mais recente no início do ano letivo); os programas de disciplinas de cada um dos cursos das subseções (onde aparece súmula de matéria da disciplina, em alguns casos acrescentada de bibliografia organizada pelo docente); listas de matrículas de alunos e lista de formandos entre os cursos; relatórios da cadeira, de onde os docentes avaliavam procedimentos didáticos, matéria e leituras; há reprodução das atas de reuniões da congregação da Faculdade de Filosofia; súmula curricular de docentes contratados para os cursos e gráficos de orçamentos e gastos da Faculdade. Na década de 1940 a produção dos anuários foi interrompida, principalmente em função da contenção de gastos do orçamento da instituição. Foi nos anos 1950, com a administração de Eurípedes Simões de Paula, então diretor da Faculdade de Filosofia, que os *Anuários* voltaram a ser produzidos. Na década de 1950 foram organizados outros quatro números: 1939-49, 2v; 1950; 1951; 1952. O formato foi similar aos daqueles produzidos nos anos 1930. Contudo, diminuiu-se a reprodução de atas e aumentou a reprodução de editais de concursos de cátedra, e da legislação federal e estadual vigente para os cursos, bem como os efeitos que produziam para as suas estruturas curriculares.

Os objetivos propostos nesta pesquisa serão alcançados mediante a utilização dos registros de alunos, estrutura da(s) grade(s) curricular(es) do curso de História e Geografia, dos currículos de professores e das aulas inaugurais e relatórios das cadeiras. Nas listas de matrículas de alunos constam: número de alunos matriculados, formandos e o sexo (ver apêndice n. 1). Os currículos dos profissionais referem-se ao quadro sucinto de experiências adquiridas pelo profissional no âmbito de sua especialidade na área de História, Geografia ou Etnografia, com descrição dessas experiências na forma de registro de aquisição de títulos, cargos e publicações. Nas aulas inaugurais constam debates, sobre cada área, e às vezes são acrescidas com bibliografia; e os relatórios das cadeiras contêm súmula de conteúdos, produção da cadeira e os materiais que foram adquiridos (como mapas, livros, revistas e documentos). Evidentemente, observaram-se as discussões das atas e as leis e decretos que foram incorporados entre as cadeiras do curso de Geografia e História, e o efeito que tiveram para a estrutura curricular do curso. Além disso, também foi fundamental o levantamento e análise das correspondências ativas e passivas dos docentes, bem com suas obras, para que pudéssemos definir quais os caminhos e as propostas que pensaram para a escrita da história das civilizações antiga e medieval, moderna e contemporânea, a americana e da civilização brasileira.

A escolha das fontes ocorreu principalmente por serem locais de reunião e organização do espaço de decisões do trabalho intelectual, tanto individual como coletivamente, em que propostas são criadas e, consequentemente, conhecidas e divulgadas. A preocupação com o tempo em que foram produzidas as fontes, nesse sentido, resulta como uma das necessidades para se rastrear o tempo histórico no qual e pelo qual o historiador ordena e seleciona os acontecimentos. Por suas características próprias, existe o "tempo" em que houve a programação do curso e o estabelecimento institucional de suas delimitações; o "tempo" em que o diagnóstico sobre as funções do trabalho intelectual esteve sendo repensado, para transpor as insuficiências verificadas na grade curricular anterior; o "tempo" da rememoração do trabalho intelectual e o "tempo" de produção e publicação de livros e artigos.

De acordo com vários autores, dentre os quais Sérgio Miceli (2001), formar-se-ia a partir da Primeira Republica (1889-1930) as condições básicas necessárias ao desenvolvimento de um 'campo intelectual'[7] no Brasil; no qual a crítica especializada, a impressão sequencial de livros, revistas especializadas e a formação de "intelectuais" nos mais diversos campos do saber seriam o alicerce fundamental, para a expansão dos debates e intercâmbios que marcariam os congressos, institutos e universidades, então "lugares sociais" essenciais às trocas de ideias e as disputas pelo poder. Além disso, consistiria ainda do "campo intelectual" os rituais de consagração que se estenderiam nas defesas de dissertações e teses, as nomeações, aos concursos e ao recebimento de títulos (Cf. BOURDIEU, 2008a). Não sem razão, o conceito de "intelectual" a ser utilizado nesta pesquisa se

7 Para Pierre Bourdieu o campo é o espaço de disposição e de diferenciação dos grupos sociais. Nele se avaliariam as formas de enfrentamento e disputas pelo poder. O campo possuiria um grau de autonomia relativa com relação ao espaço exterior, mas não se fecharia sobre si, porque não deixaria de analisar condicionantes e disposições externas. Apesar de seu grau de autonomia relativa, o campo depende das disposições de lucro, preço, venda, determinações políticas, no espaço social. No campo intelectual, tudo que o envolve formaria ritos de consagração (Cf. BOURDIEU, 1990, 2008a). Para ele, o campo científico "enquanto sistema de relações objetivas entre posições adquiridas (em lutas anteriores), é o lugar, o espaço de jogo de uma luta concorrencial. O que está em jogo especificamente nessa luta é o monopólio da *autoridade científica* definida, de maneira inseparável, como capacidade técnica e poder social; ou, se quisermos, o monopólio da *competência científica*, compreendida enquanto capacidade de falar e agir legitimamente (isto é, de maneira autorizada e com autoridade), que é socialmente outorgada a um agente determinado" (BOURDIEU, 1983, p. 122-23).

restringiu ao produtor de 'bens simbólicos' (participante ou não na arena dos debates políticos), envolvendo-se essencialmente com a interpretação da realidade social e sendo um elaborador e divulgador de 'visões de mundo' (Cf. GOMES, 1996, p. 38-9).

Os locais ou espaços de sociabilidade (GOMES, 1999) que se formavam no interior de cada curso caracterizavam os laços de amizade, as escolhas políticas e as predisposições teóricas e práticas de cada um dos professores. Desse modo, os espaços de sociabilidade devem ser vistos num duplo sentido: como locais de produção e como espaços de troca. Para Jean-Françóis Sirinelli: "a palavra sociabilidade reveste-se, de uma dupla acepção, ao mesmo tempo 'redes' que estruturam e 'microclimas' que caracterizam um microcosmo intelectual particular" (1996, p. 252-53) variando, naturalmente, de acordo com o grupo ou a época estudada. No sentido conferido pelo autor, o espaço de sociabilidade representaria simultaneamente as estruturas institucionais e as redes organizacionais derivadas das relações dos intelectuais naqueles locais específicos. Assim, os espaços de sociabilidade corresponderiam a locais geograficamente situados e a relações afetiva e profissionalmente construídas pelos 'pares'.

Teresa Malatian (2001, p. 20-21) notou que o conceito de 'colégio invisível' empregado por Raquel Glezer (1976), mostra-se útil para a compreensão do conceito de espaço de sociabilidade, porque o colégio consiste em um "grupo de pessoas, em cada ramo do conhecimento [...] razoavelmente bem relacionadas entre si, encontrando-se em conferências, permutando publicações e colaborando em instituições de pesquisa. Constituem um grupo de poder, em níveis locais e nacionais, controlando instituições, prestígio pessoal, destino de novas idéias e orientação para abordagem de novas áreas". (GLEZER, 1976, p. 22). Assim seria no interior do "campo intelectual" que emergiria toda a dinâmica de funcionamento do 'colégio invisível' e dos 'espaços de sociabilidade', a serem rastreadas mediante a análise do tipo de *habitus* que se formariam nesses locais e a maneira com que conduziriam os rituais de consagração e o manejo dos 'bens simbólicos'.

Nesse sentido, para rastrear como ocorreu à institucionalização do ensino universitário de História na FFCL/USP, procurou-se investigar as transformações do curso, em termos curriculares, até o momento de separação do curso de História e Geografia, em 1956.[8] Optou-se, em função do curso de História e Geografia estarem unificados no período, pelo acompanhamento de uma parte dos professores (historiadores brasileiros e franceses), e alunos que vieram a se tornar parte do corpo docente e de pesquisa nas cátedras, onde exerceram suas funções profissionais. Por meio desse recurso visou-se analisar como procuraram delimitar o quadro curricular do curso. Ao mesmo tempo procuramos inquirir de que maneira alguns desses profissionais definiram como deveria ser escrita a história das civilizações em geral, e da brasileira em particular. Nesse ponto, a obra de Michel de Certeau (2002) foi fundamental para o desenvolvimento dos procedimentos metodológicos desta etapa da pesquisa, ao definir a "operação historiográfica" como o cruzamento articulado de um 'lugar social', de uma 'prática' de pesquisa e de uma 'escrita'. O que tornava, não por acaso, o 'fazer história' também o resultado de uma "prática" peculiar de inquirir as fontes, pensar o passado, o presente e o futuro, e, nesse processo (também historicamente definido), escrever a história. Diante do que foi exposto acima, espera-se que este livro seja do interesse tanto do leitor 'culto' e dos iniciantes dos cursos de História, Geografia, Pedagogia e de Ciências Sociais, bem como de outras áreas das Humanidades, a quem o livro foi dirigido mais diretamente; quanto para o pesquisador profissional e especialista na área, com quem esperamos possa vir a contribuir também.

***

A primeira parte deste trabalho teve sua origem numa dissertação de mestrado defendida em 1 de abril de 2004 (mesmo considerando que

8 Segundo Paulo Henrique Martinez o período de "1935-1956 [...] foi um momento chave da produção historiográfica brasileira, marcado pela geração do conhecimento histórico sob padrões do trabalho intelectual cientificamente orientado e a partir das estruturas de um sistema universitário. O diálogo com essa tradição intelectual nos estudos históricos, a da moderna historiografia francesa, com forte e destacada presença nos ambientes culturais e universitários de inúmeros países, entre os quais o Brasil, pode conduzir a uma compreensão melhor abalizada da recepção dos instrumentos conceituais, métodos de trabalho, práticas de estudo, ensino e pesquisa em História, transplantados para a FFCL\USP por intermédio dos integrantes da missão francesa". (MARTINEZ, 2002, p. 14).

o texto aqui presente tenha passado por uma completa reformulação de seu conteúdo), perante a banca composta pelos professores doutores Ivan Aparecido Manoel (orientador), Márcia Regina Capelari Naxara e José Luís Sanfelice, aos quais desde já sou grato pelos comentários, críticas e sugestões, que dentro do possível foram aqui incorporadas. Igualmente aproveito para estender meus agradecimentos a Márcia Naxara e ao Prof. Dr. Jean Marcel Carvalho França, que estiveram na banca de qualificação do trabalho em 1 de outubro de 2003 e foram muito atentos aos detalhes, sugerindo caminhos e eximindo falhas ao texto, que sem a sua ajuda, provavelmente teriam permanecido.

A segunda e a terceira parte deste trabalho foram fruto das pesquisas: "*Ofício de historiador na Universidade de São Paulo: entre o autodidatismo e a profissionalização do trabalho intelectual de História (1934-1968)*", desenvolvida na Universidade Estadual de Mato Grosso do Sul (UEMS) entre 2005 e 2008, e contou com três bolsas de iniciação científica do CNPq, aos quais sou grato, juntamente com o trabalho exemplar dos meus alunos: André Dioney Fonseca e Marcilene Nascimento de Farias; e "*A institucionalização do ensino universitário de História na Faculdade de Filosofia, Ciências e Letras da Universidade Federal do Paraná (1938-1971)*", desenvolvida entre 2013 e 2015 como parte do estágio de pós-doutorado realizado no programa de pós-graduação em História da UFPR, que aproveito aqui para agradecer a supervisão do Prof. Dr. Renato Lopes Leite, com sugestões e comentários sempre muito pertinentes.

A realização dessa pesquisa contou ainda com a contribuição direta e indireta de diversas pessoas, para as quais desde já agradeço a dedicação e atenção que me foram dispensadas. Um agradecimento especial aos professores do departamento de História da UNESP, Campus de Franca, que tornaram essa pesquisa possível, entre os quais destacamos o Prof. Dr. Ivan Aparecido Manoel, a Prof.ª Dr.ª Aparecida da Glória Aissar, o Prof. Dr. Pedro Geraldo Tosi, a Prof.ª Dr.ª Mariza Saenz Leme, o Prof. Dr. Horácio Gutierrez, a Prof.ª Dr.ª Ida Lewkowicz e a Prof.ª Dr.ª Teresa Maria Malatian. Também estendo os mesmos agradecimentos aos meus colegas do Núcleo de Ciências Humanas da Universidade Estadual de Mato Grosso do Sul (UEMS).

Durante esses anos, a pesquisa foi apresentada, em versões parciais, em vários eventos e congressos nacionais. Algumas versões anteriores de capítulos do livro foram publicadas nas revistas: *Estudos de História (UNESP/ Franca), Ágora (Unisc), Emblemas (UFG), Projeto História (PUC/SP), La Salle (Canoas)* e *Revista de Ciências Humanas (UFV)*, às quais agradeço aos pareceres anônimos recebidos, que ajudaram a enriquecer o trabalho.

Versões anteriores desse texto foram lidas e apreciadas por vários colegas de trabalho, principalmente, nos congressos em que estivemos. Por suas sugestões e contribuições, agradeço ao Prof. Dr. Antonio Celso Ferreira (Unesp/Assis); ao Prof. Dr. Milton Carlos Costa (Unesp/Assis), ao Prof. Dr. Paulo Henrique Martinez (Unesp/Assis), ao Prof. Dr. José Luis Bendicho Beired (Unesp/Assis), ao Prof. Dr. Nelson Schapochnik (USP), a Prof.ª Dr.ª Marieta de Moraes Ferreira (UFRJ), a Prof.ª Dr.ª Circe Bittencourt (PUC/ SP), a Prof.ª Dr.ª Selva Guimarães Fonseca (UFU), ao Prof. Dr. Astor Antônio Diehl (UPF), ao Prof. Dr. Estevão Chaves de Rezende Martins (UnB), ao Prof. Dr. José Carlos Reis (UFMG), a Prof.ª Dr.ª Helenice Rodrigues da Silva (UFPR), ao Prof. Dr. Manoel Luiz Salgado Guimarães (UFRJ), ao Prof. Dr. Temístocles Cezar (UFGRS), ao Prof. Dr. Jurandir Malerba (PUC/RS), a Prof.ª Dr.ª Márcia Mansor D'Aléssio (PUC/SP), a Prof.ª Dr.ª Sara Albieri (USP), ao Prof. Dr. José Costa D'Assunção Barros (UFRRJ), ao Prof. Dr. Hermetes Reis de Araújo (UFU), ao Prof. Dr. Luis Corrêa Lima (PUC/RJ), ao Prof. Dr. Luiz Sérgio Duarte da Silva (UFG), ao Prof. Dr. Pedro Spinola Pereira Caldas (UFU), a Prof.ª Dr.ª Karina Anhezini (UNESP/Assis); ao Prof. Dr. Júlio Bentivoglio (UFES), ao Prof. Dr. Marcos Costa, ao Prof. Dr. Jonas Rafael dos Santos e a Prof.ª Dr.ª Raquel Glezer (USP). A todos agradeço pela atenção. Evidentemente, as falhas ainda remanecentes (e, quase sempre, inevitáveis) do texto são de inteira responsabilidade do autor.

Agradeço ainda aos meus familiares – Faustino e Ivanir Roiz, meus pais; Denis, Ana e Yasmin Roiz, meu irmão e sua família; assim como aos meus avôs Diogo e Carmen Roiz (*in memorian*) – por darem às condições essenciais, e sem, com isso, deixarem de lado o indispensável afeto; e, em especial, a Sofia Roiz e o Guilherme Roiz, meus filhos queridos, meus portos seguros, e a quem dedico este trabalho. Aos meus alunos do curso de História e de Ciências Sociais da UEMS de Amambai, que desde 2005, mesmo sem o saber, contribuíram diretamente com a finalização desta pesquisa. Aos meus alunos do curso de Pedagogia e de Ciências Sociais, da unidade de Paranaiba, assim como aos dos programas de pós-graduação em Educação e aos do mestrado profissional em ensino de História (ProfHistória). Sou grato ainda aos alunos do programa de pós-graduação em História da UFGD, do qual fui professor permanente. E, enfim, ao Prof. Dr. Ivan Aparecido Manoel, que acreditou na realização deste trabalho desde o início, mais uma vez meu muito obrigado por tudo que me ensinou.

Por fim, gostaria de agradecer a Capes e ao CNPq, que em momentos distintos tornaram possível a execução desta pesquisa. Agradeço ainda a Capes por ter aprovado o pedido de fomento de auxílio publicação deste livro e a Alameda Casa Editorial que acreditou no projeto desde o início.

Parte 1

A instituição e o regime de cátedras

Capítulo 1

A instituição em construção[1]

O objetivo deste capítulo é demonstrar como Júlio de Mesquita Filho (1892-1969) e Fernando de Azevedo (1894-1974), preocuparam-se em elaborar "discursos fundadores", com vistas a definir os principais momentos e atores sociais, que vieram a participar da criação da Universidade de São Paulo.

Para efetuarem tal empreendimento, utilizaram-se, principalmente, de cerimoniais de formatura e comemorações da instituição, em que eram corriqueiramente convidados, e nas quais as orações de paraninfos de turma, as palestras e as conferências, vieram a servir diretamente para a formulação e manutenção de uma memória coletiva[2] entre alunos e professores da universidade, por meio da repetição. De modo que, esses discursos, em parte, fixados na memória coletiva serviram, muitas vezes, de base para indicar as formas pelas quais se deveria escrever a(s) História(s) da Universidade de São Paulo.

Evidentemente, como se mostrará no decorrer do texto, tais discursos, embora fundadores de uma "tradição inventada", para incutirem, via repetição, uma memória coletiva sobre a criação da instituição, entrava diretamente em choque com leituras e interpretações (distintas) de outros

---

1 Uma primeira versão deste texto pode ser encontrada em: ROIZ, 2009a.

2 Para Maurice Halbwachs, a "memória coletiva" resultaria de um quadro histórico de uma época, porque é uma construção social que dá sentido a identidade de um grupo de pessoas. Ao mesmo tempo em que estariam limitadas as circunstancias sociais dessa época. Por isso entenderiam aquela história rememorada como 'real'. Esses atores sociais, por isso, seriam resultados e resultantes daquela atmosfera psicológica que construiu suas personalidades individuais (HALBAWACHS, 1990).

atores sociais que participaram, direta ou indiretamente, da fundação da Universidade de São Paulo, em 1934.

Tais histórias associavam a trajetória do estado de São Paulo, com a experiência histórica da Alemanha do final do século XVIII, ou ainda com a da França pós-1870, após sua derrota na guerra franco-prussiana, como ocorrera com os protagonistas que escreveram o projeto piloto de criação da universidade, a exemplo de Fernando de Azevedo e Júlio de Mesquita Filho. Em certas circunstâncias ainda, voltavam-se para a história do bandeirantismo paulista, de modo a indicar o pioneirismo de São Paulo, como justificativa histórica para a sua recuperação após 1930, a exemplo de Afonso D'Escragnolle Taunay (1876-1958) e Alfredo Ellis Júnior (1896-1974).

No primeiro caso, defendia-se a vinda de profissionais estrangeiros como um dos critérios para a formação de professores para o ensino secundário e de especialistas para o ensino superior. No segundo caso, se era contrário a tal justificativa, associando-se a necessidade de aproveitar os "autodidatas" do estado e do país, para cumprirem essa tarefa essencial para o desenvolvimento de São Paulo e da nação brasileira (CARELLI, 1994; BONTEMPI JÚNIOR, 2001; FERREIRA, 2002; ARAÚJO, 2006; ROIZ, 2007).

Portanto, é sobre essa questão que este capítulo irá se deter mais pausadamente. Assim, levanta-se, no capítulo, a possibilidade de fabricação de uma imagem, entre as décadas de 1930 e 1950, sobre a criação da Universidade de São Paulo, que viria a se constituir como uma tradição, tanto entre os alunos que eram formados, como em parte signifcativa dos docentes da Faculdade de Filosofia. Destarte, conforme havia dito Eric Hobsbawm, na introdução do livro: *A invenção das Tradições*, "muitas vezes 'tradições' que parecem ou são consideradas antigas são bastante recentes, quando não são inventadas". Assim:

> [...] por 'tradição inventada' entende-se um conjunto de práticas, normalmente reguladas por regras tácitas ou abertamente aceitas; tais práticas, de natureza ritual ou simbólica, visam inculcar certos valores e normas de comportamento através da repetição, o que implica, automaticamente, uma continuidade em relação ao passado. Aliás, sempre que possível, tenta-se estabelecer continuidade com um passado histó-

> rico apropriado [...]. Contudo, na medida em que há referência a um passado histórico, as tradições 'inventadas' caracterizam-se por estabelecer com ele uma continuidade bastante artificial. Em poucas palavras, elas são reações a situações novas que ou assumem a forma de referência a situações anteriores, ou estabelecem seu próprio passado através da repetição quase que obrigatória (HOBSBAWM, 1997, p. 9-10).

Para este, a "invenção de uma tradição", que envolve a elaboração de práticas e de um "relato fundador" que se repita no tempo, ocorre, fundamentalmente, quando os atores sociais que fazem parte deste relato fundador, como partícipes diretos do processo, deixaram de desempenhar as suas funções. Quanto a esse aspecto, tanto Júlio de Mesquita Filho, quanto Fernando de Azevedo, em seus textos e em suas falas, viam na figura de Armando de Salles Oliveira (1887-1945) a base para o sucesso do projeto de criação de uma universidade no Estado de São Paulo, nos anos iniciais da década de 1930. Por outro lado, de acordo com Ângela Alonso:

> É da natureza dos movimentos intelectuais e políticos inventarem rótulos de identidade, como estratégia de diferenciação, bem como uma tradição, um panteão de heróis e obras de legitimação de suas posições, especialmente em períodos de mudança social (ALONSO, 2002, p. 32).

Aliás, os movimentos intelectuais e políticos no Brasil, desde o século XIX, pelo menos, procuraram construir as suas tradições, por meio de um repertório discursivo que os diferenciassem de outros grupos, ao mesmo tempo em que delineavam uma pretendida originalidade teórica e prática, com obras e manifestos de fundação elaborados por seus atores sociais originários (ALONSO, 2002). Ou ainda, a faziam retrospectivamente, como forma de definir campos de atuação, a partir da ação dos fundadores do movimento e das obras e autores a ele vinculados, com os quais se preocupavam em situar objetivos paralelos, na medida em que se definia uma "identidade em comum" (FERREIRA, 2002).

No caso específico da fundação da Universidade de São Paulo, como se verá, ambas as possibilidades se mesclavam, por se tratar de um movimento em que os atores sociais que deram origem as primeiras iniciativas para a sua criação, atuarem em momentos emblemáticos da instituição (como reuniões, comemorações, rituais de consagração, aulas, relatórios e orientações de pesquisas), formando nas primeiras turmas dos cursos da Faculdade de Filosofia, Ciências e Letras, "laços de continuidade"[3]. Muitas vezes, os alunos que prosseguiam na Faculdade de Filosofia, como auxiliares ou assistentes nas cátedras, mantinham uma tradição intelectual: ou por manutenção dos ideais dos fundadores, ou por discordância as suas iniciativas (GOMES, 1999).

Assim, para delimitar melhor a exposição nos pautaremos nos seguintes pontos: a) como foi interpretada a criação da universidade; b) quem foram os atores sociais que participaram do empreendimento; c) e quais os objetivos principais da Faculdade de Filosofia, Ciências e Letras. Esses três pontos estiveram nos pronunciamentos e discursos aqui analisados.

É comum a constatação de que a história da criação das universidades brasileiras, e por extensão do ensino universitário, ainda ser um tema pouco investigado na historiografia nacional.[4] Embora muitos estudos aventem as diferenças estaduais quanto à implantação de universidades no Brasil, a partir da década de 1920, constituindo-se em importante referência para pesquisa-

---

3 Bontempi Júnior (2001) observou questão similar ao analisar o tema. Sua preocupação, fundamental, estava em demonstrar o contexto no qual surgiu a cadeira de História e Filosofia da Educação da Faculdade de Filosofia, Ciências e Letras da Universidade de São Paulo, entre as décadas de 1940 e 1960, por meio da análise pormenorizada da trajetória de Laerte Ramos de Carvalho, que a regeu durante vários anos. Principalmente, por que este teria elaborado "aquele que é considerado o primeiro projeto acadêmico de escrita da história da educação brasileira", nas palavras do autor. E quanto a esse aspecto, qual foi a sua contribuição para a história da historiografia da educação no Brasil. Nossa preocupação, por outro lado, esteve mais em demarcar diferentes modos de 'escrita da história' sobre a universidade, que direta ou indiretamente, eram 'influenciados' pela 'memória coletiva' elaborada sobre a instituição. Que, em geral, esbarrava-se perante as críticas de 'atores sociais' contrários a maneira como o projeto havia sido colocado em 'pratica', com a criação da instituição em 1934.

4 Nas últimas duas décadas a bibliografia sobre a história das universidades e dos cursos universitários no Brasil vem se apresentando de forma mais expressiva, a exemplo de trabalhos como: MICELI, 2001; MICELI, 1989, 1995, 2v.; SCHWARTZMAN, 1979; SCHWARTZMAN, 1982.

dores, revelam-se insuficientes no que diz respeito à fundação de várias universidades, ao desenvolvimento de cursos, programas de ensino e pesquisa e ao formato curricular das "novas" áreas que foram criadas nos anos de 1930 (CUNHA, 1975, 1986, 1989; FALCON, 1996; ROIZ, 2004, 2007).

A importância deste tipo de estudo se justifica, portanto, por procurar delinear melhor a forma como foram elaborados os primeiros relatos sobre a criação da Universidade de São Paulo, e que, em muitos casos, serviram de base para a escrita de algumas de suas histórias.[5] Ao fazermos isso queremos indicar como a instituição procurou construir suas regras de funcionamento, as quais mediaram às disputas pelo poder, que se difundiriam a partir de então na universidade – como veremos no próximo capítulo.

Os principais informes compulsados nesta pesquisa foram os *Anuários da Faculdade de Filosofia, Ciências e Letras* da Universidade de São Paulo, produzidos entre as décadas de 1930 e 1950.

Na década de 1930, elaboraram-se três números referentes aos anos de: 1934-35; 1936; 1937-38. Neles se apresentava: reprodução total (às vezes

---

5 A construção desta 'memória coletiva' foi também ensejada por uma parte dos intérpretes da história da instituição. Ernesto de Souza Campos ao procurar historiar o processo de construção da Universidade de São Paulo procurou desenvolver os caminhos percorridos pela intelectualidade paulista. Diferente de sua oração como paraninfo da turma de 1938, aqui o autor demonstrava a participação do grupo de 'O Estado de S. Paulo' e de Fernando de Azevedo, e o grupo da 'Escola Nova' (CAMPOS, 1954). Heládio Antunha em sua tese de livre docência sobre a história da universidade procurava historiar os caminhos trilhados pela intelectualidade paulista para alcançarem a meta de construção de uma universidade no Estado (ANTUNHA, 1974). Diferente destes, Simon Schwartzman, que não teve sua formação enraizada na Universidade de São Paulo, acabava também por concordar com as linhas gerais daquele relato que delineava a fundação e os objetivos da instituição, como uma forma de recuperar a hegemonia perdida pelo Estado de São Paulo (SCHWARTZMAN, 1978). Nesse sentido, pode-se observar a força e os prolongamentos daquela 'memória coletiva' construída sobre a instituição entre os anos de 1930 e 1950. Evidentemente esse relato já foi consideravelmente revisto pela historiografia, como discorrem os trabalhos de: PRADO, 1974; CARDOSO, 1982; NADAI, 1987; LIMONGI, 1988; FREITAS, 1993. Todavia, até aqui nenhum trabalho procurava historiar a construção daquele relato fundador sobre a história da instituição.

parcial) dos discursos de paraninfos e oradores de cada turma de formandos da instituição; aulas inaugurais (proferidas pelo catedrático mais recente no início do ano letivo); os programas de disciplinas de cada um dos cursos das subseções (com súmula de matéria da disciplina, em alguns casos acrescentada de bibliografia organizada pelo docente); listas de matriculas de alunos e listas de formandos entre os cursos; relatórios de cadeira, de onde os docentes avaliavam procedimentos didáticos, matéria e leituras; há reprodução de atas das reuniões da congregação da Faculdade de Filosofia; súmula curricular de docentes contratados para os cursos e gráficos de orçamentos e gastos da Faculdade.

Na década de 1940 a produção dos anuários foi interrompida, principalmente, em função de problemas orçamentários. Foi nos anos iniciais da década de 1950, com a administração de Eurípedes Simões de Paula (1910-1977), então diretor da Faculdade de Filosofia, que os anuários voltaram a ser produzidos.

Na década de 1950 foram organizados mais quatro números: 1939-49, 2v; 1950; 1951; 1952.[6] O formato foi similar aos daqueles produzidos nos anos de 1930. Contudo, diminuiu-se a reprodução de atas e aumentou a de editais de concursos de cátedra e das legislações aprovadas pela Câmara dos Deputados da Assembléia Legislativa de São Paulo para os cursos. Neste estudo nos detivemos na análise e comparação dos discursos de paraninfos e oradores de cada turma de formandos da instituição (e de suas respectivas obras).

---

6 Na década de 1930 foram impressos três volumes: USP, FFCL. *Anuário da Faculdade de Filosofia, Ciências e Letras, 1934-1935*. USP, São Paulo: Empreza Grafica da "Revista dos Tribunaes", 1937; USP, FFCL. *Anuário da FFCL.,1936*. USP, São Paulo: Empreza Grafica da "Revista dos Tribunaes", 1937; USP, FFCL. *Anuário da FFCL., 1937-1938.*USP, São Paulo: Empreza Grafica da "Revista dos Tribunaes", 1939. Na década de 1950 foram publicados outros cinco volumes: USP, FFCL. *Anuário da FFCL., 1939-1949.* USP, São Paulo: Seção Gráfica; Industria Gráfica José Magalhães Ltda., 1953, 2v.; USP, FFCL. *Anuário da FFCL., 1950.* USP, São Paulo: Seção Gráfica; Industria Gráfica José Magalhães Ltda., 1952; USP, FFCL. *Anuário da FFCL., 1951.* USP, São Paulo: Seção Gráfica; Industria Gráfica José Magalhães Ltda., 1953; USP, FFCL. *Anuário da FFCL., 1952.* USP, São Paulo: Seção Gráfica; Industria Gráfica José Magalhães Ltda., 1954.

A escolha das fontes ocorreu principalmente por serem locais de reunião e organização do espaço de decisões do trabalho intelectual, tanto individual como coletivamente, em que posições são tomadas e propostas são criadas e, consequentemente, conhecidas e divulgadas.[7] A preocupação com o tempo em que foram produzidas as fontes, nesse sentido, resulta como uma das necessidades para se rastrear o tempo histórico no qual e pelo qual o historiador ordena e seleciona os acontecimentos. Por suas características próprias, existe o "tempo" em que houve a criação da Universidade de São Paulo e o estabelecimento institucional de suas regras e delimitações institucionais; o "tempo" em que foi elaborado o seu 'relato fundador'; o "tempo" da rememoração dos acontecimentos, a partir das formaturas e rituais de consagração, nos quais se procurava criar uma memória coletiva, e o "tempo" de produção e publicação de livros e artigos sobre a história da instituição.

De acordo com vários autores, dentre os quais Sérgio Miceli (2001), formar-se-ia a partir da Primeira Republica (1889-1930), as condições básicas necessárias ao desenvolvimento de um 'campo intelectual'[8] no Brasil,

---

7 Bruno Bontempi Júnior, em sua tese de doutorado (2001, p. 31-76), já havia trabalhado com as mesmas fontes e historiado de modo consistente, parte do processo histórico que desencadeou a produção de uma 'memória coletiva' sobre a Universidade de São Paulo. Procurou-se, com esse texto, avançar em alguns pontos daquele 'relato fundador', mas sem com isso deixar de observar a importante contribuição efetuada por Bontempi Júnior para o tema.

8 Para Pierre Bourdieu o campo é o espaço de disposição e de diferenciação dos grupos sociais. Nele se avaliariam as formas de enfrentamento e disputas pelo poder. O campo possuiria um grau de autonomia relativa com relação ao espaço exterior, mas não se fecharia sobre si, porque não deixaria de analisar condicionantes e disposições externas. Apesar de seu grau de autonomia relativa, o campo depende das disposições de lucro, preço, venda, determinações políticas, no espaço social. No campo intelectual, tudo que o envolve formariam ritos de consagração. Para ele, o campo científico "enquanto sistema de relações objetivas entre posições adquiridas (em lutas anteriores) é o lugar, o espaço de jogo de uma luta concorrencial. O que está em jogo especificamente nessa luta é o monopólio da *autoridade científica* definida, de maneira inseparável, como capacidade técnica e poder social; ou, se quisermos, o monopólio da *competência científica*, compreen-

no qual a crítica especializada, a impressão sequencial de livros e revistas, a formação de intelectuais nos mais diversos campos do saber, a expansão dos debates e intercâmbios culturais, que marcariam em congressos, institutos e universidades os lugares sociais essenciais, às trocas de ideias e disputas pelo poder. Além disso, consistiria ainda do 'campo intelectual' os rituais de consagração que se estenderiam aos momentos comemorativos da instituição, a defesas de dissertações e teses, a nomeações, a concursos e ao recebimento de títulos. O conceito de intelectual a ser utilizado nesta pesquisa se restringe ao produtor de "bens simbólicos" (participante ou não na arena dos debates políticos), envolvendo-se essencialmente com a interpretação da realidade social e sendo um elaborador e divulgador de "visões de mundo" (GOMES, 1996, p. 38-9).

Os locais ou espaços de sociabilidade[9] que se formavam na Universidade de São Paulo, na Faculdade de Filosofia, Ciências e Letras, e no interior de cada curso caracterizavam os laços de amizade, as escolhas políticas e as predisposições teóricas e práticas de cada um dos professores e alunos da instituição (TRIGO, 1997; CERDEIRA, 2001). Teresa Malatian (2001, p. 20-1) notou que o conceito de 'colégio invisível' empregado por Raquel Glezer

---

dida enquanto capacidade de falar e agir legitimamente (isto é, de maneira autorizada e com autoridade), que é socialmente outorgada a um agente determinado." (BOURDIEU, 1983, p. 122-23).

9 Para Ângela de Castro Gomes, as redes de sociabilidade tratariam de idéias defendidas por grupos e distinguiriam as próprias posições que os atores sociais ocupariam no interior do grupo. Elas se formariam a partir de interesses comuns entre as pessoas que compõe o grupo, ou que estão nos seus arredores (GOMES, 1999). De modo que, os espaços de sociabilidades devem ser vistos num duplo sentido, como locais de produção e como espaços de trocas ocorridas nestes locais. Para Jean-Françóis Sirinelli "a palavra sociabilidade reveste-se, de uma dupla acepção, ao mesmo tempo 'redes' que estruturam e 'microclimas' que caracterizam um microcosmo intelectual particular" (SIRINELLI, 1996, p. 252-53) variando, naturalmente, de acordo com o grupo ou a época estudada. No sentido conferido pelo autor, o espaço de sociabilidade representaria simultaneamente as estruturas institucionais e as redes organizacionais derivadas das relações dos intelectuais naqueles locais específicos. Assim, os espaços de sociabilidade corresponderiam a locais geograficamente situados e a relações afetivamente construídas pelos 'pares'.

(1976), mostra-se útil para a compreensão do conceito de espaço de sociabilidade, porque o colégio consiste em um:

> [...] grupo de pessoas, em cada ramo do conhecimento [...] razoavelmente bem relacionadas entre si, encontrando-se em conferências, permutando publicações e colaborando em instituições de pesquisa. Constituem um grupo de poder, em níveis locais e nacionais, controlando instituições, prestígio pessoal, destino de novas idéias e orientação para abordagem de novas áreas (GLEZER, 1976, p. 22).

Desse modo, definindo-se como órgão de formação de professores para o ensino 'secundário' e de pesquisadores profissionais para o ensino superior, versados em áreas específicas do conhecimento, a Faculdade de Filosofia, Ciências e Letras, constituía-se como a principal instituição da Universidade de São Paulo, criada em 1934, segundo parte de seus fundadores.[10]

Nesse sentido, a hipótese que acompanha esta análise é que se procurava elaborar um discurso específico sobre a fundação da instituição, principalmente por parte do grupo que a organizou, dispondo-o em momentos comemorativos (como formaturas, aulas inaugurais e conferências), e almejando-se estabelecer uma memória coletiva sobre os acontecimentos que viabilizaram a fundação da universidade. Para Bourdieu (2013), em *Homo academicus*, tal necessidade se justificava pela longevidade de cursos como o de Medicina, ou Direito, cujas tradições já estavam cristalizadas nas instituições, e faziam com que as Faculdades de Letras e Filosofia procurassem, a sua maneira, elaborarem também suas tradições históricas e culturais. Essas lutas e disputas concorrenciais definiam a disposição dos grupos no poder, por meio da constituição de um *habitus*, no qual a aquisição de "capital cul-

---

10 Dentre os quais: AZEVEDO, 1971; AZEVEDO, 1963; MESQUITA FILHO, 1969. Para uma análise do contexto social em que essas idéias foram pensadas e implantadas ver: MATE, 2002; ROCHA, 2004. Para uma análise detalhada a respeito do movimento da 'escola nova' ver: CUNHA, 1992. Para uma análise de 'O Estado de S. Paulo' neste período ver: PRADO, 1974. E para um estudo a respeito das discussões do grupo *d'O Estado* com o grupo 'da escola nova' ver: CARDOSO, 1982; LIMONGI, 1988.

tural" e a composição de "bens simbólicos", além de estruturarem as regras específicas no interior do "campo", também condicionavam os meios pelos quais se daria a formação de seus "agentes sociais".

Embora a forma de recepção daquele discurso fosse variada entre alunos e professores, procuraremos mostrar que, entre os anos de 1930 e 1950, tentava-se viabilizá-lo para diferenciar a Faculdade de Filosofia, Ciências e Letras da Universidade de São Paulo (FFCL/USP)[11] de instituições similares criadas no período, como a Escola Livre de Sociologia e Política, fundada em 1933 (LIMONGI, 1989, p. 217-33), de um lado; e os cursos de Medicina, Direito e Engenharia, de outro. Procuravam também definir uma identidade para a instituição, no interior da universidade. Indica-se que a justificativa para tais propostas decorria, de um lado, do momento em que foi fundada a universidade, e de outro, da maneira como foram organizadas as Faculdades. As Faculdades que fizeram parte da organização institucional, representada na forma da Universidade de São Paulo, já contavam com uma história particular, porque foram criadas separadamente, no século XIX, para a formação de profissionais em áreas consideradas "práticas" em seu exercício - como a Medicina, a Engenharia e o Direito.[12]

Dos Projetos de fundação a criação da Universidade de São Paulo

A história do ensino universitário brasileiro tem demonstrado que iniciativas para a criação de Faculdades e Universidades no país - com exceção do projeto educacional dos jesuítas (DA CÁS, 1996) - não foram anteriores a instalação da família real portuguesa em sua colônia, no ano de 1808.[13] E, assim, seria do "conhecimento de todos que a educação superior foi instalada [...] de uma forma isolada e desarticulada dos níveis e graus, como

11 De agora em diante, salvo exceções: Faculdade(s) de Filosofia; FFCL; USP; ou FFCL/USP.

12 Para maiores detalhes sobre o tema ver: CAMPOS, 1954; NADAI, 1987; SAWAIA, 1979; ADORNO, 1988; BALBACHEVISKY, 1996; BARROS, 1959.

13 Entre os vários autores que discutiram o assunto ver, entre outros: CUNHA, 1986; NADAI, 1987; SCHWARTZMAN, 1979; ALONSO, 2002; BARROS, 1959; COELHO, 1999; HAIDAR, 1972; IGLÉSIAS, 2000.

decorrência da necessidade de formação de quadros" (NADAI, 1983, p. 3). Embora pareça facilmente convincente esta interpretação, porque, evidentemente, representa uma análise cuidadosa sobre o assunto, na verdade acaba, senão por desconsiderar outros caminhos, no mínimo a reduzir a complexidade do processo.

O contexto social no qual foi criada a USP talvez seja representativo para justificar o apontamento acima. Porque pensar a criação de uma universidade no Estado de São Paulo esteve relacionada às discussões da Câmara dos Deputados e permaneceu na pauta de vários intelectuais, desde, pelo menos, o final do século XIX. A primeira tentativa de implantação de uma universidade, chamada Universidade de São Paulo, ocorreu nos anos de 1910, com caráter particular e não público. Por diversos motivos a iniciativa foi criticada e não se desenvolveu: faltavam alunos e em algumas cadeiras não havia professores (NADAI, 1987). Porque também, entre as décadas de 1930 e 1950, procurava-se ainda definir a identidade da instituição, que criada em 1934, mas agora com caráter público, ainda buscava se consolidar no meio acadêmico que começava a ser gestado no país. Evidentemente, muitas universidades foram criadas nesse período.

> Em 1930 havia no país duas universidades em funcionamento: a Universidade do Rio de Janeiro, criada em 1920 por decisão do governo federal, e a Universidade de Minas Gerais, formada em 1927, como realização do governo desse estado. Além delas, foram criadas mais três após a reforma de 1931: a Universidade do Rio Grande do Sul que obteve o seu reconhecimento em 1934; a Universidade de São Paulo (USP), formada em 1934, durante o governo de Armando de Salles Oliveira e a Universidade do Distrito Federal (UDF), organizada por Anísio Teixeira em 1935, quando Pedro Ernesto era prefeito do Rio de Janeiro. Tanto na USP quanto na UDF, existia uma FFCL (GOMES, 2002, p. 421).

Mas o que nos interessa é demonstrar que os protagonistas participantes na criação da USP, para justificarem a fundação da instituição, procuraram cobrir toda a história nacional, com vistas a reconstituir o processo histórico, segundo seus próprios fins. Para alcançarem esses objetivos, entretanto, foram obrigados, inevitavelmente, a indicarem os momentos decisivos, em que projetos de criação de universidades foram pensados no Brasil, e as razões que promoviam a dissolução daquelas iniciativas. As formaturas foram, assim, momentos propícios para celebrarem a realização de um projeto e, com isso, se aproveitar à ocasião para formularem um "discurso fundador" sobre os acontecimentos, que dariam margem à execução das iniciativas que resultariam na criação de uma universidade no Estado de São Paulo.

Quando, em 1934, foi criada a USP muito já se tinha discutido sobre o que era a universidade e qual a sua função. Para Francisco Campos (1891-1968), ainda no início dos anos de 1930, a Universidade era entendida como uma "unidade administrativa e didática que reun[iria], sob a mesma direção intelectual e técnica, todo o ensino superior, seja o de caráter utilitário e profissional, seja o puramente científico e sem aplicação imediata." (CAMPOS, 1940, p. 60). O mesmo entendimento sobre a universidade era tido pelo grupo que se convencionou caracterizar como movimento por uma 'escola nova' (CUNHA, 1992). Diversos intelectuais participariam daquele grupo, dentre os quais: Fernando de Azevedo, Anísio Teixeira (1900-1971), M. B. Lourenço Filho (1897-1970), Roquette Pinto (1884-1954), Sampaio Dória (1923-1964), Paschoal Leme (1904-1997), Afrânio Peixoto (1876-1947) e o próprio Júlio de Mesquita Filho. Antes de serem organizadas as primeiras universidades no Brasil, alguns daqueles intelectuais participaram de importantes reformas no ensino. Sampaio Dória foi responsável pela reforma de 1920, em São Paulo. Lourenço Filho pela reforma de 1922 no Ceará. Fernando de Azevedo foi, ao lado de Paschoal Leme que fazia parte de sua equipe, responsável pela reforma de 1927 no Distrito Federal.[14] Além disso:

> Embora seja Francisco Campos considerado adepto da Escola Nova, assim como outros pedagogos da década de [19]20, incluindo Fernando de Azevedo, e tendo realizado a reforma do ensino primário e normal em Minas Gerais [quando secretário do interventor no governo do estado, Antônio Carlos (1926-1930)], a partir desta postura pedagógica, isto não impede um posicionamento político e ideológico, que guarda grandes diferenças com o 'sistema de princípios' que preside o projeto da Comunhão [paulista do grupo 'do Estado]. É Francisco Campos

14 Para uma avaliação dessas reformas, ver: MATE, 2002; PILETTI, 1982.

> defensor das instituições políticas vigentes na década de 20: defende, quando deputado federal [por Minas Gerais entre 1922 e 1926], o regime de estado de sítio, as medidas de exceção e repressão contra as manifestações militares de protesto às instituições vigentes; é opositor das manifestações tenentistas e do programa político de Assis Brasil. Coloca-se contra a autonomia dos municípios e dos estados e defende o fortalecimento do Poder Central. É contra o voto secreto, o sistema de partidos e os parlamentos, propondo a iniciativa e o monopólio da legislação pelo Poder Executivo (CARDOSO, 1982, p. 101-2).

Nos anos de 1930, o movimento diversificou sua ação, indo parte do grupo para gabinetes estaduais e federais, outra parte para escolas e institutos normais de formação de professores, e outros se dirigiram para iniciativas, que pretendiam construir universidades no país (ROCHA, 1990, 2004). Anísio Teixeira foi um dos idealizadores da Universidade do Distrito Federal, fundada em 1935, e Júlio de Mesquita Filho e Fernando de Azevedo contribuiriam diretamente na fundação da Universidade de São Paulo, em 1934, quando Armando de Salles Oliveira era o interventor do Estado.

Quando foi criada a instituição, segundo o decreto estadual n.º 6.283 de 25 de janeiro de 1934, assinado por Armando de Salles Oliveira, aquela seria a 'primeira universidade' criada sob o regime direcionado pelo 'Decreto de 1931' (CARDOSO, 1982, p. 95-126), de Francisco Campos, então Ministro da Educação e Saúde Pública, no qual ressaltaria a compreensão acima exposta sobre o que era a universidade. Iriam se agrupar a ela: a Faculdade de Direito (ainda pertencente ao governo federal); a Faculdade de Medicina (criada pelo governo estadual em 1913); a Faculdade de Farmácia e Odontologia (criada pelo governo estadual em 1899); a Escola Politécnica (criada pelo governo estadual em 1894); o Instituto de Educação; a Faculdade de Filosofia, Ciências e Letras (criada pelo decreto de 1934); o Instituto de Ciências Econômicas e Comerciais (que viria a ser instalado em 1946); a Escola de Medicina Veterinária (criada pelo governo estadual em 1928) e a Escola Superior de Agricultura (criada pelo governo estadual em 1899).[15] Além destas, englobariam a instituição, dentre outros: o Instituto Butantã,

15 Para maiores detalhes consultar: NADAI, 1987; CARDOSO, 1982.

o Museu de Arqueologia, História e Etnografia (mais conhecido como Museu do Ipiranga), o Serviço Florestal, o Instituto Biológico, o Instituto Agronômico de Campinas, etc. De acordo com Irene Cardoso, o decreto de criação da universidade trazia entre os primeiros artigos as seguintes deliberações: a) a formação das classes dirigentes e a democracia; b) a função primordial da universidade deveria ser a de afetar a "consciência social"; c) a universidade deveria estar voltada para a resolução dos problemas da nacionalidade; d) primar pelos altos estudos e a cultura livre e "desinteressada"; e) buscar a preparação dos jovens ao exercício de todas as profissões, por meio de uma concepção de divisão do trabalho intelectual, com vistas a organizar os quadros; f) por fim, ao Estado caberia a manutenção da educação, nesta instituição (CARDOSO, 1982, p. 122-23).

Assim, para aqueles protagonistas uma pergunta talvez tenha sido crucial: quais as condições que possibilitaram a criação da Universidade de São Paulo na década de 1930?

Sem dúvida alguma esse questionamento (como outros similares) serviu de base para que Júlio de Mesquita Filho e Fernando de Azevedo construíssem um relato convincente sobre a fundação da instituição, entre as décadas de 1930 e 1950, a partir da repetição de um discurso proliferado, em especial, nos momentos comemorativos da instituição. Para ambos,[16] o fato de ter sido convocado, em 1933, Armando de Salles Oliveira[17] (aquela

16 Oração do paraninfo Júlio de Mesquita Filho In: *Anuário da Faculdade de Filosofia, Ciências e Letras 1936*, 1937, p. 198-206; Discurso do paraninfo Júlio de Mesquita Filho. In: *Anuário da Faculdade de Filosofia, Ciências e Letras, 1939-1949*, 2v., 1953, p. 273-283; Discurso do paraninfo prof. dr. Fernando de Azevedo. In: *Anuário da Faculdade de Filosofia, Ciências e Letras, 1950*, 1952, p. 56-70.

17 Nasceu em 24 de dezembro de 1887 na cidade de São Paulo. Filho de comerciante português, também envolvido com o negócio de exportação de café. Fez seus estudos primários e secundários na Capital do Estado, fazendo em seguida o curso de engenharia civil na Escola Politécnica de São Paulo. A partir de 1908, com a morte dos pais, trabalhou em vários projetos, com a construção de trechos da Mojiana. Destacava-se como engenheiro e empresário, quando do casamento com Raquel de Mesquita, filha de Júlio de Mesquita, com quem fez sociedade em *O Estado de S. Paulo*. Lá conheceu Júlio de Mesquita Filho, Fernando de Azevedo

altura cunhado de Júlio de Mesquita Filho e diretor de o jornal *O Estado de S. Paulo*), como interventor do Estado de São Paulo, a convite de Getúlio Vargas, então presidente da república, foi-lhes decisivo na viabilização do projeto que daria o formato da futura universidade.

Mas se foram àquelas circunstâncias precisas que favoreceram a execução do empreendimento, o projeto que deu forma a iniciativa, por outro lado, era fruto das discussões efetuadas pela intelectualidade paulista, desde, pelo menos, a década de 1920, e como indica Irene Cardoso:

> Na década de 20, enquanto Júlio de Mesquita era ainda diretor-presidente de *O Estado de S. Paulo*, Júlio de Mesquita Filho era secretário do jornal (cargo que assumiu em 1921) e Francisco Mesquita, seu irmão, gerente. Os redatores principais eram Nestor Rangel Pestana e Júlio de Mesquita Filho. Armando de Salles Oliveira já era um dos diretores da Sociedade Anônima desde 1914, ao lado de Júlio Mesquita, pai. Com a morte deste, em 1927, Armando de Salles Oliveira tornou-se presidente da empresa e Júlio de Mesquita Filho, diretor do jornal. São redatores, nesta época, Plínio Barreto, Paulo Duarte, Léo Vaz, Amadeu Amaral e Vivaldo Coaracy. Fernando de Azevedo ingressou na redação em 1923, permanecendo até 1926 (CARDOSO, 1982, p. 43).

Para Cardoso (1982), que inventariou uma parte daquelas discussões, as relações da intelectualidade se mantinham presentes principalmente a partir da imprensa periódica, naquele momento centralizada em São Paulo,

---

e Rangel Pestana. Antes de se tornar interventor do Estado (entre 1933 e 1936), foram interventores: João Alberto Lins de Barros (que permaneceu entre novembro de 1930 até 13\6\1931), Laudo Ferreira de Camargo (que ficou até 13\11\1931), Manuel Rabelo (até o final de 1931), Pedro de Toledo (nomeado em 2\3\1932 permaneceu até o início de 1933). Entre o final de 1932 e início de 1933 foram solicitadas eleições para o Estado, mas permaneceram inexistentes em função da pressão militar. Quando ocorreu a saída de Pedro Toledo ficou no seu lugar Valdomiro Lima ligado a "Chapa única por São Paulo Único". Em 14 de julho Valdomiro Lima foi exonerado do cargo, substituindo-o Manuel de Cerqueira Daltro Filho. A 17 de agosto de 1933, devido as pressões partidárias do Estado, Armando de Salles Oliveira era nomeado por Getúlio Vargas como interventor do Estado. Para maiores detalhes: ABREU, 2001, 5v., p. 5.175-180.

no grupo de *O Estado*.[18] Segundo ela, com a obra de Júlio de Mesquita Filho, *A crise nacional*, publicada originalmente em 1925, que as discussões sobre a universidade se revigoraram no país. Porque a obra foi à pioneira de um conjunto de outras que discutiriam a necessidade de criação de centros de ensino e pesquisa nos mais variados ramos do conhecimento em todas as partes do país. E que foi aprofundada, primeiro, com o inquérito sobre a educação nacional, e paulista em particular, produzido por Fernando de Azevedo em 1926, a pedido do próprio Júlio de Mesquita Filho, e publicado na íntegra no jornal *O Estado de S. Paulo*; segundo, com o manifesto dos pioneiros da educação de 1932, no qual se reuniria parcela significativa dos integrantes do grupo da 'escola nova' (MATE, 1991, 2002; CUNHA, 1992; MIRANDA SÁ, 2003; ROCHA, 1990, 2004).

> Para o 'O ESP' as causas dos problemas políticos com que se defrontava a Nação [...] residiam na ausência das 'elites intelectuais' e a superação desses problemas só se poderia conseguir mediante o forjamento de uma nova elite à altura das necessidades do país [...] na perspectiva de 'O ESP' um dos fatores determinantes do caos político do país residia precisamente na ausência de uma *elite intelectual*, capaz de compreender os problemas de sua época e de dar a eles solução adequada. O preenchimento desse 'vazio intelectual' foi a tarefa que 'O ESP' reser-

18 Segundo Irene Cardoso: "'Grupo do *Estado*' corresponde à prática política do *partido*, partido que faz aliança com o P.D., mas não se confunde com ele; que se alia à Aliança Liberal e, nessa condição, é chamado a participar do 'secretariado do P.D.' (Plínio Barreto); que tem um seu representante (ainda Barreto) indicado para a interventoria em São Paulo, por João Alberto; que tem um representante novamente indicado e, desta vez, aceito, para a interventoria (Armando de Salles Oliveira); que assume o governo constitucional de São Paulo (A. S. O.); que lidera a formação do Partido Constitucionalista e que lança a candidatura de um seu representante para a Presidência da República (A. S. O.); que participa da União Democrática Brasileira (...). O 'grupo do *Estado*' é dissidência do P.R.P. de que se afasta por não se ver representado, ao lado do P.D., também dissidência (...) o Partido Constitucionalista e a União Democrática Brasileira, partidos institucionalizados dentro da estrutura partidária, não são a mera expressão do 'grupo do *Estado*', constituem alianças feitas sob a liderança efetiva dele." (CARDOSO, 1982, p. 45).

> vou às *universidades*, por cuja criação desencadeou intensa campanha [...]. O projeto inicial de Júlio de Mesquita Filho previa a criação de três universidades – uma ao norte, outra no centro e a terceira no sul – que seriam responsáveis pela transformação da mentalidade brasileira. Foi em função desse plano que se fundou a Faculdade de Filosofia, Ciências e Letras da atual Universidade de São Paulo [...]. Assim, a formação de 'elites intelectuais', capazes de discernir e equacionar os problemas brasileiros, liga-se ao desenvolvimento da consciência nacional e à própria elaboração da cultura do país. O papel que lhes era reservado, no plano político e cultural, revestia-se de suma importância, de vez que 'O ESP' entendia que as soluções para os intrincados problemas nacionais deveriam brotar da educação. Mesmo quando afastados do contato direto com as coisas da política, caberia a esses intelectuais – a partir da imprensa, da cátedra ou da literatura – formar e dirigir a massa inculta, forjando a 'opinião pública', esteio sobre o qual se assentava, na concepção do jornal, o destino político da nação (PRADO, 1974, p. 98-101).

Quando Fernando de Azevedo ingressou no jornal *O Estado de S. Paulo* em 1923, ele já conhecia Júlio de Mesquita Filho. Foi em 1926, que Fernando de Azevedo organizou um inquérito sobre a educação, publicado na íntegra no jornal naquele mesmo ano, com o objetivo de verificar a situação da educação pública paulista, circunstanciar as relações entre educação e política, e demonstrar que ao Estado caberia a promoção da educação. Mesmo após sua saída do jornal, em 1926, continuou-se, nos anos seguintes, a se divulgar notícias e artigos sobre a universidade e o ensino 'secundário' do Estado de São Paulo, e depois de criada a universidade em 1934, o jornal passou a indicar também as suas contribuições, para resolver parte daqueles problemas educacionais, políticos e econômicos (BONTEMPI JÚNIOR, 2006, p. 121-58). Nesse sentido, segundo Irene Cardoso, a universidade "teria basicamente duas funções dentro da sociedade: formação do professorado secundário e superior e, 'função superior e inalienável', formação, isto é, preparo e aperfeiçoamento das classes dirigentes" (CARDOSO, 1982, p. 29-30). Neste ponto, Jorge Nagle observa de forma semelhante à questão. Para ele no inquérito de 1926 se acentuava a:

> [...] tríplice função dos estabelecimentos universitários, 'de elaborar, ensinar e divulgar as ciências' [...] ao [...] regime universitário atribuíam-se tarefas de suma importância: o preparo das classes dirigentes [...] a formação do professorado secundário e superior – problema importante devido ao autodidatismo reinante – e o desenvolvimento de uma obra nacionalizadora da mocidade – núcleo para o qual convergem os problemas da universidade e da sociedade (NAGLE, 1976, p. 134).

A aproximação dos autores se deve ao fato de o inquérito ter sido proposto como parte integrante das ações do grupo de *O Estado*.[19] A ação daqueles protagonistas pode ser mais bem analisada quando comparados seus discursos de paraninfos na universidade.

Em seu discurso como paraninfo da primeira turma da Faculdade de Filosofia, na cerimônia realizada a 25 de janeiro de 1937, não por acaso, junto à comemoração do aniversário da cidade de São Paulo, Júlio de Mesquita Filho[20] ressaltaria a precariedade dos níveis de ensino 'primário' e, principalmente, 'secundário'. Para ele, proporcionada pela falta de pessoal qualificado para atender as necessidades de formação de uma 'cultura geral' nos alunos, e pela falta de salas e escolas para atender ao público crescente de crianças em idade escolar. A universidade, portanto, cumpriria um papel fundamental na formação de quadros especializados e de lideranças para a formação das novas gerações nas escolas de São Paulo. Mas, para Júlio de Mesquita Filho, esse papel se desdobraria na elevação cultural dos alunos, na medida em que fossem conscientizados da tarefa na qual estavam ligados, quando fossem ao encontro dos pais, com a função de esclarecê-los sobre o lugar do Estado de São Paulo na 'nação brasileira'.

Criava-se, desse modo, com a data comemorativa e a formação da primeira turma da Faculdade de Filosofia um momento de consagração,[21] no

---

19 Muitos outros autores têm chamado atenção para esse ponto: MATE, 2002; ROCHA, 2004; CUNHA, 1992; PRADO, 1974; LIMONGI, 1988.

20 Oração do paraninfo Júlio de Mesquita Filho In: *Anuário da Faculdade de Filosofia, Ciências e Letras 1936*, 1937, p. 198-206

21 Sobre a questão dos níveis de consagração ver: ABREU, 1996. Para uma análise da atuação profissional no setor acadêmico ver: BALBACHEVISKY, 1996.

qual o projeto de elaboração de universidades constituiria o ponto central da cerimônia, dispondo na 'memória coletiva' das pessoas que compareceram ao anfiteatro, o enaltecimento de um projeto dirigido por uma parte da 'elite dirigente paulista', em que se agrupava 'empresários' e 'educadores', desde o final dos anos de 1920 (LIMONGI, 1989, p. 111-87; CARDOSO, 1982). Nele se reuniram, de um lado, profissionais liberais que viriam a ser conhecidos como o 'grupo do jornal *O Estado de S. Paulo*' sob o comando de Júlio de Mesquita Filho; e do outro, com integrantes do que veio a ser denominado '*escolanovismo* brasileiro', no qual se reuniriam, entre outros, Fernando de Azevedo.[22] A meta almejada por aqueles homens e mulheres (que compunham o movimento escolanovista) foi à reconstrução do país, a partir da expansão do ensino 'primário' e 'secundário' por todo o território nacional (NUNES, 2001; CUNHA, 1992; BUENO, 1987). Dentro desse contexto social específico, que se deve observar o discurso de Júlio de Mesquita Filho, paraninfo da turma de 1936 da Faculdade de Filosofia. Nesse discurso, Júlio de Mesquita Filho, propôs uma maneira para a qual deveria ser entendida a fundação da USP e de sua FFCL, e, consequentemente, os caminhos que ela deveria seguir. Nas suas palavras:

> [...] não me seria licito equiparar a entrega de diplomas à primeira turma de licenciados (...) ao ato banal e corriqueiro pelo qual, findo os cursos regulares, são considerados aptos a exercer as chamadas profissões liberais àqueles que [se formavam] no Direito, na Engenharia ou na Medicina (...). As vossas preocupações são de outra natureza. Não são passíveis de aplicação imediata as disciplinas em que formastes o vosso espírito. Egressos de uma Faculdade onde se professa o culto pela ciência, espontâneamente votastes a vossa vida e a vossa inteligência ao progresso dos conhecimentos humanos (...) cabe-vos de direito um lugar destacado na comunhão universitária, e a vossa formatura, ultrapassando de muito o significado de uma simples festividade escolar, marca um etapa decisiva na história do pensamento nacional (...). Com a vossa licenciatura, pela primeira vez, no decorrer de nossa evolução,

22 Para maiores detalhes e análise do assunto consultar, entre outros: CARDOSO, 1982; MATE, 2002; BITTENCOURT, 1990.

> aparece, para atuar nos destinos da nacionalidade, um grupo de jovens, oriundos de um instituto de alta cultura, cujos diplomas (...) integram a totalidade das disciplinas de que se constitui o saber humano. Assim, o fato de vos achardes prontos a preencher a lacuna centenária que nos relegava à condição humilhante e subalterna de colônia intelectual, passa a assinalar uma das mais profundas transformações jamais verificadas em nosso meio. Encerrastes definitivamente um ciclo da nossa existência, para dar início a outro: o da maioridade cultural.[23]

Continuava o discurso, expondo as razões pelas quais o Estado de São Paulo havia estado no centro da economia nacional – com a produção e exportação de café –, para onde saiu (parcialmente) do cenário nacional, depois da "crise de 1929" (em meio aos turbilhões internacionais nas bolsas de valores), quando acabou perdendo força política,[24] junto com o Estado de Minas Gerais, em função da "Revolução de 1930" (FAUSTO, 1997). Naquelas circunstâncias, segundo ele, o Estado de São Paulo buscou em vão o retorno "glorioso" por meio da "Revolução constitucionalista de 1932", porque era necessária uma transformação, naquele momento, não apenas estadual, mas em nível nacional. A melhor forma para isso, prosseguia, era a criação de uma "nova elite dirigente" formada nas Universidades, para buscar cultivar nas "gerações" de jovens do ensino 'primário' e 'secundário' a 'consciência nacional'. Por 'elite dirigente' entendia um conjunto de indivíduos de origens diversas, mas detendo posições econômicas e políticas significativas no interior da sociedade, a partir das quais atingiam setores de comando público ou particular, onde as decisões do Estado e da Nação eram tomadas. Mas, já nesse momento, não via mais a 'elite dirigente', somente enquanto proveniente da reprodução dos próprios grupos políticos e econômicos no poder, mas enquanto um grupo diversificado que tinha como ponto em comum originar uma 'elite dirigente', por meio do ensino oferecido em escolas 'primárias' e 'secundárias' (MICELI, 2001; CARDOSO,

---

23 Oração do paraninfo Júlio de Mesquita Filho In: *Anuário da Faculdade de Filosofia, Ciências e Letras 1936*, 1937, p.198.

24 Para uma análise dos desdobramentos políticos, econômicos e sociais daquele período consultar, entre outros: CANO, 1998a, 1998b; MELLO, 1998; ARRUDA, 2001.

1982). Na verdade, muito poucos jovens atingiam o ensino superior, e por isso o público alvo daquela iniciativa foram às crianças e jovens do ensino 'primário' e 'secundário', as quais deveriam proliferar aqueles ensinamentos dentro do ambiente familiar, no qual a maioria dos pais não sabia ler ou escrever (CUNHA, 1992; BUENO, 1987). Portanto, para São Paulo voltar à sua posição de "locomotiva do país" deveria antes de tudo alfabetizar a população do Estado. Evidentemente, Júlio de Mesquita Filho, não se referia a uma efetiva reestruturação da educação pública e privada. O seu interesse era na formação de 'novos quadros' para o ensino – em que até aquele momento se dirigiam os 'derrotados' das profissões liberais – com o objetivo de suprir, além das necessidades de formação de pessoal qualificado, dirigir a população os caminhos que "efetivamente" deveriam ser tomados pelo Estado. Daí, para ele, a importância do professor secundário: 'formar grupos dirigentes'. Quer dizer: capacitar a população para conhecer as alternativas que deveriam ser tomadas pelo Estado e preparar as próximas gerações de 'grupos dirigentes', que receberiam a etapa final de sua formação nas universidades. Diz ainda:

> Sabeis o que representa para um povo o ensino das humanidades. Não desconheceis que dêle depende principalmente a maior ou menor aptidão dos povos para conservar a própria independência, senão o lugar que porventura venham a ocupar na hierarquia internacional. É (...) de capital importância para as nacionalidades a organização de um ensino secundário capaz de suscitar valores e capacidades em condições de constituir uma sólida elite dirigente (...). Para os advogados sem causas reserva[vam]-se as cadeiras de português, de história, de lógica e de psicologia. Nunca conseguira um engenheiro um trecho de estrada ou a construção de uma ponte? Dava-se-lhe no ginásio mais próximo, como ficha de consolação, a cadeira de álgebra ou de física, de desenho ou de aritmética. Ao médico destituído de clientela cabia lecionar química ou as ciências naturais (...) eu vos dizia, há pouco, que, entre as múltiplas tarefas que vos incumbe realizar, está na primeira plana o dever de substituir o conceito do saber por um outro: o do saber posto ao serviço da coletividade (...) tendes por principal missão criar um ideal, uma consciência coletiva ou, para falar a linguagem da época,

> tendes por principal missão criar no espírito da juventude e instilar-lhe na alma coletiva a mística nacional (...). Sois, na quási totalidade, nascidos em S. Paulo; e, se porventura alguns de vós aquí não viram pela primeira vez a luz do sol, dentro de nossas fronteiras formaram o seu caráter e amadureceram para a vida do pensamento. Nessas condições, basta que volvais o olhar para o passado, basta que vos apliqueis a penetrar o verdadeiro sentido da nossa história, para que não vos assalte sombra de uma dúvida sobre a rota a indicar às gerações de amanhã.[25]

Assim, a fala de Júlio de Mesquita Filho veio destacar como uma das principais funções da USP e de sua FFCL, a formação de pessoal qualificado para suprir as necessidades do ensino público e privado oferecido até aquele momento no nível 'primário' e 'secundário' das escolas federais, estaduais, municipais, religiosas ou fundadas por imigrantes (BITTENCOURT, 1990; BUENO, 1987; TANURI, 1973). Mesmo que, desde 1925, com a publicação do texto *A crise nacional*, Júlio de Mesquita Filho já viesse esboçando tais ideias, foi apenas depois de 1930, com as reviravoltas do sistema político e econômico, que o projeto ganhou contornos mais definidos (BONTEMPI JÚNIOR, 2001). Para Júlio de Mesquita Neto:

> [...] quase todos se esquecem de que o projeto da Universidade e da Faculdade de Filosofia, tal qual sonhado em 1925 por Júlio de Mesquita Filho e publicado em 'A crise nacional', consistia não apenas em criar um centro de investigação científica, mas também de formação de professores capacitados para o ensino secundário. Mais ainda, esquece-se de que o ensino na Universidade de São Paulo e na Faculdade de Filosofia era público e gratuito [com exceção de matrículas em exames de ingresso] e que uma das obsessões de Júlio de Mesquita Filho e de Armando de Salles Oliveira era que o ensino secundário fosse de alto nível e para isso bem remunerado. [Em seguida ressalta que as idéias de] Júlio de Mesquita Filho sobre a crise nacional, expostas em 1925 (...) são o alicerce sobre o qual se construirão a Universidade e a Faculdade de Filosofia. Não havia questão de hegemonia paulista em 1925; havia

25 Oração do paraninfo Júlio de Mesquita Filho In: *Anuário da Faculdade de Filosofia, Ciências e Letras 1936*, 1937, p.203-205.

> consciência, isto sim, de que contribuição São Paulo poderia dar para auxiliar o Brasil a superar suas dificuldades (MESQUITA NETO In: FREITAS, 1993, p. 12-3).

Júlio de Mesquita Neto (1922-1996), não entendia, por isso, porque foi proliferada uma outra memória coletiva sobre aqueles acontecimentos. Na verdade, Mesquita Neto, não teve contato direto com os discursos e as ocasiões a que vinha participando Júlio de Mesquita Filho, depois de fundada a Universidade – o que lhe possibilitaria verificar como a proposta de 1925 se adequou as características da década de 1930.

Quando, em 1945, foi novamente paraninfo de outra turma de formandos, Júlio de Mesquita Filho lembraria que não:

> [...] vos terá passado [...] despercebida a importância que vimos emprestando em nossa exposição ao ensino secundário. É que formamos da universidade um conceito integral. Concebemo-la como um todo orgânico, que, acompanhando o adolescente nos bancos ginasiais, só o restitui a sociedade, completada a sua formação intelectual, após os cursos do chamado ensino superior. Qualquer distinção fundamental que se pretenda estabelecer entre as duas fases do processo educativo não encontraria base na natureza essencial do sistema. E era o que sempre tivemos em vista ao estabelecer as linhas mestras do plano primitivo da nossa Universidade. [Para ele os órgãos] em que se subdividiriam o organismo na sua totalidade, seria uma resultante das necessidades da nação, das suas aspirações culturais, respeitadas, é claro, e como acabais de ver pelo que já ficou dito, as nossas tradições (MESQUITA FILHO, 1969, p. 184-85).

Tarefa semelhante foi incluída na fala de Fernando de Azevedo[26], na cerimônia de formatura realizada em 1950. Assim, indicando que a repetição e a proximidade de objetivos faziam parte de um projeto em comum defendido tanto por Júlio de Mesquita Filho, quanto por Fernando de Azevedo. Para ambos o papel de Armando de Salles Oliveira foi funda-

26 Discurso do paraninfo prof. dr. Fernando de Azevedo. In: *Anuário da Faculdade de Filosofia, Ciências e Letras, 1950*, 1952, p. 56-70.

mental não apenas na construção da universidade, mas também no desenvolvimento da instituição.

O próprio Armando de Salles Oliveira avaliaria sua intervenção no Estado diante da Assembléia Legislativa de São Paulo, em 1937, da seguinte maneira:

> O ensino é hoje, em São Paulo, um apparelhamento complexo, que vae das formas rudimentares adaptadas aos meios ruraes á organização grandiosa de sua Universidade (...). A escola e o voto são as armas das democracias - serão as grandes armas do Brasil. No governo de São Paulo, disseminei escolas e respeitei o voto. Por isso, ainda que não tivesse realizado as obras que realizei, teria feito um genuíno governo para o povo.[27]

Em discurso pronunciado no Theatro Municipal de Belo Horizonte, a 16 de agosto de 1937, acrescentaria as suas realizações que:

> Nunca será demais repetir que as universidades, qualquer que seja o logar do paiz em que se ergam, devem ser criadas para exercer sua influencia, não sobre uma região, mas sobre toda a nação. Essas instituições, que não podem subsistir sem um sólido systema de educação secundaria, têm o objetivo de cultivar as sciencias, ajudar o progresso do espírito humano e dar á sociedade elementos para a renovação incessante de seus quadros scientificos, culturaes, technicos e políticos.[28]

Muitos anos depois, em entrevista concedida a Sônia de Freitas (1992), Antonio Candido de Mello e Souza (1918 - 2017)[29] assim se lembraria daquele momento:

---

27 Armando de Salles Oliveira. In: *Annaes da Assembléia Legislativa do Estado de São Paulo. Sessão ordinária de 1937.* São Paulo: Industria Gráfica Siqueira S. A., 1953, v.1, p. 985 e 992.

28 Discurso pronunciado no Theatro Municipal de Belo Horizonte, em 16 de agosto de 1937. In: *Annaes da Assembléia Legislativa do Estado de São Paulo. Sessão ordinária de 1937.* São Paulo: Industria Gráfica Siqueira S. A., 1953, v.1, p. 993-94.

29 Essa não foi à primeira ocasião em que Antônio Candido se referiu ao tema. Muitos anos antes, em 1947, quando foi paraninfo de uma turma de formandos da

> A Universidade [...] nasceu realmente de um projeto político de setores esclarecidos da classe dominante, e seu idealizador, a pessoa que mais lutava, que mais tinha vontade de que houvesse uma Universidade em São Paulo, foi Júlio de Mesquita Filho. Isso foi possível quando o cunhado dele, Armando de Salles Oliveira, se tornou interventor federal, quer dizer, o homem que dirigia o Estado. Tendo os instrumentos políticos na mão, os referidos setores esclarecidos das classes dirigentes de São Paulo realizaram o projeto da Universidade, que acarretou a criação da Faculdade de Filosofia, Ciências e Letras. Júlio de Mesquita Filho disse mais de uma vez que eles desejavam que São Paulo, derrotado pelas armas em 1932, recuperasse a sua força através da cultura. É curioso que, numa espécie de paranóia de classe, ele compara a situação de São Paulo com a situação da França, depois de derrotada pela Alemanha em 1870, como se fosse um país. Acho que esta é a versão mais próxima da realidade: um projeto político, a fim de equipar o Estado com os instrumentos culturais necessários para ele assumir em nível elevado a liderança da Federação (MELO E SOUZA In: FREITAS, 1993, p. 35-6).

Em outra ocasião, Antonio Candido (1974, p. 867-868) nota ainda a respeito de Fernando de Azevedo que:

> Como educador, Fernando de Azevedo se apoiava numa concepção sociológica, de base sobretudo durkheimiana, que o levou a aprofundar estudos especializados desde o decênio de 1920 e o transformou

FFCL, assim já percebia a questão: "Nas Faculdades jovens, como a nossa, as distâncias entre professôres e alunos são, felizmente, pequenas, porque todos têm o sentimento vivo de participar, lado a lado, na construção de alguma coisa que não adquiriu contornos definitivos; a tradição ainda não ergueu, em nossa casa, as barreiras segregadoras do *status*, as pequenas querelas de precedência e as grandes vaidades catedráticas. (...) No conjunto das vocações universitárias, pertence-vos a do magistério secundário – convicção de grandeza intelectual de um povo. Independente da pesquisa e da criação, que também definem a Faculdade de Filosofia, é como professôres que nos apresentaremos à comunidade universitária e à sociedade do nosso país, e é nessa qualidade que tanto se espera de nós". In: Oração do paraninfo Antônio Cândido de Mello e Souza. In: *Anuário da Faculdade de Filosofia, Ciências e Letras, 1939-1949*, 2v., 1953, p. 283.

> num sociólogo eminente, pioneiro de vários aspectos do ensino e da pesquisa de Sociologia no Brasil. Depois de 1930, foi nesta disciplina que continuou a sua carreira de professor, primeiro no Instituto de Educação, depois na Universidade de São Paulo, da qual foi um dos fundadores, tendo sido autor do Projeto inicial em 1933. De 1935 são os Princípios de Sociologia, seguidos em 1940 por Sociologia Educacional, obras com as quais iniciou uma produção notável neste setor. De 1941 a 1943 dirigiu a Faculdade de Filosofia, Ciências e Letras, onde foi, em 1947, um dos fundadores do Departamento de Sociologia e Antropologia, cuja chefia exerceu por muitos anos. Organizou e dirigiu também a Sociedade Brasileira de Sociologia, presidindo em 1954 o seu I Congresso. [...] Espírito de grande inquietação, temperamento ardoroso, vontade firme, aliados a uma afetividade transbordante que buscava ansiosamente o convívio, — a sua vida foi marcada pelas grandes empresas, os grandes sentimentos, as grandes dedicações. Unindo compostura e irreverência, aplicação ao trabalho e gosto da divagação, reconhecimento da tradição e curiosidade pelas coisas novas, foi sem dúvida uma personalidade excepcional, que marcou o seu tempo porque nunca recusou as tarefas trazidas pelo senso do dever, que nele era em grande parte discernimento das necessidades coletivas. (CANDIDO, 1974, p. 868).

A construção desta memória sobre a fundação da universidade não esteve, no entanto, isenta de críticas e reparações, por parte de outros intérpretes e participantes do processo, como veremos abaixo.

Os "discursos fundadores" sob os olhares de outros protagonistas

A participação de Armando de Salles Oliveira, entretanto, não era vista com tamanha contribuição por outros protagonistas, seja na efetivação do projeto de criação da universidade no Estado, seja quanto à melhoria e a expansão dos níveis de ensino. O mesmo vale, para o papel desempenhado por Júlio de Mesquita Filho e por Fernando de Azevedo, que para muitos foi secundário, se comparado a história da universidade no Brasil.

Alfredo Ellis Júnior (1896-1974), por exemplo, então Deputado da Câmara Estadual e vinculado ao Partido Republicano Paulista (o PRP), observava da seguinte forma a sua intervenção no Estado:

> [...] a administração do sr. Armando de Salles Oliveira fez crescer a dívida interna consolidada e a dívida interna flutuante, as quaes subiram nas proporções phantasticas de 200 e 300%, crescendo egualmente em proporções formidáveis a dívida externa, em virtude da queda do câmbio, ao qual ainda estamos amarrados na nossa vida financeira.[30]

Não era apenas uma disputa partidária. Alfredo Ellis Júnior se diferenciava do grupo de 'O Estado', também sob a análise do processo. Para ele o:

> [...] dr. Armando de Salles Oliveira, quando era Interventor, em 1935, para 'fazer bonito' para os outros Estados brasileiros em propaganda da sua futura candidatura á Presidência da República [depois cancelada, por causa do golpe de 1937], creou, de uma só vez 1.024 (...) escolas públicas. Mal sabem os nossos ilustres patrícios que essa proeza foi feita com grande sacrifício para o misero professor paulista, á custa da reducção dos seus minguados vencimentos de rs. 400$000 para 300$000 no Estado que se diz o 'leader' da Federação. Introduziu no magistério (...) a famosa classe de estagiários que não têm direito a cousa alguma na vida.[31]

Alfredo Ellis Júnior, antes de eleito deputado, era professor secundário de *História da Civilização* em colégios da cidade de São Paulo. Ressaltava corriqueiramente sua trajetória, nas sessões da Câmara. Manifestava abertamente seu "orgulho" em "ser paulista", e:

> [...] desde 1935 que venho dizendo em successivos discursos, que o nosso magno objectivo na guerra de 1932 foi tirar uma satisfacção contra a oppressão que a dictadura (...) baixava sobre nós, desde 1930 (...) queríamos lavar a nossa cara! (...). Queríamos nos reabilitar perante nós mesmos (...) outro objectivo era a conquista do regimen constitucional. Elle nos daria a autonomia que nos fôra arrancada em 1930

30 Alfredo Ellis Júnior. 25ª sessão ordinária em 9 de agosto de 1937. In: *Annaes da Assembléia Legislativa do Estado de São Paulo. Sessão ordinária de 1937.* São Paulo: Industria Gráfica Siqueira S. A., 1953, v.1, p. 531.

31 Alfredo Ellis Júnior. Leitura da carta 'Os estagiarios' na 28ª sessão ordinária em 12 de agosto de 1937. In: *Annaes da Assembléia Legislativa do Estado de São Paulo. Sessão ordinária de 1937.* São Paulo: Industria Gráfica Siqueira S. A., 1953, v.1, p. 604.

> naquella tragédia que se iniciava soturnamente (...) quer por meio da palavra quer por meio das armas.[32]

É de se ressaltar ainda as reviravoltas na posição de Ellis Jr. a respeito da Faculdade de Filosofia e da Universidade de São Paulo ao longo dos anos 1930, conforme nos indica Cecy de Souza Moraes (1974, p. 859-862), para quem:

> No contexto cultural do País, a Universidade de São Paulo e sua raiz a Faculdade de Filosofia, Ciências e Letras, criada por um Ato memorável do então interventor Armando de Salles Oliveira, era um dos alvos preferidos pela crítica dos perrepistas, tanto na tribuna da Câmara, como na tribuna jornalística do periódico o *Correio Paulistano*. Os interessados na leitura ideológica dos editoriais do lustro: 1933 -1938, sentiriam a tônica desses ataques: a contratação de professores estrangeiros para a regência de cursos na recém-criada Faculdade de Filosofia, Ciências e Letras. Um parêntesis curioso — ainda hoje — alguns professores concursados que demandam escolas do interior do Estado, ainda são vítimas de igual "ranço" d'aqueles conterrâneos, pelo "crime" de substituir professores leigos, nomeados pelo compadrismo local. Nos idos de 1937, com a ascensão ao poder do partido agressivo à Faculdade de Filosofia, planejou-se-lhe a completa extinção. A fim de que o processo tivesse um beneplácito local, nomearam-lhe um interventor de manifesta hostilidade — autor de trabalhos históricos de vanguarda — Dr. Alfredo Ellis Júnior. Paradoxalmente verificou-se que "Deus escreve direito por linhas tortas", pois o Dr. Ellis de temperamento apaixonado e autenticamente corajoso, acabou brigando com os seus ex-correligionários e se transformando em lídimo paladino e defensor da jovem instituição universitária. (MORAES, 1974, p. 860).

Esse quadro nos leva inevitavelmente a questionar como os discursos, analisados há pouco, foram recebidos e interpretados por outros protagonistas no período, principalmente aqueles que estiveram próximos à universidade, ou atuaram em seus quadros docentes. Na maioria dos casos

32 Alfredo Ellis Júnior. 14ª sessão ordinária em 27 de julho de 1937. In: *Annaes da Assembléia Legislativa do Estado de São Paulo. Sessão ordinária de 1937*. São Paulo: Industria Gráfica Siqueira S. A., 1953, v.1, p. 320.

notou-se que esses discursos eram pouco conhecidos. Eram discutidos apenas quando os protagonistas os haviam escutado. No caso destes, porém, as indagações não ficavam tão somente sobre o que permitiu a criação da instituição, mas se desdobravam em: qual a história do ensino superior brasileiro e o que o diferenciava de outros países? Por que a criação de universidades no Brasil foi tardia? E, finalmente, como deveria ser pensado o papel das universidades no país?

Verificou-se que nem sempre eram conhecidos os discursos de um paraninfo para outro. Mesmo no que dizia respeito ao conhecimento da publicação de obras de um para o outro, que se davam, em geral, fora da universidade, os discursos tocavam pouco (e na maioria das vezes nada) no assunto. Por exemplo, Ernesto de Souza Campos (1882-1970), médico, professor de ensino superior durante vários anos, foi convocado pela turma de formandos de 1938, a ser o seu paraninfo, convite a que concordou de imediato. Em sua fala alertava que não se devia apenas viver do passado, mas pensar caminhos para o futuro. Embora as Faculdades de Filosofia estivessem cumprindo seu papel ao formarem "professôres para o magistério secundário", o campo da pesquisa acadêmica estava pouco desenvolvido, contando ainda com o "intercâmbio científico com o estrangeiro" para colher seus frutos. A Universidade de São Paulo não era a mais antiga no país "mas ocupava excelente posição entre as suas congêneres brasileiras [...] ela não se limitou, na sua formação, a um simples agrupamento de escolas superiores. Com ela se criou o núcleo fundamental que é esta Faculdade de Filosofia, Ciências e Letras."[33] Assim, considerava importante observar a experiência de outros países.

> Harvard [nos EUA] já celebrou o seu terceiro centenário. Vem de 1636. Conta hoje a América do Norte 81 grandes Universidades em uma percentagem de 21% sôbre as 356 existentes no globo. Em relação à população, tem uma para cada 1.628.000 habitantes. É o país mais rico em Universidades. São também bem antigas as outras Universidades da América. Entre as 14 do Canadá, a mais velha vem de 1800, datando a mais moderna de 1912. No México, a 'Universidad Nacional',

33 Oração do paraninfo Ernesto de Souza Campos. In: *Anuário da Faculdade de Filosofia, Ciências e Letras, 1939-1949*, 2v., 1953, p. 190.

> criada com a denominação de real e pontifícia, em 1553, foi renovada em 1910, tornando-se autônoma em 1922. Das cinco Universidades argentinas, a mais antiga, que é a de Córdoba, formou-se ainda sob o domínio de Espanha. A de Bogotá, na Colômbia, vem de 1622; a de Quito, no Equador, de 1640. Santiago, no Chile, marca a sua fundação de 1838; Montevidéu, de 1849. Mesmo nas repúblicas que resultaram da fragmentação política da América Central, são antigas as Universidades. A de Guatemala, fundada pelo Supremo Conselho das Índias, tem sua origem em 1675; a de Honduras provém de 1847. (...) Fora da América, outros países, novos como o nosso, cuidaram destas instituições desde épocas remotas. Sidney começou em 1850, Melbourne, três anos depois, Adelaide, em 1874. Na Nova Zelândia a mais antiga é de 1869. Na África do Sul elas se instalaram desde 1881. O Brasil, com seus 40 milhões de habitantes, só cogitou dêste assunto em 1920. Entre os países da América foi o último a tratar dêste problema. Por isso, hoje só temos 4 Universidades, quando a Argentina, com 13 milhões, tem cinco, o Canadá, com 9 milhões, 13, a Austrália, 6 para os seus 6 milhões e meio de habitantes e a Nova Zelândia, 3 para uma população de 1 milhão e quinhentos mil.[34]

Em seu exame, Ernesto de Souza Campos, comparava a situação do Brasil com a de outros países. Inferia que aqui as universidades ainda não haviam tido a devida atenção, como ocorria em outros lugares. Para demonstrar a sua afirmação procurava historiar as tentativas de execução de tal empreendimento, e que tiveram início na América Portuguesa (depois no Brasil independente), a partir do século XVI, quando padres jesuítas tentaram instalá-las aqui. O movimento, entretanto, foi desfeito quando o Marquês de Pombal, no século XVIII, decretou a expulsão destes (DA CAS, 1996). Para ele:

> A segunda tentativa de criação de uma Universidade foi estabelecida nos planos da Inconfidência Mineira. As referências são encontradas em vários documentos que fazem parte dos 'Autos de devassa da Inconfidência

34 Oração do paraninfo Ernesto de Souza Campos. In: *Anuário da Faculdade de Filosofia, Ciências e Letras, 1939-1949,* 2v., 1953, p. 191-92.

> Mineira'. Depois essas tentativas se foram sucedendo, sempre sem êxito, tôda a vez que um grande acontecimento se registrava na história do país. Com a mudança de sede da monarquia portuguêsa, o comércio da Bahia, interessado em que se estabelecesse naquela cidade a sede do govêrno da metrópole, ofereceu-se para construir o palácio real, reservando, ainda, a soma de 80 contos, considerável naquele tempo, para que se fundasse ali uma Universidade. Foi a terceira investida. Não aceitou o Príncipe Regente nem uma, nem outra oferta, fazendo-se de velas para o Rio de Janeiro [onde desembarcaria em 1808].[35]

A quarta tentativa ocorreu quando o Brasil foi elevado à categoria de reino, depois de 1808. Mas a proposta foi rejeitada, em 1816, pela Assembléia Constituinte. Segundo Ernesto de Souza Campos as esperanças foram renovadas a partir da Independência. Mas em função de disputas políticas, em torno de onde seria instalada a universidade, novamente o projeto seria silenciado. Para ele, iniciava-se uma 'vitória incompleta' quando começaram a serem criadas escolas médicas (uma na Bahia e outra no Rio de Janeiro em 1808), escolas de engenharia e "os cursos jurídicos de São Paulo e Olinda [a 11 de agosto de 1827]". Segundo ele, apresentava-se, na década de 1840, outros projetos de reformas gerais do ensino, mas todos foram engavetados. Com tantas tentativas, encerrar-se-ia o século XIX com mais de dez, todas elas desfeitas. Terminada a Monarquia, nos primeiros anos da República nada de significativo alterou a situação. Fato, que segundo este, só se reverteria na década de 1920, quando as primeiras tentativas de criação de universidades foram realmente concretizadas.

No início dos anos de 1930, com a emenda 'Roquette Pinto', exigia-se para a instalação de universidades o agrupamento, ou criação, de pelo menos três escolas superiores, sendo uma das quais, a Faculdade de Filosofia, Ciências e Letras. Na década de 1930, só eram encontradas em São Paulo (com uma na recém criada Universidade de São Paulo) e no Rio de Janeiro (com uma na Universidade do Distrito Federal (UDF), depois anexada à Universidade do Brasil, criada em 1938, em função da extinção da UDF).

---

35 Oração do paraninfo Ernesto de Souza Campos. In: *Anuário da Faculdade de Filosofia, Ciências e Letras, 1939-1949,* 2v., 1953, p. 198.

Outras foram inauguradas, nos anos 1930, mas tiveram vida curta (provavelmente por terem sido empreendimentos privados, com exceção da Universidade do Paraná). Assim, em sua fala lembraria mais a história do ensino superior no Brasil, do que o empreendimento realizado nos anos de 1930 pelo grupo de *O Estado*.

O mesmo caminho foi escolhido por Afonso d'Escragnolle Taunay (1876-1958), em 1939, quando foi o paraninfo da turma de formandos. Para ele:

> As velhas faculdades superiores que vieram da colônia, as academias militares de guerra e de marinha, as escolas de medicina e a de belas artes, todas ainda de fundação joanina, desdobraram-se na época imperial como se deu com as faculdades médicas, a separação do ensino da engenharia militar do da civil, a fundação dos cursos jurídicos de São Paulo e Olinda, da Escola de Minas de Ouro Preto.
>
> Veio a República encontrar um aparelhamento de ensino superior constante de um número de órgãos já assaz vultuoso e subdividido em diversas especializações.
>
> [...]
>
> A reforma da instrução pública, em 1915, decretada na presidência Wenceslau Braz, sob a inspiração do Ministro Carlos Maximiliano, previa a criação da Universidade do Brasil que só foi levada a efeito em 1924, sob a presidência Epitácio Pessoa.
>
> Mas esta criação nada mais era do que um esbôço de regime universitário.
>
> Sob a presidência de Getúlio Vargas, em 1932, caberia ao ministro da educação Dr. Francisco Campos o grande mérito de dar ao nosso ensino superior a organização ora vigente, sob um estatuto que, sem favor algum, é obra obediente a tão sólido critério quanto elevado conhecimento das condições universitárias universais.
>
> [...]
>
> Não era possível, de início, certamente, estabelecer cursos minudentemente especializados como os que constituem os elencos da atividade anual dos aparelhos universitários seculares europeus e notadamente americanos.

> Impunham as circunstâncias que os nossos programas abrangessem, sobretudo, as linhas mestras das grandes disciplinas, coordenadas num curso de aperfeiçoamento cultural.[36]

O seu discurso incluiria apenas algumas palavras a Fernando de Azevedo, que teria o mérito de incentivar a criação de associações, editoras, bibliotecas e auxiliar na execução do projeto de criação da Universidade de São Paulo. Não ressaltava nem a participação de Júlio de Mesquita Filho, nem de Armando de Salles Oliveira. Sua ressalva se deve, em parte, a sua discordância quanto à contratação de professores estrangeiros, em prol dos profissionais do país, com a justificativa de que tinham uma formação 'autodidata'. Discordava ainda, sobre a comparação feita por tais pioneiros, de São Paulo se assemelhar a história da Alemanha, nos séculos XVIII e XIX, e a França pós-1870.[37] Suas obras, naquele momento em elaboração, refletiam o papel do bandeirante, como em *História Geral das bandeiras paulistas*, obra publicada entre 1924 e 1950 em 11 volumes, e em *História do café no Brasil*, também em 11 volumes lançados entre 1929 e 1941 (ARAÚJO, 2006). Não foi por acaso, portanto, que ele e sua obra tenham sido homenageados várias vezes na Assembléia Legislativa de São Paulo, entre 1936 e 1937[38]; em especial, por Alfredo Ellis Júnior, autor de, entre outros, *Os primeiros troncos paulistas e o cruzamento euro-americano* (de 1936), *A nossa guerra* (de 1933) – em que ressaltava as consequências da 'Revolução de 1930', para o estado de São Paulo – e *Meio século de bandeirismo* (de 1939), tese de cátedra, com a qual se efetivou na cadeira de *História da Civilização Brasileira* do curso

36 Discurso do professor Afonso d'Escragnolle Taunay, paraninfo da turma de 1939. In: *Anuário da Faculdade de Filosofia, Ciências e Letras, 1939-1949*, 2v., 1953, p. 224 e 226-7.

37 Bontempi Júnior (2001) avança nessa discussão, ao demonstrar a complexa rede de circunstâncias históricas que viabilizaram a inserção de movimentos católicos e de direita no interior da instituição, a partir dos anos de 1940, durante a Segunda Guerra Mundial, e a forma como esse discurso 'politizado' era discutido e absorvido por outros professores e pelos alunos da universidade nesta época.

38 *Annaes da Assembléia Legislativa do Estado de São Paulo. Sessão ordinária de 1937.* São Paulo: Industria Gráfica Siqueira S. A., 1953, 3v.

de Geografia e História da FFCL/USP, que até então havia sido ocupada por Afonso de Taunay (FERREIRA, 2002), seu 'antigo' mestre e amigo.

O mesmo faria Adhemar Pereira de Barros (1901-1969), então governador do Estado, em seu discurso de 1940, para a turma de formandos. Nele lembraria que a Faculdade de Filosofia "não foi incorporada à organização universitária de São Paulo por mero embelezamento. Os diferentes cursos que a compõem preparam os moços para as finalidades mais diversas e, ao mesmo tempo, mais necessárias."[39] Recordando, então, a função de qualificação de pessoal para o ensino 'secundário' e para o superior.

Alguns anos depois, o professor André Dreyfus (1897-1952), paraninfo da turma de 1943, iria também lembrar que a Faculdade de Filosofia "visa[va] dois fins principais: preparar professorado de carreira para o ensino secundário e estimular a formação de pesquisadores nos vários campos do saber humano."[40]

Como se vê nestes rápidos exemplos, as disputas pela construção da memória e da história da universidade e de sua Faculdade de Filosofia foram acirradas.

Em busca de uma memória coletiva sobre a criação da Universidade de São Paulo

Se, como vimos, os protagonistas do período formularam interpretações diversificadas sobre a origem da instituição, tendo como ponto em comum observarem a centralidade da Faculdade de Filosofia na formação de profissionais para o ensino 'secundário' e para o superior, no caso dos alunos formados pela instituição, e que permaneceram nesta como professores, houve uma similitude de pensamento, devido à maneira como foram periodicamente relembradas, nas cerimônias de formatura, as origens e a função da universidade.[41]

---

39 Discurso do Dr. Adhemar Pereira de Barros, paraninfo da turma de 1940. In: *Anuário da Faculdade de Filosofia, Ciências e Letras, 1939-1949,* 2v., 1953, p. 242.

40 Discurso do professor André Dreyfus, paraninfo da turma de 1943. In: *Anuário da Faculdade de Filosofia, Ciências e Letras, 1939-1949,* 2v., 1953, p. 250.

41 No que diz respeito à recepção daquele 'discurso fundador' entre os alunos da

Para João Cruz Costa (1904-1978), por exemplo, orador da primeira turma de formandos de 1936, no "inevitável desenrolar dos acontecimentos políticos, deram-se os movimentos revolucionários de 1930 e 1932. O que êles mostraram, o que êles ensinaram e o que nos mostrou e o que nos ensina ainda hoje a experiência de outras nações, é que devemos cuidar da educação e da cultura do nosso povo, afim de nos aprestarmos para iniciar uma nova e mais segura rota."[42] Portanto, a "nossa missão, quaisquer que sejam os caminhos que agora tenhamos de trilhar, está intimamente ligado aos destinos da Universidade. Interessa-nos altamente a sua existência e a sorte que lhe está reservada, porque o seu destino se confunde com o nosso. É mister, pois, definir a nossa posição e o nosso pensamento acêrca da renovação que a Universidade veio operar em nosso meio."[43] Acreditava João Cruz Costa que a função da Universidade não estava somente na formação de pessoal qualificado para o ensino secundário, mas também na formação de novos quadros de professores para suprir as próprias necessidades do ensino superior, na medida em que se procurava nos alunos o desenvolvimento do cultivo pelas ciências, e pela 'cultura do espírito' vir a formar a consciência necessária para a execução de pesquisas desinteressadas. Para ele esta renovação se dera, quando Júlio de Mesquita Filho, Fernando de Azevedo e Armando de Salles Oliveira, então interventor do Estado de São Paulo, se uniram para fundar uma universidade no Estado.

Posição semelhante foi a de Carlos Marques Pinho, licenciado e orador da turma de 1945, quando relembrou o papel de Fernando de Azevedo, Júlio de Mesquita Filho e, principalmente, de Armando de Salles Oliveira (1887-1945) na concretização do projeto de criação da Universidade de São Paulo.

---

instituição, e que contribuíram também com a elaboração da 'memória coletiva' sobre a criação e o desenvolvimento da Universidade de São Paulo, e de sua Faculdade de Filosofia, Ciências e Letras, além da discussão aqui desenvolvida, ver: ROIZ, 2006.

42 Discurso pronunciado pelo orador da turma João Cruz Costa em 25/1/1937. In: *Anuário da Faculdade de Filosofia, Ciências e Letras, 1936*, 1937, p.192.

43 Discurso pronunciado pelo orador da turma João Cruz Costa em 25/1/1937. In: *Anuário da Faculdade de Filosofia, Ciências e Letras, 1936*, 1937, p.190-191.

Em suas palavras: "Armando de Salles Oliveira não morreu! Vive imperecìvelmente pelas suas idéias, pelas suas obras, pela sua sábia conduta de líder democrata sincero, na profissão de fé, na Democracia e na Honestidade."[44]

Em 1949, não contrariando tal "memória coletiva", o licenciado Roque Spencer Maciel de Barros (1927-1999), orador daquela turma, diz:

> E, confrontando a realidade e o sonho, pudemos de fato chegar a um ideal legítimo de Universidade, pelo qual creio estarmos todos dispostos a lutar, ainda que árdua seja a nossa luta. Compreendemos, de início, que a Universidade no Brasil, continua ainda uma aspiração, não um fato. Que êsse reino de justiça e de razão deve ser construído com sacrifício e persistência, com luta e desprendimento. Porque ele, indubitavèlmente, é uma necessidade para o destino cultural e moral do País, como o compreendeu, no momento oportuno, aquêle que foi grande demais para ter continuadores: Armando de Salles Oliveira.[45]

Por outro lado, na cerimônia de colação de grau realizada no Teatro Municipal da cidade de São Paulo, a 27 de dezembro de 1950, para conferir os títulos de licenciados e bacharéis a mais uma turma que se formava na FFCL/USP, aproveitava-se o momento para repetir um ritual de consagração e manter a 'imagem' que estava sendo construída sobre a instituição. Nela participaram como paraninfo o Prof. Dr. Fernando de Azevedo e o orador de turma Dante Moreira Leite (1927-1976), do curso de Filosofia, além, evidentemente, dos convidados e formandos. Na ocasião, Fernando de Azevedo aproveitava para 'reavivar' as circunstâncias pelas quais passaram os 'atores sociais' envolvidos na construção da instituição, ressaltando o papel que agora cabia 'as novas gerações' continuar por meio de sua atuação profissional. Diz ele:

---

44 Discurso pronunciado pelo orador da turma de 1945, o licenciado Carlos Marques Pinho. In: *Anuário da Faculdade de Filosofia, Ciências e Letras, 1939-1949*, 1953, p. 339.

45 Discurso pronunciado pelo orador da turma de 1949, o licenciado Roque Spencer Maciel de Barros. In: *Anuário da Faculdade de Filosofia, Ciências e Letras, 1939-1949*, 1953, p. 356.

> Não há atmosfera tão impregnada do sentimento de continuidade e de espírito de renovação como esta em que se envolve a solenidade de hoje, e que, ultrapassando-os, prolonga os mestres nos discípulos e mantém viva a idéia de ligação do passado e do presente, na sucessão ininterrupta de gerações de educadores (...). Mas, se essas tradicionais festas escolares assumem, por isto, o caráter de uma cerimônia ritual, por assim dizer religiosa, com que se alimenta uma fé constante no primado das cousas do espírito e nos fins superiores da vida, traz a solenidade magnífica desta noite um significado particular, verdadeiramente agradável a todos os que empenharam suas fôrças em obter, através da unidade de formação dos mestres, a unidade de espírito nas escolas normais e secundárias do país. Pela complexidade de sua estrutura, pela extensão de suas ramificações, a Faculdade de Filosofia que vos confere o grau de licenciado, visa, certamente, não estancar nenhuma fonte, levar em conta todos os pontos de vista e despertar o hábito e o gôsto dos horizontes largos (...). Para essa função primordial de elevar, aperfeiçoar e renovar, de concentrar e difundir a cultura, filosófica, literária e científica, é que se fundou, como parte integrante do sistema universitário, a Faculdade em que terminastes vossos cursos, nas diversas seções de sua vasta e complexa organização (...) é dela que os outros institutos, guardadas as suas finalidades específicas, devem haurir os princípios universais da ciência para os fazer frutificar no campo da aplicação e da especialização profissional; é por ela, que tôdas as outras escolas superiores, que se elaboram a inter-penetração e a coordenação dos conhecimentos humanos, a unidade de espírito na diversidade dos estudos, a reintegração do saber num tipo de cultura...[46]

A essa altura, o discurso de Fernando de Azevedo já dispunha de condições 'oportunas' e 'favoráveis' para possíveis comparações entre os anos de 1930, antes da criação da Faculdade de Filosofia, e os anos de 1940 e início dos anos de 1950, quando esta havia conferido o título de licenciados e bacharéis para várias turmas de formandos. O seu objetivo foi mostrar a transição na qual passava a sociedade brasileira: de tipicamente rural e agro-exportadora, para urbana e industrial. E no interior dessa mudança,

46 Discurso do paraninfo Prof. Dr. Fernando de Azevedo. In: *Anuário da Faculdade de Filosofia, Ciências e Letras, 1950*, 1952, p. 56-58.

assentava-se outra transformação: a expansão do ensino público em escolas oficiais de níveis 'primário' e 'secundário' (ARRUDA, 2001). Na reorganização que passava a escola secundária, prosseguia Fernando de Azevedo, o papel do professor, formado em Faculdades de Filosofia, apresentava-se essencial para renovar o ensino, que ainda naquela altura dos anos de 1950 era ministrado, indistintamente, tanto por não-licenciados (formados em outras áreas), como por licenciados.[47] Ressaltava ainda:

> Mas, a escola secundária, capaz de exercer essa função, na sua plenitude, não é como sabeis e já tendes a experiência, o tipo de escola que encontrareis no país, e sôbre o qual, a despeito da transformação parcial dos métodos de ensino, não passou ainda um sôpro vigoroso de renovação, inspirada no sentido real do humano e mais nìtidamente orientada para a cultura do espírito. Aquêles, dentre vós, que pretendem dedicar-se ao magistério secundário e não à pesquisa e às atividades científicas, no domínio dos estudos em que se especializaram, terão, pois, sôbre os ombros uma tarefa difícil e árdua - a de contribuir, cada qual na sua disciplina e todos, pela unidade fundamental de espírito e de métodos, para a renovação do ensino secundário no Brasil. A essência dêsse ensino virá do seu germe, de suas raízes, do ar que respirou, de tôdas as secretas influências de escolas como as Faculdades de Filosofia, mantidas no mais alto nível, de que deve ser o produto vivo, e cujos progressos, por sua vez, embora dependentes sobretudo do trabalho de seus mestres e do impulso dado às atividades criadoras, estão ìntimamente ligados, pela base, aos do ensino secundário, em seu novo espírito e em suas novas formas.[48]

No seu discurso, Dante Moreira Leite, além de concordar com as opiniões de Fernando de Azevedo, apontava outro ponto sobre o problema do ensino secundário: a má compreensão por parte da 'sociedade civil' das funções e das necessidades da pesquisa. Razão pela qual:

---

47 Volta novamente a discutir o tema em: AZEVEDO, 1971; AZEVEDO, 1963.

48 Discurso do paraninfo prof. dr. Fernando de Azevedo. In: *Anuário da Faculdade de Filosofia, Ciências e Letras, 1950*, 1952, p. 59.

> [...] Temos compreendido a inteligência como ato milagroso, capaz de superar anos de pesquisa metódica (...). O mesmo acontece com a profissão que a maioria dos licenciados adota: o professorado. Pois também se julga que para ensinar determinado assunto, não é, de maneira alguma, necessário estudá-lo antes (...) não se compreendeu a importância decisiva que tem a formação de escola secundária, mesmo para os que vão seguir uma carreira liberal. Tem-se firmado a idéia da especialização, como se esta não supusesse, antes, um preparo geral, sem o que, longe de preparar um homem ou uma mulher as nossas escolas estarão fabricando técnicos incapazes de ser verdadeiros cidadãos. O resultado dessa estreita concepção do ensino como preparação para uma carreira, abandonando a educação como preparação para a vida, é que os nossos alunos saem da escola exatamente como entraram para ela. Além de um pequeno preparo técnico, não se nota um progresso, por pequeno que seja, no desenvolvimento da capacidade de pensar as situações concretas da existência; não se nota em que êsses alunos são superiores aos que não tiveram possibilidades de preparo escolar. Em outras palavras, o estudo, nesse caso, foi perfeitamente inútil.[49]

O fato concreto, portanto, que sobrepunha à fala de ambos foi o lugar a ser ocupado na sociedade pela FFCL/USP. Quer dizer, em momentos de transformações generalizadas deflagradas naquelas décadas na sociedade brasileira (como a urbanização rápida e repentina causada pelo crescimento populacional e pelo desenvolvimento industrial, a formação de 'novos estratos sociais' dentro da sociedade, com a incorporação do imigrante europeu e asiático, e a reestruturação do ensino oficial), qual deveria ser o posicionamento das instituições de ensino superior, já que desde os anos de 1930, procurou-se construir uma tradição, onde as Faculdades de Filosofia, preferencialmente, deviam ser os suportes para a formação de 'grupos dirigentes'?

Esse foi, efetivamente, o problema que pareceu, de tempos em tempos, situar-se nos cerimoniais de formatura, e nos discursos de paraninfos e de oradores de turma.

---

49 Discurso do orador, o Licenciado Dante Moreira Leite. In: *Anuário da Faculdade de Filosofia, Ciências e Letras, 1950*, 1952, p. 73-74.

Na cerimônia realizada em fevereiro de 1952, referente à turma de formandos de 1951,[50] Eurípedes Simões de Paula (atual Diretor da Faculdade de Filosofia) foi o paraninfo, ao lado do licenciado, em Ciências Sociais, Renato Jardim Moreira, orador da turma. No seu discurso Eurípedes Simões de Paulo (1910-1977) ressaltava que em "1932 (...) um grupo de intelectuais paulistas, chefiados por Alcântara Machado, fundou a Faculdade Paulista de Letras e Filosofia (...) [indicando] que o papel desempenhado pelas nossas tradicionais escolas superiores, Direito, Politécnica, Medicina, já não era suficiente" para subsidiar as necessidades da sociedade, que estava se tornando mais complexa. Apoiando-se nos discursos de Júlio de Mesquita Filho, pronunciados em 1936 (quando foi formando de turma), e outro em 1950, no I Congresso de ex-alunos da Faculdade de Filosofia (quando já era professor da Faculdade), Eurípedes retornou a tradição discursiva para a qual a fundação da Faculdade de Filosofia, Ciências e Letras e da Universidade de São Paulo ocorreu "principalmente devido ao desfecho da nossa Revolução [de 1932]. São Paulo iria agora disputar a primazia no campo intelectual, já que no terreno político parecia que perdera [a] hegemonia". Mas justamente por causa disso "a nossa Faculdade [nasceu], num ambiente de luta e de incompreensão e, nele, infelizmente, ainda nos mantemos". Aí notaria o paraninfo, as sutilezas dos paradoxos subjacentes a 'memória coletiva' que foi construída sobre aqueles eventos históricos, ao ressaltar a diversidade de interpretações que acabaram sendo elaboradas entre ex-alunos e professores. Também notava a divisão entre os favoráveis e os contrários a iniciativa da fundação da Universidade. Aos contra o projeto, outro fator contribuiu para a 'incompreensão'. Para ele, quando Armando de Salles Oliveira enviou o professor Teodoro Ramos a Europa para contratar professores e pesquisadores para

50 Atraso ocorrido por causa das paralisações daquele ano, em prol das Faculdades de Filosofia, que estavam em risco, em função de solicitações de 'autodidatas' e não-licenciados, junto ao congresso nacional, reivindicando-se paridades entre eles e os licenciados nos concursos e nas escolas. As greves das Faculdades de Filosofia fizeram o congresso nacional voltar atrás ao projeto de lei, que foi engavetado. Para maiores detalhes consultar: *Anuário da Faculdade de Filosofia, Ciências e Letras, 1951*, 1952, p. 52-56; *Anuário da Faculdade de Filosofia, Ciências e Letras, 1952*, 1953.

ministrarem disciplinas, em que no Brasil não havia especialistas, tivemos, segundo Eurípedes, "então, um movimento de repulsa a Faculdade. Muitos autodidatas se insurgiram contra ela, sentindo-se prejudicados."[51]

Em função de todos esses fatores estiveram presentes aos discursos à 'repetição' e o uso de uma 'tradição' sobre a origem da instituição, fixada na 'memória coletiva', ora alicerçando as falas e as ulteriores iniciativas, ora servindo de base para novas orientações de ação e planejamento. Tal foi à recepção daquela 'tradição discursiva', que Renato Jardim Moreira, assim se referiu sobre a fundação da Faculdade de Filosofia:

> [...] originou-se da compreensão dessa realidade (...) estava presente ao espírito de seus fundadores [Júlio de Mesquita Filho, Fernando de Azevedo e Armando de Salles Oliveira] a necessidade imperiosa de se organizar um Instituto para formar professôres e pesquisadores capazes de satisfazer às exigências da vida moderna, por intermédio de uma formação universitária especializada; [e, ainda assim, uma] série de fatôres, decorrentes de nossa formação histórico-social, tem contribuído para que o seu êxito não seja completo.[52]

Nesse sentido, aparados por uma tradição que se inventava sobre a fundação da universidade, as gerações de formandos – e agora já professores, diretores, coordenadores ou na chefia de departamentos –, prontificavam-se com a retomada e manutenção daqueles discursos fundadores, colocando-se eles próprios como parte dessas tradições.

Conclusões

A partir deste quadro se verifica que os protagonistas, mesmo tendo fins diversos, aproximavam-se sobre a pretensão de construírem uma identidade para a universidade, a partir da FFCL/USP.

51 Discurso do Paraninfo, Prof. Dr. Eurípides Simões de Paula. In: *Anuário da Faculdade de Filosofia, Ciências e Letras, 1951*, 1952, p. 52. Para uma discussão dessa questão ver: CARELLI, 1994

52 Discurso do orador da turma, o Licenciado Renato Jardim Moreira. In: *Anuário da Faculdade de Filosofia, Ciências e Letras, 1951*, 1952, p. 57.

Ao historiarem o processo que culminaria na criação da universidade, apoiavam-se em suas próprias experiências e nas ações dos grupos que faziam parte. Observavam que a criação de universidades no Brasil tardou, fundamentalmente, em função da sua condição de colônia de Portugal, e da sua localização no mercado internacional do trabalho ser, naquele momento, secundária.

Para justificarem a volta do estado de São Paulo à 'soberania nacional', após os eventos de 1929, 1930 e 1932, de um lado, comparavam a condição deste 'Estado', a vivida pela França, após a guerra Franco-prussiana de 1870; de outro, com base no bandeirantismo paulista, o estado de São Paulo deveria olhar para a sua própria história de pioneirismo, diante da 'nação', e forjar novas estratégias de ação para voltar ao poder político e econômico.

Essas posições, como vimos, definiam os grupos, suas disputas políticas e intelectuais, e seus olhares sobre o processo. Observavam ainda que a função da universidade, nos anos de 1930, era caracterizada, principalmente, a partir da Faculdade de Filosofia, que organizaria quadros para o ensino 'secundário' e para o superior – ainda que aqui também houvesse uma tensão entre o 'autodidatismo' e a profissionalização do trabalho intelectual no país (BONTEMPI JÚNIOR, 2001; MIRANDA DE SÁ, 2003; ROIZ, 2004).

Desse modo, vimos como durante esse período Fernando de Azevedo e Júlio de Mesquita Filho procuraram rememorar a fundação da instituição, tendo em vista o papel crucial exercido por Armando de Salles Oliveira, quando foi o interventor do Estado de São Paulo, e de como as tentativas de se criar uma 'memória coletiva' sobre àqueles acontecimentos, esbarravam-se, muitas vezes, as leituras e interpretações de outros protagonistas, tornando cada vez mais complexa a tarefa de se escrever uma história sobre a Universidade de São Paulo, e, por extensão, sobre a sua Faculdade de Filosofia, Ciências e Letras.

Portanto, as formas de manutenção daquele "discurso fundador", a partir da elaboração de uma memória coletiva, sobre os acontecimentos que vislumbraram a fundação da USP e de sua FFCL, ocorreram em um período de transição da sociedade brasileira, ao longo dos anos de 1930 e 1950

(CANO, 1998a, 1998b; ARRUDA, 2001), e, também por isso, as iniciativas receberam diversas interpretações.[53]

Com tais expectativas em jogo é que devemos seguir nossa análise observando como foi o movimento das cadeiras dos cursos da Faculdade de Filosofia, Ciências e Letras da USP, neste mesmo período de desenvolvimento da instituição no estado de São Paulo, entre os anos 1930 e 1950, e início da constituição de um campo disciplinar de História na universidade.

53 Embora em sua pesquisa Sônia Maria de Freitas não analise os discursos de paraninfos e oradores de turma, entre as décadas de 1930 e 1950, para compreender a diversidade de interpretações sobre a fundação da Universidade de São Paulo, que haviam sido incorporadas por ex-alunos e professores, a sua pesquisa contribui para revelar justamente a forma como ocorria a transmissão e assimilação da 'memória coletiva' de um grupo para outro (FREITAS, 1992; 1993).

Capítulo 2

As cadeiras em movimento[1]

> [...] 1935-1956 [...] foi um momento chave da produção historiográfica brasileira, marcado pela geração do conhecimento histórico sob padrões do trabalho intelectual cientificamente orientado e a partir das estruturas de um sistema universitário. (MARTINEZ, 2002, p. 14).

No capítulo anterior vimos como foram construídas as bases para o funcionamento da instituição, o que nos permite agora adentrar sobre a configuração das cadeiras, regulamentada pelo regime de cátedras. Estuda-se, neste capítulo, a estrutura e o funcionamento do regime de cátedras (que permaneceu em vigor nas Faculdades de Filosofia entre 1934 e 1968) no curso de Geografia e História da Faculdade de Filosofia, Ciências e Letras da Universidade de São Paulo (FFCL/USP), entre 1934 e 1956.

Neste período os cursos de História e de Geografia ainda não eram independentes. Veremos que na medida em que se constituíam as regras específicas do funcionamento do campo, parecia se formar sutilmente tentativas de se construir uma hegemonia masculina entre as cadeiras.[2] Num período em que as regras do "campo intelectual" não estavam totalmente constituídas, muito menos, amparadas sobre um grau de especialização que lhe favorecesse certa autonomia em relação aos outros campos, e, ao mesmo tempo, configurasse o formato das disputas pelo poder (Cf. BOURDIEU,

---

1 Uma versão deste capítulo foi publicada em: ROIZ, 2004b.

2 E que foi ainda sustentada pelos dados analisados no Apêndice n. 1 deste livro.

1999, 2007, 2008), esse tipo de estratégia pôde coexistir e se reproduzir concomitantemente com a formação deste campo.[3]

Na medida em que tal estrutura ia sendo formada, os grupos masculinos pareciam tentar procurar por em prática um tipo específico de "dominação masculina" (Cf. BOURDIEU, 2009b), na qual independentemente da forma pela qual as mulheres alcançassem perfilar sua trajetória pela instituição, adquirindo títulos e experiências, assim como através do desempenho que obtivessem na assistência de cadeiras ou em concursos, o seu ingresso como catedráticas nas seções e subseções da FFCL/USP, e, em particular, no curso de Geografia e História foram sempre (e aos olhos de seus contemporâneos justificadamente) barradas - sob justificativas, que nem sempre encontravam respaldo pleno nos regimentos da instituição.[4] Razão pela qual, os próprios regimentos iam sendo revistos, haja vista que quem participava

---

3 Cujas diferenças em relação ao seu desenvolvimento na França (Cf. BOURDIEU, 1989, 2008a, 2008b, 2009a), além de serem evidentes quando a comparamos para o caso do Brasil (Cf. MICELI, 1989, 1995, 2001; GOMES, 1996; ROIZ, 2004a; FERREIRA, 2006), aqui houve diferenças no que diz respeito à escolaridade média da população (inclusive a do período em estudo, como se pode observar pelo apêndice n. 1); a possibilidade de ascensão sociocultural e econômica via educação aqui foram maiores que na França, em vista da enorme diferença socioeconômica de uma camada social para outra (o que na França tais diferenças são bem menores); o próprio desenvolvimento do sistema educacional brasileiro, em todos os níveis, foi consideravelmente tardio não só em comparação ao da França, mas com relação à própria América Latina (Cf. CUNHA, 1975, 1986, 1989; CANUTO, 1987; NADAI, 1987a, 1987b; DA CÁS, 1996); e, por fim, no que diz respeito ao *homo academicus* (Cf. BOURDIEU, 2008a) que aqui se formou, em vista dessas peculiaridades, também foi consideravelmente distinto sobre vários pontos, em relação ao europeu ou ao norte-americano, em especial, por que a "política" não deixou de ser, de imediato, o norte de seu direcionamento (e orientação), em função da "ciência".

4 Destaque-se nesta linha interpretativa o importante trabalho do sociólogo Claudinei Carlos Spirandell (2008), que traça um painel a respeito das disputas por poder, títulos, postos e cargos provenientes das cadeiras do curso de Ciências Sociais da FFCL/USP, entre o período de 1934 e 1969, e mostra como as mulheres se encontravam inseridas no interior delas. Suas hipóteses corroboram com o que é aqui apresentado no capítulo, embora constate pontos e questões peculiares no curso de Ciências Sociais.

no conselho (depois congregação) da FFCL/USP eram os próprios catedráticos da instituição (como veremos abaixo). Sendo o "poder simbólico" um "poder de construção da realidade que tende a estabelecer uma ordem" (BOURDIEU, 2007, p. 9) sobre as coisas, os homens e as sociedades, esse poder estabelecia as formas pelas quais os sujeitos deveriam se colocar diante do mundo, viver em sociedade e interpretar as coisas. Além disso, tudo levava a crer que se vivia nas universidades brasileiras o que Bourdieu definia como a "dominação masculina", que se fazia fortemente eficaz, entre outras razões, porque os "dominados aplicam categorias construídas do ponto de vista dos dominantes às relações de dominação, fazendo-as assim ser vistas como naturais" (BOURDIEU, 2009b, p. 46), e:

> A dominação masculina encontra, assim, reunidas todas as condições de seu pleno exercício. A primazia universalmente concedida aos homens se afirma na objetividade de estruturas sociais e de atividades produtivas e reprodutivas, baseadas em uma divisão sexual do trabalho de produção e reprodução biológica e social, que confere aos homens a melhor parte, bem como nos esquemas imanentes a todos os *habitus*: moldados por tais condições, portanto objetivamente concordes, eles funcionam como matrizes das percepções, dos pensamentos e das ações de todos os membros da sociedade, como transcendentais históricos que, sendo universamente partilhados, impõem-se a cada agente como transcendentes. [...] E as próprias mulheres aplicam a toda a realidade e, particularmente, às relações de poder em que se vêem envolvidas esquemas de pensamento que são produto da incorporação dessas relações de poder e que se expressam nas oposições fundantes da ordem simbólica. Por conseguinte, seus atos de conhecimento são, exatamente por isso, atos de reconhecimento prático, de adesão dóxica, crença que não tem que se pensar e se afirmar como tal e que "faz", de certo modo, a violência simbólica que ela sofre. (BOURDIEU, 2009b, p. 45).

Por essa razão, o *habitus* (Cf. BOURDIEU, 2009, p. 87-88) que passaria a fazer parte da formação dos padrões de conduta dos indivíduos na instituição, não por acaso, encontrava-se num patamar semelhante ao do reconhecimento dos "bens simbólicos" (Cf. BOURDIEU, 1990, 2008), visto que estes também dependiam de maior ou menor reconhecimento, não, a princípio, em função do tipo de conhecimento e alcance que produziam no interior do campo disciplinar da História em formação no período, mas antes em razão do sexo de quem o fazia.[5] Evidentemente, como todo tipo de estrutura de poder, amparado por um sistema voltado para a "reprodução" dos grupos dirigentes (BOURDIEU; PASSERON, 2009), havia certas brechas, que em longo prazo, permitiram que as mulheres fossem reconhecidas por sua capacidade e ingressassem nas cátedras[6] - mas esse estudo não se estendeu a tal momento (que atingiu maior generalização com o fim do regime de cátedras em 1968). Veremos abaixo, mais como essa estrutura foi sendo sutilmente formada (ver também apêndice n. 1), e não como foi sendo, aos poucos, transposta.

---

5 Veja-se ainda a esse respeito o importante trabalho de Smith, 2003.

6 Bourdieu e Passeron (2008; 2009) demonstraram como a formação dos ditos "herdeiros" no sistema educacional francês, em especial, o da primeira metade do século passado, apesar de ser organizado para a "reprodução" dos grupos dirigentes no poder político, econômico e cultural da sociedade, esse sistema de ensino, amparado e administrado pelo Estado, também traria em seu interior condições de formar nos indivíduos uma base cultural de conhecimentos para terem a capacidade de transpor as restrições a que o sistema lhes reservariam, em função de sua condição prévia de classe, que os restringiriam a permanecer nas mesmas camadas socioculturais das quais se originavam. Como procuraremos demonstrar o sistema de ensino universitário criado na FFCL/USP, apesar de suas diferenças com relação às outras faculdades da instituição e até seu presumível caráter revolucionário para a época, foi, a princípio, também condicionado a "reproduzir" a estrutura dominante da sociedade de então, cuja "dominação masculina" se fazia presente, inclusive quanto ao caráter e características do mercado de trabalho, exclusivamente voltado para os homens. Contudo, esse mesmo sistema, voltado para a "reprodução", gerou as condições necessárias para a sua transposição, que também foi amparada pelo contexto social que se formou a partir da década de 1950, alocando mais de 50% da população brasileira nas cidades, de modo a iniciar uma maior abertura do mercado de trabalho (ver apêndice n. 1). Nesse sentido, a dialética entre "reprodução" e "transposição" de um sistema também se fez presente na FFCL/USP entre os anos 1930 e 1950. Veja-se também o trabalho de Claudinei Carlos Spirandell (2008).

Note-se ainda que esta estrutura coexistiu paralelamente com as regras institucionais da universidade, ela própria amparando a sua manutenção entre os cursos.

A divisão do conhecimento e a organização das Faculdades

O campo disciplinar se constitui como domínio de regras, teorias, procedimentos e uma literatura que justifica sua fundamentação em padrões de análise "cientificamente conduzidos". Um campo disciplinar se estabelece quando uma área do saber define certos modelos científicos que lhe dão forma e coesão. O campo disciplinar da História no Brasil das primeiras décadas do século XX ainda não estava formado, porque lhe faltava o amparo em uma instituição de ensino, que centralizasse as condições mínimas para a produção e reprodução das regras do ofício, com a formação de novos quadros de profissionais para exercê-la. Os autodidatas e os institutos existentes produziam conhecimento histórico, mas não formavam profissionais aptos para o seu exercício. E esse foi o papel que desde o início a universidade se colocou como a sua função por excelência. Mas, antes de vermos com maior atenção essas questões, é preciso entender qual o significado que a instituição deu ao regime de cátedras entre seus cursos, e como este regime integrou a formação e a aquisição de novos quadros de profissionais para a instituição e para a sociedade.

A compreensão do processo, portanto, é fundamental. Apesar das variações na definição do processo de institucionalização, todas elas remetem a dar caráter de instituição, isto é, formar regras que subsidiem o seu funcionamento, ao construir códigos de conduta e mecanismos de correção expressos em lei, e organizar burocraticamente as funções e os cargos, estabelecer os suportes materiais, para lhe permitir organicidade e permanência, com durabilidade no tempo.

Tudo isso forma uma instituição. Em verdade, institucionalização que dizer dar caráter de instituição, ou mais precisamente, adotar meios técnicos e intelectuais básicos necessários ao funcionamento das estruturas agregadas aos setores organizacionais que mantém o funcionamento regular de toda instituição. Por instituição se entende uma "estrutura decorrente de necessidades sociais básicas, com caráter de relativa permanência, e identificável pelo valor de seus códigos de conduta, alguns deles expressos em lei" (FERREIRA, 1999, p. 1.119), e que assim "designam [...] o conjunto de regras e de órgãos que fixam a organização de um setor da vida pública, ou, mais amplamente, o conjunto das formas sociais fundadas pela lei ou pelo costume" (BURGUIÈRE, 1993, p. 443). Nesse sentido, a instituição se refere a um "complexo integrado de ideias, padrões de comportamento, relações inter-humanas e muitas vezes, um equipamento material, organizados em torno de um interesse socialmente reconhecido."[7]

Quando, em 1934, foi criada a Universidade de São Paulo muito já se tinha discutido sobre o que era a universidade e qual a sua função para a sociedade e para a formação de novos quadros de profissionais. Para Francisco Campos, ainda no início dos anos 1930, a Universidade era entendida como uma "unidade administrativa e didática que reun[iria], sob a mesma direção intelectual e técnica, todo o ensino superior, seja o de caráter utilitário e profissional, seja o puramente científico e sem aplicação imediata" (CAMPOS, 1940, p. 60). O mesmo entendimento sobre a universidade era tido pelo grupo que se convencionou caracterizar como movimento por uma 'escola nova' (Cf. ARAUJO, 2008), como vimos no capítulo anterior.

Já nos anos iniciais da década de 1940, muitos dos atores sociais que contribuíram com a iniciativa de criação da universidade tinham clareza quanto a esses preceitos (ROIZ, 2009a). Omar Catunda (1953, p. 119-131), em sua aula inaugural de 1945, ressaltaria, a partir do conceito de "cultura geral", que a Faculdade de Filosofia dispunha de condições efetivas para preparar os alunos nos domínios das mais diversas línguas (Letras Clássicas e Português, Letras Neolatinas, Letras Anglo-germânicas); dando-lhes a capacidade de avaliarem abstratamente as formas e o espaço (Matemática, Física); possibilitando-os conhecer a história dos povos e as transformações geográficas e geológicas do meio onde viveram e vivem (Geografia e História, História Natural) e, enfim, avaliarem as mudanças rápidas, e algumas vezes drásticas, dos grupos e das sociedades (Ciências Sociais e Políticas). Segundo ele, a divisão do conhecimento constituía uma forma de especialização, decorrente da delimitação dos campos disciplinares, mas

7 *Dicionário Brasileiro da Língua Portuguesa*, 1976, p. 975.

nem por isso alunos e professores deveriam deixar de observar a interação entre as áreas do saber.

Em 1938, André Dreyfus (1953, p. 63-82) já apontava para a importância de se pensar a Faculdade de Filosofia em seu conjunto, ao invés de em decorrência de suas especialidades. Para ele, o momento também era oportuno para a criação de novas áreas do saber no Brasil, por que:

> [...] como país novo que é, teve que resolver em primeiro lugar um problema de significação imediata muito maior, o de possuir um corpo técnico de categoria elevada: médicos, engenheiros, advogados, dentistas, agrônomos, veterinários, farmacêuticos, etc. São as exigências da vida cotidiana que reclamam seus serviços e sem êles a vida de uma sociedade civilizada é pràticamente impossível. Dado, porém, a natureza dos estudos exigidos para que se possam formar êsses técnicos, ocorre que muitos dêles não quiseram se restringir à condição de simples aplicadores de processos já determinados pelos que os precederam e assim resolveram contribuir também com uma parcela na aquisição de novos dados, novas teorias (...) a criação da Faculdade de Filosofia, Ciências e Letras [nesse sentido] v[inha] permitir que tôdas essas formas superiores de atividade humana p[udessem] ser cultivadas com uma intensidade [...] anteriormente não atingidas (Dreyfus, 1953, p. 66-67).

Novamente, em 1942, André Dreyfus (1953, p. 91-103) voltaria a lembrar a função da Faculdade de Filosofia justamente porque, ao se apresentar como uma inovação no país, esta apareceria num momento em que as necessidades eram visíveis, quanto à formação de quadros para todos os níveis de ensino e especialidades. Mas também era visível a importância da instituição porque naquele período as fronteiras territoriais ainda estavam sendo demarcadas, a história do país ainda era pouco conhecida e a sua riqueza étnica e linguística muito pouco investigada. Nesse sentido, além de demonstrar a importância de se criar novas áreas do saber, André Dreyfus justificaria só por esse aspecto a necessidade imediata de se implantar o curso de Geografia e História na Faculdade de Filosofia. E ele não foi o único, no período, a observar a contribuição que traria a criação de um curso de

Geografia e História, mas não é aqui necessário sufocar o texto com um número excessivo de excertos (ROIZ, 2004a).

A Universidade de São Paulo além de ter sido uma das primeiras no país a criar o curso de graduação em Geografia e História na década de 1930[8] e, posteriormente, desenvolver seu programa de pós-graduação em História, também contou com a participação de professores vindos de outros países. Embora tivessem vindo de vários países, auxiliando na institucionalização dos cursos oferecidos pela Faculdade de Filosofia, Ciências e Letras, muitos dos quais contribuíram com a renovação de áreas de estudo, já consolidadas no Brasil, dentre as quais, se poderia dizer o curso de Medicina, Direito e Engenharia. Por outro lado, aqueles professores estiveram agrupados em missões de ensino e pesquisa, quando ocorreu a contratação de jovens e experientes professores, para formarem os quadros curriculares dos cursos, viram nessa experiência a possibilidade de eles próprios reunirem indícios para a proposição de suas pesquisas, como foi o caso de Claude Lévi-Strauss.

> Nas Ciências Biológicas e Exatas vieram professores da França, Itália, Inglaterra, Alemanha e Estados Unidos. Nas Ciências Humanas também houve a participação de diversos professores provenientes de vários países, mas foi basicamente a missão de professores franceses (que aquela altura já constituía um intercâmbio cultural com raízes desde, pelo menos, a época do Império) a que melhor frutificou na Faculdade de Filosofia, Ciências e Letras.[9] Claude Lévi-Strauss, que lecionou nos anos 1930 nesta Faculdade, assim se lembraria, muitos anos depois, daquela experiência profissional:

---

8 O curso de História surgiu unificado ao curso de Geografia. Permaneceram unidos até 1955 quando foi instaurado decreto federal que os tornariam cursos independentes. Na Universidade de São Paulo, essa medida foi executada em 1956, depois de aprovado decreto estadual que sancionava a mudança institucional. Todavia, o funcionamento das cadeiras permaneceu sob o caráter de regime de cátedras, já em funcionamento desde 1934. Apenas em 1968 este regime foi extinto, em função da 'nova' disposição departamental. Para maiores detalhes sobre o assunto consultar, entre outros: ROIZ, 2004a; FRANÇA, 1971.

9 Sobre o tema, ver: CARELLI, 1994; D'ALÉSSIO, 1994; PETITJEAN, 1996, p. 259-330.

> Para mim e meus colegas, foi uma experiência enorme, porque era a primeira vez que tínhamos acesso ao ensino universitário. Éramos professores de liceu [ensino médio]. Fomos escolhidos porque pensavam que éramos capacitados, mas, na verdade, era uma grande novidade, e foi algo emocionante para nós.
> Devo dizer que os estudantes com os quais tínhamos contato eram de uma tal gentileza, curiosidade, eles tinham tanto desejo, não diria de aprender, porque já sabiam muita coisa, mas de conhecer de que forma nós os víamos e a seu país, e o que nós poderíamos lhes fornecer para completar seu saber...
> Diria que nós os ensinamos a se disciplinar intelectualmente, sem pensar que, a cada vez que se discutia sobre um tema qualquer, mesmo que bastante limitado, fosse necessário remontar até as origens da humanidade. Foi um trabalho importante, porque tínhamos contato com espíritos bastante vivos, ativos, curiosos, mas intelectualmente indisciplinados.
> [...]
> Na época, nós ensinávamos em francês. Todos os estudantes falavam francês. Toda pessoa um pouco culta no Brasil falava correntemente o francês.[10]

No curso de Geografia e História uma contribuição efetiva veio com a contratação de professores vindos da França, dentre os quais: Emile Coornaert (em 1934 na cadeira de *História das Civilizações*, e, em 1949, como professor visitante), Fernand Paul Braudel (entre 1935 e 1937, na mesma cadeira, e, em 1948, como professor visitante), Jean Gagé (de 1938 a 1946, substituindo Braudel na cadeira, onde também orientou as primeiras teses de doutoramento na área), Emile G. Leonard (em 1948, substituindo Gagé, mas como professor visitante) e Jean Glénisson (entre 1957 e 1958, na recém criada cadeira de *Metodologia e teoria da história*).[11] De acordo

---

10 *USP 70 anos.* Caderno especial. Folha de S. Paulo, sexta-feira, 23 de janeiro de 2004, p. 14.

11 Evidentemente houve a participação de muitos outros intelectuais franceses, e de outras nacionalidades, nesse período, dentre os quais, na Cadeira de Geografia Física e Humana: Pierre Déffontaines (1934); Pierre Monbeig (1935-1946); Roger Dion (em Geografia Humana, 1947); Pierre Gouru (em Geografia Humana,

com Eurípedes Simões de Paula: "todos êsses professôres pertence[ram] ao celebre círculo da revista fundada em 1929 [...]. Assim, tivemos desde 1934 até hoje, durante 14 anos, um ensino de História orientado mais para os estudos econômicos e sociais do que para outros setores, formando, pois, uma bela unidade, responsável sem dúvida pela homogeneidade que se nota entre os jovens professôres de História formados pela nossa Faculdade."[12] Veremos que nesse caso também as tentativas de construção de certas tradições foram comuns, mas igualmente se formavam em meio a disputas pelo poder, cuja expectativa era dar forma a como se deveria escrever a história, especialmente, a história do Brasil.

Assim, enquanto na Europa o desenvolvimento de um sistema educacional em todos os níveis foi fruto das 'revoluções burguesa' e 'industrial' do século XVIII, no Brasil esse processo foi tardio, devido a sua posição na divisão internacional do trabalho e do comércio, constituindo-se mais em decorrência da "Revolução de 1930", quando teria sido promovido o início da nacionalização do ensino público e privado em todos os níveis do aprendizado escolar (Cf. CARVALHO, 2002; NUNES, 2001; MICELI, 2001; 1995, 1989; MOTA, 2000; BUENO, 1987; TANURI, 1973). De acordo com a implantação das medidas do então ministro da Educação e Saúde Pública,

---

1948). Como professores visitantes: Frederic Mauro (1953 e 1955); Maurice Lombard (1954); Marcel Bataillon (1953); Jacques Godechot (1953), dentre outros (MASSI, 1991). Segundo Márcia D'Aléssio (1994), que pretendeu discutir algumas ideias a respeito das tendências historiográficas que marcaram os estudos históricos, entre a USP e a PUC/SP, dos anos 1930 a década de 1970, a partir das teses e dissertações defendidas no período nas universidades, duas grandes presenças foram encontradas na pesquisa, a historiografia francesa e o marxismo. A historiografia francesa foi uma constante nos cursos de graduação e pós-graduação, fundamentalmente, em função da presença de professores franceses no corpo docente do curso. Já no caso do marxismo, a sua presença nas universidades se deu por outros meios, sendo que o principal deles esteve diretamente ligado às agremiações estudantis e a participação em movimentos políticos de esquerda.

12 SIMÕES DE PAULA, E. A História e o seu ensino na Faculdade (aula inaugural em 11 de março de 1949). In: *Anuário da FFCL., 1939-1949.* USP, São Paulo: Seção Gráfica; Industria Gráfica José Magalhães Ltda., 1953, 2v., p. 161.

Francisco Campos, no início dos anos 1930, que efetivamente a formação de professores para o ensino 'primário' e 'secundário' passava a ser pensada, e a necessidade de formação de pessoal qualificado para o ensino superior viria a ser discutida (MATE, 2002; NUNES, 2001, 1999). Implantavam-se, então, as Faculdades de Filosofia, com vistas a inaugurarem as primeiras experiências de formação de pessoal qualificado para o ensino 'primário' e 'secundário' e para o ensino superior, por meio de intercâmbios entre profissionais brasileiros e estrangeiros, dentro do regime de cátedras (ROIZ, 2004a). Muito embora tal iniciativa tenha coexistido com outros projetos, como o da 'Escola Nova' e o da Igreja Católica, mesmo estes só viriam a ter um alcance prático quando houve o início do governo provisório de Getúlio Vargas, nos anos 1930 (CARDOSO, 1982; ROIZ, 2009a), o qual teve o cuidado de tentar articular os mais diversos segmentos e iniciativas. Mas sem, contudo, vir a deixar de centralizar suas verdadeiras metas para a sociedade, a cultura e a educação (Cf. FAUSTO, 2006; CORSI, 2000; NUNES, 1999, 2001; FREITAS, 1999).

Portanto, a importância da fundação de Universidades e de Faculdades de Filosofia, seguindo aos parâmetros definidos pelo estatuto de 1931, que regulamentava a criação de universidades no país, correspondia a necessidades imediatas da sociedade, e aquelas prioridades, como a de formação de pessoal qualificado para todos os níveis de ensino, que justificavam a sua criação (ROIZ, 2009a). Não haveria alterações no funcionamento das Faculdades que foram agrupas a Universidade de São Paulo até o final da década de 1930, quando então deveriam seguir aos preceitos da Faculdade Nacional de Filosofia da Universidade do Brasil (FERREIRA, 2006) - mas como veremos abaixo, mesmo o norteamento desses preceitos tinha apenas uma apreensão relativa entre as outras universidades. Na FFCL/USP funcionavam em conjunto as áreas de Humanidades, e as Biológicas e Exatas, que almejavam formar profissionais para o ensino secundário e para o superior. Nesse sentido, a pergunta que se impõe é: como era o regime de funcionamento das cátedras na Faculdade de Filosofia?

Estrutura e funcionamento do regime de cátedras

O estudo sobre o regime de cátedras compreende inicialmente uma definição do que se entende justamente por *cátedra*. Literalmente quer dizer assento, ou mais precisamente cadeira. Socialmente significa o lugar de onde um indivíduo se representa perante os 'pares', e mais amplamente diante da sociedade. Foi inicialmente deliberada apenas para o corpo religioso, mas em função do desenvolvimento da monarquia absolutista passava também a fazer parte do corpo político. Portanto, foi em função de transformações sociais e culturais (decorrentes das revoluções econômicas e políticas no século XVIII), que se viabilizou a representação da cátedra (ou cadeira) como um instrumento de diferenciação de funções sociais e administrativas de um conjunto de indivíduos no interior de uma instituição de ensino e pesquisa.

Assim, ao sentido de cadeira pontifícia e cadeira política, ocupada por um integrante da instituição religiosa, no primeiro caso, ou por um líder político, no segundo, acrescentava-se o de cadeira professoral – ainda que parte dessas designações remontassem a fundação das primeiras universidades no Ocidente nos séculos XII e XIII (Cf. LE GOFF, 2003) –, regida por um titular em área específica do conhecimento, apto a ministrar determinadas disciplinas, funções administrativas e de ensino e pesquisa.

Na Europa, a partir do século XVIII, as funções administrativas e educacionais decorrentes do cargo começavam a perpassar por todos os níveis de ensino.[13] Sendo o cargo ou função entendido então como atributo de um professor de disciplina de nível universitário ocupado por um titular, assim como o cargo de professor titular em outros níveis de ensino. No caso do ensino superior o sentido atribuído à função ampliava-se também para a disciplina ministrada por professor dessa categoria, por professor adjunto, ou por assistente; designando ainda a matéria ou disciplina ensinada tendo como base as ações de um mestre. Provavelmente, foi a partir das relações culturais estabelecidas entre França e Brasil, desde, pelo menos, a chegada da família real portuguesa em 1808, que este último procurou construir a organização institucional de seu sistema de ensino em todos os níveis do aprendizado

---

13 Para maiores detalhes consultar: BURKE, 2003; CAIRE-JABINET, 2003a, 2003b; CHESNEAUX, 1995; CARBONELL, 1976.

escolar, tendo por base esses preceitos e designações (Cf. NADAI, 1987; HAIDAR, 1972). Embora os níveis e graus de ensino no Brasil não tenham sido organizados simultaneamente, mas fundamentalmente em função de necessidades provenientes de drásticas mudanças sociais em pleno século XX, a inspiração tomada do modelo francês é notória e já foi observada por outros autores (HAMBURGER; DANTES; PATY; PETITJEAN, 1996; CARELLI, 1994; BITTENCOURT, 1990; CUNHA, 1986; BARROS, 1959). Não foi de nosso objetivo pormenorizar a introdução do modelo francês no país,[14] mas tão somente delinear a forma como esteve organizado o regime de cátedras na Faculdade de Filosofia, Ciências e Letras da Universidade de São Paulo (FFCL/USP).

Descrever como era a organização do regime de cátedras, envolve inicialmente uma analise do seu funcionamento institucional, para em seguida se debruçar em torno das suas nuances organizacionais, e é o que nos ocuparemos neste momento. O aspecto legal compreende desde a incorporação de um corpo de regras que operem o desdobramento do processo que rege a forma de seleção do profissional, até a caracterização de suas funções na instituição. A organização das cadeiras que efetuava a disposição curricular de cada curso e deliberava a maneira como os profissionais deveriam agir dentro de cada seção e subseção na Faculdade de Filosofia, Ciências e Letras da Universidade de São Paulo. Por fim, os locais ou espaços de sociabilidade[15] que se formavam no interior de cada curso caracterizavam os laços de amizade, as escolhas políticas e as predisposições teóricas e práticas de cada um dos professores.

Contudo, no interior das normas havia sempre espaços para o improviso e a inovação. Isto é, dentro das normas existia uma flexibilidade que permitia a constituição de algumas estratégias que visavam subsidiar a ma-

---

14 Para maiores detalhes consultar: CARELLI, 1994; HAMBURGER; DANTES; PATY; PETITJEAN, 1996.

15 Para Angela de Castro Gomes, as redes de sociabilidade tratariam de ideias defendidas por grupos e distinguiriam as próprias posições que os atores sociais ocupariam no interior do grupo. Elas se formariam a partir de interesses comuns entre as pessoas que compõe o grupo, ou que estão nos seus arredores (GOMES, 1999).

nutenção de grupos acadêmicos nos concursos para as cátedras, na medida em que os profissionais estabelecidos almejavam multiplicar seus projetos nos alunos que acompanhavam durante o início da trajetória acadêmica individual.[16] Por serem regras aceitas pelos 'pares', não foram prescritas no papel, mas seguidas de acordo com a ocasião. Entre essas regras havia algumas visíveis e outras veladas como, por exemplo, a manutenção de uma corporação masculina nas cátedras, limitando os espaços de ação feminino, em função de serem elas maioria em alguns cursos da Faculdade de Filosofia (CERDEIRA, 2001) e tentarem se projetar individualmente, como pesquisadoras na universidade (ver apêndice n. 1).

Não se buscará neste tópico fazer uma análise exaustiva do assunto (que seria tema para uma pesquisa específica), mas tão somente levantar de forma sucinta as grandes linhas do processo; isto é, procurar-se-á mostrar como era a delimitação institucional do regime de funcionamento das cátedras na Faculdade de Filosofia, Ciências e Letras da Universidade de São Paulo, mas tendo como eixo o curso de Geografia e História.

---

16 Portanto, na tentativa de reconstituir, mesmo que parcialmente, a dinâmica desse processo, esbarrou-se em dois problemas, um de ordem interna as cadeiras e outro externo. O funcionamento das cadeiras do curso de Geografia e História encontrava-se disposto em três setores diferentes. No primeiro setor estava a cadeira de *Geografia* (Humana, Física e do Brasil), que mantinha pouco contato com as outras, porque segundo os protagonistas, em seus relatórios, havia certas especificidades entre o ensino e a pesquisa geográfica, em relação ao ensino e a pesquisa histórica e a etnográfica. A cadeira de *Etnografia brasileira e tupi-guarani*, no segundo setor, apresentava os mesmos dilemas. Entre as cadeiras de *História da Civilização*, *História da Civilização Americana* e *História da Civilização Brasileira*, no terceiro setor, além daqueles dilemas de demarcação de fronteiras entre as áreas, havia uma delimitação de espaço na pesquisa histórica entre estas, que limitava o contato de uma com a outra. O segundo problema figurava na questão de como construir o 'ofício de historiador' e os espaços da pesquisa histórica diante das condições internas pouco propícias à criação de um diálogo em comum, e das condições externas, onde o 'autodidatismo' que fazia de outros profissionais também 'cultores' do mesmo ofício, uma barreira contra a profissionalização do trabalho intelectual de História.

Em 1936, quando a maioria das seções e subseções da Faculdade de Filosofia já estava em funcionamento, as cadeiras estavam divididas segundo as seções de Filosofia, Ciências e Letras. Na primeira havia apenas o curso de Filosofia, com quatro cadeiras. Na seção de Ciências havia seis subseções com os seguintes cursos: Ciências Matemáticas, com três cadeiras; Ciências Físicas, com duas cadeiras; Ciências Químicas, com duas cadeiras; Ciências Naturais, com seis cadeiras; Geografia e História, com cinco cadeiras e Ciências Sociais e Políticas, com cinco cadeiras. Na terceira seção se concentrava os cursos de Letras Clássicas e Português, com cinco cadeiras, e Línguas Estrangeiras, com cinco cadeiras (mas que nos anos seguintes foram se desdobrando em cursos independentes).

Essa disposição das cadeiras dos cursos das seções e subseções recebeu diversas mudanças, em função de novos decretos que oficializavam a introdução de medidas que especializavam melhor as áreas; ou ainda, vinham subsidiar insuficiências de funcionamento entre os cursos, permitindo a abertura de novas cadeiras. Qualquer mudança legal recebia adaptações ao ser implantada na instituição, para desempenhar adequadamente as necessidades do local e adequarem-se as discussões internas já em vigor.

Os concursos para provimento de títulos e funções de professor catedrático entre os cursos começaram a ocorrer no final da década de 1930, na medida em que professores estrangeiros e brasileiros não renovavam contratos, assumiam apenas interinamente a função, ou havia a abertura de uma nova cadeira. Todos os candidatos que desejassem se inscrever para o concurso deveria ser brasileiro "nato ou naturalizado" e ser diplomado por institutos de ensino superior "da Universidade de São Paulo ou de outros estabelecimentos superiores oficiais ou oficialmente reconhecidos pelo Govêrno Federal, em curso de que faça parte a disciplina da cadeira em concurso ou disciplinas afins". Também poderiam se inscrever "os portadores de diploma universitário que possuam obras de indiscutível valor, versando a matéria da cadeira a cujo concurso se propõem."[17] Ainda que as disciplinas referentes para o concurso fossem oferecidas apenas em Faculdades de Filosofia, os candidatos deveriam demonstrar

17 *Anuário da Faculdade de Filosofia, Ciências e Letras, 1950*, 1952, p. 114.

diploma universitário. Solicitava-se, ainda, para a inscrição do candidato, experiência com o ensino superior.[18]

As medidas para o provimento de títulos e cargos nos concursos foram sendo revistas com o tempo e procuravam se adequar à situação da instituição. Nos anos 1930 não havia ainda doutores e livre-docentes nestas áreas, formados pelas Faculdades de Filosofia, ou por outras instituições (com exceção de algumas Faculdades de Direito). Mas a partir dos anos 1940 começavam a aparecer os primeiros profissionais com esses títulos. Assim, se nos anos 1930, a função de assistente de ensino era praticada por licenciados e bacharéis, nos anos 1940 recebia nova designação, a de auxiliar de ensino. Porque a função de assistente seria praticada, a partir daquele momento, por doutores e livre-docentes (que em alguns casos vinham a incorporar o cargo de professor adjunto). Cada cadeira, de acordo com a existência de verbas, poderia contratar para períodos temporários, de um a dois anos, ou em regime permanente, com tempo parcial de trabalho, de 1 a 3 assistentes, e 1 auxiliar de ensino. A função de primeiro e segundo assistente ficaria a cargo de doutores e livre-docentes, sendo a hierarquia arranjada conforme os títulos adquiridos pelos profissionais.

Apesar de já na década de 1940 começarem a aparecer os primeiros doutores formados por Faculdades de Filosofia, o regimento para o doutoramento, na Faculdade de Filosofia, Ciências e Letras da Universidade de São Paulo, só foi aprovado pelo Conselho Universitário, em seção de 18 de julho de 1952.

Antes deste período, não houve, na maioria dos casos, o requisito de cursos especializados e estágios dirigidos a serem cumpridos pelos alunos que visassem atingir o nível de doutor. Sendo, contudo, obrigatório à direção da tese por um professor efetivo, e que fosse depois de concluída, apresentada a uma banca julgadora, com cinco professores especialistas na área. No julgamento da tese, cada professor que compunha a banca examinadora poderia dar nota de 0 a 10, sendo ao candidato necessário ter média igual ou superior a sete (7,00) para ser aprovado.

---

18 Para maiores detalhes consultar: *Anuário da Faculdade de Filosofia, Ciências e Letras, 1950*, 1952, p. 97-136; *Anuário da Faculdade de Filosofia, Ciências e Letras, 1952*, 1953, p. 87-120.

A partir de 1952 foram acrescentados alguns requisitos. Seria conferido o título de doutor a todos os candidatos aprovados em concurso para professor catedrático que ainda não o portassem e aos bacharéis que fossem aprovados em bancas de defesa de tese "depois de, pelo menos, dois anos de estudos sob a orientação do docente da disciplina escolhida". Para o segundo caso, ainda era necessário que o candidato cursasse, pelo menos, duas disciplinas especializadas oferecidas anualmente em sua área, nos cursos regulares das seções e subseções da Faculdade de Filosofia. Sendo-lhe também solicitado um estágio supervisionado em departamento específico, com o orientador da tese. Para lhe ser concedido o diploma de doutor seria necessário obter uma média geral entre o estágio, os cursos e a apresentação da tese a uma banca composta por cinco professores, de no mínimo 7,0 (sete inteiros). Para aqueles que não fossem bacharéis em Faculdades de Filosofia, Ciências e Letras seria concedido o diploma de doutor, apenas aos que satisfizessem as exigências do regulamento. A Faculdade de Filosofia, Ciências e Letras da Universidade de São Paulo concederia aos aprovados, em suas respectivas seções e subseções, o título de doutor nas áreas de Filosofia, Ciências (da qual a área de Geografia e História se incluía), Letras e Educação.[19]

Com essas mudanças, passava-se a avaliar nos concursos para o provimento do cargo de professor catedrático, também a titulação que possuía cada um dos candidatos. O concurso era organizado pela congregação da universidade, assim que fosse expedida a vaga pela Secretaria de Educação do Estado de São Paulo. Na Faculdade de Filosofia, Ciências e Letras da Universidade de São Paulo, ainda não estava funcionando uma congregação porque não existia um número mínimo de professores catedráticos, que seria de dois terços, em relação ao conjunto de membros do conselho de professores. Até ser resolvida essa medida legal, para a formação da congregação na Faculdade de Filosofia, funcionava o conselho universitário, que adquiria a função de congregação, para a votação de certas medidas, entre as quais: a) a abertura de concursos para o cargo de professor catedrático; b) e a escolha de nomes para presidirem a banca de avaliação dos candidatos

19 Cf. Regimento de doutoramento. Decreto nº 21.780 de 15 de outubro de 1952. In: *Anuário da Faculdade de Filosofia, Ciências e Letras, 1952*, 1953, p. 79-84.

(dois nomes eram escolhidos pela congregação e três nomes pelo conselho técnico e administrativo da Faculdade). O conselho universitário só não poderia funcionar com essa designação quando fosse ocorrer a homologação do candidato aprovado no concurso. Para essa função específica deveria ser encaminhado pedido de convocação de profissionais – com o título de catedrático ou de notório saber entre os 'pares', na área específica de cada concurso – a outras instituições, com o fim de preencher o número mínimo de professores catedráticos, junto ao conselho universitário. Só assim, o conselho poderia desempenhar os encargos necessários para homologar o concurso, como uma congregação.

Ao professor catedrático cabia desempenhar as funções de organização de ensino e pesquisa, e funcionamento administrativo de sua cadeira. Era de sua responsabilidade organizar as disciplinas a serem oferecidas anualmente no curso. Cabia-lhe organizar ainda orientações de ensino e pesquisa. Entre seus encargos administrativos estava o de executar funções técnicas e burocráticas na cadeira e no curso. Além disso, cabia ao catedrático orientar pesquisas e coordenar projetos conjuntos desenvolvidos na cadeira. A partir do início da década de 1940, os encargos administrativos foram remanejados aos Departamentos que começaram a ser abertos e, neles, agrupavam-se as cadeiras de mesma área de cada curso da Faculdade de Filosofia. No Departamento de Geografia, por exemplo, fundado em 1946, agrupou-se as cadeiras de Geografia Humana, Geografia Física e Geografia do Brasil, e:

> No ponto de vista administrativo, o Departamento é constituído por seis seções distintas: 1. Biblioteca; 2. Mapoteca; 3. Fichário Geográfico; 4. Fotografia; 5. Arquivo; 6. Instrumental Científico e Material de Excursão. Além disso, dispõe o Departamento de uma *secretaria* (...). A administração interna do Departamento é exercida por um *Diretor Administrativo*, escolhido anualmente dentre os titulares das cadeiras, obedecido o sistema rotativo. É de sua competência: a) superintender todos os assuntos de caráter administrativo do Departamento; b) nomear e dispensar os chefes das seções, sendo a escolha feita entre os Assistentes que trabalham junto às três cadeiras; c) zelar pela exata aplicação das verbas concedidas pela Reitoria da Universidade; d) despachar a correspondência do Departamento. (...) Ao assumir suas fun-

> ções, no início do ano, o Diretor Administrativo designa os Assistentes que devem ficar, durante horas determinadas e em cada semana, à disposição dos alunos que desejarem estudar no Departamento. (...) Pelo menos uma vez em cada semestre, o Diretor Administrativo convoca os demais Professôres e Assistentes para uma reunião coletiva, na qual são discutidos assuntos referentes à marcha dos serviços administrativos do Departamento (AZEVEDO, SILVEIRA, 1949, p. 76-77).

Evidentemente, a organização das cadeiras de cada um dos cursos das seções e subseções da Faculdade de Filosofia, Ciências e Letras estava limitada ao formato disposto em lei e assimilado na instituição. No curso de Geografia e História, a sua organização estava assim deliberada, desde a função de auxiliares e assistentes de cadeira, até a de professor catedrático. Mas isso não impedia a formação de grupos entre os profissionais, na medida em que procuravam expandir suas formas de agir e pensar, com a aquisição, nos concursos, de profissionais do grupo ou próximo a ele (ver quadro nº 1).

Quadro 1: Distribuição das teses de doutorado apresentadas no Departamento de História, entre 1939 e 1957, segundo sexo, área e ano da defesa

Orientador	Sexo	Orientando	Área	Ano
Alfredo Ellis Júnior	Homem	José Ribeiro Quirino	HCB*	1943
	Mulher	Mafalda Zamella	HCB	1951
Jean Gagé	Homem	Eurípedes Simões de Paula	HCAM**	1942
	Homem	Astrogildo Rodrigues de Mello	HCA***	1942
	Mulher	Alice Piffer Canabrava	HCA	1942
	Mulher	Olga Pantaleão	HCMC****	1944
Eurípedes Simões de Paula	Homem	Eduardo D'Oliveira França	HCAM	1945
	Homem	Pedro Moacyr Campos	HCAM	1945
Eduardo D'Oliveira França	Homem	Manuel Nunes Dias	HCMC	1957
Astrogildo Rodrigues de Mello	Mulher	Myriam Ellis	HCB	1955

Fonte: SIMÕES DE PAULA, M. R. C. R. Teses defendidas no departamento de História da Universidade de São Paulo (1939-1974). *Revista de História*. Número Jubilar, São Paulo/USP, Tomo II, 2(100): 821-857, 1974, 2v.; MESGRAVIS, L. O curso de pós-graduação do departamento de História da Faculdade de Filosofia, Letras e Ciências Humanas da Universidade de São Paulo. *Revista Brasileira de História*, São Paulo, 3(5): 87-118, março/1983.
* História da Civilização Brasileira.
** História da Civilização Antiga e Medieval.
*** História da Civilização Americana.
**** História da Civilização Moderna e Contemporânea.

Não por acaso, embora neste período cada uma das áreas estivesse em níveis diferenciados de desenvolvimento, todas almejavam construir alicerces teóricos e metodológicos, que respeitando as diferenças entre cada uma, visassem elaborar um conjunto de procedimentos 'científicos' para a análise de fontes e objetos, na pesquisa acadêmica, que lhe conferisse certa autonomia em relação as outras áreas do saber. A hipótese que acompanha a análise proposta é a de que a profissionalização do trabalho intelectual de História foi proveniente da incorporação de tradições culturais das universidades francesas, a partir da atuação de historiadores franceses na cadeira de *História das Civilizações*, e esse processo coexistiu com o 'autodidatismo' nacional remanescente na cadeira de *História da Civilização Brasileira.*

Ao mesmo tempo em que havia maior flexibilidade, inclusive, no que dizia respeito aos sexos nas orientações oferecidas pelos professores franceses (a exemplo de Jean Gagé, mas não no caso de Fernand Braudel), outro seria o foco dos brasileiros (como foi o caso de Alfredo Ellis Jr., ainda que houvesse orientado um homem e uma mulher, nos seus respectivos doutoramentos). Não por acaso, o resultado das características híbridas alcançadas foi à permanência de disputas pelo poder nos espaços de sociabilidade construídos pelos profissionais das cadeiras, ao serem elaboradas diversas representações sobre o ofício de historiador, a definição de obra histórica e a escrita da história (como veremos na segunda e terceira parte deste estudo).

Quadro 2: Distribuição dos professores do curso de Geografia e História da FFCL\USP, segundo as áreas de atuação entre 1939 e 1958*

Títulos	Graduação	Doutorado	Área	Livre docência	Área	Cátedra	Área
Nomes	**Período*****	**Ano**	**Cadeira**	**Ano**	**Cadeira**	**Ano**	**Cadeira**
Alfredo Ellis Júnior	--	--	--	--	--	1939	HCB
Sérgio Buarque de Holanda	--	--	--	--	--	1958	HCB
Eurípedes Simões de Paula	1934-1936	1942	HCAM	--	--	1946	HCAM
Astrogildo Rodrigues de Mello	1934-1936	1942	HCA	--	--	1946	HCA
Eduardo d'Oliveira França	1935-1937	1945	HCAM	--	--	1951	HCMC
Pedro Moacyr Campos	1938-1940	1945	HCAM	1950	HCAM		
Alice Piffer Canabrava**	1935-1937	1942	HCA	1946	HCA		
Odilon Araújo Grellet**	--	--	--	1946	HCA		
Plínio Marques da Silva Ayrosa	--	--	--	--	--	1939	EBTP
Aroldo Edgard de Azevedo	1937-1939	--	--	--	--	1945	GB
Ary França	1936-1938	1945	GH	--	--	1951	GH
João Dias da Silveira	1934-1936	1946	GF	--	--	1950	GF

Fonte: *Anuário da Faculdade de Filosofia, Ciências e Letras, 1939-1949*, 1953, 2v.; *Anuário da Faculdade de Filosofia, Ciências e Letras, 1950*, 1952; *Anuário da Faculdade de Filosofia, Ciências e Letras, 1951*, 1952; *Anuário da Faculdade de Filosofia, Ciências e Letras, 1952*, 1953; PAULA, M. R. C. R. Simões de. Teses defendidas no Departamento de História da Universidade de São Paulo (1939-1974), nº 100, out./dez.1974, p. 821-856.

* Em 1952 foi aberta a cadeira de *Geografia Regional*, que passaria a funcionar a partir de 1955. Em 1957 foi aberta a cadeira de *Iniciação aos estudos históricos*. No quadro não foram referidas porque o concurso de títulos e provas ocorreu em momento posterior, sendo os professores contratados. A cadeira de *Antropologia* estava a cargo do professor Egon Schaden, remanejada em 1946, para o Departamento de Sociologia e Antropologia.

** Não exerceram a função, a partir do final da década de 1940, por ficarem encarregados de outras áreas na Faculdade de Filosofia.

*** Dados coletados apenas para os alunos que se formaram no curso de Geografia e História da Faculdade de Filosofia, Ciências e Letras da Universidade de São Paulo.

HCAM - História da Civilização Antiga e Medieval.

HCA - História da Civilização Americana.

HCMC - História da Civilização Moderna e Contemporânea.

HCB - História da Civilização Brasileira.

EBTG - Etnologia Brasileira e Tupi-Guarani.

GB - Geografia do Brasil.

GH - Geografia Humana.

GF - Geografia Física.

Entre as décadas de 1930 e 1950 essa estratégia de consagração e contratação de profissionais foi muito corriqueira nos concursos para a aquisição de títulos de doutor e livre-docente, perpassando também nos concursos para professor catedrático, uma vez que, em ambos os casos, os profissionais que compunham as bancas examinadoras vinham dos respectivos cursos da Faculdade de Filosofia. Assim, as bancas examinadoras eram preenchidas, pelo menos em parte, por professores já efetivos em outras cadeiras (como catedráticos ou não). Em alguns casos, esses professores atuavam como presidentes de banca, ou ainda como organizadores das disposições das bancas examinadoras, quando participavam no conselho universitário, já que as funções não poderiam ser acumulativas. Nesse sentido, os candidatos aprovados no concurso para a cátedra, na grande maioria dos casos, se situavam entre aqueles que trilhavam sua trajetória acadêmica, primeiro como alunos do curso de Geografia e História, depois como auxiliares de ensino e assistentes e, finalmente, se passassem todas as etapas, concorriam ao cargo de professor catedrático (quadro nº 2).

Para melhor visualizar as sutilezas desse processo convém observar a maneira como ocorria à passagem dos alunos do curso de graduação até sua conclusão do doutoramento, e, em seguida, seu ingresso na cátedra.

Eurípedes Simões de Paula (1910-1977) fez todo o ensino primário e secundário em escolas da cidade de São Paulo. Em meio às circunstâncias sociais e políticas descritas acima, ingressava, em 1931, no curso de Ciências Jurídicas e Sociais, da Faculdade de Direito do Largo São Francisco, formando-se, em 1935, quando ela já havia sido incorporada à Universidade de São Paulo. Além daquela Faculdade, outras também foram agrupadas e algumas foram criadas, com a fundação da Universidade de São Paulo, no ano de 1934. Nesse mesmo ano Eurípedes ingressou, junto com outros 16 jovens, no curso de Geografia e História, na recém-criada Faculdade de Filosofia, Ciências e Letras da Universidade de São Paulo, dos quais, apenas 7 alunos, todos homens, concluíram o curso em 1936.[20] Após concluir o curso foi assistente de cadeira, e em 1942 concluiu sua tese de doutorado, orientada por Gagé. Contava pouco mais de 36 anos de idade, quando, em 1946, foi aprovado no concurso para professor catedrático na cadeira de História da Civilização Antiga e Medieval.

Como ele, Eduardo D'Oliveira França (1917-2003) também fez o curso de Ciências Jurídicas e Sociais e o curso de Geografia e História, em fins da década de 1930, sendo em seguida assistente do professor Eurípedes, na cadeira de História da Civilização Antiga e Medieval, e com quem defenderia, em 1945, sua tese de doutoramento. Em 1951, Eduardo d'Oliveira França, tornava-se o novo catedrático da cadeira de História da Civilização Moderna e Contemporânea. Assim, também, foi à trajetória de Astrogildo Rodrigues de Mello, que se licenciava em Geografia e História na mesma turma que Eurípedes. Foi assistente na cadeira de História da Civilização Americana, doutorando-se em 1942 e, em 1946, vindo a ser o novo catedrático da cadeira.

Nesse sentido, todos foram assistentes de cadeira antes de fazerem o doutoramento, e todos se tornaram catedráticos na instituição. Nesse período, foi o professor francês Jean Gagé quem contribuiu mais diretamente

---

20 Esse quadro social viria a mudar totalmente nos anos subsequentes com o ingresso de mulheres no curso, em razão dos comissionamentos, e se fixariam em, aproximadamente, 63,5% das vagas oferecidas no curso de Geografia e História (Tabela – 1 e 2, e apêndice n. 1).

com o curso (CAMPOS, 1975), ao orientar os doutoramentos de Eurípedes Simões de Paula (concluído em 1942), Astrogildo Rodrigues de Mello (concluído em 1942), Alice Piffer Canabrava (concluído em 1942) e Olga Pantaleão (concluído em 1944).[21]

Ainda que Jean Gagé tivesse orientado 4 teses, sendo 2 homens e 2 mulheres, as mulheres encontravam mais barreiras ao prosseguirem na instituição. Alice Piffer Canabrava, por exemplo, que foi professora do ensino primário, e, depois de se formar na Faculdade de Filosofia foi assistente na cadeira de História da Civilização Americana, dizia que não era "discriminada no exercício da profissão, mas me lembro que, ao concorrer a cátedra, deram o lugar a um homem [Astrogildo Rodrigues de Mello]."[22]

A importância desta análise está em se demonstrar que, embora houvesse, a partir da década de 1930, uma diversificação no mercado de trabalho no Brasil, vindo a proporcionar o ingresso de mulheres em novos setores (que não o familiar), quando pretendiam ascender socialmente, visando atingir postos mais destacados na escala de trabalho e comando, esbarravam-se sobre tentativas de conservação e manutenção do papel masculino nestas linhas de comando intelectual e administrativo.[23] Para o caso específico da Faculdade de Filosofia, os dilemas femininos foram semelhantes, já que atingiam, em certos cursos, médias anuais de 65% entre os formandos (ver apêndice n. 1),

21 "Antigo professor da Universidade de Estrasburgo, o professor Jean Gagé regeu na Faculdade de Filosofia, Ciências e Letras da Universidade de São Paulo os cursos de História Geral, de 1938 a 1941, e os de História Moderna e Contemporânea de 1941 a 1946. Durante todos aquêles anos, além de sua atividade exclusivamente didática, promoveu conferências, realizou pesquisas e foi um dos fundadores da Sociedade de Estudos Históricos e dos mais ardorosos de seus propugnadores na sua fase inicial. Regressando para a França em 1946, não se desligou todavia da Faculdade que tanto ficara devendo a seus esforços e, além de acompanhar com particular interesse o seu desenvolvimento, continuou a contribuir valiosamente para êsse mesmo desenvolvimento na qualidade de colaborador da Revista de História." (SIMÕES DE PAULA, 1955, p. 541).

22 Entrevista n. 21. In: CERDEIRA, 2001.

23 Para maiores detalhes consultar: TUPY, 2002, p. 113-42; MANOEL, 1998; 1992; NADAI, 1991; TRIGO, 1997.

abrangendo na seção de História 40% das teses defendidas entre 1939 e 1957 (quadro n. 1), mas sendo impedidas de atingirem, nesse período, o cargo de catedráticas, tanto nas cadeiras do curso de Geografia e História, quanto nas outras seções e subseções da Faculdade de Filosofia, Ciências e Letras da Universidade de São Paulo (Cf. CERDEIRA, 2001; TRIGO, 1997).[24]

Tabela 1: Distribuição dos Formandos do Curso de Geografia e História segundo o sexo, 1936-1944

	1936	1937	1938	1939	1940	1941	1942	1943	1944
			Números	Absolutos					
Homens	7	5	4	7	7	5	5	6	13
Mulheres	--	10	5	8	16	28	7	13	17
Total	7	15	9	15	23	33	12	19	30
			Percentuais						
Homens	100,0	35,5	44,5	46,5	30,5	15,5	41,5	31,5	43,5
Mulheres	0,0	64,5	55,5	53,5	69,5	84,5	58,5	68,5	56,5
Total	100,0	100,0	100,0	100,0	100,0	100,0	100,0	100,0	100,0

Fonte: Listas de matrículas e Listas de Formandos. In: *Anuários da Faculdade de Filosofia, Ciências e Letras.*

24 O foco do livro organizado por Eva Alterman Blay e Alice Beatriz da Silva Gordo Lang, *Mulheres na USP: horizontes que se abrem* (2004), com entrevistas de mulheres que se tornaram pesquisadoras pioneiras, em várias áreas, na Universidade de São Paulo, demonstra alguns dos nexos complexos de uma história, de certo modo, também silenciada. Ao tomarem por base os depoimentos de Gilda de Mello e Souza, Jandyra França Barzaghi, Alice Piffer Canabrava, Olga Pantaleão, Maria Conceição Vicente de Carvalho e Veronica Rapp de Eston, elas nos fornecem subsídios para desatar alguns dos nós que comprimiam a compreensão de parte daquele processo histórico. Como enfatizariam qual o cenário paulista em que se deu um olhar feminino sobre a cultura, com a participação das primeiras normalistas no ensino superior, visto que os percentuais femininos e masculinos nos índices do IBGE, tanto quanto do ensino fundamental e médio, das últimas décadas do século XIX e primeiras do XX, confirmaria o aumento potencial delas em quase todos os setores. Aumento gradual e ínfimo, evidentemente, se o compararmos com o que se verá nas décadas finais do século passado. Mas, foi justamente a participação dessas pioneiras em setores até então ocupados pelos homens, que simultaneamente prepariam a ascensão que se daria décadas depois.

Tabela 2: Distribuição dos Formandos do Curso de Geografia e História segundo o sexo, 1945-1952

	1945	1946	1947	1948	1949	1950	1951	1952
			Números	Absolutos				
Homens	17	4	4	2	3	3	5	4
Mulheres	26	11	14	4	4	12	11	12
Total	43	15	18	6	7	15	16	16
			Percentuais					
Homens	39,5	26,5	22,5	33,5	42,5	20,0	31,5	25,0
Mulheres	60,5	73,5	77,5	66,5	57,5	80,0	68,5	75,0
Total	100,0	100,0	100,0	100,0	100,0	100,0	100,0	100,0

Fonte: Listas de matrículas e Listas de Formandos. In: *Anuários da Faculdade de Filosofia, Ciências e Letras.*

Nesse ponto cabe uma pergunta: como era a carreira docente naquela época? Não se exigia do recém formado o título de doutor para ser professor no curso. Em geral, o início da carreira dependia mais de oportunidade, do que títulos, porque decorria de assistências a professores catedráticos. Era por meio desse enquadramento profissional que começava a carreira docente. Ao desempenhar as funções de assistente, anos depois renomeada como auxiliar de ensino, que o recém formado aprendia a elaborar e planejar as aulas e o conteúdo das disciplinas, que observava como era o funcionamento administrativo da cadeira, e iniciava as primeiras pesquisas acadêmicas. Essas pesquisas, em geral, que davam origem às teses de doutoramento dos assistentes (ou auxiliares de ensino).

Ao defenderem seu doutoramento outra etapa se iniciava. A carreira não tinha estabilidade, a menos que se fosse o titular da cadeira, isto é, o catedrático. Mesmo sem estabilidade plena, observou-se que foram ínfimos os casos em que os recém-doutores que já atuavam na instituição como assistentes (ou como auxiliares) eram dispensados de suas funções docentes. Aos iniciantes, embora não tivessem estabilidade garantida legalmente, restava, ao concluírem o doutoramento, esperarem a oportunidade de prestarem o concurso para se tornarem livre-docentes, ou ainda, o que era mais difícil, professor catedrático. Nesse caso, a aproximação e confraternização com os "pares" era fundamental para alicerçarem (além dos rituais de consagração) os laços de amizade.

Para demonstrar como esse processo se dava na prática, note-se o caso do concurso de provas e títulos para o cargo de professor catedrático na cadeira de *História da Civilização Americana* do curso de Geografia e História, em 1946, que foi um exemplo da organização de grupos, e demonstra a importância dos laços de amizade entre os pares. Inscrever-se-iam para o concurso Astrogildo Rodrigues de Mello (que era então professor interino da cadeira), Odilon Araújo Grallet e Alice Piffer Canabrava (1911 – 2003). Esta, que se graduou pela Faculdade de Filosofia no curso de Geografia e História em 1937, fora uma das primeiras mulheres do curso a se doutorarem em 1942, sob a orientação de Jean Gagé, e "mereceu elogios da crítica nacional e estrangeira" por seu trabalho. Havia sido professora assistente na cadeira no início dos anos 1940. E como indica:

> Deste modo, involuntariamente, emergi[a], aos olhos dos meus colegas masculinos, como possível candidata ao provimento efetivo da cadeira de História da América, a ser posta em concurso. Até então, o relacionamento com esses colegas havia sido muito afável [...]. A partir de então, o círculo de hostilidade subterrânea começou a se desenhar para mim com evidências, a se apertar anonimamente em uma ou outra ocorrência da atividade universitária, sem alterar a aparência da superficial cordialidade (CANABRAVA, 2003, p. 17-18).

A hostilidade sobre a ascensão da mulher nas cátedras transcorria também entre os lugares de sociabilidade, como: congressos, departamentos, livrarias, bibliotecas e museus, descritos por Alice Canabrava como sendo avisos silenciosos para se afastar da concorrência ao cargo. As dificuldades perpassavam ainda sobre a própria publicação dos exemplares para o exame, que "havia sido impressa em minha casa, em mimeógrafo usado, adquirido para a ocasião, receosa de que vistoriassem as principais firmas do gênero, o que de fato aconteceu, para tentar bloquear meu trabalho na fase final" (CANABRAVA, 2003, p. 19). Além disso, diz ela:

> O concurso foi rumoroso e memorável. Jamais poderia esquecer a presença maciça dos meus alunos dos cursos de História da América, a juventude descomprometida e idealista que me apoiou sem reservas; recebi também o apoio de muitas colegas de trabalho docente na Faculdade. Apesar de obter a média mais alta no conjunto das provas, estas não se constituíam em base do critério para a indicação ao cargo de professor catedrático, segundo o regulamento vigente. Esta se decidia com a votação pelos membros da banca. Deste modo, fechados e protegidos pela organização interna do grupo, os colegas do sexo masculino se favoreciam de uma estrutura legal, por eles elaborada, para servir a seus interesses. Verificando-se o empate na votação, coube ao presidente da banca a decisão final, e o fez em favor do meu concorrente, sob a justificativa de que já se encontrava no exercício do cargo, como professor contratado (CANABRAVA, 2003, p. 23).

Depois de encerrado o concurso e eleito Astrogildo Rodrigues de Mello para o cargo, os outros dois candidatos receberam o título de livre-docentes na área. Com esse exemplo, observa-se o formato das disputas pelo poder no interior do curso, e na formação dos grupos.[25] Ainda que este concurso, dentre outros 15 ocorridos entre os anos de 1930 e início dos anos de 1950, tenha sido o único em que houve a participação de uma mulher, é possível levantar a hipótese de que a organização de grupos masculinos repercutia-se em todas as áreas. Primeiro, porque, segundo Cleide Cerdeira (2001), a concorrência por cargos eram desiguais entre homens e mulheres no período; sendo facilmente observada pelos números desfavoráveis a estas, na medida em que avançavam na carreira acadêmica: eram maioria na graduação, pouco menos da metade no doutoramento, e quase inexistentes nos concursos para as cátedras. Segundo, para Maria Trigo (1997), os espaços de sociabilidade se restringiam, quase sempre, a atuação de homens, desfavorecendo a participação de mulheres.

Por outro lado, como enfatizam Blay e Lang (2004), as pioneiras da mudança dos caminhos subterrâneos das mentalidades coletivas, aprovei-

25 Para maior detalhamento a respeito da trajetória de Alice Canabrava, ver: Erbereli Jr., 2014, 2019.

tar-se-iam dos mecanismos de ingresso abertos pela Faculdade de Filosofia da USP (inovador se comparado a outras Faculdades, a ela anexadas em 1934), nos quais havia a oportunidade das nominalistas frequentarem os cursos, com parte dos subsídios de sua remuneração, feitos por meio do comissionamento. Assim foi o caso de muitas, como o de Alice Canabrava. Mas, como as autoras alertam:

> A Faculdade de Filosofia significou para as mulheres uma ampla possibilidade de ingresso no ensino superior. Abria-se um espaço e uma oportunidade para trilhar novos caminhos em meio a uma sociedade que preconizava um modelo tradicional e conservador para a mulher: casamento, lar, filhos. Para a burguesia, apenas atividades profissionais ligadas ao ensino, visto como uma continuação da educação dada no lar, eram vistas como condizentes com a imagem feminina aceita. Institucionalmente, o destino educacional permitido às mulheres praticamente restringia-se ao ensino primário e normal. [...] A nova trajetória universitária causou [...] nas mulheres, sentimentos contraditórios e forte sofrimento emocional. Decidir entre a esfera familiar e a profissional, alterar o rumo do destino ensinado pela Igreja, pela escola conservadora, pela família, e trilhar novos caminhos criavam sentimentos contraditórios. Foi e é necessário muito esforço emocional para superar as limitações conservadoras e jogar-se num campo novo. (BLAY & LANG, 2004, p. 56-57).

Todavia, não deixa de ser difícil a tarefa de resumir a trajetória de Alice Canabrava.[26] Figuras silenciosas que eram no período, mulheres como ela, apoiar-se-iam nas brechas abertas com as escolas de formação de professoras (e, em número reduzidíssimo, de professores) para os primários (e, depois, também para os secundários, onde os índices de participação de homens e mulheres seriam bem mais semelhantes, do que no primário). Desse modo, que teve a oportunidade de aproveitar o espaço que o comissionamento abriu para o ingresso das mulheres, a partir de 1935, nos cursos superiores oferecidos pela Faculdade de Filosofia da USP.

26 Para maiores informações sobre a trajetória de Canabrava, ver: Erbereli Jr., 2014, 2019.

Mas, como informaria, as dificuldades, apesar das altas exigências das disciplinas da graduação, e, depois, do doutoramento, estavam postas, na medida em que as mulheres tentavam ingressar como docentes catedráticas no ensino superior. E não foi diferente com ela, como foi visto acima. E seu caso não seria deixado de lado, em função de seu pioneirismo. Como indica Olga Pantaleão (1917 -), se "como alunas, as mulheres eram aceitas sem qualquer oposição, diferente é a perspectiva quando se considera a questão sob outro ponto de vista", dado que ao "lado da formação de novos especialistas para servir a um mercado em expansão, urgia formar elementos para o próprio corpo docente da Faculdade", e:

> [...] a Cátedra, posto final na carreira universitária na época, estava bem fora do alcance das mulheres: erguia-se uma muralha masculina contra a simples possibilidade. Nos anos [19]40, a única mulher catedrática na Congregação da Faculdade de Filosofia foi Noemy Silveira Rudolfer, que viera transferida do Instituto de Educação quando este foi extinto e, portanto, não tivera de pleitear a Cátedra [em concurso na Faculdade]. Durante quase um ano, de julho de 1946 a junho de 1947, mais uma mulher, eu mesma, pôde aparecer nesse quadro, regendo interinamente a Cadeira de História da Civilização Moderna e Contemporânea. Durou pouco tempo: por pressão e ação do grupo masculino dominante no curso de Geografia e História tive de deixar a Faculdade, tendo feito o restante de minha carreira fora da USP.
> E, finalmente, uma mulher fez o concurso para a Cátedra de História da Civilização Americana: Alice Piffer Canabrava. Foi um acontecimento! Mas, apesar de ter obtido as melhores notas, não ganhou o concurso: a banca examinadora escolheu o segundo colocado em notas, homem, naturalmente, dando-lhe a Cátedra; esse absurdo era possível, então, por força do regulamento do concurso, o qual permitia à banca votar no candidato que ficaria em primeiro lugar. Isso foi tudo o que aconteceu, na década de 40, referente à ocupação da Cátedra pelas mulheres (BLAY & LANG, 2004, p. 113-114).

E semelhante ao caso de Olga Pantaleão, Alice Canabrava também fez o resto de sua carreira fora da Faculdade de Filosofia; mas diferente dela, não fora da USP, pois, Alice viria a pedir sua transferência para a Faculdade de

Economia e Administração (FEA), criada em 1946, pouco depois dos desdobramentos do concurso em que seria preterida. Na Faculdade de Economia e Administração ela fez sua carreira profissional, e nela se tornaria a primeira catedrática em 1951. Se o caminho que percorreu, por si só, já representaria um marco para o período, deve-se notar ainda que sua obra não seria menos marcante, por ter aberto frentes pioneiras para o estudo da História da América, do Brasil e de São Paulo, situando os níveis e a composição da riqueza, a produção de mercadorias para o abastecimento do mercado interno e a análise do pensamento social brasileiro (CANABRAVA, 2005).

Portanto, verifica-se, por esta análise sucinta, que a disposição das cátedras entre os cursos das seções e subseções da Faculdade de Filosofia abrigavam em seu interior disputas pelo poder e a organização de grupos de professores, segundo formas de agir e pensar, para as quais pareciam confluir para um ponto decisivo: o acesso do elemento feminino deveria ser, dentro do possível, restrito entre as cadeiras dos cursos da Faculdade de Filosofia. Tudo leva a crer que no curso de Geografia e História foram incorporadas certas estratégias, para a manutenção de um corpo de regras entre as cadeiras,[27] com vistas a reproduzir a hegemonia masculina nas cátedras (BLAY, LANG, 2004; CERDEIRA, 2001; TRIGO, 1997). Essas regras iam desde a formação do programa das disciplinas das cadeiras (como veremos nos próximos capítulos), até os tipos de intercâmbio organizados entre os professores de cada cátedra.

Dar caráter institucional ao ensino universitário de História representou, consequentemente, fundamentar um corpo de regras operacionais para a organização e o funcionamento administrativo (das cadeiras, departamentos e concursos), intelectual (padrões de produção de teses,

27 Para Carlos Guilherme Mota o 'regime de cátedras' contribuiu muito pouco para o desenvolvimento da pesquisa histórica no Brasil. Para ele, as características daquele modelo inviabilizavam intercâmbios entre professores e pesquisadores de outras áreas, porque era 'monolítica' a estrutura e 'vitalício' o cargo para o catedrático da cadeira. Mesmo que a análise de Mota seja muito coerente, não observou que nesse período foram criadas as condições necessárias para o desenvolvimento das pesquisas históricas no Brasil depois de 1970, com a expansão do sistema de pós-graduação no país (MOTA, 2000).

artigos, livros e resenhas) e, finalmente, didático (formato de cursos e disciplinas, provas, avaliações e trabalhos) do curso de Geografia e História no período estudado. E, não por acaso, essas regras pareciam ser mediadas estrategicamente por um tipo específico de "dominação masculina" (Cf. BOURDIEU, 2009b), que foi se estabelecendo perante uma constante tensão dialética entre a possibilidade de sua "reprodução" e as inevitáveis brechas que viabilizavam sua "transposição".[28]

---

28 Sobre essa questão o trabalho de Claudinei Carlos Spirandell (2008) traz importantes indagações e análises.

Parte 2

O curso, o ensino e a pesquisa

Capítulo 3

Campo disciplinar e cursos de Geografia e História[1]

Depois de nos determos sobre a formação das regras de funcionamento da instituição, e analisarmos a configuração do regime de cátedras, nos é possível a partir de agora verificar como foi começando a se constituir o campo disciplinar da História entre São Paulo, Rio de Janeiro e Paraná entre as décadas de 1930 e 1950. Esses três estados foram pioneiros na criação de cursos de Geografia e História na década de 1930.[2] Antes de começarmos a estudar o caso de São Paulo, com maior detalhamento, veremos o do Paraná. Ao fazermos isso esperamos mostrar ao leitor como foi o processo de institucionalização de um curso de Geografia e História, que não contou com uma "missão francesa" nos anos iniciais de seu funcionamento, mas foi

1 Uma primeira versão deste texto pode ser encontrada em: ROIZ, 2019b.

2 Note-se ainda que em Minas Gerais foi criado um curso de Geografia e História em 1939 na Faculdade de Filosofia, Ciências e Letras da Universidade de Minas Gerais (atual Universidade Federal de Minas Gerais, UFMG). Como demonstrou Santos (2013), ao estudar a trajetória de Francisco Iglésias nos anos 1940, este curso também não contou com uma missão francesa e teve peculiaridades em sua grade curricular, quando a comparamos com a do curso de Geografia e História da Faculdade Nacional de Filosofia, Ciências e Letras da Universidade do Brasil. Isso demonstra que as tentativas de padronização pretendidas pela UB não foram alcançadas plenamente, e as instituições mostravam uma relativa autonomia em suas decisões quanto ao ensino e a pesquisa a ser ministrados para os seus alunos e alunas, durante o processo de preparação de novos profissionais para a sociedade brasileira.

amparado pelo Instituto Histórico e Geográfico do Paraná (IHGPR) e pelo clero religioso local.

A especificidade desta experiência institucional nos dará maior base para averiguar o caso de São Paulo, que como o Rio de Janeiro, contou com uma missão francesa. Além disso, nos permitirá demonstrar com maior propriedade como, após a criação da Faculdade Nacional de Filosofia, Ciências e Letras na Universidade do Brasil no Rio de Janeiro, em 1939, defendendo um projeto de centralização e padronização dos currículos para as Faculdades de Filosofia (FERREIRA, 2013), São Paulo manteve, mesmo assim, suas especificidades locais, no que dizia respeito ao currículo de seus cursos e ao funcionamento da instituição. Ademais, indicar como no Paraná houve maior foco na formação de bacharéis (ROIZ, 2019a, 2019b), no Rio de Janeiro de licenciados (FERREIRA, 2013), e em São Paulo houve tentativas de mediar à formação de licenciados e bacharéis (ROIZ, 2012a).

O principal objetivo deste capítulo é, por isso mesmo, o de procurar reconstituir o processo de institucionalização do ensino universitário de História na Universidade do Paraná (atual Universidade Federal do Paraná, UFPR) entre 1938 e 1971, dando ênfase ao processo de mudanças curriculares que o curso de Geografia e História passou até se tornarem independentes e autônomos no início dos anos 1960. Entre 1938 e 1961 o curso de História esteve unificado ao de Geografia, processo similar ao que ocorreu em São Paulo (na Universidade de São Paulo, entre 1934 e 1956) e no Rio de Janeiro (na Universidade do Brasil, atual Universidade Federal do Rio de Janeiro, entre 1938 e 1955). No entanto, enquanto no Rio de Janeiro deu-se a separação dos cursos em 1955, em função da aprovação de lei federal, e em São Paulo isso ocorreria no ano seguinte, devido à aprovação de decreto estadual em 1956, na Universidade do Paraná só viria a ocorrer essa mudança em 1960, por meio da aprovação de decreto estadual no ano anterior.

Nesse sentido, nossa meta será estabelecer quais as mudanças curriculares que se processaram entre 1938 e 1971 – num momento anterior ao da criação do programa de pós-graduação em História (nível de mestrado) na UFPR, que entraria em vigor no ano de 1971. Ao mesmo tempo procuraremos efetuar análises comparativas entre o curso de Geografia e História da Universidade do Paraná, com o da Universidade de São Paulo (criado em 1934) e o da Universidade do Brasil (criado em 1938) do Rio de Janeiro. As principais fontes que embasaram esta pesquisa constituíram-se dos *Anuários* da FFCL/UFPR, dos diários e cadernetas de classe, e dos livros de Atas do curso de História.

A importância deste tipo de trabalho está em demonstrar como começava a se constituir o campo disciplinar da História no Paraná, e com ela se firmou a elaboração de uma historiografia produzida por profissionais no ofício de historiador formados pela universidade, que se dispuseram a reescrever a história de seu Estado. Mais importante, indica-se a peculiaridade deste curso em relação aos de São Paulo e Rio de Janeiro, que se constituíram por meio de missões francesas, ao passo que o do Paraná contou exclusivamente com profissionais vindos do Instituto Histórico e Geográfico do Paraná (IHGPR)[3] e do clero religioso local (CAMPOS, 2008, 2010), fato que refletiu, especialmente nos anos 1940, numa tensão entre ciência e religião, fé e razão, procedimentos metodológicos e filosofia da história, no ensino ministrado entre as cadeiras do curso (ROIZ, 2019a). Além disso, enquanto em São Paulo e no Rio de Janeiro (ROIZ, 2012a, FERREIRA, 2013), priorizava-se a formação de licenciados para suprirem as necessidades imediatas do ensino secundário, no Paraná, ao que tudo indica, esperava-se formar bachareis nas mais variadas áreas do saber, para comporem uma elite de profissionais e técnicos para suprirem as necessidades do Estado e dos mercados locais.

A construção do problema

Apesar do grande avanço das pesquisas sobre o surgimento e o desenvolvimento das universidades brasileiras, ainda existe um enorme *déficit* sobre a história dos seus respectivos cursos universitários, especialmente, no campo das Humanidades, como no caso do curso de Geografia e História, e que começaram a aparecer no país a partir dos anos 1930 (FERREIRA, 2006, 2013; FALCON, 2011; ROIZ, 2012a).

3 Fundado em 24 de maio de 1900. Ver: http://www.ihgpr.org.br/. Acesso em dezembro de 2018.

A história do ensino universitário brasileiro, por essa razão, ainda é um tema pouco investigado na historiografia nacional (FALCON, 2011). Embora muitos estudos averiguem as diferenças estaduais quanto à implantação de universidades no Brasil, a partir das décadas de 1910 e 1920, constituindo-se em importante referência para pesquisadores (FÁVERO, 2010), revelam-se insuficientes no que diz respeito ao desenvolvimento dos cursos e seus programas de ensino e pesquisa, ou quanto ao formato curricular das novas áreas que foram criadas a partir da década de 1930, especialmente entre as Faculdades de Filosofia, Ciências e Letras.

Nesse quadro se encontra estudos como o de Cecília Hanna Mate (2002) que discute a importância da racionalização da educação brasileira proporcionada pela centralização institucional nos anos 1930, e que teve como base as reformas educacionais efetuadas nos anos 1920. Ou o de Raquel Gandini (1995), que notou como os projetos educacionais foram implementados, quando a ação de intelectuais se desdobrava também no campo político. Para Jorge Nagle (1976), os projetos educacionais e de criação de universidades foram se inserindo na sociedade e nas questões políticas na medida em que o ideário liberal se propagava, ganhando adeptos em outras facções provenientes da "elite dirigente", e esse quadro esteve ligado ao processo de urbanização e industrialização que se disseminou a partir dos anos 1920 no Brasil, especialmente em São Paulo e Rio de Janeiro. No caso de Clarice Nunes (1999, 2001), esta ressaltou que os desdobramentos dos projetos educacionais dos anos 1930 e 40, a partir da administração de Gustavo Capanema (1900-1985) no Ministério de Educação e Saúde Pública (e que veio substituir algumas propostas de Francisco Campos), visaram nacionalizar e centralizar o sistema de ensino brasileiro, de acordo com as metas do Estado Novo varguista (1937-1945).

Há ainda outro seguimento de estudos que têm se detido sobre a expansão e o desenvolvimento do ensino universitário brasileiro. No conjunto objetivam pontuar as bases institucionais que deram origem ao ensino universitário nacional e investigar os locais onde foi inicialmente implantado. Destacam-se nessa abordagem os trabalhos de Elza Nadai (1987, 1991), que visaram pontuar o surgimento da Universidade de São Paulo e a expansão do ensino universitário paulista entre as décadas de 1930 e 1970. E o de Maria de

Lourdes Fávero (2010), que pesquisou o mesmo tema, ao analisar a formação da Universidade do Brasil. Também importante nesta linha são os trabalhos de Simon Schwartzman (1979, 1982, 2000), que vieram a destacar com pioneirismo a formação da comunidade científica no Brasil, com ênfase para o desenvolvimento do sistema universitário do Rio de Janeiro e as propostas implantadas por Gustavo Capanema para todos os níveis de ensino.

Contudo, se tais estudos nos fornecem importantes subsídios para que se possa elaborar um painel sobre o contexto que proporcionou a criação das primeiras universidades no país, estes se ressentem em não fornecerem dados para vermos o andamento do mesmo processo entre os diferentes cursos destas instituições de ensino e pesquisa.

Com relação à organização de grupos de especialistas aptos a exercerem o ofício de historiador no Brasil, este se tornou pertinente e eficaz apenas com a criação dos primeiros cursos de Geografia e História, a partir da década de 1930, que inicialmente estiveram estruturados com vistas a formarem professores para suprirem as necessidades do "ensino secundário". Preliminarmente, pode-se dizer que apenas com o desenvolvimento das primeiras experiências de criação de programas de pós-graduação em História (ainda que sem os respectivos cursos), entre as décadas de 1940 e 1950, que a formação de profissionais para o ensino superior no Brasil passou a ser cogitada, e em vista da qual se organizaram os primeiros centros de ensino e pesquisa nesta área (GLEZER, 2011; FALCON, 2011; FERREIRA, 2012).

Antes da década de 1930 a formação de profissionais em nível superior no Brasil estava limitada às áreas de Medicina, Direito e Engenharia (COELHO, 1999), e a pesquisa histórica e geográfica era então centralizada pelo Instituto Histórico e Geográfico Brasileiro (IHGB), criado em 1838 (GUIMARÃES, 2011; GOMES, 2009). Com a Reforma do Ensino de 1931, efetuada pelo então Ministro da Educação e Saúde Pública, Francisco Campos (1891-1968), que houve as primeiras tentativas de formação de pessoal qualificado para suprir as necessidades do ensino "primário" e "secundário" no país.

Numa primeira aproximação poderíamos destacar que o desenvolvimento dos cursos de Geografia e História, a partir da década de 1930, seguiu a um movimento geral que poderia ser dividido em três períodos centrais:

a) de 1838 a 1889, quando seriam criados o Instituto Histórico e Geográfico Brasileiro (IHGB), e começavam a ser fundados seus congêneres estaduais, o Colégio Pedro II e os primeiros museus do Império (SCHWARCZ, 1993), além de associações para reunir os "homens de letras", e estas instituições favoreceram as primeiras tentativas de sistematização de pesquisas e a organização do ensino de História e de Geografia (GUIMARÃES, 1988, 2011; MORAES, 1991, 2002; MANOEL, 2002); b) de 1890 a 1930, quando aquelas iniciativas foram propagadas pelas cadeiras de história universal e do Brasil, normalmente, criadas em Faculdades de Educação e Filosofia, com a fundação das primeiras universidades do país, a partir dos anos 1910 e 1920 (BITTENCOURT, 1990, 2005; GOMES, 1996, 2009; ANHEZINI, 2011); c) e, a partir de 1934, quando começaram a ser fundadas as primeiras universidades no país, em correspondência com o decreto de 1931 de Francisco Campos, que regulamentava um estatuto de criação de universidades no Brasil, de modo a agrupar Faculdades e Institutos isolados já existentes, bem como definir como deveriam ser criadas as Faculdades de Filosofia, Ciências e Letras e seus respectivos cursos de Geografia e História (DIEHL, 1999; FERREIRA, 2006, 2012; FERREIRA, 2011; FALCON, 2011; ROIZ, 2012) – e é a esse período que este estudo se deteve com maior atenção.

Muito embora tenhamos estudos para os casos de São Paulo e do Rio de Janeiro (MASSI, 1991; FERREIRA, 2006, 2013; ROIZ, 2012a), praticamente se desconhece tal processo para outras regiões do país. Ao estudar a Universidade do Distrito Federal (criada em 1935 e extinta no final de 1938) e a Universidade do Brasil (criada em 1937), Marieta de Moraes Ferreira (1999, 2006, 2008, 2011, 2012, 2013) tem mostrado que apesar da propriedade com que houve missões francesas para o desenvolvimento dos cursos de Geografia e História no Rio de Janeiro, assim como houve para formar os de São Paulo, estes igualmente mantiveram diversas peculiaridades, quanto à formação de seus profissionais, quanto à definição de seus currículos e com relação aos projetos de escrita da história que então se colocavam em prática. Para ela, depois de 1939, quanto foi extinta a UDF e passou a vigorar a tentativa presente no Estado Novo de colocar a Faculdade Nacional de Filosofia, Ciências e Letras da Universidade do Brasil (FNFi/UB), como modelo para as outras Faculdades de Filosofia do país, tal como o Colégio Pedro II havia servido de modelo para as outras escolas de ensino secundário (desde o período imperial), nem por isso houve uma total padronização de currículos, ou de propostas de ensino e pesquisa, entre as instituições universitárias do país. Veremos abaixo que o caso do Paraná é marcante nessa questão.

Apesar da falta de dados para compararmos o processo para outras regiões do país, Diogo Roiz (2012a) notou que em São Paulo, por ter sido criada em 1934 a Faculdade de Filosofia, Ciências e Letras da Universidade de São Paulo, esta manteve certa autonomia em relação aos programas curriculares, disciplinas e procedimentos de ensino e pesquisa do Rio de Janeiro, em face das tentativas de padronização deste sistema de ensino, por parte do governo federal e da centralização proposta para a FNFi da UB, a partir de 1939. Já para o caso do Paraná, como veremos abaixo, houve estreitas ligações com a Faculdade Nacional de Filosofia e seus programas curriculares. Posto o problema desse modo: quando e sob quais condições surgiram os cursos de Geografia e História em outros estados no Brasil? Como ocorreu a institucionalização do ensino universitário de História entre os anos 1930 e 1950? Como era o ensino e a pesquisa no período? De que maneira se propunha a escrita da história das civilizações em geral, e da brasileira em particular?

Para Marieta de Moraes Ferreira (2006) que tem se proposto estudar a organização dos cursos de Geografia e História da Universidade do Distrito Federal (UDF), depois extinta (e substituída) com a criação da Universidade do Brasil (atual UFRJ) e sua Faculdade Nacional de Filosofia nos anos 1930, dando ênfase a análise de suas características organizacionais e estrutura curricular, bem como as mudanças que se deram no período, o processo ainda foi pouco discutido e analisado pelos especialistas em história e educação. Além disso, a autora (2008a, 2008b, 2011) procurou analisar o perfil dos professores brasileiros e estrangeiros que estiveram lecionando nos cursos no período de sua implantação e nos anos iniciais de seu funcionamento nas décadas de 1930 e 1940.

Mara Rodrigues (2002, 2003), por sua vez, empreendeu estudo sobre o curso de Geografia e História da UPA/URGS no período de 1943 a 1950. Em sua análise procurou verificar quais as mudanças curriculares que ocorreram no período estudado, quais professores deram aula no curso, e de que maneira estavam distribuídas as disciplinas.

João Paulo Gama Oliveira (2008, 2011) procurou analisar a formação dos professores e o curso de História da Faculdade Católica de Filosofia de Sergipe, em especial, durante o período de 1951 a 1962, com vistas a demonstrar as mudanças curriculares, distribuição das disciplinas do curso e a forma como esteve organizado o corpo docente. E Silvana Carvalho (2010) procurou estudar as propostas curriculares e as memórias dos docentes do curso de História da Faculdade de Filosofia da Universidade Estadual de Ponta Grossa durante o período de 1950 a 1970.

Ao pontuarmos os poucos trabalhos que têm procurado analisar a implantação de cursos de Geografia e História no país podemos verificar além da escassez de estudos, a inviabilidade de se produzir análises comparativas. Entre outras razões, porque no conjunto tais análises avançam sobre o estudo do processo de institucionalização de cursos de Geografia e História no Brasil, a partir dos anos iniciais da década de 1930, mas ainda assim fixam suas problemáticas nesta década,[4] ou após os anos de 1940 e 1950.[5] Com isso, não se têm estudos sistemáticos sobre o período em que o curso de Geografia e História permaneceram unificados (entre 1934 e 1955), nem tampouco é possível inquirir todas as sutilezas do processo, ou as semelhanças e diferenças sobre sua implantação de um Estado para o outro da Federação.

Apesar do estudo de Diogo Roiz (2012a) focar no período em que o curso de Geografia e História da FFCL/USP se manteve unificado entre 1934 e 1956, o estudo deste autor não conseguiu demarcar comparativamente o processo, em face da escassez de estudos nessa área.

4 Como demonstram os estudos de: EVANGELISTA, 2002; COSTA, 2018.

5 Como é o caso da pesquisa de Fagundes (2019) sobre o curso de Geografia e História da Universidade Federal do Paraná, que centra sua análise para o período posterior a década de 1970, quando foi criado o programa de pós-graduação em História naquela instituição. Veja-se ainda: SILVA, 2002; RICCI, 2003; BORGES, 2006; ANDRADE, 2008; PORTO, 2009; CARVALHO, 2010; COSTA, 2010; PEREIRA, 2010; SILVA, 2011; TITO, 2011; OLIVEIRA, 2011; BENFICA, 2016.

Para o caso do Paraná, apesar de seu pioneirismo em criar um curso de Geografia e História em 1938, quando então existia apenas o da Universidade de São Paulo, de 1934, o da Universidade do Distrito Federal, de 1935, e o da Universidade do Brasil, de 1938, não temos nem estudos sistemáticos sobre sua criação, nem como foi o processo de estruturação de seus currículos, ou de suas propostas de ensino e pesquisa.[6] Da mesma forma que os casos destacados acima, temos mais estudos sobre a criação da universidade, como os de Névio de Campos (2008, 2010), mas poucos em relação à fundação de seus respectivos cursos, a exceção de algumas análises sobre o campo das Ciências Sociais (OLIVEIRA, 2006). Nesse âmbito, pode-se verificar um pouco da complexidade do processo, quando nos voltamos para os estudos feitos sobre o curso de Geografia e História desta instituição de ensino e pesquisa, onde a maioria deles estabelece uma relação direta entre memória e história. Ao destacar as peculiaridades do programa de pós-graduação da UFPR, Cecilia Westphalen (1997) nota que apesar do pioneirismo do programa, este ainda seria visto com certo "provincianismo". Relato ao qual a autora acrescenta ao descrever suas memórias sobre a criação do curso de Geografia e História nos anos 1940 e 1950, quando foi aluna e ingressou como professora na instituição, destacando a restrição dos contatos com outras instituições de ensino e pesquisa do país e do exterior. Para Altiva Balhana (1983), ao avaliar a pesquisa histórica produzida no Paraná, igualmente se ressente com relação ao "provincianismo" presente nas avaliações sobre a instituição, apesar de seu pioneirismo na criação do curso de Geografia e História nos anos 1930 e de um programa de pós-graduação em História nos anos iniciais da década de 1970.

Por outro lado, o curso de Geografia e História da atual Universidade Federal do Paraná não contou com uma missão francesa para a fundação de

6 Quando o texto estava indo para a editora foi publicado o livro de Fagundes (2019), *O auge da História*, no segundo semestre de 2019, que traz um interessante histórico sobre o curso de Geografia e História, mas centrava sua análise a partir da década de 1970. Desse modo, o período inicial do curso, entre o final dos anos 1930 e a década de 1960, mantinha-se pouco pesquisado, com um número muito escasso de estudos sistemáticos sobre sua criação e a constituição de seu campo disciplinar.

seus respectivos cursos em sua Faculdade de Filosofia, Ciências e Letras, o que torna ainda mais promissor a proposta de um estudo comparativo sobre sua fundação e desenvolvimento, em relação aos de São Paulo e do Rio de Janeiro, que possuíram missões dessa natureza em sua criação. Além disso, os estudos existentes mantêm mais um cunho memorialístico, em face dos relatos existentes serem quase todos feitos por ex-alunos e alunas da instituição (FAGUNDES, 2014, 2019). Quando se passa a verificar as teses e dissertações que foram produzidas, estas visualizam o processo tendo em vista a trajetória de determinados docentes, como Brasil Pinheiro Machado, Cecilia Westphalen, ou Altiva Balhana (e alguns destes trabalhos ainda se encontram em andamento).[7] O que torna ainda mais pertinente a proposta de estudar o processo de institucionalização do ensino universitário de História na atual Universidade Federal do Paraná, entre 1938 e 1971, para se demarcar suas especificidades e semelhanças em relação a outros cursos de Geografia e História, como os de SP e os do RJ.

As fontes e sua análise

Os objetivos propostos neste texto serão alcançados mediante a utilização dos *Anuários* da FFCL da Universidade do Paraná, que foram produzidos entre 1940 e 1971; das cadernetas (diários de classe) do curso de Geografia e História, armazenadas no Arquivo Permanente do Setor de Ciências Humanas, Letras e Artes da Universidade Federal do Paraná (UFPR); dos livros de Atas relativas ao curso de História, bem como da correspondência administrativa expedidas pelos docentes das cadeiras do curso.

Até 1945 foram produzidos 5 Anuários na Faculdade de Filosofia, Ciências e Letras da Universidade do Paraná, relativos aos anos de: 1940-1941; 1942; 1943; 1944 e 1945. Entre 1946 e 1964 foram produzidos outros 14 Anuários na Faculdade de Filosofia, Ciências e Letras da Universidade do Paraná, relativos aos anos de: 1946-1947; 1948; 1949; 1950; 1951; 1952-1953; 1954; 1955; 1956; 1957; 1958-1959; 1960-1961; 1962 e 1963-1964. E entre o período de 1965 e 1971 foram produzidos outros 6 Anuários na Faculdade de Filosofia, Ciências e Letras da Universidade Federal do Paraná, relativos

7 Ver, entre outros: MACHADO, 2018.

aos anos de: 1965-1966; 1967; 1968; 1969; 1970 e 1971. Desse modo, durante o período de 1940 a 1971 foram produzidos 25 Anuários.

Ao longo dos anos eles foram tendo poucas alterações, sendo a mais perceptível a retirada, entre suas seções, da revista da Faculdade de Filosofia, Ciências e Letras da Universidade do Paraná, a partir de 1949. Em geral, os Anuários traziam notícias relativas aos cursos da Faculdade de Filosofia, Ciências e Letras (FFCL); a contratação de docentes; as aulas inaugurais da FFCL; os alunos matriculados e formados pela FFCL; as orações de paraninfos e oradores de turmas; assim como corpo docente e administrativo e as estatísticas orçamentárias.

Diferentemente dos Anuários da Faculdade de Filosofia, Ciências e Letras da Universidade de São Paulo (ROIZ, 2012a), os da Universidade do Paraná não traziam relatórios das cadeiras dos cursos, nem índices das defesas de teses e dissertações, nem tampouco indicações sobre as mudanças curriculares dos cursos. A importância desta fonte está em nos permitir acompanhar o quadro docente e as mudanças legislativas do curso de Geografia e História no período demarcado – e este documento, complementado com os Anais da Assembleia Legislativa do Paraná, permite-nos justamente demarcar com certos pormenores tais questões.

As cadernetas (diários de classe) do curso de Geografia e História se encontram armazenadas no Arquivo Permanente da UFPR. Elas estão armazenadas em 4 caixas, sem códigos ou numeração, da seguinte forma: entre 1941 e 1953 há 147 cadernetas; entre 1954 e 1956 mais 40; entre 1957 e 1960 outras 59 e entre 1961 e 1962 mais 31, totalizando para o período 277 cadernetas. Já para o período de 1961 a 1971, quando o curso de História passou a funcionar separado do de Geografia, há outras 186 cadernetas, distribuídas da seguinte forma: de 1961 a 1964, há 45 cadernetas; de 1965 até 1967, outras 50; de 1968 até 1969, mais 48 e de 1970 até 1971, há outras 43. Assim, entre os dois períodos temos 463 diários de classe – não conseguimos encontrar os relativos a 1938 até 1940. Neles encontramos desde anotações pormenorizadas sobre o andamento e o conteúdo ministrado na disciplina, distribuídas em 12 páginas, com notas e presenças dos alunos, até aqueles com pouquíssimas anotações, onde muitas delas eram feitas a lápis (e/ou com caneta), algumas riscadas, outras apagadas pelo tempo. Há anos em que não se encontram diários de algumas disciplinas; e eram feitos diários separados para alunos regulares e dependentes nas disciplinas, até meados da década de 1950. Articuladas com os dados dos Anuários, os diários de classe são importantes por informarem o cotidiano do curso, os conteúdos ministrados de um ano para o outro entre as disciplinas, assim como em nos indicarem as mudanças curriculares e no conteúdo das disciplinas.

Da mesma forma o cruzamento dessas fontes com as Atas e as correspondências administrativas do curso são fundamentais para demarcarmos o seu processo de institucionalização durante o período de 1938 a 1971. Além disso, a escolha das fontes ocorreu principalmente por serem locais de reunião e organização do espaço de decisões do trabalho intelectual, tanto individual como coletivamente, em que propostas são criadas e, consequentemente, conhecidas e divulgadas.

A preocupação com o tempo em que foram produzidas as fontes, nesse sentido, resulta como uma das necessidades para se rastrear o tempo histórico no qual e pelo qual o historiador ordena e seleciona os acontecimentos. Por suas características próprias, existe o "tempo" em que houve a programação do curso e o estabelecimento institucional de suas delimitações legislativas e curriculares; o "tempo" em que o diagnóstico sobre as funções do trabalho intelectual estava sendo repensado, para transpor as insuficiências verificadas na grade curricular anterior; o "tempo" da rememoração do trabalho intelectual e o "tempo" de produção e publicação de livros e artigos (GOMES, 1996, 1999).

Os locais ou espaços de sociabilidade (GOMES, 1999; SIRINELLI, 2003) que se formavam no interior de cada curso caracterizavam os laços de amizade, as escolhas políticas e as predisposições teóricas e práticas de cada um dos professores. Para Teresa Malatian (2001) o conceito de "colégio invisível" empregado por Raquel Glezer (1976), mostra-se útil para a compreensão do conceito de espaço de sociabilidade, porque o colégio consiste em um:

> [...] grupo de pessoas, em cada ramo do conhecimento [...] razoavelmente bem relacionadas entre si, encontrando-se em conferências, permutando publicações e colaborando em instituições de pesquisa. Constituem um grupo de poder, em níveis locais e nacionais, contro-

> lando instituições, prestígio pessoal, destino de novas idéias e orientação para abordagem de novas áreas. (GLEZER, 1976, p. 22).

Destarte, devemos notar que neste período teríamos um "campo intelectual" em formação na área, com suas regras específicas em elaboração, suas disputas pelo poder em construção, seus mecanismos de ação em processo. Em resumo, não um ambiente, cujo *habitus* já estivesse dado aos seus "agentes sociais", mas onde tudo, ou quase tudo, estava sendo disposto, para configurar este "campo" (BOURDIEU, 1983, 1990, 2009, 2011). Mas, no Brasil da primeira metade do século passado, não houve um deslocamento tão linear e contínuo como Bourdieu (2011) descreveu para a França, porque em muitos casos a fundamentação de um "campo científico" era feita sem que se deixassem totalmente os laços com a política, inclusive, quanto à atuação partidária – e as estratégias utilizadas para a resolução da crise orçamentária que passava a Universidade do Paraná nos anos 1940 é um exemplo (CAMPOS, 2008). Contudo, suas premissas nos fornecem pistas interessantes para pensarmos a construção das tradições das Faculdades de Direito, de Medicina e de Engenharia, que começaram a ser fundadas no século XIX, em relação às novas áreas que foram se formando, a partir dos anos 1930, no país, como a de Geografia e História. E como seus primeiros profissionais, que vinham de outras áreas, como o Direito, foram progressivamente caminhando como "autodidatas" para os estudos históricos, de modo a virem a ser "historiadores por vocação" (GLEZER, 1976).

Nesse sentido, devemos ter claro que, entre os anos 1930 e 1950, havia um movimento geral em torno das Humanidades no país, com vistas a definir a especificidade de cada uma das áreas do saber (MICELI, 1989, 1995, 2001). Nesse movimento geral se encontrava também os estudos históricos (PETITJEAN, 1996; MALATIAN, 2001; GUIMARÃES, 2006; GLEZER, 2011; ROIZ, 2012a). Foi no interior desse processo que se deu o começo da transição do "autodidatismo" para a "profissionalização" do trabalho de pesquisa do historiador, entendendo-se aí pessoas que produzem um tipo específico de conhecimento histórico; que vivem de um ofício (em geral diplomado) e que tem uma preparação para exercê-lo, isto é, aquele que passa a seguir regras tácitas estabelecidas socialmente e que definem um estudo como de história, uma obra como histórica ou não. Enfim, o pesquisador que a partir de um problema, de evidências empíricas e de uma metodologia passa a interpretar o passado e escrever uma história, nos moldes de uma pesquisa "cientificamente conduzida". Por essa razão, o "autodidatismo" aqui indicado, não foi o do século XIX, onde a maioria de seus praticantes não tinha uma formação acadêmica. Mas sim a de formados que progressivamente se estabeleciam em outra área do saber (ROIZ, 2013).

A base teórica que nos servirá de fundamento para guiar nossa incursão, não por acaso, estará intimamente articulada com as prescrições de Pierre Bourdieu (2011) para inquirirmos de que modo se formou o "homo academicus" no país, e Jörn Rüsen (2001, 2007, 2007b, 2010), que tem procurado analisar de que maneira se definem as mudanças na escrita da história e na história da historiografia, e como nesse processo os historiadores demarcam suas posições. Assim, nosso objetivo será tentar usar as obras de Rüsen e Bourdieu para nos servirem de guia teórico-metodológico nessa incursão de análise do processo de institucionalização do ensino universitário de História na Universidade Federal do Paraná (UFPR).

A constituição do campo disciplinar da História no Paraná

Com base nessas fontes foi que procuramos analisar a constituição do campo disciplinar da História no Paraná, por meio de um estudo pormenorizado das mudanças curriculares que ocorreram no curso de Geografia e História da Universidade do Paraná. Desde o final dos anos 1930 o curso de Geografia e História da Faculdade de Filosofia, Ciências e Letras da Universidade do Paraná (FFCL/UP) contou com a participação de professores catedráticos em seu quadro curricular (como é indicado no quadro n. 3).

Quadro 3 Distribuição dos professores catedráticos do curso de Geografia e História da UFPR

Títulos	Livre docência	Área	Cátedra	Área
Nomes	**Ano**	**Cadeira**	**Ano**	**Cadeira**
Bento Munhoz da Rocha Neto	--	--	1939	História da América
Brasil Pinheiro Machado	--	--	1939	História do Brasil
Homero Batista de Barros	--	--	1939	História Antiga e da Idade Média
Cecília Maria Westphalen	1956	História Moderna e Contemporânea	1957	História Moderna e Contemporânea
Altiva Balhana	1957	História da América	--	--
José Carlos de Figueiredo	--	--	1955	Geografia do Brasil
José Nicolau dos Santos	--	--	1940	Geografia Humana
Francisco Vallanueva	--	--	1940	Geografia Física
José Loureiro Fernandes	--	--	1952	Antropologia, Etnografia
Hostílio C. de Araujo	--	--	1946	Didática Geral e Especial
Artidório Aniceto de Lima	--	--	1950	Filosofia
Joaquim de Matos Barreto	--	--	1952	Psicologia Educacional
Francisco José Gomes Ribeiro	--	--	1955	Administração escolar

Fonte: Diários de Classe do curso de Geografia e História e Anuários da FFCL da Universidade do Paraná.

A presença de catedráticos no curso, no entanto, só foi se adensando a partir dos anos 1940, com o aumento dos concursos na instituição. Neste momento o curso contava apenas com Bento Munhoz da Rocha Neto (1905-1973), catedrático em História da América, Brasil Pinheiro Machado (1907-1997), catedrático em História do Brasil, e Homero Batista de Barros (1908-1970), catedrático em História antiga e da Idade Média, na área de

História. O curso só foi ter professor catedrático em História Moderna e Contemporânea nos anos 1950, quando Cecília Maria Westphalen foi aprovada em concurso. Além disso, o curso contava com a participação de assistentes, adjuntos e livre-docentes em seus quadros, como se vê pelo caso de Altiva Balhana. Muitos egressos passaram a compor esses quadros na instituição. Com essa análise nos é possível começar a observar parte do processo de constituição do campo disciplinar da História no Paraná. Que, aliás, nesses pontos foi muito semelhante aos casos de São Paulo e Rio de Janeiro (ROIZ, 2012a; FERREIRA, 2013).

Quadro 4: Distribuição das disciplinas do curso de Geografia e História da USP em 1934

Série	Nº	Primeiro	Segundo	Terceiro
	01	Geografia	Geografia	Geografia
	02	História da Civilização	História da Civilização	História da Civilização Brasileira
Disciplinas	03	Etnologia brasileira e noções de tupí-guaraní.	Tupí-guaraní	História da Civilização
	04		História da Civilização Americana (inclusive pré-história).	Tupí-guaraní

Fonte: *Anuário da Faculdade de Filosofia, Ciências e Letras, 1934-1935*, 1937.

A partir dos quadros n. 4, 5, 6 e 7 é possível notar a distribuição das disciplinas dos cursos de História da Universidade do Distrito Federal, de Geografia e História da USP, da UB e da UP. Ao observarmos o quadro curricular destes três cursos de Geografia e História, nota-se como houve maior propensão do curso de Geografia e História da Universidade do Paraná em se aproximar do quadro curricular da Universidade do Brasil, devido à tentativa de padronização dos quadros curriculares mediados pela Faculdade Nacional de Filosofia, Ciências e Letras da UB. Nota-se que, contemporâneo ao surgimento da FNFi, o curso de Geografia e História da UP seguia, a rigor, a mesma estruturação curricular.

Apenas quando adentramos nas *Cadernetas de frequência e matéria lecionada*, que é possível notar as sutis diferenças entre os dois cursos. No Paraná, priorizava-se a formação de técnicos e bachareis, que se refletia em programas voltados para questões teóricas, metodológicas e conceituais. Evidencia-se tal preocupação ao longo dos anos 1940 (ROIZ, 2019a), mas isso também é perfeitamente aferível ao longo dos anos 1950. Tome-se o caso de História Moderna, então sob a responsabilidade de Cecília Maria Westphalen (1927-2004), que iniciava suas primeiras aulas tratando de: "Introdução ao programa. Fontes e conceitos. Métodos e divisão da história moderna" (História moderna, 1956, *Cadernetas de freqüência e matéria lecionada*, p. 1-2). Em História da América não era diferente, com Altiva Balhana (1928-2009), que iniciava a disciplina com: "Introdução ao programa. Conceito de história. Historiografia da América. Coleção de fontes e arquivos americanos. Os cronistas e suas obras" (História da América, 1959, *Cadernetas de freqüência e matéria lecionada*, p. 2-3). Na disciplina de História antiga e da Idade Média, via-se algo semelhante, com Homero Batista de Barros, que procurava preparar seus alunos, tratando de questões relativas à filosofia religiosa da história especialmente a produzida durante a Idade Média. Quando, em 1955, Westphalen ministrou essa disciplina seu programa estava assim definido:

> Conceito, objeto e definição da história. Concepções filosóficas da História: Santo Agostinho, Vico, Spengler, Marx, Croce e Gentile. Concepções filosóficas da História: Comte, Spengler, Lamprechet e outros. Concepções formais da história: história narrativa, pragmática e genética (3 aulas). Evolução da historiografia antiga e medieval. Ciências e disciplinas auxiliares da história. A divisão da história: divisão cronológica e divisão temática. Método histórico. Fontes históricas (2). Estudo dirigido sobre as fontes. (História antiga e da Idade Média, 1959, *Cadernetas de freqüência e matéria lecionada*, p. 3 a 5).[8]

8 Em 1955, Cecília Maria Wetphalen, ministrou esta disciplina e manteve um programa semelhante (História da Antiguidade e Idade Média, 1955, *Cadernetas de freqüência e matéria lecionada*, p. 2 a 4), ao trabalhado por Barros, dando ênfase as

A primeira mudança entre os programas disciplinares do Rio de Janeiro e do Paraná irá ocorrer em 1946 (como pode ser observado nos quadros n. 10 e 11). Em São Paulo não foi diferente, porque a medida federal era paulatinamente sendo introduzida entre os estados.

Quadro 5: Distribuição das disciplinas do curso de História da UDF em 1935

Série	Nº	Primeiro	Segundo	Terceiro
	01	Geografia Humana	História da idade contemporânea	História contemporânea
	02	História da Antiguidade	História da civilização na América	Inquéritos e pesquisas
Disciplinas	03	História da Idade Média e História dos tempos modernos	História da civilização no Brasil	Introdução ao ensino Filosofia da Educação
	04 05 06	Antropologia Desenho Inglês ou Alemão	Organização do programa e material didático de Geografia e História	Psicologia do Adolescente Medidas educacionais Prática de ensino Filosofia das ciências

Fonte: FERREIRA, 2013, p. 25.

Ao nos determos nos quadros 6 e 7, percebe-se que os currículos são idênticos entre 1938 e 1945. Evidentemente, quando passamos a analisar os *diários de classe* vemos as especificidades dos quadros curriculares, na medida em que no Paraná havia a perspectiva de fornecer no primeiro ano uma introdução a história geral, a geografia e a antropologia, especialmente de cunho europeia – além das questões teóricas e conceituais apontadas acima. A partir do segundo ano o curso ia se centrando sobre o Brasil e o espaço

filosofias da história, mas não se restringindo apenas as de cunho religioso, como fica evidenciado em seu programa de ensino.

geográfico e a história do Paraná e do Sul do Brasil. É bem provável que essa ênfase se devia a participação dos professores do curso, junto ao Instituto Histórico e Geográfico do Paraná (CORDOVA, 2011), do qual eram sócios: Brasil Pinheiro Machado, Homero Batista de Barros e Bento Munhoz da Rocha Neto. Apesar da importância das licenciaturas, nesse primeiro momento, era-se dada maior centralidade ao bacharelado. Somente nos anos 1940 que se começava a investir com maior propriedade na licenciatura no curso de Geografia e História da Universidade do Paraná.

Quadro 6: Distribuição das disciplinas do curso de Geografia e História da FNFi/UB em 1939

Série	Nº	Primeiro	Segundo	Terceiro
	01	HAIM*	História Moderna	História contemporânca
	02	Geografia Física	História do Brasil	História do Brasil
Disciplinas	03 04	Geografia Humana Antropologia	Geografia Física Geografia Humana	História da América Geografia do Brasil
	05		Etnografia	Etnografia do Brasil

Fonte: FERREIRA, 2013, p. 38.
* História da Antiguidade e da Idade Média

Quadro 7: Distribuição das disciplinas do curso de Geografia e História da UP em 1941**

Série	Nº	Primeiro	Segundo	Terceiro
	01	HAIM*	História Moderna	História contemporânea
	02	Geografia Física	História do Brasil	História do Brasil
Disciplinas	03 04	Geografia Humana Antropologia	Geografia Física Geografia Humana	História da América Geografia do Brasil
	05		Etnografia Geral	Etnografia do Brasil

Fonte: Diários de Classe do curso de Geografia e História e Anuários da FFCL da Universidade do Paraná.
* História da Antiguidade e da Idade Média.
** Universidade do Paraná.

Os quadros 8, 9 e 10 indicam as mudanças que ocorreram no quadro curricular do curso de Geografia e História da Faculdade de Filosofia, Ciências e Letras da Universidade de São Paulo entre 1938 e 1946. Neles é possível verificar o tratamento que passou a ser dado a licenciatura e ao bacharelado em São Paulo. Ao aluno que cumprisse todos os requisitos dos três primeiros anos do curso era dado o diploma de bacharel, e aquele que cumprisse os requisitos do quarto ano, inclusive a exigência do cumprimento das disciplinas pedagógicas, era dado o diploma de licenciado (CASTRO, 1974). Com a reforma de 1946 os alunos da Faculdade de Filosofia, Ciências e Letras da Universidade de São Paulo passavam a escolher – depois de concluídos os três primeiros anos do curso – no quarto ano três disciplinas oferecidas entre as seções e subseções para obterem o diploma de licenciatura. Para isso era necessário que recebessem formação didática (teórica e prática), sendo obrigados a fazerem o curso de psicologia aplicada à educação (conforme o artigo 4º, parágrafo 1º do decreto lei nº 9.092). Era também solicitado pelo decreto um ginásio de aplicação destinado à prática de ensino, que seria orientada pelo professor do curso de Didática (ROIZ, 2012a).

Quadro 8: Distribuição das disciplinas do curso de Geografia e História da USP em 1938

Série	Nº	Primeiro	Segundo	Terceiro
	01	Geografia	Geografia	Geografia
	02	História da Civilização	História da Civilização	História da Civilização Brasileira
Disciplinas	03	Etnologia brasileira e noções de tupí-guaraní.	Tupí-guaraní	História da Civilização

	04		História da Civilização Americana (inclusive pré-história).	Tupí-guaraní

Fonte: *Anuário da Faculdade de Filosofia, Ciências e Letras, 1937-1938*, 1939.

Quadro 9: Distribuição das disciplinas do curso de Geografia e História da USP em 1942

Série	Nº	Primeiro	Segundo	Terceiro*	Quarto**
	01	Geografia Física	Geografia Física	Geografia do Brasil	Didática Geral
	02	Geografia Humana	Geografia Humana	História da Civilização Contemporânea	Didática Especial
Disciplinas	03	Antropologia	História da Civilização Moderna	História da Civilização Brasileira	Psicologia Educacional
	04	História da Civilização Antiga e Medieval	História da Civilização Brasileira	História da Civilização Americana	Administração Escolar e Educação Comparada
	05	Elementos de Geologia	Etnografia	Etnografia do Brasil e Língua Tupi-guarani	Fundamentos Biológicos da Educação
	06				Fundamentos Sociológicos da Educação

Fonte: *Anuário da Faculdade de Filosofia, Ciências e Letras, 1939-1949*, 1953.

* Segundo o decreto lei nº 12.511 de 21 de Janeiro de 1942: aos alunos que concluíssem os três primeiros anos dos cursos das seções de Filosofia, Ciências e Letras da Universidade de São Paulo lhes era conferido o diploma de bacharel. ** Segundo o decreto lei nº 12.511 de 21 de Janeiro de 1942: aos candidatos ao curso de Didática era exigido o diploma de Bacharel obtido nas três séries dos diversos cursos da Faculdade. Aos que terminassem o Curso de Didática era fornecido o diploma de Licenciado no Curso em que o candidato se bacharelara.

Quadro 10: Distribuição das disciplinas do curso de Geografia e História da USP em 1946

Série	Nº	Primeiro	Segundo	Terceiro	Quarto*
	01	Geografia Física	Geografia Física	Geografia do Brasil	
	02	Geografia Humana	Geografia Humana	História da Civilização Contemporânea	
Disciplinas	03	Antropologia	História da Civilização Moderna	História da Civilização Brasileira	
	04	História da Civilização Antiga e Medieval	História da Civilização Brasileira	História da Civilização Americana	
	05	Elementos de Geologia	Etnografia	Etnografia do Brasil e Língua Tupi-guarani	
	06	Elementos de Cartografia	História da Civilização Americana	Geografia Física	
	07		Geografia do Brasil	Geografia Humana	

Fonte: *Anuário da Faculdade de Filosofia, Ciências e Letras, 1939-1949*, 1953.

* Segundo o decreto nº 9092 de 26 de Março de 1946: na quarta série os alunos optarão livremente por duas ou três Cadeiras ou Cursos dentre os ministrados pela Faculdade de Filosofia; quando aprovados terão direito ao diploma de Bacharel. Além disso, poderão cursar as Cadeiras de Psicologia Educacional, Didática Geral e Didática Especial; neste caso terão direito ao diploma de Licenciado.

Ao nos determos no quadro 11 vemos como isso ocorria no curso de Geografia e História da Faculdade Nacional de Filosofia, Ciências e Letras da Universidade do Brasil no Rio de Janeiro – que é analisado em pormenores por Marieta Ferreira (2013).

Quadro 11: Distribuição das disciplinas do curso de Geografia e História da FNFi/UB em 1946

Série	Nº	Primeiro	Segundo	Terceiro	Quarto
	01	Geografia Física	Geografia Física	Geografia do Brasil	História Contemporânea
	02	Geografia Humana	Geografia Humana	História Moderna	História do Brasil
Disciplinas	03	Antropologia	História da Idade Moderna	História do Brasil	Disciplinas Eletivas*
	04	História Antiga	Etnografia	História da América	
	05			Etnografia do Brasil	
	06				

Fonte: Ferreira, 2013, p. 38.

* Segundo o decreto nº 9092 de 26 de Março de 1946: na quarta série os alunos optarão livremente por duas ou três Cadeiras ou Cursos dentre os ministrados pela Faculdade de Filosofia; quando aprovados terão direito ao diploma de Bacharel. Além disso, poderão cursar as Cadeiras de Psicologia Educacional, Didática Geral e Didática Especial; neste caso terão direito ao diploma de Licenciado.

Com base nos quadros n. 12 e 13 vemos como estava a distribuição curricular do curso de Geografia e História da Faculdade de Filosofia, Ciências e Letras da Universidade do Paraná, a partir de 1947. Nota-se a permanência na aproximação dos quadros curriculares do Rio de Janeiro e do Paraná, em função da preponderância do primeiro sobre o segundo, a partir da Faculdade Nacional de Filosofia, Ciências e Letras da Universidade do Brasil, mas não com a mesma grade curricular como ocorreu até meados dos anos 1940. Mas as diferenças também eram evidentes, e não ficavam restritas ao oferecimento, em anos distintos, de algumas disciplinas do currículo. Com base nos *diários de classe* vemos a continuidade sobre a ênfase na história da região Sul e a do Paraná, a partir do segundo ano do curso, bem como sobre a história do Brasil. Além disso, mantinha-se a prioridade nas questões teóricas, metodológicas e conceituais entre as disciplinas do curso; e, em dadas circunstâncias, mantinham-se as relações entre ciência e religião, por parte de alguns docentes.

Quadro 12: Distribuição das disciplinas do curso de Geografia e História da UP em 1947

Série	Nº	Primeiro	Segundo	Terceiro	Quarto
	01	Geografia Física	Geografia Física	Geografia do Brasil	Disciplinas Eletivas*
	02	Geografia Humana	Geografia Humana	História Contemporânea	
Disciplinas	03	Antropologia	História Moderna	História do Brasil	
	04	HAIM**	Etnografia	História da América	
	05	Etnografia Geral	Geografia do Brasil	Etnografia do Brasil	
	06	Introdução especial a Filosofia	História do Brasil		

Fonte: Anuários da FFCL da Universidade do Paraná.

* Segundo o decreto nº 9092 de 26 de Março de 1946: na quarta série os alunos optarão livremente por duas ou três Cadeiras ou Cursos dentre os ministrados pela Faculdade de Filosofia; quando aprovados terão direito ao diploma de Bacharel. Além disso, poderão cursar as Cadeiras de Psicologia Educacional, Didática Geral e Didática Especial; neste caso terão direito ao diploma de Licenciado.

**História Antiga e da Idade Média.

Quadro 13: Distribuição das disciplinas do curso de Geografia e História da UP em 1947

Série	Nº	Primeiro	Segundo	Terceiro	Quarto
	01	Geografia Física	Geografia Física	Geografia do Brasil	Disciplinas Eletivas*
	02	Geografia Humana	Geografia Humana	História Contemporânea	
Disciplinas	03	Antropologia	História Moderna	História do Brasil	
	04	HAIM**	Etnografia	História da América	
	05	Introdução especial a Filosofia	História do Brasil	Etnografia do Brasil	
	06				

Fonte: Diários de Classe do curso de Geografia e História e Anuários da FFCL da Universidade do Paraná.

* As disciplinas eletivas do período eram: Didática Geral; Didática Especial; Psicologia Educacional; Administração Escolar; Fundamentos Biológicos da Educação; Fundamentos Sociológicos da Educação.

**História Antiga e da Idade Média.

Além disso, os quadros n. 12 e 13 nos permitem observar como era indicada a estrutura curricular do curso de Geografia e História da Faculdade de Filosofia, Ciências e Letras da Universidade do Paraná em seus *Anuários*, e o movimento que havia nas disciplinas oferecidas, por meio da análise das *Cadernetas de frequência e matéria lecionada*, entre 1940 e 1948.

A partir de 1955 os cursos de Geografia e História passaram a funcionar de maneira independente. Como podemos notar pelos quadros 14, 15 e 16 houve a separação dos cursos em 1955 na Faculdade Nacional de Filosofia, Ciências e Letras da Universidade do Brasil, em 1956 na Universidade de São Paulo e em 1960 na Universidade do Paraná.

Quadro 14: Distribuição das disciplinas do curso de História da FNFi/UB em 1955

Série	Nº	Primeiro	Segundo	Terceiro	Quarto
	01	Introdução metodológica à História	História da Idade Média	História do Brasil	História da América
	02	Geografia Humana	História Moderna	História das Ideias Políticas	Psicologia Educacional
Disciplinas	03	Etnologia	História do Brasil	História Contemporânea	Fundamentos Biológicos, Sociológicos e Filosóficos da Educação
	04	História da Antiguidade	Etnografia do Brasil	História da América	Didática Geral e Especial
	05				Administração Escolar
	06				

Fonte: BITTENCOURT, 1955. Abud. FERREIRA, 2013, p. 51.

As diferenças entre os currículos de São Paulo e do Rio de Janeiro continuaram depois da separação dos cursos em 1955, assim como as aproximações entre os currículos do curso de História da FNFi/UB e do curso de História da UFPR nos anos 1960. O novo formato do curso de História na UFPR passou a funcionar no ano letivo de 1961, mas até 1964 havia turmas remanescentes do curso de Geografia e História. Foi a partir desse período que o curso de História da UFPR, seguindo aos padrões da FNFi/UB, inseriu em seu quadro curricular a disciplina de *Introdução à História*, que visava dar um preparo metodológico aos alunos que ingressavam no curso de História.

Quadro 15: Distribuição das disciplinas do curso de História da USP a partir de 1956

Série	Nº	Primeiro	Segundo	Terceiro*	Quarto**
	01	Introdução aos estudos Históricos	História da Civilização Moderna	História da Civilização Contemporânea	
	02	História da Civilização Antiga	História da Civilização Brasileira	História da Civilização Brasileira	
Disciplinas	03	História da Civilização Medieval	História da Civilização Americana	História da Civilização Americana	
	04	Antropologia	Etnografia Geral	Etnografia do Brasil e Noções de Tupi-guarani	
	05	Geografia	História da Civilização Ibérica	Disciplina Optativa	
	06		Disciplina Optativa		

Fonte: Noticiário. In: *Revista de História*. São Paulo/USP, 12 (25): 285-86, jan./mar. 1956.

* As disciplinas optativas oferecidas, na 2ª e 3ª séries do curso de História, pelo Departamento de História foram as seguintes: História das Idéias Políticas; História da Filosofia; História Econômica; História da Educação; História da Literatura (inglesa ou espanhola, alemã, francesa, latina, grega, portuguesa e brasileira); História da Arte; Numismática; Paleografia.

** Mantêm o regimento nº 9092, de 26 de Março de 1946. Na quarta série os alunos optarão livremente por duas ou três Cadeiras ou Cursos dentre os ministrados pela Faculdade de Filosofia; quando aprovados terão direito ao diploma de Bacharel. Além disso, poderão cursar as Cadeiras de Psicologia Educacional, Didática Geral e Didática Especial; neste caso terão direito ao diploma de Licenciado.

Quadro 16: Distribuição das disciplinas do curso de História da UFPR a partir de 1961

Série	Nº	Primeiro	Segundo	Terceiro	Quarto
	01	Introdução à História	Geografia Física	História do Brasil	História do Brasil
	02	Geografia Humana	Geografia do Brasil	História Contemporânea	História Contemporânea
Disciplinas	03	História Antiga e da Idade Média (HAIM)	História do Brasil	Etnografia Brasileira e Língua tupi-guarani	Prática de Ensino
	04	Princípios de Sociologia	História Moderna	História da América	Elementos de Administração Escolar
	05	Antropologia	Etnografia Geral	Geografia do Brasil	História da América
	06		Linguística comparada*		

Fonte: Diários de Classe do curso de História e Anuários da Faculdade de Filosofia, Ciências e Letras da Universidade Federal do Paraná.
* Facultativa.

No início dos anos 1960, que houve a separação do curso de Geografia e História da FFCL/UFPR, em cursos independentes. Os professores do curso vinham notando a necessidade de se adequar a legislação federal de 1955, mas só no final daquela década a mudança foi possível. As justificativas pela demora iam desde a necessidade de contratação de docentes para os cursos, falta de salas de aula e laboratórios, organização dos departamentos, necessidade de adequação das bibliotecas e distribuição das disciplinas dos respectivos cursos (*Livro de Atas*, n. 1, Departamento de História, UFPR, fls. 1 a 39, reunião de 18/10/1965). Em reunião de 16 de janeiro de 1960 foi constituído o departamento de História, com as cátedras de História Antiga e Medieval, História Moderna e Contemporânea, História do Brasil e História da América, nos termos do artigo n. 25 do *Regimento Interno* da Faculdade de Filosofia, Ciências e Letras da Universidade Federal do Paraná (*Livro de Atas*, n. 1, Departamento de História, UFPR, fl. 3, reunião de 18/10/1965).

No dia 18 de outubro de 1965, em reunião dos professores do departamento de História, discutia-se a nova formatação do curso, seu *déficit* de carga horária em relação à legislação federal vigente (que era de 2.700 horas), além de começarem a refletir a melhor distribuição, entre os anos letivos, das disciplinas de História Antiga e Medieval, Moderna e Contemporânea, História do Brasil e História da América (*Livro de Atas*, n. 1, Departamento de História, UFPR, fl. 3 a 23, reunião de 18/10/1965).

Essas reflexões começaram a ser sistematizadas depois de um conjunto de trabalhos efetuados pelo corpo docente do curso. No final da década de 1950, os professores de História, em atividades dos Seminários de História, planejaram a realização, com a participação de vários estudiosos da história do Paraná, de um seminário para a revisão da historiografia do Paraná. No livro de atas do curso foi assim destacada a iniciativa:

> Foi, assim, marcado para 23 de setembro de 1959 a primeira sessão dêste seminário, objetivando a análise da obra dos historiadores do Paraná, com a crítica das suas fontes, métodos e técnicas de trabalho e com a finalidade de realizar o levantamento da situação real da historiografia regional do Paraná, e dos problemas que nela restam por serem equacionados e resolvidos. (*Livro de Atas*, n. 1, Departamento de História, UFPR, fl. 8, reunião de 18/10/1965).

Ao longo dos anos 1960, os Seminários de História, tornaram-se uma rotina nos trabalhos didáticos desenvolvidos pelos professores do departamento de História, com a meta de articular a história do Paraná com a história do Brasil, de modo a planejar melhor a elaboração de projetos e a execução das pesquisas feitas por docentes e discentes do curso.

A partir dos anos 1970 o curso de História da UFPR passou a ter um novo formato (tal como é indicado pelo quadro n. 17). Houve a introdução de disciplinas, como: Economia, Métodos e técnicas de pesquisa, História da Arte, História Econômica, Antropologia Cultural e História dos povos eslavos. Os dois anos de oferecimento da disciplina de Métodos e Técnicas de Pesquisa, já era uma preparação para o aluno fazer o trabalho de conclusão de curso e se preparar para ingressar no programa de mestrado em História da UFPR, que começaria a funcionar nos anos iniciais da década de 1970 (tal como nos indicam as discussões das Atas do curso desse período, no seu livro n. 1).

Quadro 17: Distribuição das disciplinas do curso de História da UFPR a partir de 1970

Série	Nº	Primeiro	Segundo	Terceiro	Quarto
	01	Introdução à História	Métodos e Técnicas de Pesquisa	História do Brasil	História do Brasil
	02	Economia	História da Arte	História Contemporânea	História Contemporânea
Disciplinas	03	História Antiga	História do Brasil	História da América	História da América
	04	Princípios de Sociologia	História Medieval	Métodos e Técnicas de Pesquisa	Prática de Ensino
	05	Antropologia Cultural	História Econômica	História Moderna	Psicologia da Educação
	06			Didática	História dos povos eslavos

Fonte: Diários de Classe do curso de História e Anuários da Faculdade de Filosofia, Ciências e Letras da Universidade Federal do Paraná.
* Facultativa.

As evidências trazidas com esse trabalho demonstram um pouco da sutileza do processo, vivida pelo curso de Geografia e História da FFCL/UFPR, na qual houve a consolidação do campo disciplinar da História no Paraná entre as décadas de 1930 e 1960.

Considerações Finais

Vimos ao longo deste estudo como ocorreu a constituição do campo disciplinar da História no Paraná, por meio do estudo do curso de Geografia e História da atual UFPR. Ao compararmos os currículos dos cursos do RJ, de SP e do PR, entre os anos de 1930 e 1950, vimos como o curso do PR manteve estreitas relações com o do RJ, por meio da estruturação dos cursos e currículos efetuados pela FNFi da UB.

Com a expectativa de preparar seus alunos para conhecerem a história do Sul do país e do Paraná, o curso de Geografia e História da UP, também se diferenciava do oferecido no RJ. Não contando com uma missão francesa, o curso da UP manteve igualmente estreitas ligações com o Instituto Histórico e Geográfico do Paraná (IHGPR), que lhe assegurou a manutenção inicial de seu corpo docente – que apenas a partir dos anos 1950 passavam a ser substituídos por alunos formandos entre os anos 1930 e 1940, semelhante ao processo que se deu em SP e no RJ (ROIZ, 2012a, FERREIRA, 2013). Ao mesmo tempo, vimos como foi marcante a formação de bacharéis no curso, muito embora a licenciatura não deixasse de fazer parte das discussões docentes, a partir do final dos anos 1940.

Além disso, vimos que um outro traço marcante neste curso foi o de assegurar a formação de técnicos e bacharéis, por meio de atividades didáticas e de pesquisa, e com base em disciplinas que priorizavam questões teóricas, metodológicas e conceituais do campo do ofício do historiador.

Com a análise deste curso será possível adentrarmos com maior propriedade no caso de São Paulo, e nos debruçarmos no processo de constituição de um campo disciplinar para a História, por meio do estudo do curso de Geografia e História da USP.

Capítulo 4

As transformações na estrutura curricular[1]

> A influência da 'Escola dos Annales' deixou suas marcas no Brasil através de duas formas principais [...] pela contratação de professores franceses desde 1934, pela Faculdade de Filosofia, Ciências e Letras da USP. A fundação do departamento de História se fez com o trabalho de historiadores da 'missão francesa' que formou as primeiras turmas [...]. A segunda, através de viagens de professores brasileiros à Europa, em busca da orientação dos mestres franceses. Ainda hoje essa dupla prática continua, não só em São Paulo como em outros Estados brasileiros. (RIBEIRO Jr., 1977, p. 16).

O capítulo anterior nos permitiu refletir como teve início à constituição do campo disciplinar da História no Paraná, em comparação com São Paulo e Rio de Janeiro. Agora nos deteremos com maior atenção para o caso de São Paulo, esmiuçando: 1. O perfil do curso e de sua grade curricular, bem como de suas mudanças até meados da década de 1950; 2. O papel exercido pela missão francesa, especialmente, na cadeira de história das civilizações; e 3. A preocupação com a formação de licenciados, assim como de bachareis.

Depois de abordarmos a organização da estrutura e do funcionamento das cadeiras no regime de cátedras no curso de Geografia e História da Faculdade de Filosofia, Ciências e Letras da Universidade de São Paulo (FFCL/USP), entre os anos iniciais da década de 1930 até meados da de 1950, passaremos a analisar neste capítulo de que maneira estava definida

1 Uma versão deste capítulo foi publicada em: ROIZ, 2007.

sua estrutura curricular,[2] como mudou ao longo do tempo, e quais discussões foram feitas entre os docentes do curso.

As renovações da estrutura curricular, entre as décadas de 1930 e 1950, no curso de Geografia e História da FFCL/USP ocorreram no período de vigência do regime de cátedras (1934-1968), no qual os profissionais do curso, muitas vezes, notavam a fragilidade da grade curricular antes das discussões chegarem ao nível dos debates políticos e, portanto, serem efetuadas as mudanças institucionais necessárias (como veremos mais detalhadamente no próximo capítulo). Meses e mesmo anos transcorriam da aprovação de lei federal à implantação de decreto em nível estadual, até a instalação da medida nas instituições. Cada instituição adequava-se às medidas de acordo com as suas condições e necessidades internas (como vimos no capítulo anterior), caracterizando-se também como um processo lento e, nem sempre, completo (Cf. RODRIGUES, 2002, 2003; FERREIRA, 2006, 2008; ROIZ, 2007; OLIVEIRA, 2008; CARVALHO, 2010).

Desse modo, infere-se sob quais condições foram incorporadas as medidas federais e estaduais que deliberavam novo formato ao currículo do curso de Geografia e História, já que, entre os anos 1930 e 40, almejava-se, na esfera política, nacionalizar o funcionamento dos cursos universitários brasileiros (Cf. ROIZ, 2004a; FERREIRA, 2006). Os informes selecionados foram, principalmente, os *Anuários da Faculdade de Filosofia*, nos quais se publicavam parcialmente as atas do conselho da Faculdade de Filosofia e os relatórios das cadeiras dos cursos. No capítulo anterior nos detivemos nos *Anuários*, nas *Atas* e nas *cadernetas de frequência e matéria lecionada* (que são os diários de classe) – e representam uma importante fonte documental para o estudo da constituição do campo disciplinar da História, com a definição do ofício do historiador nas universidades brasileiras – comparando as fontes, em articulação com as discussões históricas e historiográficas, para construir nossa interpretação. Neste capítulo, o foco estará entre os *Anuários* e os *relatórios das cadeiras* do curso de Geografia e História. As

2 Não nos detemos sobre as teorias do currículo e suas alterações no tempo. Importante estudo a esse respeito se encontra em: SILVA, 1999.

duas situações mostram a riqueza destas fontes para o estudo da constituição do campo disciplinar da História no Brasil.

A importância em se estudar as mudanças da estrutura curricular no contexto de funcionamento do regime de cátedras e da nacionalização dos programas curriculares das Faculdades de Filosofia no país, através das ações da Faculdade Nacional de Filosofia, Ciências e Letras da Universidade do Brasil, encontra-se na possibilidade de demonstrar, no quadro das transformações e debates, o processo de institucionalização do ensino universitário de História, na medida em que se destacam os caminhos que levaram a autonomia dos cursos de Geografia e História, na década de 1950, quando se tornaram independentes. A demonstração se completa ao se informar as estratégias pelas quais o curso de Geografia e História da USP utilizou para manter certa autonomia em relação as prescrições curriculares efetuadas pela FNFi da UB (FERREIRA, 2013).

As transformações na estrutura curricular do curso de Geografia e História na década de 1930

Foi dentro do período de funcionamento do regime de cátedras que o curso de Geografia e História da FFCL/USP renovou a grade curricular diversas vezes, entre as décadas de 1930 e 1950, em função de insuficiências observadas pelos professores quanto às disciplinas oferecidas no curso.

Mas, essas fragilidades, apenas eram resolvidas quando se aprovava disposições legais em níveis federal e estadual, de modo a serem internamente incorporadas pelas Faculdades de Filosofia, distribuídas em algumas partes do país nos anos 1930 – São Paulo, Rio de Janeiro, Paraná e Minas Gerais. (ROIZ, 2012a, 2019a; FERREIRA, 2013; SANTOS, 2013). Tais medidas viriam a especializar o formato das disciplinas do curso de Geografia e História, constituindo-se em uma das bases que levaram a aprovação de lei federal, que tornou independente o funcionamento dos cursos nos anos 1950.

Esse processo ocorreu num momento de nacionalização de novos cursos de graduação inaugurados a partir dos anos 1930, com o fim de subsidiar a falta de pessoal qualificado para o ensino "primário" e "secundário", e nos anos seguintes a década de 1930 também fornecer a qualificação para a habilitação de profissionais para o ensino superior. Embora antes dos anos 1930 tivesse sido iniciada a expansão do ensino secundário no Estado de São Paulo, foi no governo de Getúlio Vargas (1930-1945) que houve a implantação de medidas reguladoras para o funcionamento do ensino público e privado brasileiro, em todos os níveis do aprendizado escolar (Cf. FREITAS, 1999).

A organização de uma estrutura curricular para o curso de Geografia e História foi fruto de vários debates entre professores e membros do conselho (depois congregação) da FFCL/USP, entre as décadas de 1930 e 1950 – como já vimos destacando no segundo capítulo. Ao adaptar, em sua estrutura interna, a legislação federal e estadual, fixava-se a base curricular do curso. Em 1934 ainda não estava tão nítida a forma como iria funcionar o curso de Geografia e História. A estrutura curricular estava organizada a partir de uma seriação de três anos (quadro nº 18).

Quadro 18: Distribuição das disciplinas do curso de Geografia e História em 1934, segundo os anos

Ano	Nº	Primeiro	Segundo	Terceiro
Disciplinas	01	Geografia	Geografia	Geografia
	02	História da Civilização	História da Civilização	História da Civilização Brasileira
	03	Etnografia brasileira e noções de tupí-guaraní.	Tupí-guaraní	História da Civilização
	04		História da Civilização Americana (inclusive pré-história).	Tupí-guaraní

Fonte: *Anuário da Faculdade de Filosofia, Ciências e Letras, 1934-1935*, 1937.

As disciplinas do curso de Geografia e História constituíam-se no primeiro ano em: *Geografia, História da Civilização, Etnografia brasileira e noções de tupi-guarani.* Ainda não havia distinção disciplinar entre Geografia Física e Humana, e ambas eram ministradas por um professor. A disciplina era obrigatória e ministrada nos três anos do curso. Nela o professor discorria tanto aspectos políticos e econômicos, como geológicos e climáticos. Além disso, referia-se à formação conjunta da Europa, das Américas e do

Brasil. *História da Civilização* foi outra disciplina ministrada nos três anos do curso e se desdobrava em Antiga, Medieval, Moderna e Contemporânea, oferecidas por um único professor. Nela o professor deveria mostrar todo conjunto do processo histórico mundial. O ensino de *Geografia* e *História da Civilização* tinha um caráter rotativo e era distribuído de acordo com a divisão das matérias, sendo móvel conforme a sucessão de turmas de alunos. Em *Geografia* via-se no primeiro ano 'Relevo e População', no segundo 'Clima e Vegetação' e 'Geografia da circulação' e no terceiro ano: 'Hidrografia econômica', 'Geografia da energia', 'Os grandes produtos', e nestes cursos constavam ainda excursões geográficas e a elaboração de trabalhos práticos. Em *História da Civilização*, via-se no primeiro ano 'História Antiga e Moderna', no segundo 'História Moderna e Medieval' e no terceiro 'História Antiga e Medieval'. *Etnografia brasileira e noções de Tupi-guarani* era oferecida no primeiro ano do curso como uma introdução à formação linguística e cultural brasileira, seguindo-se nos outros dois anos em análises pormenorizadas da língua 'Tupi-guarani' (ver no apêndice n. 2 maior detalhamento desta questão).

Diferente daquela cadeira foi à dinâmica das cátedras da área de História. No segundo ano do curso acrescentava-se ao estudo de *História da Civilização* a disciplina *História da Civilização Americana*, em que o professor deveria discorrer desde a pré-história dos povos americanos, até o início do século XX, quando as fronteiras nacionais estavam delimitadas e deliberava-se uma divisão entre América do Norte, América Central e América do Sul. No terceiro ano, acrescentava-se a disciplina *História da Civilização Brasileira*, para a qual o professor deveria expor desde a 'descoberta do Brasil' até os primeiros anos da proclamação da República.

No conjunto, o curso de Geografia e História, limitava-se a caracterizar, aos alunos, as grandes linhas da História mundial e nacional, os aspectos geográficos do processo e a formação histórica e linguística do território brasileiro.[3] Entretanto, se de um lado, falava-se de índios e de sua contribuição

---

3 Cf. Relatórios dos programas das cadeiras de História da Civilização, História da Civilização Americana, História da Civilização Brasileira, Geografia e Etnologia brasileira e noções de tupi-guarani do curso de Geografia e História. In: *Anuário*

linguística e cultural a formação nacional parecia não haver a contribuição do negro afro-brasileiro. Quando se falava de formação geográfica, enfatizavam-se mais os aspectos paulistas do que os nacionais, e quando se falava da história nacional parecia se querer mais ressaltar a história paulista a partir do "bandeirantismo". Provavelmente esses tópicos especiais se dirigiam no interior do curso, em função do contexto social do período, de recuperação paulista sobre a derrota de "1932", e com o objetivo de revelar a importância do Estado sobre a formação histórica do país (CARDOSO, 1982; ROIZ, 2004a).

Quase nada indicava existir uma mobilidade e um diálogo intenso entre alunos de um curso e outro, mesmo quando havia compatibilidade entre disciplinas oferecidas, como no caso de *História da Civilização Brasileira* ministrada no segundo ano do curso de 'Ciências Sociais e Políticas' e no terceiro de 'Geografia e História'. Nos cursos primava-se pela formação do professor 'secundário' e de um 'espírito critico' nos alunos, mas ainda não se pensava na formação do especialista em história, ou num 'oficio de historiador'.[4]

A licenciatura no Brasil era, naquele momento, algo 'novo' dentro do sistema escolar que estava na sua grande maioria, sendo ministrado por 'autodidatas', provenientes, basicamente, dos cursos de Direito, Medicina e Engenharia. Nos anos 1970, ao se referir sobre a licenciatura no país, Amélia Domingues de Castro, ressaltava que: "Há apenas quarenta anos não os encontrávamos, pois esses cursos e diplomas surgiram com a criação das primeiras Faculdades de Filosofia, Ciências e Letras, na década iniciada em 1930" (CASTRO, 1974, p. 627). De acordo com ela: "O primeiro instituto de ensino superior que funcionou efetivamente, seguindo, de modo aproximado, o modelo projetado por Francisco Campos, foi a Faculdade de Filosofia, Ciências e Letras da Universidade de São Paulo" (CASTRO, 1974, p. 633-34). Foi a partir da década de 1930 que, de um lado, o professor secundário

---

da Faculdade de Filosofia, Ciências e Letras, 1934-1935, 1937; *Anuário da Faculdade de Filosofia, Ciências e Letras, 1936*, 1937.

4 Para ficar apenas no caso do curso de Geografia e História, porque existiam especificidades na formação de cada tipo de profissional na Faculdade de Filosofia, aspecto esse que seria tópico para uma outra pesquisa.

formado pelas universidades passava a fazer parte do sistema escolar vigente; e de outro, começava a ser pensada a figura e o papel do filósofo, do cientista social e político, do sociólogo e do antropólogo, do geógrafo e do historiador, como profissionais formados pelas universidades para atuarem nos mais diversos setores na sociedade brasileira.

Quando, em 1936, a FFCL/USP formava a sua primeira turma de licenciados, o curso de Geografia e História passava a ser revisto, em princípio, pelos professores que ministravam as disciplinas do curso, por acharem as disciplinas demasiadamente amplas e pouco propícias à formação de especialistas na área (voltaremos a essa questão no próximo capítulo). Preliminarmente, nota-se que qualquer mudança estrutural da grade curricular do curso dependia mais de decreto lei federal e estadual, do que propriamente de disposições internas feitas pelos professores, junto ao conselho (depois congregação) da FFCL/USP.

Quadro 19: Distribuição das disciplinas do curso de Geografia e História em 1938, segundo os anos

Ano	Nº	Primeiro	Segundo	Terceiro
Disciplinas	01	Geografia	Geografia	Geografia
	02	História da Civilização	História da Civilização	História da Civilização Brasileira
	03	Etnografia brasileira e noções de tupí-guaraní.	Tupí-guaraní	História da Civilização
	04		História da Civilização Americana (inclusive pré-história).	Tupí-guaraní

Fonte: *Anuário da Faculdade de Filosofia, Ciências e Letras, 1937-1938*, 1939.

Evidentemente, dentro dos limites esboçados, cada professor tinha a flexibilidade que o dispositivo legal oferecia, e dentro dessas possibilidades cada um deles moldava a sua própria disciplina no curso (como veremos no próximo capítulo). Dentro dessas características, vê-se que quase nada mudou a disposição das disciplinas oferecidas no curso de Geografia e História até 1938 (quadro n. 19), embora a forma como estivessem sendo ministradas fosse mais dinâmica, porque optassem por uma maior distribuição dos tópicos e conteúdos – de certa forma vimos situações parecidas ao analisar o curso de Geografia e História da FFCL/UP, no capítulo anterior. Essa divisão era um avanço alcançado nas discussões dos professores no conselho da Faculdade de Filosofia, nos limites de suas cadeiras, e ainda nos espaços de sociabilidade, mais costumeiramente reconhecidos nas Bibliotecas, em Museus e Arquivos, e em alguns casos, mesmo nas casas dos docentes e em bares frequentados por alunos e professores (TRIGO, 1997).

Foi a partir de 1936 que a disciplina de *Geografia*, apresentando-se ainda disposta entre os três anos do curso de Geografia e História, havia sofrido pequenas reformulações. No primeiro ano, como 'Biogeografia', eram definidas a extensão e disseminação das espécies, o passado geológico, o meio e a sociologia dos vegetais e animais. No segundo e terceiro, analisava-se a América do Sul, na sua formação física e humana, entre as regiões e os Estados. No terceiro, estudava-se 'as vias de comunicação' desenvolvidas tanto na Europa, como nas Américas, e desenvolviam-se estudos monográficos como parte do programa de excursões e exercícios práticos.

Em *História da Civilização* ocorria mudança semelhante, flexionando a disciplina nos três anos da seguinte maneira: entre o 1º e 2º ano 'História Grega'; entre o 1º, 2º e 3º ano 'História Romana' e também entre as três séries 'História Contemporânea'. Além disso, ministravam-se paralelamente seminários. No primeiro ano: 'Questões de História Geral', tendo como eixo à 'Unidade Alemã' e a 'Unidade Italiana'. No segundo: 'Idade Média', desde o 'declínio do Império Romano' até 'a organização feudal'. No terceiro: 'Noções de paleografia e decifração de textos franceses, espanhóis, e italianos' e 'Pré-história – as primeiras civilizações do Oriente próximo e da Grécia antiga'.[5] As disciplinas *História da Civilização Americana* e *História da Civilização Brasileira* foram repensadas somente nos anos seguintes (após a entrada de novos docentes nas cadeiras). Provavelmente, as mudanças de eixo nas disciplinas de *Geografia* (à parte de Geografia Física e Geografia Humana

5 Cf. Relatórios dos programas das cadeiras de História da Civilização e da cadeira de Geografia. In: *Anuário da Faculdade de Filosofia, Ciências e Letras, 1934*-1935, 1937; *Anuário da Faculdade de Filosofia, Ciências e Letras, 1936*, 1937.

ainda eram oferecidas numa mesma disciplina) e *História da Civilização* se deviam à contratação de um novo professor para cada uma delas.

Ao compararmos a estrutura curricular do curso de Geografia e História da FFCL/USP, com a de outros cursos oferecidos no Rio de Janeiro (Cf. FERREIRA, 2006) ao longo desta década, vê-se certa autonomia entre eles quanto às disciplinas a serem oferecidas – como já destacamos no capítulo anterior. Contudo, após 1939, com a criação da Faculdade Nacional de Filosofia da Universidade do Brasil (em função do projeto do Estado Novo), foi ocorrendo maior sincronização das disciplinas a serem oferecidas nos cursos das Faculdades de Filosofia de um modo geral;[6] e de Geografia e História de um modo particular, mas mesmo estas medidas, não alteraram completamente a autonomia que foi construída no momento anterior pelo curso de Geografia e História da USP (Cf. Roiz, 2004a; Rodrigues, 2002, 2003; Oliveira, 2008; Carvalho, 2010) – como veremos abaixo.

As transformações na estrutura curricular do curso de Geografia e História nas décadas de 1940 e 50

Ainda que nos primeiros anos de funcionamento do curso de Geografia e História pouca coisa houvesse sido mudada, além da contratação de novos professores estrangeiros e brasileiros para substituírem aqueles que não renovaram o contrato com a instituição, a primeira alteração representativa no programa curricular do curso ocorreu no início da década de 1940.

Até fins da década que se iniciou em 1930, entendia-se como licenciado "o estudante que terminasse o curso seriado de qualquer seção ou subsecção" e "com direito ao exercício do magistério aquele que obtivesse, também, formação pedagógica", sendo naquele período, "permitido obter a formação pedagógica juntamente com o terceiro e último ano" (CASTRO, 1974, p. 632-33) de cada curso, no Instituto de Educação – antigo Instituto 'Caetano de Campos' – que foi incorporado a Universidade de São Paulo em 1934.

A partir de 1939, com a aprovação do decreto lei federal nº 1.190, que deu uma organização efetiva à Faculdade Nacional de Filosofia da Universidade

6 Ver sobre essa questão também a interpretação proposta por Saviani (2008b), ao estudar o curso de Pedagogia no Brasil.

do Brasil no Rio de Janeiro, que ocorreu uma primeira alteração no termo 'licenciado'. De acordo com Amélia Domingues de Castro: "Este não abran-g[ia] mais todos os formandos em seus cursos. Cada secção da Faculdade compreenderia um ou mais 'cursos ordinários', incluída uma secção especial encarregada de ministrar o 'Curso de Didática'. Esse curso, composto por seis disciplinas vinha substituir a anterior formação pedagógica que conferia direito ao exercício do magistério" (CASTRO, 1974, p. 633). O decreto ajustava o funcionamento de todas as Faculdades de Filosofia do país, num mesmo padrão organizacional (Cf. ROIZ, 2004a; FERREIRA, 2006, 2013). A disposição deste decreto federal foi adequada no decreto estadual nº 12. 511 de 21 de janeiro de 1942, para estabelecer o funcionamento e a nova estrutura curricular das Faculdades de Filosofia, Ciências e Letras do Estado de São Paulo (quadro nº 20).

Quadro 20: Distribuição das disciplinas do curso de Geografia e História, a partir da reforma curricular de 1942

Ano	Nº	Primeiro	Segundo	Terceiro*	Quarto**
Disciplinas	01	Geografia Física	Geografia Física	Geografia do Brasil	Didática Geral
	02	Geografia Humana	Geografia Humana	História da Civilização Contemporânea	Didática Especial
	03	Antropologia	História da Civilização Moderna	História da Civilização Brasileira	Psicologia Educacional
	04	História da Civilização Antiga e Medieval	História da Civilização Brasileira	História da Civilização Americana	Administração Escolar e Educação Comparada
	05	Elementos de Geologia	Etnografia	Etnografia do Brasil e Língua Tupi-guarani	Fundamentos Biológicos da Educação
	06				Fundamentos Sociológicos da Educação

Fonte: *Anuário da Faculdade de Filosofia, Ciências e Letras, 1939-1949*, 1953.
* Segundo o decreto lei nº 12.511 de 21 de Janeiro de 1942: aos alunos que concluíssem os três primeiros anos dos cursos das seções de Filosofia, Ciências e Letras da Universidade de São Paulo lhes era conferido o diploma de bacharel.
** Segundo o decreto lei nº 12.511 de 21 de Janeiro de 1942: aos candidatos ao curso de Didática era exigido o diploma de Bacharel obtido nas três séries dos diversos cursos da Faculdade. Aos que terminassem o Curso de Didática era fornecido o diploma de Licenciado no Curso em que o candidato se bacharelara.

A reforma curricular padronizava nacionalmente a base das disciplinas a serem oferecidas pelas Faculdades de Filosofia, mesmo que, em parte, a medida tenha demorado a ser adequada entre os Estados. Na FFCL/USP, a medida foi incorporada a partir de 1942 (quadro nº 20), em função de decreto estadual daquele mesmo ano. É necessário frisar que, em geral, a disposição legal era adequada no ano de aprovação, mas implantada não no mesmo ano e sim para a turma seguinte de alunos. Pelo decreto-lei federal 1.190/39 era conferido o diploma de 'bacharel' aos concluintes dos cursos, em suas respectivas seções e subseções. E determinava que o "bacharel que concluísse o 'Curso de didática' é que seria conferido o 'diploma de licenciado no grupo de disciplinas que formarem o seu curso de bacharelado' (art. 49). Separa[va]-se, pois, o diploma de bacharel e o de licenciado, embora o segundo supusesse o primeiro" (CASTRO, 1974, p. 634). Em análise, na década de 1970, sobre este decreto-lei, Amélia Domingues de Castro ressaltou que "hoje [1974], trinta e cinco anos depois, não se conseguiu ainda a plena aplicação desse princípio. Sucessivas leis continuaram a admitir exceções à norma" (CASTRO, 1974, p. 634). O que demonstra que mesmo as inúmeras tentativas de padronização do sistema universitário e a forma pela qual se estabeleciam as estruturas curriculares dos cursos das Faculdades de Filosofia do país, em função dos problemas internos técnico-administrativos e da falta de pessoal qualificado para o exercício das funções, a maneira como se dava sua implantação entre as Faculdades, vinham a torná-las diversas da forma pela qual haviam sido inicialmente propostas pela(s) lei(s) federal e estadual (Cf. ROIZ, 2004a; RODRIGUES, 2002, 2003; OLIVEIRA, 2008; CARVALHO, 2010; SANTOS, 2013).

Quando o decreto foi instaurado em nível estadual e aplicado a FFCL/USP, o curso de Geografia e História já havia recebido outras alterações. Em 1939, também a partir de decreto-lei federal nº 1.190 de 4 de abril, houve o desdobramento das cadeiras de 'Geografia' e 'História da Civilização', que passaram a serem dispostas em 2 cadeiras cada: Geografia Humana e Geografia Física, de um lado; e História da Civilização Antiga e Medieval, e História da Civilização Moderna e Contemporânea, de outro. A implantação destas medidas foi possível porque, naquele período, formavam-se as primeiras turmas do curso de Geografia e História (e das outras subseções) e alguns alunos(as) estavam sendo contratados(as) na forma de assistentes entre as cadeiras das seções e subseções da Faculdade de Filosofia – em geral, de acordo com as estratégias de grupo, articuladas sobre uma "dominação masculina", como tratamos no segundo capítulo, e que retomaremos ainda no seguinte.

Há, entretanto, que ser feita uma pequena ressalva. Já em 1937, o curso de 'Geografia' era ministrado em duas frentes: Geografia Humana e Geografia Física. A primeira a cargo de Pierre Monbeig e a segunda com Emmanuel De Martonne, professor convidado para aquele ano – como veremos melhor no próximo capítulo. No ano seguinte, sob a recomendação deste professor, a cadeira continuava a ser ministrada com esse princípio, ficando a parte de Geografia Física a cargo do professor João Dias da Silveira, que havia sido, em 1937, assistente da cadeira de Geografia (Física e Humana). Na cadeira de *História da Civilização*, a partir de 1938, houve uma divisão 'informal', ficando parte do programa sob a responsabilidade do professor Jean Gagé (1902-1986), e a outra com seu assistente Eurípedes Simões de Paula[7] - voltaremos a essa questão no próximo capítulo.

A cadeira de *Geografia Humana* estava sob a responsabilidade do professor Pierre Monbeig. Nela aplicava-se curso comum as três séries do curso de Geografia e História e aos dois primeiros anos do curso de Ciências

7 Cf. Relatórios das cadeiras de História da Civilização e da cadeira de Geografia. In: *Anuário da Faculdade de Filosofia, Ciências e Letras, 1937-1938*, 1939. Fernanda Massi também fez uma análise desse assunto em: *Estrangeiros no Brasil: a missão francesa na Universidade de São Paulo*, 1991, p. 235-36.

Sociais. A disciplina procurava, fundamentalmente, oferecer ao aluno a possibilidade de interpretação das mudanças sociais que ocorreram ou estavam em curso no mundo e na sociedade em que viviam. No curso de Geografia e História a disciplina também oferecia seminários aos alunos do segundo ano sobre a 'África' e aos do terceiro ano sobre 'A Europa Ocidental'. A cadeira de 'Geografia Física', regida a partir de 1938, interinamente, pelo professor João Dias da Silveira, era comum aos três anos do curso e visava, principalmente, demonstrar aos alunos como se formava geologicamente os territórios e como os aspectos climáticos e as ações dos homens poderiam alterá-lo com o passar do tempo. Nela os alunos faziam excursões e trabalhos práticos, onde aprendiam a ler cartas topográficas e a fazer traçados topográficos e geográficos. No início da década de 1940 foi aberta a cadeira de Geografia do Brasil, dispondo-a numa disciplina que era dada aos alunos do terceiro ano do curso, depois de estudarem a Geografia Física e a Geografia Humana nos dois primeiros anos.

A cadeira de *História da Civilização* estava, a partir de 1938, sob a responsabilidade do professor Jean Gagé. Neste período teve a seu lado Eurípedes Simões de Paula (licenciado pelo curso em 1936), como assistente da cátedra. A disciplina foi comum aos três anos do curso. No primeiro ano tinha-se: 'História Romana', 'História Helenística' (em curso comum com os alunos do segundo e terceiro ano), 'História Asiática' (em curso comum com os alunos do segundo e terceiro ano), 'História Contemporânea' (também entre alunos do segundo e terceiro ano), ficando-as sobre a responsabilidade de Jean Gagé; e 'História Oriental', 'História Grega', 'História Ibérica', sob a responsabilidade de Eurípedes Simões de Paula (orientado por Gagé, em seu doutorado, defendido em 1942). No segundo ano acrescentava a disciplina de 'História Medieval' oferecida por Eurípedes (que aplicava as outras disciplinas apenas no primeiro ano). No terceiro ano Jean Gagé aplicava seminários de 'Questões Pedagógicas', onde os alunos expunham trabalhos práticos como: leitura e interpretação de textos, referentes às matérias vistas nos anos anteriores. Com o desdobramento da cadeira em 1939, Eurípedes ficava com a parte de História Antiga e Medieval (com exceção de História Romana e História Bizantina) e Jean Gagé com a referente ao período Moderno e Contemporâneo.[8] Mas, nem por isso, as mudanças da cadeira afetariam as propostas feitas nos anos anteriores pelos professores Émile Coornaert (1886-1980) e Fernand Braudel (1902-1985).

No momento em que havia sido promovida a mudança da estrutura curricular para o ano letivo de 1943, as outras cadeiras do curso de Geografia e História também passavam por pequenas alterações. A cadeira de *História da Civilização Americana*, que foi regida entre 1936 e 1940 pelo professor Paul Vanorden Shaw (1898-1981), com Alice Piffer Canabrava e Branca da Cunha Caldeira (licenciadas em Geografia e História na turma de 1937), como auxiliar de ensino e assistente de cadeira, respectivamente, revelava proximidades com a cadeira de *História da Civilização* em seus objetivos. Segundo Paul Vanorden Schaw o alvo das "amplificações, na Faculdade, dos estudos sôbre a América seria: 1) preparar professores para ensinar a matéria em escolas primárias, secundárias e nos centros de altos estudos; [...] 4) preparar especialistas na matéria, os quais, por meio de suas preocupações, desvendariam problemas importantes sôbre a América e tomariam o seu lugar ao lado de outras autoridades sôbre a matéria" (SCHAW, 1937, p. 44). Durante o período de 1941 até 1946, a cadeira foi regida interinamente por Astrogildo Rodrigues de Mello – tendo como assistente, o licenciado em Geografia e História, Deusdá Magalhães Mota – que alterou muito pouco o programa da disciplina. A partir daquele ano, este seria o catedrático da cadeira – como vimos no capítulo anterior.

Já a cadeira de *História da Civilização Brasileira* foi regida pelo professor Afonso d'Escragnolle Taunay entre 1936 e 1938. Para este, a "história da civilização sob os moldes contemporâneos surgiu, por assim dizer, no século XIX", mas já "não são [nas primeiras décadas do século XX] a história

---

8 Cf. Relatório da Cadeira de História da Civilização Antiga e Medieval e Moderna e Contemporânea. In: *Anuário da Faculdade de Filosofia, Ciências e Letras, 1939-1949*, 1953, 2v., p. 451-54, 459-62. A partir da década que se inicia em 1940 o programa das disciplinas ministradas no curso de Geografia e História ficaram mais extensos e os relatórios das cadeiras mais pormenorizados. Isso dificultou qualquer tentativa de síntese no corpo do texto porque ou se resumia muito os cursos, ou excluía-se parte do programa. Em vista disto, voltaremos à questão no próximo capítulo.

militar e a administrativa as únicas que interessam aos autores e ao público [brasileiro e de outros países]. Incumbem-se os monografistas de apresentar entre aquêles assuntos os da história econômica e da religiosa, os da história literária, artística e científica e sobretudo os da história dos costumes [...]. É o campo enorme e muito mal amanhado ainda. Nêle imenso há o que descobrir e o que explanar [...]. A descoordenação ainda é o característico do estado em que se acha a bibliografia relativa a estas especializações" (TAUNAY, 1937, p. 123). A partir do segundo semestre de 1938, a cadeira foi regida pelo professor Alfredo Ellis Jr., contratado em 20 de julho, e permaneceu nela (como catedrático a partir do ano seguinte) até 1956. O programa deste curso foi minimamente alterado depois de 1938, provavelmente, porque Alfredo Ellis Jr. desenvolvia pesquisas sobre o bandeirantismo paulista, integrando-se aos objetivos da cadeira quando ministrada por Taunay.

Com esse breve panorama do funcionamento e do desdobramento das cadeiras do curso de Geografia e História, notam-se tentativas de especializar os programas das disciplinas oferecidas no curso, para adequá-las as necessidades de formação dos alunos, tanto para o magistério, em nível secundário, como para a carreira de docentes pesquisadores, em nível superior. As propostas, a princípio, apresentavam-se bastante modestas, embora já tivessem, no conjunto, esse objetivo como meta a ser atingida. O alcance desses objetivos, entretanto, foi mais bem direcionado com as reformas que se encaminharam na década de 1940.

A 26 de março de 1946, por meio do decreto nº 9.092, o curso de Geografia e História passava por outra readaptação (quadro nº 21), que seria implantada para o ano letivo de 1947. Com ela o candidato não recebia o título de bacharel no terceiro, mas no quarto ano do curso, desde que fosse aprovado em três disciplinas oferecidas anualmente, e à sua escolha. Ainda poderia receber o título de licenciado, aqueles que, além de cumprirem estágio supervisionado, fossem aprovados em três disciplinas ministradas pelos professores das cadeiras de Psicologia Educacional, Didática Geral e Didática Especial.

A mudança contribuía para aumentar o intercâmbio dos alunos dos cursos da FFCL/USP, que havia sido iniciado pela reforma de 1942. A partir dela o curso de Geografia e História (assim como outras subseções) passou a ter disciplinas no programa curricular, provenientes de outras subseções. Com a reforma de 1946 os alunos da Faculdade de Filosofia passavam a escolher – depois de concluídos os três primeiros anos do curso – no quarto ano três disciplinas oferecidas entre as seções e subseções para obterem o diploma de bacharéis. E para obterem o diploma de licenciados deviam receber formação didática (teórica e prática), sendo obrigados a fazerem o curso de psicologia aplicada à educação (conforme o artigo 4º, parágrafo 1º do decreto lei nº 9.092). Era também solicitado pelo decreto um ginásio de aplicação destinado à prática de ensino, que seria orientada pelo professor do curso de Didática.

Na Faculdade de Filosofia, entretanto, o Ginásio de Aplicação foi instalado apenas em 1959. Para Janete Martins Campos: "O Colégio de Aplicação da USP foi fundado em 1958, 1959" e a "primeira classe experimental do colégio foi em torno de 1962 [...] ano em que eu fui trabalhar lá, no noturno" (FONSECA, 1997, p. 118). Para ela, a experiência teria sido marcante, porque se diferenciava muito das aulas ministradas em escolas públicas oficiais e particulares, já que estas aulas eram todas programadas e coordenadas por um professor de Didática. Pretendia-se com o Colégio suprir certas necessidades do ensino, na medida em que se procurava implantar no ensino estadual as descobertas metodológicas provenientes do curso. A tentativa não foi concretizada, segundo ela, porque o Colégio foi implantado com uma dupla finalidade: servir de base a Secretaria da Educação para a elaboração de projetos pilotos e aplicação de novas técnicas de aprendizagem, ao mesmo tempo em que servia para o estágio de alunos (Cf. FONSECA, 1997).

Quadro 21: Distribuição das disciplinas do curso de Geografia e História, a partir da reforma curricular de 1946

Ano	Nº	Primeiro	Segundo	Terceiro	Quarto*
Disciplinas	01	Geografia Física	Geografia Física	Geografia do Brasil	
	02	Geografia Humana	Geografia Humana	História da Civilização Contemporânea	
	03	Antropologia	História da Civilização Moderna	História da Civilização Brasileira	
	04	História da Civilização Antiga e Medieval	História da Civilização Brasileira	História da Civilização Americana	
	05	Elementos de Geologia	Etnografia	Etnografia do Brasil e Língua Tupi-guarani	
	06	Elementos de Cartografia	História da Civilização Americana	Geografia Física	
	07		Geografia do Brasil	Geografia Humana	

Fonte: *Anuário da Faculdade de Filosofia, Ciências e Letras, 1939-1949*, 1953.

* Segundo o decreto nº 9092 de 26 de Março de 1946: na quarta série os alunos optarão livremente por duas ou três Cadeiras ou Cursos dentre os ministrados pela Faculdade de Filosofia; quando aprovados terão direito ao diploma de Bacharel. Além disso, poderão cursar as Cadeiras de Psicologia Educacional, Didática Geral e Didática Especial; neste caso terão direito ao diploma de Licenciado.

Em outras Faculdades de Filosofia houve problemas similares para agregarem as mudanças solicitadas, demonstrando a flexibilidade com que as exigências legais eram postas em prática, seja por causa de deficiências financeiras da instituição e falta de estruturas físicas adequadas, seja em função da falta de professores especialistas na área (Cf. CASTRO, 1974; NADAI, 1991; FONSECA, 1997; RODRIGUES, 2002; ROIZ, 2004a).

A reforma deu maior margem de escolha para os alunos. Mas essa possibilidade só era plena na medida em que os cursos das seções e subseções estavam suficientemente estruturados para comportarem a diversidade de escolhas de seus discentes. A FFCL/USP, mesmo sendo uma das pioneiras no Brasil, limitava à margem de possibilidades de escolhas efetuadas pelos alunos, sobre alguns campos. Com a portaria ministerial nº 328 de 13 de maio de 1946, adequada no ano seguinte às Faculdades de Filosofia, os alunos, além da formação concedida nos três anos dos cursos, poderiam obter o diploma de especialista. Exigia-se que o aluno já tivesse concluído os três primeiros anos de seu curso e optasse por uma das áreas oferecidas.

Para os alunos de Geografia e História da FFCL/USP estava aberta a possibilidade de escolha para três áreas: Geografia, História e Etnografia. Aos que escolhessem se especializarem em Geografia solicitava-se além de aprovação nos três primeiros anos, a aprovação em três disciplinas escolhidas livremente pelo aluno, entre os cursos especializados de: Geografia Humana, Geografia Física, Geografia do Brasil, Etnografia, Cartografia, Sociologia, Estatística, Topografia, Geodésia, Economia Política, e, por fim, ter estagiado em departamento especializado, com professor de Geografia. Em História as exigências foram às mesmas, tendo as seguintes disciplinas: História Antiga, História Medieval, História Moderna, História Contemporânea, História do Brasil, História da América, Etnografia Geral, Etnografia do Brasil, História da Filosofia, História das Doutrinas Econômicas, Sociologia, Latim, Grego, Arqueologia, Epigrafia, Paleografia, Pré-história, História Diplomática. Em Etnografia foram oferecidos os cursos de: Etnografia Geral, Etnografia do Brasil, Geografia Humana, Tupi-guarani, Antropologia Geral, Sociologia, Linguística Geral, Pré-história.[9]

Todavia, o movimento que existia entre a proposta legal e a aplicação institucional tornava mais flexível o formato de decretos, como se pode verificar na descrição de Aroldo de Azevedo (1910-1974) e João Dias da Silveira sobre a aplicação da proposta de especialização para os licenciados e bacharéis do curso de Geografia e História:

9 Cf. *Anuário da Faculdade de Filosofia, Ciências e Letras, 1939-1949*, 1953, 2v., p. 11-29.

> O *curso de especialização* em Geografia destina-se a todos quantos hajam terminado o curso básico de três anos de Geografia e História, feito em Faculdades de Filosofia oficial ou reconhecida. Tem a duração de dois anos e compreende o ensino de três disciplinas, a serem escolhidas pelo aluno dentre as seguintes: Geografia Física, Geografia Humana, Geografia do Brasil, Cartografia, Geologia, Topografia e Geodésia, Etnografia, Sociologia, Economia Política e Estatística, consideradas as três primeiras como fundamentais. Além dos cursos regulares, o aluno deverá estagiar em um departamento especializado (que se dedique a estudos geográficos ou afins), no qual terá de demonstrar assiduidade, interêsse e competência; compete aos professôres do Departamento de Geografia, de comum acôrdo, escolher o local dêsse estágio e fixar o tempo de sua duração. Na hipótese do aluno escolher uma só das matérias consideradas fundamentais ou apenas matérias consideradas subsidiárias, o estágio será obrigatòriamente de um ano, no mínimo. Ao aluno que obtiver aprovação nas matérias do curso e realizar o estágio de maneira satisfatória será concedido o diploma de ESPECIALIZAÇÃO em Geografia (AZEVEDO & SILVEIRA, 1949, p. 77-78).

Para Emília Viotti da Costa, que ingressou no curso de Geografia e História em 1948, o curso "era [ainda] voltado para a formação geral do professor. A pesquisa em fontes primárias não recebia muito estímulo ou orientação. A maioria dos ensaios que escrevíamos eram historiográficos". E prosseguia dizendo que em matéria de "pesquisa, recebi pouca orientação. Só fui realmente aprender a pesquisar depois de formada, quando uma bolsa de estudos do governo francês me permitiu estudar em Paris". Além disso, revela que como aluna "fui mais influenciada pelos livros que li e por professores de outros departamentos do que pelos do Departamento de História", e os "livros, as personalidades e a assistência de Antônio Candido e Florestan Fernandes" que compunham a cadeira de sociologia II, sob a coordenação de Fernando de Azevedo, então professor catedrático "foram muito importantes para minha formação" (MORAES, REGO, 2002, p. 70).

Por outro lado, a portaria não alterou o número máximo de alunos que poderiam ser escritos para cada ano, entre os cursos das seções e subseções. Em cada uma das três séries, a iniciar pelo primeiro ano, poderiam ser matriculados até 30 alunos. Nesse período ainda não existia o curso noturno, que foram criados a partir de 1950, e:

> Em cumprimento à lei nº 622, de 4 de janeiro de 1950, que regulamenta o disposto no artigo 23 das Disposições Transitórias da Constituição Estadual, funcionaram, durante o ano de 1951, os Cursos Noturnos da Faculdade de Filosofia, cujo regulamento foi baixado com o Decreto nº 20.810, de 3 de outubro de 1951 [...]. Foram os seguintes os Cursos ministrados em 1951, no período noturno: Filosofia (1º ano), Matemática (1º ano), Geografia e História (1º e 2º ano), Ciências Sociais (1º ano), Letras Clássicas (1º ano), Letras Neolatinas (1º ano), Letras Angogermânicas (1º ano) e Pedagogia (1º ano).[10]

Os cursos noturnos foram regidos pelos mesmos decretos dos cursos diurnos. Além dos professores titulares das cadeiras poderiam ministrar aulas nos cursos noturnos: "a) os primeiros assistentes que forem livre-docentes; b) os livre-docentes que não estiverem no exercício de funções didáticas; c) os primeiros-assistentes". O horário de início das aulas seria às 19hs, sendo-lhes oferecido o mesmo regime didático que o dos alunos dos cursos diurnos. Cada uma das cadeiras das seções e subseções que estivessem oferecendo disciplinas poderia contar com mais um assistente "ou com maior número, na base de um para cada vinte alunos inscritos na Cadeira de laboratório ou que tenham aulas práticas". Os funcionários e professores que trabalhassem nos dois períodos (diurno e noturno) receberiam um acréscimo em seus rendimentos mensais. A cada ano poderiam ser matriculados até 30 alunos para o período diurno e até 30 para o período noturno.[11]

Pode-se dizer, preliminarmente, que mesmo com essas alterações, na FFCL/USP, pouco ou nada afetaram a disposição das disciplinas oferecidas nos cursos das seções e subseções, entre o final da década de 1940 e o início da década de 1950. De fato, a portaria ministerial nº 328 de 13 de maio de 1946 abria caminho para a escolha dos alunos do curso de Geografia e

---

10 Cursos Noturnos. In: *Anuário da Faculdade de Filosofia, Ciências e Letras, 1951*, 1952, p. 67.

11 Cf. *Anuário da Faculdade de Filosofia, Ciências e Letras, 1950*, 1952, p. 86-89.

História, em seguirem uma das duas áreas (ou ainda se preferissem uma terceira, a de Etnografia).

Concretamente, apenas no final de 1952 que aparecia a primeira turma matriculada no quarto e último ano do curso de Geografia e História, parte em Geografia e parte em História. Mas esse movimento foi esparso, nem sempre se efetivando, como neste caso. O que realmente alterou a estrutura curricular do curso de Geografia e História, na FFCL\USP, foi à lei federal nº 2. 594 de 8 de setembro de 1955, que viria a desdobrar aquele curso em áreas independentes. Esta lei federal foi incorporada pelo decreto estadual nº 25. 701 de 4 de abril de 1956, que regulamentava a aplicação daquela lei também na FFCL\USP (quadro nº 22 e 23). Essa mudança foi promovida dentro de um contexto social de mudanças na sociedade brasileira, em termos demográficos (aumento populacional, êxodo rural e crescimento das cidades), sociais (favorecimento da alfabetização escolar em outros estratos sociais), econômicos (diversificação do comércio e do mercado de trabalho) e culturais – como pode ser visto pelo apêndice n. 1. Além disso, pensava-se que o país poderia se modernizar. Acreditava-se num avanço significativo para todos os níveis da aprendizagem escolar (Cf. ARRUDA, 2001), ao mesmo tempo em que havia maior inserção da mulher no mercado de trabalho, fenômeno, aliás, amparado pela intensa participação feminina nos cursos oferecidos pelas Faculdades de Filosofia (ver apêndice n. 1).

Quadro 22: Distribuição das disciplinas do curso de Geografia, a partir da reforma curricular de 1956

Ano	Nº	Primeiro	Segundo	Terceiro	Quarto*
Disciplinas	01	Geografia Física	Geografia Física	Geografia Física	
	02	Geografia Humana	Geografia Humana	Geografia Humana	
	03	Geografia do Brasil	Geografia do Brasil	Geografia do Brasil	
	04	Cartografia	Geografia Regional	Geografia Regional	
	05	Geologia	Cartografia	Botânica	
	06	Antropologia	Etnografia Geral	Etnografia do Brasil e Noções de Tupi-guarani	
	07	História da Civilização Moderna	História da Civilização Contemporânea	História da Civilização Brasileira	

Fonte: Noticiário. In: *Revista de História*. São Paulo/USP, 12 (25): 285, jan./mar. 1956.

* Mantêm o regimento nº 9092, de 26 de Março de 1946. Na quarta série os alunos optarão livremente por duas ou três Cadeiras ou Cursos dentre os ministrados pela Faculdade de Filosofia; quando aprovados terão direito ao diploma de Bacharel. Além disso, poderão cursar as Cadeiras de Psicologia Educacional, Didática Geral e Didática Especial; neste caso terão direito ao diploma de Licenciado.

Quadro 23: Distribuição das disciplinas do curso de História, a partir da reforma curricular de 1956

Ano	Nº	Primeiro	Segundo	Terceiro*	Quarto**
Disciplinas	01	Introdução aos estudos Históricos	História da Civilização Moderna	História da Civilização Contemporânea	
	02	História da Civilização Antiga	História da Civilização Brasileira	História da Civilização Brasileira	
	03	História da Civilização Medieval	História da Civilização Americana	História da Civilização Americana	
	04	Antropologia	Etnografia Geral	Etnografia do Brasil e Noções de Tupi-guarani	
	05	Geografia	História da Civilização Ibérica	Disciplina Optativa	
	06		Disciplina Optativa		

Fonte: Noticiário. In: *Revista de História.* São Paulo/USP, 12 (25): 285-86, jan./mar. 1956.
* As disciplinas optativas oferecidas, na 2ª e 3ª séries do curso de História, pelo Departamento de História foram as seguintes: História das Idéias Políticas; História da Filosofia; História Econômica; História da Educação; História da Literatura (inglesa ou espanhola, alemã, francesa, latina, grega, portuguêsa e brasileira); História da Arte; Numismática; Paleografia.
** Mantêm o regimento nº 9092, de 26 de março de 1946. Na quarta série os alunos optarão livremente por duas ou três Cadeiras ou Cursos dentre os ministrados pela Faculdade de Filosofia; quando aprovados terão direito ao diploma de Bacharel. Além disso, poderão cursar as Cadeiras de Psicologia Educacional, Didática Geral e Didática Especial; neste caso terão direito ao diploma de Licenciado.

A nova disposição do curso de Geografia, seriado em três anos e um quarto ano sob escolha de disciplinas por parte dos alunos, foi implantada para o ano letivo de 1957 (quadro nº 22). Visava dar melhor contorno a formação do Geógrafo, além de seguir o que vinha sendo expresso desde 1934, que era a formação de professores para o ensino secundário – que estava dividido em ginasial, em quatro e em alguns casos e estabelecimentos em cinco séries, e o colegial, dividido em duas séries, sob a escolha dos alunos em cursarem o clássico (para o ensino de Humanidades), ou o colegial científico (para o ensino de Exatas e Biológicas).

Acrescente-se que, no conjunto, as disciplinas sofreram poucas alterações nos primeiros anos de reestruturação da grade curricular, e poucas disciplinas foram criadas. Mas nos anos que se seguiram houve diversas discussões por parte de professores e pesquisadores da área, visando-se melhorar o formato das disciplinas e a formação do geógrafo (Cf. MORAES, 1991, 2002).

O curso de História, por outro lado, organizou as disciplinas seriadas nos três primeiros anos do curso, num corpo de obrigatórias e opcionais (uma para o segundo e outra para o terceiro ano), em modelo implantado para o ano letivo de 1957 (quadro nº 23). O quarto ano manteve a mesma disposição do regimento nº 9.092 de 26 de março de 1946. Com a separação do curso de Geografia e História, verifica-se uma maior incorporação de disciplinas históricas na grade curricular de Geografia, limitando-se no curso de História a apenas uma disciplina geral sobre o 'conhecimento geográfico' (quadro nº 22 e 23). Se essa reformulação tornou o curso de História mais limitado que o de Geografia foi um ponto não discutido nos primeiros anos de seu novo funcionamento, entre os professores de ambos os cursos.

Observe-se que no período, de 1956 até 1958, houve um funcionamento ainda paralelo entre os cursos, porque a última turma inscrita no curso de Geografia e História formava-se em 1960 (ficando apenas alguns remanescentes), e naqueles anos inicias ambos os cursos passavam por um momento de reorganização.

Para Janete Martins Campos: "Foi em 1957 [...] que se separaram os cursos de história e geografia [...]. Na minha turma de faculdade na USP havia alunos de muitos lugares. A turma que entrou, formou-se quase toda ao mesmo tempo. Nós entramos em 1957 e nos formamos em 1960, 1961. O primeiro ano foi uma experiência assim fundamental. Recém-entrada na faculdade, para quem vem de colegial, nós fomos jogados na primeira aula com o professor francês Jean Glenisson, que havia chegado da França para dar um curso de introdução aos estudos históricos" (FONSECA, 1997, p. 115-16). Em 1958, quando Maria Odila da Silva Dias (Cf. MORAES, REGO, 2002) ingressou no curso de História teve impressões parecidas com a de Janete, tanto sobre o curso e os alunos, como sobre o professor Jean Glenisson.

Portanto, se desde a criação do curso de Geografia e História, em 1934, os aspectos institucionais, apenas foram adaptados a novas disposições legais, no que dizia respeito à "função elementar" do curso (disposta, de um lado, com a formação de professores para o ensino secundário, e de outro, na formação de professores pesquisadores para o ensino superior), os dilemas não foram resolvidos rapidamente. Primeiro, porque não estavam delimitas as fronteiras do que deveria ser o historiador ou o geógrafo, e ainda, quais os caminhos que deveriam ser formulados para a formação desses profissionais – voltaremos a essa questão no próximo capítulo. Segundo, se do ponto de vista teórico, quer dizer, o de situar como deveria ser a formação deste profissional, se apresentava bastante tênue; do ponto de vista social (qual deveria ser efetivamente a função daquele profissional dentro da sociedade), os caminhos pareciam ainda mais complexos, porque ao lado de um 'ofício de historiador (de geógrafo e de etnógrafo)' coexistia o 'autodidata' que acreditava já desempenhar todas as funções necessárias para a preservação da 'memória coletiva' e possuir os instrumentos adequados para o estudo das sociedades do passado (Cf. LIMA E FONSECA, 2003; FALCON, 2011). Em terceiro lugar, diferente do Engenheiro, do Médico e do Advogado que desempenhavam uma função prática, por meio de ações técnicas, facilmente observadas pela sociedade, o Historiador, o Geógrafo e o Etnógrafo iriam desempenhar uma função social muito mais difícil de ser avaliada e observada em um primeiro instante, porque os frutos de seu 'labor' dirigiam-se sobre um acréscimo do conhecimento, que estava pautado em um patamar muito abstrato para a sociedade brasileira (NADAI, 1991).

De fato, sua função social poderia ser muito importante para a sociedade, mas de forma prática, e mais importante, que fosse vista quase que imediatamente, ela nada poderia fazer de realmente "concreto". O problema ainda era mais grave: diante de uma população, fundamentalmente, rural, onde a maioria dos homens e, principalmente, das mulheres não sabia ler nem escrever, quais perspectivas veriam em ofícios, aparentemente, tão pouco práticos? Mais ainda, se o que produzem circunscreve o 'mundo das letras' e do discurso 'científico', como aquela população iria avaliar ou perceber o seu valor para a sociedade?

Mesmo na década de 1950, quando várias mudanças ocorriam no país,[12] dentre as quais: rápido processo de urbanização (deslocando contingentes populacionais da zona rural do Norte e Nordeste para as grandes cidades do Sudeste); industrialização e diversificação do mercado (que resultou numa abertura de campos de atuação para 'antigas' e 'novas' profissões); aumento significativo do sistema de ensino oficial, nos níveis 'primário' e 'secundário' (ver apêndice n. 1); quase nada havia mudado às atitudes da sociedade, diante daqueles profissionais, que desempenhavam sua função social mais prática, como professores secundários. Por outro lado, ainda que os licenciados se saíssem melhor que os não-licenciados nos concursos públicos do Estado de São Paulo (para ficarmos num exemplo) nas décadas de 1940 e 1950, as vagas para aqueles profissionais, quando solicitadas diretamente nas escolas, apresentavam-se muito escassas.[13]

Ainda assim havia mais oportunidades no mercado de trabalho para aqueles que se formavam em Geografia e História, Letras e Matemática, do que para os bachareis em Filosofia, ou em Ciências Sociais. Já no final da década de 1940, Emília Viotti da Costa, diz que a sua vocação "era ser física. O sonho de cursar Física foi interrompido quando me casei, pois o curso exigia dedicação integral. Hesitei, então, entre Ciências Sociais e Geografia e História, e acabei decidindo por este último porque as oportunidades de trabalho eram maiores, na época" (MORAES, REGO, 2002, p. 69).

Diante desse quadro, pode-se ver que a estrutura curricular do curso de Geografia e História, embora estivesse acompanhando transformações das normas legais para o seu funcionamento, e que essas transformações alinhavam-se às possibilidades da Faculdade de Filosofia de poder organizá-la segundo as novas prescrições legais, havia, no interior desse processo institucional, um aspecto mais difícil de ser notado.

---

12 Para mais dados a esse respeito ver: Cano, 1998a; Canuto, 1987; Diégues Jr., 1964.

13 Diversos autores, nos últimos vinte anos, têm se debruçado sobre essas questões, sendo aqui muito difícil um levantamento completo das discussões, mas para uma análise do processo ver, entre outros: Nadai, 1991, 1993; Fonseca, 1997; Bittencourt, 1990, 1993; Cerdeira, 2001; Manoel, 2002.

No período que se seguiu entre as décadas de 1930 e 1950, os professores do curso de Geografia e História, ao procurarem observar o funcionamento e as necessidades da sociedade brasileira, e da paulista em particular, preocuparam-se em adequar o currículo do curso não apenas para formar o profissional para o exercício do magistério, mas também para desenvolver um 'espírito crítico' sobre os processos sociais. Ao pretenderem criar esse tipo de profissional, buscava-se selecionar entre os alunos das diversas turmas, aqueles que poderiam vir a se tornar professores universitários e pesquisadores profissionais – dando-se maior preferência aos homens, pelos motivos discutidos no capítulo anterior. Eduardo d'Oliveira França, por exemplo, que foi aluno do curso de Geografia e História no final da década de 1930, disse que foi aluno "[d]entre outros professores, de Fernand Braudel, que [...] sentiu em mim uma disposição por história, tanto assim que, antes de voltar para a Europa [no final de 1937], eu me formava, e ele me indicou para ser seu assistente. Não fui desde logo seu assistente. Fui assistente do professor Eurípedes Simões de Paula [que foi seu orientador no doutorado], na cadeira de História da Civilização Antiga e Medieval" (FONSECA, 1997, p. 97).

Olhando-se retrospectivamente esse movimento, verifica-se que naquele período não houve margem para uma iniciação à pesquisa propriamente dita, mas as primeiras tentativas, por meio de seminários e trabalhos práticos e teóricos, de se formar, senão um 'ofício de historiador (e de geógrafo)' a partir do curso de graduação, pelo menos a iniciativa de se produzir os primeiros profissionais na área.

Essa iniciativa, evidentemente, não percorria todos os alunos, mas apenas aqueles que conseguiam 'provar' aos mestres a sua disposição e 'vocação' para o 'culto à pesquisa erudita e desinteressada', sendo naquele contexto social específico, privilegiada a vocação dos homens (como vimos no capítulo anterior). E o caminho era bem diferente dos cursos de pós-graduação, em níveis de mestrado e doutorado, que vieram a aparecer, no Brasil, a partir da década de 1970. Naquele momento não havia a ideia de cursos especializados em nível de mestrado e doutorado, e mesmo o doutoramento era feito sem o curso respectivo até o início da década de 1950, quando se tentou regularizar essa situação, com um projeto para se remodelar o formato do doutoramento.

Por outro lado, tentava-se, neste período, definir as bases para a caracterização profissional do historiador, do geógrafo e do etnólogo; bem como a definição de atuação profissional em outras áreas. Desse modo, o corpo docente de professores do curso de Geografia e História foi organizando nas áreas de 'Geografia', 'Etnografia Brasileira e Tupi-Guarani' e 'História', as suas 'tradições intelectuais'[14] – voltaremos a essa questão no próximo capítulo.

Nas duas primeiras as dificuldades para estabelecerem a efetivação dos ofícios de 'Geógrafo' e de 'Etnógrafo' dependeu mais do desenvolvimento interno de suas cátedras, ao formarem os seus profissionais, do que em função de disputas externas (de espaço junto a outros setores da sociedade), onde se localizavam profissionais, originalmente formados em outras áreas, buscando desempenhar aquelas funções, dentro de uma tradição de 'autodidatismo' que se proliferou no país (Cf. RODRIGUES, 1965, 1969; LAPA, 1981; MASSI, 1991; IGLÉSIAS, 2000). Ainda que os profissionais que ocuparam inicialmente cargos em algumas dessas áreas viessem daquela tradição cultural, os seus objetivos se alicerçavam a formação do professor e do especialista na área.

Na área de História, subdividida nas cadeiras de *História da Civilização*, *História da Civilização Americana* e *História da Civilização Brasileira*, as dificuldades foram 'internas' e 'externas', ou mais precisamente, entre profissionais e 'autodidatas'. Essas disputas foram mais nítidas quando cada profissional distinguia sua concepção sobre o curso e os objetivos que visava atingir – voltaremos a essa questão no próximo capítulo. De um lado, as duas primeiras cadeiras foram ocupadas inicialmente por especialistas estrangeiros (franceses e norte-americanos), que objetivavam formar profissionais para desempenharem as funções de professores de ensino 'secundário' e também de professores universitários. Enquanto, de outro, na terceira cadeira, que foi ocupada inicialmente por profissionais de 'notório saber',

---

14 O conceito de 'tradição intelectual' aqui utilizado "está sendo postulado como uma base e uma alavanca indispensáveis à organização e à criatividade do campo intelectual. Haveria, assim, uma relação necessária entre trabalho intelectual e tradição, sendo que ela se reforçaria justamente ao modificar-se através do tempo; ao ampliar a linhagem dos que dela se alimentam por adesão ou por rejeição" (GOMES, 1999, p. 26).

mas vindos de uma tradição de 'autodidatismo', que se concordavam com os objetivos dos primeiros, ocuparam-se de manter certas restrições quanto aos limites de cada uma delas, no encaminhamento das disciplinas e das pesquisas sobre as sociedades do passado[15] – voltaremos a essa questão na terceira parte desse estudo, ao analisarmos as trajetórias de Alfredo Ellis Jr., Sérgio Buarque de Holanda, Eduardo D'Oliveira França, Eurípedes Simões de Paula e Astrogildo Rodrigues de Melo.

Se, de um lado, as discussões sobre os limites e os espaços da pesquisa histórica foram longas e duradouras, os debates sobre o ofício de historiador, de outro, também permaneceram. Mesmo nos anos 1960, o historiador profissional ainda tentava definir a especificidade de seu ofício, em contraposição aos resquícios de um 'autodidatismo'. Segundo Nicia Villela Luz é "lamentável [...] que a crítica histórica continue a ser feita, no Brasil, por leigos no assunto, pouco entendidos na matéria, no seu objeto e nos seus

15 Tais restrições de diálogo e de espaço de pesquisa se mantiveram durante longo período, a ponto de, em 1961, no primeiro *Simpósio de Professores do ensino universitário de História* ocorrerem discussões acaloradas entre professores das cátedras de *História do Brasil* e de *História Moderna e Contemporânea*. As discussões, de um lado, versavam a maior abertura nos campos de pesquisa das cadeiras para se efetivar uma aproximação nos temas e fontes pesquisadas, enquanto do outro, os profissionais de *História do Brasil* ressaltavam que a cada uma das cátedras é que cabia distinguir seus espaços, temas, fontes e pesquisas. Em 1966, ocorreu algo similar, no *III Simpósio dos professores universitários de História*. No Simpósio discutiam-se possíveis alterações na grade curricular do curso de História. Quando Eduardo d'Oliveira França foi expor uma experiência com seminários de pesquisa na cadeira de História da Civilização Moderna e Contemporânea, e levantava a hipótese de se articular História do Brasil, com História Moderna e Contemporânea, alguns participantes, da área de História do Brasil, novamente ressaltavam que a cada área competia 'uma parte da história', no conjunto do processo histórico; a cadeira de História do Brasil, pesquisas sobre o território nacional, a cadeira de História Moderna e Contemporânea, que se faça pesquisas sobre o território europeu. Para maiores detalhes sobre a discussão consultar: *Anais do I Simpósio de Professôres de História do Ensino Superior em 1961*. Assis: s\e, 1962; FRANÇA, Eduardo d'Oliveira. Uma experiência de seminários de utilização de textos. In: *Anais do III Simpósio de Professôres de História do Ensino Superior em 1966*. Franca: s\e, 1966, p. 273-289.

métodos", porque já "ultrapassamos essa fase de autodidatismo e já existem os formados pelas nossas Faculdades de Filosofia profissionais competentes para exercer tal mister" (VILLELA LUZ, 1961, p. 357).

Portanto, os caminhos que levaram a institucionalização do ensino universitário de História na FFCL/USP, e que tornaram o funcionamento do curso de Geografia e História independente nos anos 1950, revela apenas pequena parte de uma história complexa e difícil de ser interpretada. Fundamentalmente, porque as voltas com suas pesquisas, no exercício de seu trabalho, muitas vezes procurando documentos e se debruçando sobre as fontes, os historiadores seriam levados a indagar sobre a própria natureza da História, pelo menos, em dois sentidos: a História enquanto processo vivido e a História como conhecimento retrospectivo e construído pelos 'pares'.[16]

Assim, o encaminhamento das discussões no período estudado refletiriam o tempo em que viveram aqueles historiadores, ainda que nem sempre se dessem conta do dinamismo do processo. Num contexto social, vivido entre os anos 1930 e 50, de constantes transformações mundiais, estaria sempre a fazer com que se reconsiderassem suas diretrizes e seus esquemas de pensamento, modos de agir e questionar as sociedades do passado. Quanto mais rápida a mudança maior era a necessidade de reajustar teorias e metodologias, que se tornavam rapidamente inadequadas às "novas realidades sociais". Assim, não foi por acaso que os integrantes dos quadros

---

16 Por outro lado, também não adentramos na história do ensino de história, cujas discussões tem se tornado ao longo dos anos cada vez mais complexas, diversificadas e heterogêneas. Para uma análise da questão, ver: BITTENCOURT, 1997, 2005; LIMA E FONSECA, 2003; NADAI; BITTENCOURT; MICELI; NICHOLAS, 2009; CERRI, 2011; FERREIRA; FRANCO, 2011. Nem tão pouco sobre a discussão do saber escolar, em especial, mediados pelos manuais didáticos; para tanto, ver: BITTENCOURT, 2008; ROCHA; REZNIK; MAGALHÃES, 2009. Mesmo que tenhamos discutido questões como usos do passado, historiografia, memória e representações da realidade, para maior detalhamento, ver: NEVES; GUIMARÃES; GONÇALVES; GONTIJO, 2011; FERREIRA, 2010; SOIHET; AZEVEDO; GONTIJO; ALMEIDA, 2009; ROCHA; GONTIJO; MAGALHÃES, 2009; SOIHET; ABREU; GONTIJO, 2007; SOIHET; BICALHO; GOUVÊA, 2005; SOIHET; ABREU, 2003.

curriculares do curso de Geografia e História se vissem instados a propor mudanças, redefinir quadros docentes e de pesquisa, reavaliar o currículo e as disciplinas oferecidas no curso para o 'novo' mercado profissional de trabalho (nas mais variadas áreas), que se formava da mudança na sociedade neste período.

Capítulo 5

Características e dimensões do ensino e da pesquisa

> A partir de meados dos anos 1940, com a continuidade desse processo [de criação de Faculdades de Filosofia e de Universidades], sem dúvida quer o perfil do historiador, quer o da produção historiográfica se alteram de forma progressiva, sendo o momento que examinamos o de uma transição entre o modelo que datava ainda do século XIX e um novo modelo de escrita e de profissional da história, cujos contornos não eram muito nítidos e/ou consolidados. (GOMES, 2007, p. 61).

Após analisarmos como ocorreram as transformações na estrutura curricular do curso de Geografia e História da FFCL/USP, entre os anos de 1930 e 1950, quando então viriam a se tornar cursos independentes em meados dos anos 1950, visa-se agora inquirir quais as características e as dimensões do ensino e da pesquisa que eram propostos na instituição.

Desse modo, vimos de que maneira foram tratados tanto os aspectos legais e administrativos, e como ocorreram as mudanças curriculares do curso de Geografia e História, e agora nos preocupamos com as características do ensino e da pesquisa experimentadas nas cadeiras do curso, nas quais se tentava viabilizar a formação de professores secundários e de professores (e pesquisadores) universitários. Tenta-se mostrar as proximidades das cadeiras para constituírem um conjunto coerente de disciplinas, que procurassem preparar os alunos para serem professores secundários. E indicar as divergências que foram sendo expressas sobre a pesquisa histórica, geográfica e etnológico-etnográfica, na medida em que cada uma delas, ao procurarem formar seus procedimentos teóricos e metodológicos e de análise de fontes e objetos, demonstravam existir pontos de diálogo, mas apenas dentro da especificidade de cada área.

Para os objetivos específicos deste estudo, e por evidentes limites pessoais, não se aprofundará a análise nas cadeiras de *Geografia* (Física, Humana e do Brasil) e *Etnografia Brasileira e Tupi-Guarani* (com a riqueza a quê o tema permitiria). Para as Cadeiras de *História da Civilização* (Antiga e Medieval, e Moderna e Contemporânea), *História da Civilização Americana* e *História da Civilização Brasileira*, a análise também foi sucinta, procurando-se levantar apenas pontos essenciais da trajetória acadêmica de professores e suas atuações entre as cadeiras e os 'pares'. Na terceira parte deste estudo, por meio do acompanhamento de algumas trajetórias, procuraremos aprofundar esta análise inicial.

Acredita-se que, neste período, embora cada uma das áreas estivesse em níveis diferenciados de desenvolvimento, todas almejavam construir alicerces teóricos e metodológicos, e que respeitando as diferenças, viessem a elaborar certo padrão "científico" de análise de fontes e objetos na pesquisa acadêmica. (Cf. MICELI, 1989, 1995, 2001).

A cadeira de Etnografia Brasileira e Tupi-Guarani

A cadeira de *Etnografia Brasileira e Tupi-Guarani* foi criada em 1934, logo quando iniciou o primeiro ano letivo do curso de Geografia e História. No primeiro ano de curso já seria ministrada uma disciplina introdutória sobre o assunto, sob o título de "Etnografia Brasileira e noções de Tupi-Guarani". Até aquele momento os cursos especializados em nível superior nesta área constituíam uma novidade (Cf. MICELI, 1989, 1995).

Foi o professor Plínio Marques da Silva Ayrosa (1895-1961) que assumiu a cadeira desde o início.[1] Nela, ao longo dos anos de 1930 a 1950, ele

1 Nascido a 13 de março de 1895, em São Paulo, Capital, aonde também veio a falecer a 2 de junho de 1961. Bacharel em Letras pelo antigo Ginásio de Ciências e Letras. Graduou-se em engenharia pela Escola Politécnica do Rio de Janeiro. Esteve encarregado de um curso de Tupi no Centro do Professorado Paulista, antes de ingressar na Faculdade de Filosofia em 1934. Foi homenageado diversas vezes e foi sócio de várias academias. Autor de muitos trabalhos antes e depois

procurou definir a estrutura básica dos cursos a serem oferecidos, visando à formação de uma "cultura geral", em função das deficiências do ensino secundário de então, mas, sem com isso, deixar de lado a preocupação com a formação de profissionais nesta área (como se pode ver no apêndice n. 2).[2] Ao destacar essas questões, este procurou organizar o programa da cadeira de modo a refletir o conceito e o objeto da Etnografia, quais seus postulados modernos e as principais características da "vida étnica", tais como: o solo,

---

de assumir a cadeira de Etnologia Brasileira e Tupi Guarani, se destacando no período anterior: *Palavras de origem tupí na linguagem popular do Brasil*, de 1934. "Curriculum Vitae" do Prof. Plínio Ayrosa. In: *Anuário da Faculdade de Filosofia, Ciências e Letras, 1934-1935*, 1937, p. 322.

2 Com exceção daquelas Faculdades de Direito, Medicina e Engenharia, distribuídas entre algumas áreas do país, a produção do conhecimento em outras áreas e a formação de profissionais ainda era muito restrita. Mesmo depois da criação das Faculdades de Educação, Ciências e Letras, posteriormente multiplicadas com as Faculdades de Filosofia, Ciências e Letras e as Faculdades de Economia, o problema da formação profissional em outras áreas do saber e a produção e distribuição do conhecimento de ponta produzido no país, ainda estava restrito ao espaço onde foram produzidos. Esse problema afigurava-se mais persistente, também porque o número de editoras e livrarias no país eram então muito escassas e mesmo depois das décadas de 1940 e 50, quando ocorreu um salto quantitativo e qualitativo no processo de editoração e formatação dos exemplares produzidos (em maior número), a publicação de livros que tiveram como base pesquisas acadêmicas permaneceu pequena, limitadas que estavam àquelas coleções pioneiras de documentos brasileiros. Antes desse período a maioria dos autores que obtinha acesso ao mercado editorial, era ou por meio de suas relações de poder e de amizades pessoais com a 'elite dirigente', ou a partir de 'capitais simbólicos' e pessoais, por meio dos quais financiavam, por sua própria conta e risco, a publicação de suas obras no exterior. A melhoria dos transportes e a modernização de estradas e cidades não resolveram o problema, embora tenham melhorado a distribuição de livros e revistas no país. No entanto, o debate entre Universidades, Faculdades e Institutos, ficou ainda restrito, ou aos periódicos existentes, ou a poucas reuniões, uma vez que o produto primordial do conhecimento de ponta produzido no país que são dissertações e teses circulava muito lentamente e os debates ficavam, via de regra, restritos aos pequenos círculos de debates dos cursos de graduação e pós-graduação das Universidades (Cf. MICELI, 1989, 1995; PONTES, 1998; MASSI, 1991).

o clima, o reino animal, mineral e vegetal, e os fatores evolutivos históricos, internos (ao grupo) e sociais. Daí a divisão de seu programa em três partes, no que se refere à Etnografia, onde se estudaria: a) a origem dos povos americanos, e, depois, brasileiros, identificando e classificando a distribuição das "tribus"; b) em seguida, passava-se a estudar a cultura material das "tribus" (alimentação, adornos, vestes, armas e moradias), sua tecnologia (divisão do trabalho, meios de transporte, utensílios, habilidades industriais), sua organização social ('tribu' e família, vida social, propriedade, direitos e deveres) e cultura espiritual (a língua, a arte, superstições e instituições religiosas). Por fim, efetuar-se-ia a análise da família Tupi-Guarani, destacando-se a distribuição geográfica nas Américas, cultura material e espiritual.

No caso da língua Tupi-Guarani, devia-se ir de um esboço de sua história nos séculos XVI e XVII, com as obras de Anchieta, Figueira e Montoya, até os estudos modernos de filologia comparada. Nesse aspecto, seu programa ia do estudo da *fonologia*, para a *ortografia*, desta para a *lexicologia*, e daí para a *fraseologia*; de modo a perscrutar todos os pontos essenciais da língua falada e escrita, assim como suas diferenças gramaticais, fonéticas e regionais. (AYROSA, 1937, p. 281-285).

Nos anos seguintes procurou detalhar melhor o programa, revisando a distribuição dos conteúdos. (AYROSA, 1937, p. 256-259). Em meados da década de 1940, seguiram-se além de alterações no programa, solicitações de materiais didáticos, de fontes primárias e o interesse em ampliar os intercâmbios com institutos de pesquisa e museus, como o Museu do Ipiranga (ver apêndice n. 2). A organização do Departamento de Etnografia e Língua Tupi-Guarani veio a contribuir com a articulação deste trabalho, por favorecer o agrupamento das atividades de ensino, pesquisa e extensão. (AYROSA, 1953, p. 551-562). Mas foi somente nos anos 1950 que:

> A Cadeira de Etnografia e Língua Tupi-Guarani, tendo lutado longos anos com várias dificuldades, provenientes da falta de espaço para suas instalações, acha-se agora em condições perfeitamente razoáveis para o desenvolvimento de seus trabalhos. Dispõe, não só de salas de estudo para o Professor e para os Assistentes, como também do material bibliográfico e equipamento técnico indispensável. (AYROSA, 1952, p. 200).

O que, contudo, não representaria a resolução de todos os problemas para o desenvolvimento do ensino e da pesquisa na área, visto os graves empecilhos que persistiam com relação à Biblioteca do Departamento (ver apêndice n. 2) e a viagens (AYROSA, 1953, p. 214-216), com o fim de preparar os alunos para efetuarem trabalhos de campo e pesquisas sobre os vestígios da cultura material, ou mesmo quanto às fragilidades do Museu de Etnografia do Departamento, em adquirir materiais, melhorar seu espaço e atender o público. (AYROSA, 1954, p. 311-313).

Para Nobue Myasaki (1974, p. 869-871), a trajetória de Plinio Ayrosa foi de fundamental importância para a cadeira por que:

> Com a fibra de seus ancestrais bandeirantes, traçou um plano de trabalho operacional, a curto e a longo prazo. E no programa, transcrito nos 10 volume dos Anais da Faculdade de Filosofia, Ciências e Letras (1934), pode-se constatar dentre outras a preocupação com biblioteca especializada, com um museu, rigorosamente didático. Que ele somente conseguiu instalar e abrir à curiosidade dos poucos visitantes, no porão do prédio da rua Maria Antônia. E lá, no seu gabinete de trabalho era, talvez, o mais presente de todos os docentes. Os alunos que, do Grêmio da Faculdade avançavam para as salas do 1° andar, podiam ver a luz sempre acessa, na fimbria da porta do Museu da Cadeira de Etnografía. Essa luz, generosa e orientadora, refletia-se no contacto, no calor humano, com os alunos, os visitantes, os amigos que o buscavam. Quem subscreve estas notas — que colocam o Prof. Plínio Ayrosa na galeria dos fundadores eméritos da nossa Faculdade — pode e deve dar um depoimento. Pois, bolsista do governo japonês, cursava a Universidade de Tokyo com o compromisso de elaborar trabalho de aproveitamento. Enfrentando meio estranho e grande concorrência universitária, somente conseguiu sobreviver, graças a orientação segura, apesar de longínqua, do mestre amigo. Quinzenalmente, depois mensalmente, escrevia-me, orientando-me com força capaz de facultar a elaboração e continuação de uma pesquisa que, lamentavelmente, ele não poude ver concluída. (MYASAKI, 1974, p. 869-870).

Em vista do que foi aqui pontuado, verifica-se como o catedrático da cadeira, Plínio Marques da Silva Ayrosa, procedeu, entre os anos de 1930 e

1950, com relação ao ensino e a pesquisa em Etnografia Brasileira e Tupi-Guarani no curso de Geografia e História da FFCL/USP.

Desdobramentos na cadeira de Geografia

Quando se fundou a cadeira de Geografia na Faculdade de Filosofia, os estudos geográficos nacionais alicerçavam-se, fundamentalmente, no Instituto Histórico e Geográfico Brasileiro (IHGB) e seus congêneres estaduais, e em suas publicações periódicas.[3] Pouca atenção foi dispensada antes dos anos de 1930, talvez por isso, aos estudos geográficos internacionais, ainda que autores e teorias geográficas[4] fossem citados nas pesquisas e em publicações periódicas. Entretanto, a Geografia (entendida enquanto um conjunto de assuntos a serem apreendidos pelos alunos) era ensinada, nos níveis 'primário' e 'secundário', desde o século XIX, embora abrangendo poucas escolas oficiais e particulares, até o final da Primeira República. (Cf. HAIDAR, 1972; TANURI, 1973).

A cadeira de Geografia foi criada em 1934, agrupando as áreas Física e Humana numa única cadeira. Pierre Deffontaines (1894-1978) a regeu no primeiro ano de seu funcionamento, vindo com outros professores estrangeiros, em missões e em intercâmbios culturais, para iniciarem os estudos superiores brasileiros nas Ciências Humanas. Quando regeu a cadeira de Geografia (Física e Humana), pautou-se nos estudos dirigidos para a área da Geografia Humana, para a qual se especializara na França.[5] Na cadeira de

---

3 "Pode-se dizer que o Brasil, a partir da segunda metade do século XIX, apresentava todas as condições para uma ampla disseminação do discurso geográfico e uma rápida institucionalização da geografia. Como uma hipótese de trabalho, pode-se considerar que a primeira coisa em parte ocorreu, mas não a segunda. Isto é, as teses da geografia conheceram certo destaque sem que a disciplina conhecesse uma objetivação institucional. Na verdade, esta só vai ocorrer no final da década de 1930. Tem-se, assim, um debate marcadamente geográfico (com muitas alusões a autores e a teorias da geografia) sem que se tenham de fato geógrafos e cursos de geografia no país" (MORAES, 1991, p. 170).

4 Para uma análise das teorias geográficas ver, entre outros: MORAES, 1989, 1993; PEREIRA, 1997.

5 Nascido a 21 de fevereiro de 1894, em Limonges, Pierre Deffontaines acumulara

Geografia, Pierre Deffontaines permaneceu apenas no ano de 1934 e possivelmente seguiu o formato do programa, já estabelecido no projeto piloto da FFCL/USP. Na verdade, se chegou a conceder atenção a Geografia Física, os frutos desse 'labor' não floresceram na cadeira, enquanto a esteve dirigindo. Não chegou a deixar discípulos no Brasil, embora sua presença tenha se feito sentir com a criação de uma Associação para os Geógrafos Brasileiros (Cf. DEFFONTAINES, 1935; IUMATTI, SEABRA, HEIDEMANN, 2008). Pouca coisa resta desse período, além de algumas cartas, relatórios e artigos, preparados por Pierre Deffontaines. Em carta enviada ao Ministro da Educação e Saúde Pública, Gustavo Capanema (que ficou no Ministério entre 1934 e 1945), no final de 1934, assim avaliava a sua permanecia no Brasil:

> Meu ensino de geografia na Universidade de São Paulo teve dois objetivos. 1) Formar professores que pudessem, nos ginásios e liceus, ensinar a geografia, ciência que se renovou completamente nos últimos anos,

---

grande experiência em ensino e pesquisa antes de vir ministrar aulas no curso de Geografia e História da Faculdade de Filosofia, Ciências e Letras da Universidade de São Paulo. Licenciava-se em Direito a 1916, com pouco mais de 21 anos, por Poitiers, sendo aprovado dois anos depois, na mesma instituição, no exame de doutorado na área de Direito Civil. Licenciava-se, em 1919, pela Sorbonne na área de História e Geografia, conquistando no ano seguinte diploma de estudos superiores em Geografia. Também no ano de 1920 recebia pela Escola do Louvre, diploma na seção de Pré-história, com o sr. Salomon Reinach e se tornava 'agrege' em História e Geografia. Foi professor em várias instituições, dentre as quais, o Liceu de Metz (1920-21), nas Faculdades Católicas de Lille (1926-32), tendo, entre o período de 1922 a 1925, sido pensionado pela Fundação Tiers. Chegando ao grau de doutor em Letras pela Sorbonne, com 'mention très honorable', no mês de maio de 1932, sob o título 'Les Hommes et leurs travaux dans les pays de la Morenne Garonne'. Publicou diversos trabalhos no período, além de ter dirigido na editora Galimard uma coleção em Geografia Humana. Esteve encarregado "de missões no Saara e na Europa Central e, mais particularmente, na Tchecoslováquia", recebendo a condecoração da 'ordem do leão branco' nesta última. Foi membro correspondente do ministério da Educação Nacional na França. Acumulando, assim, uma experiência considerável antes de vir para o Brasil. "Curriculum Vitae" do Prof. Pierre Deffontaines. In: *Anuário da Faculdade de Filosofia, Ciências e Letras, 1934-1935*, 1937, p. 317-318.

> e que, de enumerativa que era antes, transformou-se em explicativa e verdadeiramente científica. O Brasil tem, neste domínio geográfico, um atraso considerável, que é necessário tratar de recuperar. Isto é muito importante porque o conhecimento melhor do Brasil coloca muitos problemas geográficos. Este é o segundo objetivo que eu busquei em meus cursos. Participar de um melhor conhecimento geográfico no Brasil. Para isto eu pedia que todos os estudantes preparassem, no fim do ano, um trabalho de geografia regional, que os obrigava a fazer observações por eles mesmos, sob a colaboração do professor. Produzi assim 14 trabalhos, dos quais alguns são excelentes, e que espero publicar, parte em São Paulo, parte na França. São boas contribuições à geografia brasileira [...] especialmente uma monografia sobre 'a vida pastoral e a criação do gado no Triângulo Mineiro' [...]. Ao mesmo tempo em que ensinava, organizei uma associação de geógrafos brasileiros que se reúnem a cada 15 dias e estudam, cada vez, uma questão de geografia local, apresentada por um de seus membros e discutida por todos.[6]

A obra de Pierre Deffontaines atingiu um reconhecimento categórico na Faculdade de Filosofia, quando o curso começava a se consolidar (IUMATTI, SEABRA, HEIDEMANN, 2008), principalmente depois de se tornar independente, em 1956. Muitos alunos que se tornaram professores na instituição atribuíam a ele a organização inicial dos estudos geográficos brasileiros, sob procedimentos metodológicos adequados as novas exigências da pesquisa geográfica internacional. (AZEVEDO, 1954; MELO, 1955; AB'SABER, 1960). "Na verdade, nos poucos meses do ano de 1934, em que Pierre Deffontaines permaneceu em São Paulo, a Geografia deu um salto espetacular, como certamente não se registrou em nenhum outro setor do saber humano, entre nós" (AZEVEDO, 1954, p. 49-50), ressaltava Aroldo de Azevedo, em análise retrospectiva de 1954. Para ele, até aquele momento, a geografia se pautava por análises "puramente descritiva e enumerativa, tipo catálogo", que causava diversos transtornos aos estudantes, e Deffontaines trouxe, direto da Europa, métodos totalmente renovados para os estudos geográficos no Brasil.

---

6 Carta de Pierre Deffontaines a bordo do Mendozas, a 11/12/1934. In: SCHWARTZMAN, BOMENY, COSTA, 2000, p. 341.

Foi a partir de 1935 que Pierre Monbeig (1908-1987) deu continuidade ao trabalho iniciado por aquele pesquisador, por não ter renovado seu contrato com a instituição. Como Pierre Deffontaines, a trajetória de Monbeig se iniciava em área diversa àquela que foi se especializar.[7] Quando assumiu o curso de Geografia (Física e Humana), Pierre Monbeig procurou seguir parte do programa e das atividades desenvolvidas, no ano anterior, por Pierre Deffontaines. Buscou nos anos seguintes, todavia, acrescentar outros assuntos e discussões, com o objetivo de diversificar a disciplina para favorecer a formação daqueles que viessem a serem professores secundários, como para os que buscassem prosseguir seus estudos na área, com vistas a se tornarem especialistas no campo dos estudos geográficos. Em outubro de 1935, no relatório da cadeira de Geografia (Física e Humana), assim observava as questões do ensino da Geografia na Faculdade de Filosofia:

> Averiguou-se pela escolha dos assuntos confiados aos nossos melhores alunos que a cadeira de Geografia visava a investigação geográfica de São Paulo. Os assuntos não faltam tanto em Geografia humana como física; entretanto, verificou-se também a proporção fraca dos estudos de relêvo e de climatologia no que diz respeito a questões econômicas; no ano passado [1934] não se efetuou nenhum trabalho de

7 "Curriculum Vitae" do Prof. Pierre Monbeig. In: *Anuário da Faculdade de Filosofia, Ciências e Letras, 1934-1935*, 1937, p. 318-19. Fez o curso de Letras, licenciando-se em 1927. Concomitantemente estudava História e Geografia, recebendo certificado em Geografia Geral no ano de 1928. Tornava-se em 1929 'agrége' de universidade, na área de História e Geografia. Neste período, foi aluno, na Universidade de Paris, de Demangeon e De Martonne (o último dos quais veio, em 1937, ministrar curso de Geografia Física na Faculdade de Filosofia da Universidade de São Paulo, ao lado de Monbeig), para o estudo da Geografia, e de Henri Hauser, para História Econômica. Antes de vir a São Paulo, ministrar aulas no curso de Geografia e História, foi professor no Liceu de Caen e proferiu, entre 1934 e 1935, conferências sobre Geografia no "Instituto de Estudos sobre a Espanha da Universidade de Paris". Além disso, já havia publicado livros e artigos em revistas especializadas, como a *Annales d'Histoire Economique et Sociale* – aquela altura ainda recente, mas que viria a se tornar um marco na historiografia francesa e internacional (BURKE, 1997; SILVA, 1999; REIS, 2000; SALGADO, 2006).

> geografia física. Sem dúvida, deve-se esta preferência ao fato do prof. Pierre Deffontaines e eu sermos dois especialistas de geografia humana e econômica. Mas há aí um outro perigo: a complexidade dos problemas de morfologia requer grande conhecimento de geologia para que seja exigida de todos, e da mesma forma para a geografia humana, com questões históricas e econômicas. A atual tendência de separar o ensino da geografia entre duas cadeiras diferentes deve ser encarada sèriamente na Faculdade. Ela corresponde a uma necessidade científica recentemente frisada com fôrça pelo prof. Jules Sion (Universidade de Montpellier). (MONBEIG, 1937, p. 109-110).

No programa da disciplina oferecida no curso de Geografia e História da Faculdade de Filosofia havia algumas insuficiências, provenientes de um ensino dedicado aos aspectos gerais e para os quais, a divisão de três anos da disciplina aplicada no curso, subsidiava muito pouco algumas classificações climáticas, formas de relevo e tipos de povoamento (como vimos no capítulo anterior). Se essa característica se devia as condições de formação dos alunos no ensino secundário, que obtinham uma preparação precária na cultura geral, e a maneira como estavam sendo recrutados para a Faculdade de Filosofia seguiam procedimentos diversos para os comissionados, os que prestavam exame e os que não prestavam (por já terem ingressado no ensino superior em outra área, ou já concluído um curso), diferenciando os alunos do primeiro e do segundo ano do curso era um aspecto que não devia influir no curso do programa. Não convinha, por isso, alterar o programa para suprir apenas àquelas necessidades de formar uma "cultura geral". Para Monbeig: "De um lado, uma minoria desejosa de completar a sua cultura geral, tendo o gosto das idéias e discussões; de outro lado, um grupo de jovens, animado de grande ardor para o trabalho, conhecendo perfeitamente as suas possibilidades, mas sabendo também que, antes de mais nada, são professores e que é por esta razão que foram enviados à Faculdade." (MONBEIG, 1937, p. 106).

Mas, as deficiências causadas pela diversidade de ingresso dos alunos, e que colocava uma variedade de percalços ao professor, não deviam enveredar a disciplina para outros caminhos, que não aqueles favoráveis à formação do professor secundário e do especialista, pois:

Sem esperar o estatuto definitivo, é evidentemente para essa direção que deve ser orientado o nosso ensino. Preparar as gerações de professores, mais que eruditos especialistas e remexedores de teorias confusas, e tratar, ao mesmo tempo, de discernir, entre os futuros educadores, aqueles que serão capazes de realizar trabalhos científicos, de efetuar pesquisas pessoais [...] isso não é possível atualmente, porque os programas não o permitem e porque os alunos não têm formação necessária: uns, excessivamente escolares; outros, excessivamente ambiciosos [...]. [Com um ensino voltado para a geografia geral] o estudante, depois de estudar, durante três anos, exclusivamente os fatos gerais, não terá chegado a adquirir a disciplina de espírito, o método de trabalho e o rigor que os estudos regionais lhe poderiam proporcionar [...]. *E isso não tem de científico senão o exterior, e eu preferiria que êles soubessem a geografia, antes de discuti-la. A fôrça de considerar ùnicamente as generalidades, o estudante se esquece de que a geografia é uma ciência de base territorial; que é necessário essencialmente delimitar e descrever esses territórios; que ela não é um ramo da Filosofia, mas uma ciência que se liga mais às ciências naturais.* Deve o estudante, pois, ser prudente, começando por estudar as diferentes espécies, classificá-las e aprender bem todos os caracteres, antes de querer estabelecer leis. O que não quer dizer que se torna necessário ressuscitar a velha Geografia, limitada às nomenclaturas. Longe disso! Convém, contudo, perguntar se são suficientes noções sumárias, já trazidas ao ingressar na Faculdade, para que um aluno seja capaz de dispor exatamente dos dados da geografia geral. Demais, se os nossos estudantes devem, um dia, ensinar a geografia, ser-lhes-á necessário apresentar a seus alunos as diferentes regiões do Globo – e como ensinarão o que jamais aprenderam? [...]. Eis porque penso que se deve ter em vista a introdução do curso de geografia regional, em que serão estudadas as principais regiões geográficas do globo, a Ásia das Monções, a Europa Central, a América do Norte, e sentir-me-ei particularmente satisfeito se puder, no próximo ano, começar essa geografia regional por um curso sôbre a América do Sul [...]. Se a Faculdade deve sempre buscar oferecer elementos para o ensino secundário e, ao mesmo tempo, desenvolver as vocações de pesquisadores especializados, tudo deve ser feito de forma que discipline os espíritos, e os habitue ao método, à sabedoria e à prudência. (MONBEIG, 1937, p. 106-8, grifo nosso).

O ensino de Geografia deveria, assim, ser conduzido, com vistas a progredir os caminhos dos estudos geográficos na Faculdade, oferecendo a possibilidade da pesquisa, e, ao mesmo tempo, favorecer o acréscimo de uma cultura geral, com níveis apurados de conhecimentos específicos em alguns temas e áreas. Desde aquele período, já se evidenciava a necessidade de ingresso de um especialista em Geografia Física. Para isso seria necessário inicialmente o desdobramento da Cadeira, por meio de uma medida institucional:

> [...] portanto, a presença de dois professores de geografia, tendo cada um especialidades diferentes, mas cujo ensino se complete. A especialização só orientará a direção da pesquisa e não a formação geográfica. Nenhum geógrafo encara a separação absoluta, que seria nefasta e conduziria tão longe da geografia, como da geologia e da história; geografia humana e geografia física têm um campo de pesquisa idêntico: a terra, a paisagem geográfica. (MONBEIG, 1937, p. 110).

O que as iria distinguir seriam os procedimentos metodológicos, as formas de análise do objeto e das fontes. Para isso o ensino de Geografia não deveria se limitar ao aspecto teórico, orientado pela cadeira, mas conhecer também a paisagem geográfica na prática, por meio de excursões. As excursões possibilitariam ao aluno diferenciar os tipos de relevo e de população, apreendidos inicialmente nas aulas, a partir de mapas e gráficos.

Diante das observações feitas por Pierre Monbeig, o conselho da FFCL acolheu seu pedido de contratar o professor Emmanuel de Martonne (1873-1955), para ministrar um curso de Geografia Física aos alunos, em 1937. Provavelmente o convite inicial tenha sido sugerido pelo próprio Monbeig, que já conhecia Martonne há alguns anos. Mas não se buscará aqui reconstituir o tramite institucional. O que importa é que com a vinda desse professor, a cadeira foi desdobrada já no ano seguinte. No final de 1937, Martonne fez algumas sugestões ao conselho universitário, sobre o ensino ministrado na cadeira, registrando a necessidade de separar a Geografia Física e Humana em cadeiras distintas.[8] Nesse mesmo ano a cadeira teve como assistente o li-

8 Cf. Relatório de Emmanuel de Martonne. In: *Anuário da Faculdade de Filosofia, Ciências e Letras, 1937-1938*, 1939, p. 118-122.

cenciado João Dias da Silveira, que assumiu em 1938 a cadeira de Geografia Física, como professor interino.

A formalização da separação das cadeiras ocorreu em 1939, a partir de decreto federal e estadual, depois incorporado na Faculdade de Filosofia. O contrato de João Dias da Silveira[9] como professor assistente teve início a partir desse ano. Este iniciara a partir de 1936, como assistente de ensino, os encargos de preparar e ministrar aulas no curso de Geografia Física e Humana, sob a coordenação do professor Pierre Monbeig, que também foi o orientador da sua tese de doutoramento, defendida em 21 de novembro de 1946, perante a banca constituída pelos professores: Pierre Monbeig, Astrogildo Rodrigues de Mello, Alfredo Ellis Jr., Aroldo de Azevedo e Felix Rawitscher – apenas este último não fazia parte do corpo docente do curso de Geografia e História. A tese versava sobre os "contrafortes ocidentais da Serra da Mantiqueira".

O ensino da Geografia Física, que ficava a cargo de João Dias da Silveira, passava a ser orientado com vistas a complementar o programa de ensino da cadeira de Geografia Humana, e a partir de 1942 também da cadeira de Geografia do Brasil. Nela procurou desenvolver, além disso, orientação de pesquisas versando temas específicos em geografia física. O objetivo de João Dias da Silveira foi acompanhar as orientações de ensino e pesquisa de Pierre Monbeig e Pierre Deffontaines, para desenvolver na Faculdade de Filosofia uma linha específica de estudos geográficos (Cf. AZEVEDO, SILVEIRA, 1949, p. 76-83).

Quando atingiu a categoria de professor catedrático em Geografia Física, Pierre Monbeig já havia retornado a França e defendido, em 1949, sua tese sobre os "pioneiros e fazendeiros de São Paulo". O concurso para provimento do cargo de catedrático, a que João Dias viria a participar, ocorreu entre 28 de novembro e 6 de dezembro de 1950. A banca foi formada

9 Nascido a 29 de março de 1913, na cidade de Amparo, Estado de São Paulo, João Dias da Silveira, fez o curso primário nesta cidade e o secundário em Campinas. Bacharelou-se em Direito (1934-37) e em Geografia e História (1934-36), pela Universidade de São Paulo. Foi professor secundário em vários ginásios antes de iniciar a carreira de professor universitário, no curso de Geografia e História. Cf. SANTOS, E. O.; SILVEIRA, J. D. *Boletim Paulista de Geografia*, nº 48, 1973, p. 7-13.

por Aroldo de Azevedo, Viktor Leinz, Francis Ruellan, José Veríssimo da Costa Pereira e Octavio Barbosa. Na tese, João Dias da Silveira, estudava "as baixadas litorâneas quentes e úmidas", tendo como base a Ribeira de Iguape, em que fez uma análise pormenorizada. Durante um período de 20 anos, de 1937 até 1957, a cadeira de Geografia Física foi ocupada por aquele professor – e, aliás, sua trajetória não foi diferente a que vimos para o caso das cadeiras de história no capítulo anterior.

A cadeira de Geografia Humana, que foi ocupada por Pierre Monbeig até 1946, passava a ser regida por Ary França.[10] Ao ocupar a cadeira como professor efetivo no cargo de catedrático a partir de 1951, Ary França passaria a se preocupar ainda mais com as diretrizes que a cadeira deveria seguir.

---

10 Nascido a 30 de março de 1917, em São Luís de Paraitinga, Estado de São Paulo, Ary França fez seus estudos iniciais nesta cidade. Passava a fazer os estudos secundários em Piraçunùnga, onde recebeu, em 1933, o diploma pela Escola Normal. Licenciou-se em Geografia e História no ano de 1938, na Universidade de São Paulo. Foi professor do ensino secundário e entre 1944 e 1946 foi assistente da cadeira de Geografia Humana. Em 1945 defendeu tese de doutoramento, orientada pelo professor Pierre Monbeig, perante a banca composta pelos professores Aroldo de Azevedo, João Dias da Silveira, Francis Ruellan e Felix Rewitscher. Nela estudava o clima da bacia de São Paulo. A partir de 1947 assumia interinamente a cadeira – em função da volta de Pierre Monbeig para a França –, cargo que ocupou até 1951, quando foi aprovado no concurso para o cargo de professor catedrático. No concurso inscreveu-se também o professor Dirceu Lino de Matos. A banca foi composta por Aroldo de Azevedo, João Dias da Silveira, Francis Ruellan, José Veríssimo da Costa Pereira e Fernando Flávio Marques de Almeida. A tese de Ary França discutia tópicos de geografia humana na ilha de São Sebastião, enquanto a tese de Dirceu Lino estudava os vinhedos e os viticultores em São Roque e Jundiaí. Cf. "Curriculum Vitae" de Ary França. In: *Anuário da Faculdade de Filosofia, Ciências e Letras,* 1951, *1952*, p. 175-76. Ao ser aprovado no concurso Ary França, não foi concedido diploma de livre docente ao professor Dirceu Lino, como ocorrera em concursos anteriores. Provavelmente passava-se a usar os recursos aprovados para o regimento de concurso a cátedras, que previa a aprovação de apenas um dos candidatos ao cargo, sem a concessão de títulos a outros inscritos, pois, isso proporcionaria vínculo institucional. Além disso, limitava-se os concursos de livre docência para uma categoria especifica de profissionais, que possuíssem o título de bacharel (e em alguns casos de doutor) na área respectiva do concurso.

Já no ano anterior ao concurso encaminhava em artigo uma proposta para o ensino e a pesquisa em geografia humana. Nele indicava que os trabalhos na área haviam preferencialmente se ocupado de generalizações até o início da década de 1930, quando foi criada a Universidade de São Paulo. Com as contribuições dos professores Pierre Monbeig e Pierre Deffontaines, os estudos geográficos brasileiros renovaram métodos e interpretações, que até então, apoiavam-se em análises numéricas, descritivas e pouco substanciais a respeito da interação do *homem* com o *meio* e a *sociedade*. Assim, os estudos geográficos brasileiros receberam procedimentos de pesquisa desenvolvidos em países como a França e a Alemanha, sem, contudo, procurar construir uma tradição própria. Evidentemente, isso, segundo ele, não tirava os méritos das pesquisas e nem diminuía os avanços alcançados nos estudos regionais, em geografia humana, feitos no Brasil. O que deveria, sim, preocupar os estudiosos eram os caminhos pelos quais giravam as discussões sobre a geografia humana nos países europeus, com vistas a adequar melhor os procedimentos de pesquisa a serem utilizados numa "realidade regional específica". (Cf. FRANÇA, 1950, p. 3-11), e:

> Tendo em vista a realidade dos fatos da superfície terrestre e aplicando o método geográfico às relações entre o homem e o meio, a Geografia Humana atual, se de um lado admite um determinismo não rígido, por outro lado é levada a conceder que existe geralmente em tôdas as partes da Terra certa margem de inadaptação do homem ao meio – o que, sòmente nos casos extremos, chega a excluir as possibilidades da existência humana. (FRANÇA, 1950, p. 4).

Essas questões foram discutidas sob outro enfoque na sua tese para a cátedra. Ainda assim, a sua preocupação estava em notar que, em função da Geografia Humana ser até aquele momento um ramo novo na "ciência geográfica", as suas fronteiras estavam mal definidas e os seus métodos passíveis de discussões e aprimoramentos.

Portanto, cabia ao professor e pesquisador, além do cuidado com a maneira de ensinar a geografia humana para os alunos, também não se prender demasiadamente sobre um procedimento metodológico; pois, ao ensinar os primeiros passos da pesquisa geográfica, o professor deveria mostrar a abertura dos caminhos que poderiam ser seguidos. Provavelmente, o amadurecimento profissional de Ary França não deixava totalmente os vínculos de sua formação inicial, porque ligada aos estudos geográficos franceses, e assimilados a partir de aulas e orientações de Pierre Deffontaines e Pierre Monbeig. De Pierre Monbeig, pode-se pressupor que os vínculos foram maiores, em função do tempo que permaneceu no Brasil e por ter orientado a sua tese de doutoramento. Além disso, a forma de pensar o campo de estudos em geografia humana permaneceu similar seja nas fontes, nos métodos ou nos objetos. Para Pierre Monbeig, por exemplo, os estudos geográficos na área da geografia humana deveriam caminhar tendo em vista a análise não apenas da interação do homem com o meio, mas também as suas formas de agir e pensar o meio social que habita, pois:

> Se o homem, o homem em sociedade, constitui o centro da Geografia Humana, deve aparecer de maneira total, com seus modos de vida e com seus modos de pensar, que afinal se confundem. A limitada tarefa dos geógrafos deve consistir em explicar parte dos fatôres geográficos na formação e na evolução dos modos de pensar, a das influências que êles exercem sôbre os modos de vida e o pêso que êstes representam sôbre aqueles. Dar mais atenção a estas pesquisas significará enriquecer a contribuição que a Geografia Humana pode ser capaz de trazer ao conhecimento social. (MONBEIG, 1953, p. 51).

Preliminarmente, pode-se dizer o mesmo de João Dias da Silveira, que embora enveredasse para a geografia física, iniciava os estudos geográficos sob a orientação de Pierre Monbeig, e a partir das aulas dele, de Pierre Deffontaines e Emmanuel de Martonne foi paulatinamente conduzindo suas pesquisas para a geografia física.

Ambos, seguramente, atingiram autonomia como professores e pesquisadores. Mas, como uma forma de diferenciação dos estudos geográficos praticados antes de 1930, criava-se uma tradição intelectual, em que almejavam circunstanciar a nova identidade do geógrafo, que se dedicava como pesquisador e professor em período integral, e que possuía diferenças marcantes com relação às pesquisas e ao "autodidatismo" praticado por "cultores do ofício de geógrafo" – do que propriamente como geógrafos profissionais. (Cf. AZEVEDO, SILVEIRA, 1949).

Em geral os estudos geográficos estiveram sendo feitos por profissionais, que se formaram inicialmente em cursos de Engenharia. E, por outro lado, o ensino da geografia no secundário ficava restrito àqueles profissionais – vindos, conforme cada caso, dos cursos de Engenharia, ou ainda de Direito e Medicina. Nesse sentido, os estudos geográficos nacionais, até meados da década de 1950, ainda procuravam fundamentar as características do pesquisador e do professor de Geografia, e buscavam elaborar procedimentos de pesquisa, dentro da Geografia, adequados a temas e realidades específicas. (Cf. AB'SABER, 1960). Ressalte-se ainda que os estudos geográficos pautavam-se por um intercâmbio de procedimentos e análises, com outras áreas do conhecimento, como: a História, a Sociologia, a Antropologia, a Psicologia, e ainda, a Geologia e a História Natural. (Cf. AZEVEDO, 1954; DEFFONTAINES, 1959; AB'SABER, 1960).

Quando, em 1942, criava-se no curso de Geografia e História, a cadeira de Geografia Brasileira, sob a responsabilidade do professor Aroldo Edgar de Azevedo (1910-1974),[11] as bases para os estudos geográficos brasileiros ainda estavam sendo repensadas, em função das novas orientações de pesquisa que foram trazidas, em especial, pelos professores franceses que ministraram aulas na disciplina de Geografia Física e Humana. A criação da cadeira de Geografia do Brasil constituía parte do processo que estava em desenvolvimento na Faculdade de Filosofia, a saber: o processo de mudanças curriculares e desdobramentos das cátedras das seções e subseções

11 Aroldo de Azevedo nasceu em 1910 e faleceu em 1974. Foi Bacharel em Ciências Jurídicas e Sociais. Licenciou-se em Geografia e História, na Faculdade de Filosofia da Universidade de São Paulo, no ano de 1939. Foi professor do ensino secundário pouco antes de assumir o cargo de professor interino na cadeira de Geografia Brasileira, em 1 de março de 1942. Ocupou essa posição até o início de 1945, quando foi aprovado no concurso de provas e títulos para o cargo de professor catedrático, perante a banca composta pelos professores: Ernesto de Moraes Leme, Francisco Borges Vieira, Octavio Barbosa, Francis Ruellan e Alberto Ribeiro Lamego. Na tese procurava estudar os subúrbios orientais em São Paulo. Autor de vários livros didáticos e de pesquisas sobre geografia urbana.

(como vimos no capítulo anterior). No interior desse processo, a criação da cadeira de Geografia do Brasil se ligava as exigências dos professores, para se dividir melhor os programas de ensino e pesquisa das cadeiras de Geografia Humana e de Geografia Física; e as quais o ensino da geografia brasileira ficava reduzido, em meio aos estudos da geografia mundial e regional. A criação da cadeira de Geografia Regional, entre os anos de 1952 e 1954, revelava-se, nesse sentido, como mais um desdobramento de exigências antigas. De acordo com Nice Müller:

> O nome de Aroldo de Azevedo é conhecido em todos os rincões do imenso Brasil. Isto se deve a seus livros didáticos de Geografia, pelos quais estudaram alguns milhares de crianças e jovens, hoje em todas as faixas etárias. Como autor de livros didáticos, teve o mérito de introduzir a Geografia dentro de nova didática, que então saiu das emboloradas "corografías" para ingressar na moderna orientação explicativa da ciência geográfica como correlacionamento meio natural-homem. [...] representa um marco na história universitária brasileira. Foi o primeiro catedrático de Geografia do Brasil na primeira universidade brasileira — a Universidade de São Paulo. Neste campo, foi para os alunos o mestre conscencioso tanto no preparo das aulas — a que dedicava o maior carinho — como o avaliador equilibrado: o preocupação da justiça foi sempre um dos traços mais marcantes de sua personalidade. Para os colegas do Departamento de Geografia foi o exemplo da ética profissional, o incentivador dos vários trabalhos em equipe que liderou, o elemento de bom senso nas situações difíceis. (MÜLLER, 1974, p. 863).

Ao iniciar aulas e pesquisas na cadeira de Geografia do Brasil, Aroldo de Azevedo teve a oportunidade, como primeiro professor da cadeira, de começar a produzir os primeiros frutos na área. Contudo, cabe notar a sua dívida intelectual com os professores Pierre Deffontaines e Pierre Monbeig, aos quais deram início a sua carreira profissional, e que ficariam evidentes em suas aulas e pesquisas. Vale notar, que Francis Ruellan participou dos três concursos de cátedra na área de Geografia, provavelmente pela referência de Pierre Monbeig a seu nome. Naquele momento, Ruellan estava dirigindo a tese de doutoramento de Monbeig e esse intercâmbio intelectual entre ambos, que possibilitou a aproximação de Ruellan aos estudos geográficos da Faculdade de Filosofia.[12]

Em sua aula inaugural como professor catedrático, Aroldo de Azevedo, preocupou-se em demonstrar como os professores franceses contribuíram no desenvolvimento de um campo específico de estudos geográficos no Brasil, dirigidos pelas universidades. E como essa contribuição foi ampliada com a criação do Departamento de Geografia, na medida em que agrupava as cadeiras e concentrava a representatividade dos profissionais na área. Para ele, ambos os fatores foram novidades no país, porque representavam um avanço para o ensino secundário e para a pesquisa geográfica. Mas, essa inovação trouxe também dificuldades, sendo difíceis de serem absorvidas pelos alunos que ingressavam na Faculdade de Filosofia, pois:

> Na verdade, sente-se que a grande maioria dos alunos que entram para a Faculdade lamenta, de início, muito sinceramente, a falta de um compêndio, onde as preleções do mestre aparecessem bem arrumadinhas [...]. Seria inútil, por conseguinte, que o aluno desta Faculdade procurasse compreender com exatidão a natureza do curso superior, aqui ministrado. Não é absolutamente um curso secundário 'mais adiantado', porque tem um método e uma finalidade que lhe são próprios. Por idênticas razões, não pode ser aplicado ao curso fundamental, de torna-viagem.[13]

Os alunos deviam ser orientados sobre a especificidade do curso superior que estavam fazendo, para que não procurassem simplesmente reproduzir os conhecimentos adquiridos no ensino secundário. Na universidade cabia um direcionamento diferente no método e no encaminhamento dos

12 Outro ponto importante para aproximar as três cadeiras e constituir entre elas 'laços de amizade' (e às vezes não tão amistosos) foi à criação do Departamento de Geografia, no início da década de 1940. Com o Departamento, dividia-se a função administrativa das cadeiras, que ficaria a cargo do diretor do departamento. Por outro lado, também aproximava assistentes e auxiliares, ao desempenharem funções comuns no departamento, ou na biblioteca das cadeiras de Geografia Física, Geografia Humana e Geografia do Brasil, que ficaram integradas no Departamento.

13 Aula inaugural do professor Aroldo de Azevedo em 15 de março de 1946. In: *Anuário da Faculdade de Filosofia, Ciências e Letras, 1939-1949*, 1953, 2v., p. 140-141.

assuntos, no ensino e na pesquisa. Para ele, naquele momento era mais importante para a Faculdade de Filosofia formar o professor secundário, do que o pesquisador, porque apenas o professor secundário atingia um público de maneira mais rápida e direta, que o professor na universidade. E isso era necessário tanto para melhorar as condições de formação dos alunos que se dirigissem a Faculdade ou ao mercado de trabalho, como para se demonstrar à sociedade a função da Faculdade de Filosofia, dentro do processo de renovação do ensino público e privado – onde se iniciava o problema de aquisição de uma cultura geral. Para ele, os alunos iniciavam seu descaso pela Geografia, a partir do ensino primário, porque se dirigiam apenas compêndios, que por melhor que fossem, pouco demonstravam ao aluno a riqueza que comportava a Geografia. Esse problema, segundo ele, era reproduzido nas outras etapas de formação do aluno. E no ensino secundário isso se refletia, ora porque os professores eram mal formados, ora porque o seu tempo de trabalho inviabilizava as condições necessárias para a preparação de aulas e a renovação dos conhecimentos do professor, ou ainda, em função da falta de critérios para definir os conteúdos a serem ensinados para os alunos.[14]

Por outro lado, quanto à questão do desenvolvimento de campos delimitados de estudo dentro da pesquisa geográfica, João Dias da Silveira demonstrava, em sua aula inaugural de 1951, como esses percalços foram sendo minimizados, na medida em que as áreas de pesquisa das cadeiras foram se aprimorando, por meio do aparecimento de grupos de pesquisadores. Segundo ele, para que cada um dos campos de estudo da geografia

---

14 Aroldo de Azevedo acreditava, além disso, que era necessário retomar certos valores ligados ao bom senso e a moral cristã para que as sociedades caminhassem para um futuro mais promissor. E esses valores deveriam ser agrupados a uma melhora nos níveis de ensino da população brasileira, que havia ficado, na maior parte dos casos, deslocada dos meios e das possibilidades de se alfabetizar. Se havia no pensamento de Aroldo de Azevedo uma ligação com a instituição religiosa, coisa que não se conseguiu aprofundar, o pensamento e a instituição católica, não estiveram diretamente ligados em seus temas de pesquisa e nas suas aulas. Evidentemente, para maiores detalhes seria necessária uma pesquisa específica, para a qual não nos detivemos.

se proliferassem, cabia ao professor deter-se em orientações e pesquisas sobre um tema, que se desdobrasse entre os estudos produzidos na cadeira. Na sua aula, João Dias da Silveira, procurava mostrar como estava se voltando para os estudos da geografia tropical, acompanhando vários geógrafos de outros países que estavam detendo a sua atenção para as terras situadas nas baixas latitudes.[15]

Em 1952, Ary França na sua aula inaugural, também procurava demonstrar os avanços da Geografia Humana, com vistas a ressaltar o andamento dos estudos geográficos na cadeira que presidia e os critérios que o profissional deveria seguir para a elaboração de tais pesquisas. Para ele:

> Ao geógrafo, nos dias que correm, torna-se indispensável uma formação cultural sólida e variada, aprofundando-se nas ciências naturais e humanas em que é necessário buscar pontos de apôio para a explicação ou causalidade geográfica. Assim, a interpretação jamais é simples em Geografia, tornando-se mais evidente essa afirmação quando se consideram os fatos humanos inscritos nas paisagens terrestres.[16]

O ensino e a pesquisa em Geografia diversificaram durante o período analisado. O ensino de Geografia, delimitou-se melhor entre as disciplinas e as cadeiras do curso, principalmente depois de 1956, quando o curso de Geografia e História, tornaram-se cursos independentes. Isso abriu a possibilidade de se desenvolver melhor os campos de pesquisa nas diversas áreas da Geografia. Evidentemente, não se procurou neste tópico um exame detalhado de todos os pontos desse processo, mas apenas uma reconstituição sucinta do assunto.

---

15 Cf. Aula inaugural do prof. dr. João Dias da Silveira. Considerações em tôrno da Geografia Tropical. In: *Anuário da Faculdade de Filosofia, Ciências e Letras, 1939-1949*, 1953, 2v., p. 35-43.

16 Aula inaugural do prof. dr. Ary França. Geografia e Civilização. In: *Anuário da Faculdade de Filosofia, Ciências e Letras, 1952*, 1953, p. 38.

Desdobramentos da Cadeira de História da Civilização

Quando se fundou a Cadeira de História da Civilização na Faculdade de Filosofia, os estudos históricos nacionais, alicerçavam-se, preferencialmente, no Instituto Histórico e Geográfico Brasileiro (IHGB) e seus congêneres estaduais.[17]

Dentro desse contexto social, amplo e diversificado, que foi criada no Brasil, em 1934, a cadeira de História da Civilização na FFCL/USP. Seguindo-se os mesmos procedimentos que foram tomados para as outras cadeiras do curso de Geografia e História – com exceção da cadeira de História da Civilização Brasileira e de Etnografia Brasileira e Tupi-Guarani –, contratou-se professor estrangeiro para iniciar a disciplina e a pesquisa na área. Émile Coornaert[18] foi o primeiro a ministrar a disciplina. Quando chegou ao Brasil já tinha uma experiência com o ensino universitário na França. Provavelmente, a contribuição deste não tenha sido tão marcante na História, como Pierre Deffontaines foi para a Geografia, porque Émile Coornaert, ainda que lembrado como pioneiro, não era referido como um inaugurador dos estudos históricos nacionais em bases institucionais "novas", pelos ex-alunos e professores que o conheceram no período. A lembrança de ex-alunos e professores que tiveram aula com ele, apenas se referiam a renovação nos procedimentos metodológicos e nos assuntos debatidos na disciplina. Quem foi lembrado como sendo o inaugurador da pesquisa e do ensino universitário de História, no Brasil, talvez por ter se tornado "o grande historiador do século XX", nas palavras de Fernando Novais (NOVAIS, 1994, p. 161-66; MORAES, REGO, 2002, p. 119-44), foi Fernand Braudel.

17 Desde a criação do Instituto Histórico e Geográfico Brasileiro, em 1838, e a expansão de seus objetivos, por meio da fundação de Institutos similares em vários Estados, que os estudos históricos nacionais vieram se diversificando e acompanhando alterações no mundo acadêmico internacional (SCHWARCZ, 1993; WEHLING, 1994, 1999; SCHAPOCHNIK, 1992; FERREIRA, 2002; BITTENCOURT, 1988).

18 Não ficou registrado na Faculdade de Filosofia nem o "curriculum vitae" de Émile Coornaert.

Quando esteve no Brasil, entre 1935 e 1937, então como professor visitante na FFCL/USP, ministrando a disciplina de *História das Civilizações*, F. Braudel já trazia uma considerável experiência com a documentação que formaria a sua futura tese de doutoramento, defendida na *Sorbonne* em 1947, sob os cuidados de Lucien Febvre, que conheceu pessoalmente em 1935, numa de suas viagens entre o Brasil e a França.[19] Para Fernanda Massi, "a etapa brasileira, ao lado da experiência africana, corresponderam ao período de formação do historiador, de idealização e amadurecimento de um projeto – escrito durante um outro 'exílio' e publicado bem depois – que foi a tese sobre o Mediterrâneo" (MASSI, 1991, p. 211).

Naquele momento, ainda não havia desenvolvido completamente a sua abordagem sobre as sociedades do passado, com a metodologia dos três tempos que perpassavam simultaneamente os homens e as sociedades. Todavia, no relatório que apresentou ao conselho daquela Faculdade no início de 1936, dá bem as indagações que o instigavam a questionar procedimentos da pesquisa histórica do período oitocentista, pois, estavam demasiadamente limitados ao enfoque das ações dos homens e das sociedades do passado, com ênfase nos acontecimentos políticos e diplomáticos, e em certos indivíduos (ditos "grandes homens"). Naquele relatório, como se não bastasse à apresentação de um programa de ensino articulando os períodos e eventos históricos, do passado (distante) ao presente, também havia constatações sobre a formação que vinham recebendo os alunos do curso de Geografia e História – e seu atual desafio: a necessidade de fluências em idiomas estrangeiros, para possuírem uma leitura diversificada sobre a História e as "ciências sociais"; e estarem mais bem preparados para a descoberta dos arquivos brasileiros (muitos dos quais, ainda inéditos para a pesquisa histórica, nos anos 1930). Além do mais:

> Falta aos estudantes paulistas, muitas vêzes, uma cultura geral de base, sem a qual é difícil progredir com rapidez. É este o problema da forma-

19 Fernand Paul Braudel nasceu em 24 de agosto de 1902 e veio a falecer em Paris no ano de 1985. Para maior detalhamento sobre suas trajetória antes de ingressar no curso de Geografia e História, ver: DAIX, 1999; BRAUDEL, 2002; LIMA, 2004; ROIZ, 2009c.

> ção secundária [...] para quem se destina à História, importa possuir, além das noções históricas, três disciplinas essenciais: o português, o latim e uma sólida cultura filosòfica. O latim porque permite apreender o português na maior parte de suas raízes, e porque é necessário que o historiador conheça perfeitamente a sua língua. Ao contrário do filósofo, do sociólogo, do jurista e do médico... o historiador não possue um vocabulário que seja seu, mas usa o de todos, o que, aliás é um bem muito estimável. Não tendo um vocabulário seu, a-pesar-de certas tentativas feitas neste sentido, o historiador ganha muito em se utilizar de uma linguagem que está em contato com a vida e com as suas realidades, rica desta vida e destas realidades [...]. Entendemos por cultura filosófica, neste caso, uma 'mice em place' do pensamento. Os nossos estudantes, mesmo os melhores – teem uma forte tendência para filosofar sem o saber. Disciplinados neste domínio, desembaraçariam os seus trabalhos da névoa que aí se introduz sob o nome de idéia geral. Segundo a velha fórmula, é preciso pensar o próprio pensamento. (BRAUDEL, 1937, p. 117).

Para ele, a cultura intelectual havia se tornado internacional, sendo ao historiador indispensável conhecer os caminhos que tomavam o "conhecimento histórico" no mundo acadêmico, para progredir nos seus procedimentos de pesquisa e em sua análise de fontes e objetos. Por outro lado, era necessário dividir melhor a disciplina da cadeira, com a criação de outras cadeiras, com vistas a tornar os assuntos tratados nas disciplinas melhor delimitados e permitir o trabalho com temas e conteúdos de caráter monográficos. Da forma como estava dividido o programa da disciplina, comportava uma revisão geral "de conhecimentos de base [...] lenta porque não é constituída pela lembrança de noções já adquiridas mas por contínuos descobrimentos", que alongariam os esforços sobre um assunto que "constitue senão a primeira iniciação"; enquanto temas importantes ficariam restritos, ou nem mesmo tratados. Por outro lado:

> O historiador não sente todos os dias necessidade de definir a sua disciplina, a sua exata posição no campo geral da vida intelectual: outros se encarregam disso, não o fazendo sempre de bôa fé, ou, o que é a mesma cousa, com competência [...] Só as ciências sociais, nascidas ontem ou

> que vão nascer amanhã, é que se procuram definir... No caso delas trata-se da justificação espiritual do seu nascimento; querem viver e é preciso que excluam as outras das suas novas possessões... Não receberam essas ciências, como a História, esta herança secular, êste império, estas colônias, tôdas essas riquezas que tendem menos à ação que à tranqüilidade das velhas potências... Entretanto, simples seria definir qual a finalidade da história, tal como ela se afirma neste acervo de centenas de obras essenciais, aparecidas principalmente no curso dos últimos trinta anos, nas obras de um Henri Pirenne, por exemplo, para não citar senão um grande mestre e dos que já não vivem. A História é a mais antiga das ciências sociais, não a única, como bem se póde pensar. É a impotência do nosso espírito e não a dificuldade do objeto – que todavia tem a sua importância – que nos obriga a fragmentar a realidade. A cada ciência social pertence sòmente um fragmento de um espêlho partido em mil pedaços. Existe, mas muito além das nossas possibilidades, êsse êspelho intacto em que a sociedade reflete a sua imagem móvel e total. Esta sociedade, objeto das nossas pesquisas, a economia política a estuda nas suas condições de vida material, a estatística sob o signo do número, a geografia no espaço, o direito sob o prisma das obrigações contratuais, a sociologia no seu mecanismo, a etnografia e a etnologia nas suas formas ainda balbuciantes... A História, na sua realidade de ontem... O historiador acrescenta assim à sua tarefa, mais uma dificuldade. Os outros trabalham sôbre o que é vivo, o que se vê, o que se mede; o historiador sôbre o que já não existe... e aí, embora lhe faltem dados, é a totalidade da vida social que êle procura e recompõe, sem ter à sua disposição, nem o objeto nem o êspelho, um que já não existe, outro que não pertence a êste mundo [...] Mas é para nós mesmos que trabalhamos, para atingir o nosso fim: a reconstrução das imagens do passado, a ressurreição das sociedades de outróra [...] Só há história dos grupos sociais, e dêles devemos da a história totalitária. (BRAUDEL, 1937, p. 114-115).

Neste texto alerta para a diferença entre a História (escrita em letra maiúscula, porque pensada integrada e no seu conjunto) e as "ciências sociais" (escrita em letra minúscula, porque já identificava nelas uma função, senão menor que a História, ao menos sem a capacidade de síntese, possível, para ele, somente na História), já que a primeira vinha de um passado com uma "herança secular" sendo uma das "mais antigas ciências sociais" e a que tinha a função de integração, embora "a impotência de nosso espírito e não a dificuldade do objeto [...] que nos obriga a fragmentar a realidade", e assim por convenção "a cada ciência social pertenç[a] sòmente um fragmento de um espêlho partido em mil pedaços" (Braudel, 1937,p.115). Noutra passagem, apoiando-se em Henri Pirenne (1862-1935) comenta que "só há história dos grupos sociais, e dêles devemos dar a história totalitária". Assim impõe a História a função de conduzir "verificações gerais sôbre a sociedade, marcando semelhanças através de acidentes particulares", uma função anteriormente registrada por Emile Durkheim (1858-1917) para a Sociologia francesa (Cf. MUCCHIELLI, 2001). Além disso, a História se diferencia da Literatura, mas como "o romancista, o historiador cria a vida", ainda que a crie segundo um plano de "verdade", e não simplesmente imaginativo.

Provavelmente, em função de suas realizações pessoais e as inovações para as quais incorporou à pesquisa histórica, que o nome de Fernand Braudel tenha sido a referência mais instigante para ex-alunos, que o referiam como o pioneiro na cadeira de História da Civilização, a trazer para o Brasil 'novos' métodos de análise do passado.

Construção retrospectiva, por certo, e que se tornou dominante a partir dos anos 1980, com o grupo de pesquisadores que assumiriam as disciplinas do curso de História, após a extinção do regime de cátedras em 1968. Porque até o início dos anos 1970, os pesquisadores e professores catedráticos de História Antiga e Medieval, e História Moderna e Contemporânea, apontavam Jean Gagé (Cf. CAMPOS, 1975) como o "grande" pioneiro no período, ao contribuir de forma significativa na institucionalização do curso de Geografia e História, e ao formar os primeiros doutores da área.

Quando esteve no Brasil, Jean Gagé,[20] então especialista em História Romana, já possuía experiência com o ensino e a pesquisa histórica, sendo

20 Nascido em Nainville, Seine-&-Oise, na França, no dia 1 de junho de 1902. Foi aluno da 'Ecole Normale Supèrieure' em Paris, de 1921 a 1924, na seção de Letras. Na Sorbonne foi aluno de J. Carcopino (em história romana) e, no 'Collège de France', de R. Cagnat (em epigrafia latina). Em 1934 recebeu pela mesma universidade o título de 'maître de conférences' de História Romana. Antes de chegar a Universidade de São Paulo havia publicado dois livros, sobre a história romana,

professor em Liceus e Universidades, nas cidades de Paris e Estrasburgo, na França. No curso de Geografia e História, não procurou, de início, alterar o formato da disciplina de História da Civilização, que estava sob os cuidados de Fernand Braudel. Notava a desproporção na forma de tratamento de alguns temas em relação a outros, justificável porque os alunos, em geral, apegavam-se mais sobre os períodos longínquos, do que aos períodos modernos e contemporâneos. Em seu relatório de 1937, ocupava-se com esse problema procurando distribuir melhor a disciplina entre a história grega e romana, distinguindo suas características com relação à civilização medieval e oriental. No segundo e terceiro ano do curso, professor e assistente se ocupariam de pormenorizar esses períodos, e avançarem na discussão da história da civilização moderna e contemporânea. Aliás, conforme indica:

> O próprio título da Cadeira, e o fato de ser atualmente única, abrangendo no mesmo programa a história 'universal', com exceção da que diz respeito à América e ao Brasil, convida, antes de tudo, a orientar os cursos para a história das 'civilizações'. Como foi visto, essa indicação foi tomada em consideração para a escolha das matérias dos cursos. Da mesma forma proceder-se-á para o conceito que presidirá todo o ensino; queremos dizer que, sem prejuízo do conhecimento indispensável dos fatos, da cronologia, etc., mas hipotecando em parte o trabalho pessoal dos estudantes no intuito de adquirir êsses dados duma certa forma materiais, o professor procurará sistemàticamente ministrar-lhe a análise e a reconstituição de conjuntos de civilização, de problemas históricos. Essa concepção nos pareceu justificada pelas duas finalidades do ensino da história em S. Paulo: ao mesmo tempo ensino de 'cultura geral' e 'ensino formativo' visando preparar os alunos ao trabalho de historiadores originais. (GAGÉ, 1939, p. 31).

O ensino e a pesquisa deveriam caminhar paralelamente durante o curso, estabelecendo relações entre a história geral e os estudos temáticos.

Eurípedes Simões de Paula foi contratado em 1936 como assistente de Fernand Braudel, na cadeira de História da Civilização. Fernand Braudel

---

e alguns artigos. Cf. Jean Gagé. 'Curriculum Vitae'. In: *Anuário da Faculdade de Filosofia, Ciências e Letras, 1937-1938*, 1939, p. 93-94.

naquele momento fazia parte do grupo de professores franceses contratados para lecionar na Faculdade de Filosofia. No ano seguinte Braudel foi eleito diretor de estudos na VI seção da Escola Prática de Autos Estudos, em Paris, e retorna à França. No seu lugar veio Jean Gagé,[21] que permaneceu na Faculdade de Filosofia de 1938 até 1946. Eurípedes Simões de Paula fez o seu doutoramento com ele. Além de orientar Eurípedes, que concluiu o trabalho em 1942, sendo o primeiro defendido na área de Ciências (História) na Faculdade de Filosofia, também orientou outros três jovens pesquisadores, Olga Pantaleão, Alice Piffer Canabrava e Astrogildo Rodrigues de Mello (como vimos no segundo capítulo).

Entre 1937 e 1938 Eurípedes ministrou cursos sob a orientação de Jean Gagé, na cadeira de História das Civilizações, para onde foi contratado como professor adjunto no ano de 1939, quando a cadeira desdobra-se em Antiga e Medieval, a cargo de Eurípedes, e Moderna e Contemporânea, sob a responsabilidade de Jean Gagé. No mesmo ano em que terminou o seu doutoramento, em 1942, Eurípedes foi um dos sócios fundadores da Sociedade de Estudos Históricos. Durante os conturbados anos da Segunda Guerra Mundial, entre 1939 e 1945, fez parte da Força Expedicionária Brasileira (FEB), durante três anos, mas nem por isso deixou de manter correspondência com amigos e professores do Brasil e do Exterior.[22] Quando retornou em 1945 volta a exercer as funções de professor e pesquisador na cadeira de

21 "Antigo professor da Universidade de Estrasburgo, o professor Jean Gagé regeu na Faculdade de Filosofia, Ciências e Letras da Universidade de São Paulo os cursos de História Geral, de 1938 a 1941, e os de História Moderna e Contemporânea de 1941 a 1946. Durante todos aquêles anos, além de sua atividade exclusivamente didática, promoveu conferências, realizou pesquisas e foi um dos fundadores da Sociedade de Estudos Históricos e dos mais ardorosos de seus propugnadores na sua fase inicial. Regressando para a França em 1946, não se desligou todavia da Faculdade que tanto ficara devendo a seus esforços e, além de acompanhar com particular interesse o seu desenvolvimento, continuou a contribuir valiosamente para êsse mesmo desenvolvimento na qualidade de colaborador da Revista de História" (SIMÕES DE PAULA, 1955, p. 541)

22 Veja-se para maior detalhamento da questão:

História da Civilização Antiga e Medieval, na qual em 1946 foi aprovado no concurso para ser o catedrático da cadeira.

Desde então foi considerável o número de alunos que orientou e argüiu; sendo que, das 109 teses defendidas em História no período de 1939 a 1977, 33% (36) foram orientadas por ele, valendo a mesma coisa para 16% (13) das 81 dissertações. Dentre os alunos que orientou estavam Pedro Moacyr Campos, que foi professor na cadeira de História da Civilização Antiga e Medieval, junto com Eurípedes, e Eduardo D'Oliveira França, que foi professor catedrático, a partir de 1951, na cadeira de História da Civilização Moderna e Contemporânea, e que muito contribuíram na formação de novos quadros de bachareis, licenciados, mestres e doutores na Faculdade.

De modo geral Eurípedes não altera consideravelmente o programa da cadeira de História da Civilização Antiga e Medieval (o mesmo valendo para o caso de Eduardo d'Oliveira França, que retomaremos na terceira parte deste estudo). Uma de suas maiores iniciativas no período foi a criação da *Revista de História* (Cf. ROIZ, SANTOS, 2003, 2012). Além disso, cabe notar que:

> A Cadeira possuía, em 31 de dezembro de 1950, 710 volumes. Revistas e coleções importantes não eram regularmente adquiridas, deixando-se tal função a cargo da Biblioteca Central. A biblioteca da Cadeira é circulante, *exclusivamente* para os alunos e pessoal docente [...]. Os principais trabalhos realizados por iniciativa do Prof. Dr. E. Simões de Paula, foram a fundação da "Sociedade de Estudos Históricos" e da "Revista de História", da qual o Prof. Simões é Diretor e proprietário. A permuta de publicações com instituições nacionais e estrangeiras é feita por intermédio da "Revista de História", publicação trimestral, da qual saíram os 4 números regulares em 1950". (*Anuário da FFCL, 1950*, 1952, p. 212).

Dinâmica semelhante se deu nos anos seguintes, como informam os relatórios do período:

> Dentre as atividades de 1951, destaca-se a publicação regular dos quatro números da Revista de História [...]. Este periódico, que é o principal órgão de intercâmbio da Cadeira com os centros culturais do País e do Exterior, conta já com cêrca de 220 assinantes, o que, entretanto, está

> ainda longe de ser suficiente para a sua manutenção. Associada à *Revista de História* está uma série de *Cadernos*, dos quais já foram publicados três, todos no ano findo. A Sociedade de Estudos Históricos, fundada em 1950, por um grupo de especialistas, à frente dos quais se encontrava o Prof. E. Simões de Paula, embora irregularmente, continuou a realizar as suas reuniões em 1951. (*Anuário da FFCL, 1951*, 1953, p. 224).

E:

> Além do movimento didático normal, continuou a destacar-se, entre as mais importantes atividades da Cadeira de História da Civilização Antiga e Medieval durante o ano de 1952, a publicação regular da *Revista de História* [...]. A revista afirmou-se como o legítimo órgão de ligação entre a Cadeira e os intelectuais nacionais e estrangeiros, conforme nos dá prova a publicação de trabalhos de autoria de especialistas portuguêses, italianos e franceses. Ainda mais, atribuindo à palavra *História* o sentido mais amplo possível, a sua direção dá margem a que docentes de outras Cadeiras da Faculdade encontrem na revista – o que não é fácil entre nós – um periódico com objetivos de ordem estritamente cultural onde possam dar a público os seus artigos, apresentando-a assim, como um instrumento de aproximação com outras Cadeiras, como as das secções de Letras e de Filosofia, além das de História, evidentemente. (*Anuário da FFCL, 1952*, 1954, p. 235).

Assim, vimos como ocorreu o desenvolvimento e os desdobramentos da cadeira de História das Civilizações; de que maneira foram sendo substituídos os docentes estrangeiros, por alunos que se formavam no curso; e quais continuidades e alterações que estes foram fazendo no programa das cadeiras, ao pensarem o ensino, a pesquisa e a extensão. Destaque-se que no caso de Eurípedes houve continuidades em relação aos programas de ensino que este ministrou junto com Gagé, e no campo da pesquisa inspirou-se na revista *Annales* e nas ideias de Braudel para criar um periódico semelhante nos anos 1950 (o que não seria diferente para o caso de França, como veremos na terceira parte deste trabalho). Não por acaso, em vários momentos Eurípedes destacaria a importância da historiografia francesa, vinculada ao movimento dos *Annales*, para o desenvolvimento deste campo de pesquisa no Brasil.

A cadeira de História da Civilização Brasileira

Se a cadeira de História da Civilização abriu espaço para um intercâmbio que se fez com a vinda de professores franceses, no caso da de História da Civilização Brasileira tal abertura não ocorreu; pois, preferiu-se aproveitar os letrados do próprio Estado de São Paulo, cujos vínculos com os Institutos de Pesquisa, Museus e a historiografia oitocentista eram evidentes, apesar de não estarem limitados a elas (Cf. FERREIRA, 2002; ARAUJO, 2006).

Afonso de Taunay ficou a frente da cadeira entre 1934 e 1938.[23] Em sua proposta para a cadeira (TAUNAY, 1937, p. 122-131) estabelecia quais os rumos que deviam seguir o ensino e a pesquisa histórica brasileira. Ao elencar as mudanças que se deram a partir do século XIX em nossa historiografia, na qual os processos e acontecimentos haviam "sido largamente explorados [...] sob os aspectos daquilo que se chama hoje a história batalha" (TAUNAY, 1937, p. 122), e que nos primeiros decênios do século passado já não eram "a história militar e a administrativa as únicas que interessa[-va]m aos autores e ao público", visto que os estudiosos estariam preocupados em se incumbirem também "da história econômica e da religiosa [...] da literária, artística e científica e sobretudo [...] da história dos costumes" (TAUNAY, 1937, p. 123).

Por essa razão era importante conhecer a obra de Varnhagen e Capistrano de Abreu, de Pedro Calmon, Oliveira Vianna, Alcântara Machado, Gilberto Freyre, Roberto Simonsen e Felix Contreiras Rodrigues, em função da preocupação que tiveram com a coleta e análise das fontes, e isso teria ocorrido simultaneamente com um nítido desenvolvimento da pesquisa histórica no país. Daí ser importante organizar as temáticas que foram trabalhadas de forma monográfica ou não, verificar aquelas que ainda não o foram, o estado das fontes e os possíveis procedimentos para inquiri-las. Nesse processo seria viável conhecer os Museus e Arquivos, nacionais e estrangeiros, além de ter abalizadas questões como o bandeirante e o café, temáticas fundamentais para o conhecimento da história de São Paulo e do país, e que ainda estavam permeadas por grandes lacunas e careciam de

23 Para uma análise pormenorizada de sua trajetória antes de ingressar na cadeira, ver: Araujo, 2003, 2006.

pesquisas mais sistematizadas. O uso da iconografia, de acervos públicos e privados, de mapas e livros, de relatos de viajantes e de testemunhos epistolares, biográficos e autobiográficos, desse modo, eram primordiais para a composição "da história dos costumes" e de novos retratos sobre a história do país. Porque vasto é o "campo de pesquisa [...] aos pesquisadores de boa vontade no conjunto da enorme documentação virgem oferecida aos estudiosos da história da civilização brasileira", e que ainda aguarda os "elementos exigidos para a construção das sínteses" (TAUNAY, 1937, p. 131).

Em razão disto o programa da disciplina (TAUNAY, 1937, p. 285-286) estava distribuído em 39 itens, nos quais se esboçariam desde panoramas sobre algumas temáticas, até análises mais pormenorizadas e circunscritas, como: a tentativa colonizadora de Martim Afonso de Souza; a vida municipal seiscentista; o bandeirantismo da caça ao índio; a civilização do ouro; as agitações nativistas; o reinado de Pedro II. A proposta não seria alterada nos anos seguintes (TAUNAY, 1937, p. 260-261), embora outras questões fossem incluídas para os seminários. Como nos informa Ernesto de Souza Campos (CAMPOS, 1938, p. 181-82), ao relatar o trabalho desenvolvido pelas cadeiras do curso de Geografia e História, Taunay teria discutido neste período: a escravidão negra e vermelha; o açúcar e a mineração; o povoamento do território e a vida familiar; o café e a moeda no Brasil.

Quando Alfredo Ellis Jr.[24] ingressou interinamente na cadeira em 20 de julho de 1938, não operou mudanças bruscas e imediatas no programa

---

24 Para uma primeira aproximação, visto que retomaremos isso no próximo capítulo, não há como abordar pormenorizadamente a trajetória de Alfredo Ellis Jr. Mas, de forma muito resumida, ele viveu entre 1896 e 1974, sendo o último dos dez filhos de Alfredo Ellis (1850-1925), médico, cafeicultor, deputado federal e senador durante a Primeira República. Cresceu na 'tradicional' fazenda cafeeira 'Santa Eudóxia' - que faliria em 1918, e seria vendida no início de 1919. Viveu sempre em São Paulo, com exceção de uma viagem feita durante a infância, e na companhia de seu pai, pela Europa. Estudou no estado e formou-se em direito pela Faculdade do Largo São Francisco (que nos anos de 1930 seria agrupada à Universidade de São Paulo, a qual este seria professor, a partir do final daquela década), mas exerceu por pouco tempo o ofício da advocacia (em especial, após a venda da fazenda, em que havia passado sua infância). Dedicou-se mais ao ofício

(ELLIS Jr., 1953, p. 455-58). E isso por várias razões. Em sua escrita da história, ele tentava mostrar que primava pela 'verdade', pela 'objetividade' e pela 'imparcialidade', com vistas à elaboração de um 'discurso científico'. O essencial para alcançar essas metas na escrita de sua narrativa dos 'fatos' era demonstrar as 'causas' e as 'consequências' do desenrolar dos acontecimentos, investigando o 'meio' e prognosticando qual o tipo de 'raça' que este propiciou. Para ele, "a História é uma reconstituição de uma época do passado de um povo e, para êsse fim, o historiador tem que buscar elementos em todos os ramos do saber humano" (ELLIS Jr., 1946, p. 6), dado que é "certo que os acontecimentos históricos têm todos, mais ou menos, consequências" (ELLIS Jr., 1946, p. 7).

Quanto aos *fatos*, acreditava que não são 'todos' que devem receber a atenção do historiador. Para ele, os mais importantes são aqueles que produzem grande número de *consequências*, devendo, por isso, ser mais 'esmerilhados' do que os *causadores* de menor efeito. Além disso, a História não poderia ficar presa à cronologia, mesmo sendo ela parte importante dos estudos históricos, e que se formaria da união de vários departamentos do saber humano, disciplinados pelo espírito crítico, mobilizados pelo raciocínio, o bom senso e a imaginação. E que seriam aspectos indispensáveis

---

de professor de história, em escolas de São Paulo. Entre 1925 e 1930 foi deputado estadual por São Paulo, em duas legislaturas, a última das quais, interrompida pelo início do governo provisório de Getúlio Vargas. Foi em meio a essas circunstâncias que ele participou das revoltas de 1932 contra a federação, como voluntário da Liga de Defesa Paulistana, que defendia a liberdade e a volta da autonomia para o estado de São Paulo. Ferido fisicamente e abalado psicologicamente com a derrota da Liga no setor de Cunha, Ellis Jr. ainda enfrentaria forte perseguição política, após os desdobramentos daqueles eventos. Após a Revolução, e em meio à luta para não ser exilado, retorna ao magistério, lecionando no período diurno, no Liceu Pan-Americano e no Ginásio Paulistano, além de escrever vários livros didáticos. Em 1934 é eleito novamente para a Assembléia Legislativa de São Paulo, como deputado estadual pelo PRP, onde permanecerá até 1937, quando se dará o golpe do Estado Novo. Em 1938 é indicado como interino da cadeira de História da Civilização Brasileira, no lugar de seu antigo mestre Afonso de Taunay. Em 1939, torna-se catedrático e lá permanecerá até 1952, quando se afastará por motivos de saúde precária.

para o diagnóstico das *causas*, para interligação das *consequências* e a sincronização das *repercussões*, que se encadeariam com os *fatos principais*. Em vista disso, *causas, consequências* e *repercussão* formavam o tripé que daria subsídios seguros ao historiador. Segundo ele: "Só assim podem ser erguidas as reconstituições do passado com suas causas, bem diagnosticadas, e com suas consequências, bem interligadas, com suas repercussões bem sincronizadas e encadeadas com os fatos principais, que devem ser analisados" (ELLIS Jr., 1979, p. 41).

Para que os *fatos*, tanto quanto suas *causas* e *consequências*, fossem adequadamente investigados era necessário identificar "primeiro, o fator *homem*, [que] seria o concernente à raça do mesmo, ao complexo hereditário, à sua educação, à sua eficiência, à sua inteligência, à sua formação física ou fisiológica, à sua etnia, enfim, o conjunto de circunstâncias que definem o componente de um grupo humano qualquer" (ELLIS Jr., 1948, p. 11). Em seguida, devia-se identificar "o fator ambiente mesológico, o ecológico seria o concernente aos conjuntos que cercam o indivíduo, quer os de ordem geográfica, quer ainda os de ordem sociológica" (ELLIS Jr., 1948, p. 11). Por essa razão, conhecer "um facto não é apenas saber da sua realização mais ou menos minuciosamente", por que "se faz mister serem as suas causas bem esmerilhadas e esclarecidas, assim como as suas consequencias bem vislumbradas e prophetisadas" (ELLIS Jr., 1937, p. 7). Caso contrário, nada "disso aproveita ao estudioso do passado e ainda menos ainda ao estadista contemporaneo, que queira buscar na experiencia do passado elementos para a solução de problemas do presente" (ELLIS Jr., 1937, p. 30).

Nesse sentido, a importância do pai, Alfredo Ellis, o encontro com Afonso de Taunay (1876-1958) no Colégio São Bento, quando este foi seu professor, marcando-o profundamente e desde então consolidando uma amizade por toda vida, e a leitura da obra de Oliveira Vianna (1883-1951),[25] ini-

25 Como indica Giselle Martins Venâncio (2006, p. 87-108), na extensa biblioteca de Oliveira Vianna, que chegou a agrupar 4.161 exemplares de 3.949 títulos distintos, onde se destacavam obras de Ciências Sociais (com 35 %) e Jurídicas (com 21% do total), também apareceriam 451 títulos em História do Brasil e Literatura de Viajantes, perfazendo 11,4% do total. Nessa categoria, se apresentariam obras de Max Fleiuss, Felisberto Freire, Afonso Celso, José Maria Bello, Alfredo Ellis Jr.,

ciada depois que concluiu o curso de Direito, em meados dos anos de 1920 (Cf. FERRETTI, 2008), vendo-a de forma muito positiva até o final dos anos de 1930, constituem-se em parte significativa de suas inspirações para a carreira política, tanto quanto para o ofício de historiador e para as suas escolhas teóricas, ao explicar a formação da 'raça' paulista de 'gigantes'. De forma semelhante apareceria a obra de Fustel de Coulanges (1830-1889), ao contrário da de Leopold von Ranke (1795-1886), que seria muito pouco citada, em função da maneira com a qual o primeiro buscou analisar a cidade-estado Greco-Romana, e concebia a escrita da história, o quê para Ellis Jr. foi fundamental ao buscar escrever a história de São Paulo, nos anos de 1920 e 1930.

Ainda que em sua obra não aparecesse constantemente o exercício de uma história como *mestra da vida*, porque fornecedora de exemplos do passado para a orientação dos indivíduos no presente, esta também será, volta e meia, encontrada em alguns de seus textos, na medida em que procurou demonstrar a importância da história do bandeirante para a consolidação da lavoura cafeeira no século XIX, e que esse exemplo era vital para que os paulistas do século XX, além de conhecerem corretamente a sua história, vissem nela uma inspiração para que o povo e o Estado de São Paulo conseguissem sair da crise política e econômica, que o Estado se encontrava naqueles anos iniciais da década de 1930, e recuperasse sua autonomia diante da Nação.

Evidentemente, a sistematização das regras do método que Ellis Jr. procedeu durante o período em que regeu a cadeira foram diretamente inspiradas na maneira pela qual Afonso de Taunay havia perscrutado a historiografia oitocentista, de modo a fazer um uso híbrido e original de seus procedimentos, ao se apoiar igualmente numa 'história dos costumes' para escrever uma história dos bandeirantes e do café; o que, aliás, conforme indica Karina Anhezini de Araújo (2006) o teria tornado "um metódico à brasileira". Rastro, que com suas devidas especificidades, teria

---

Pedro Calmon, Caio Prado Jr. e Sérgio Buarque de Holanda. Nesse grupo, haveria maior representatividade da obra de Alfredo Ellis Jr., com um total de 12 títulos, a maioria deles enviados pelo próprio autor. O que, para ela, corresponderia a uma ampla relação de trocas, correspondências e comentários recíprocos.

sido também seguido por Ellis Jr. – como demonstraremos com maior propriedade no próximo capítulo.

Com isso, veremos que o trabalho que desempenharia na cadeira, coincidentemente seria favorecido pelos investimentos e acréscimo de materiais, chegando aos anos de 1950 com 396 livros devidamente catalogados, além da assinatura de revistas e da aquisição de fontes impressas e a reprodução de manuscritas (*Anuário*, 1952, p. 218-220). Ao mesmo tempo, o catedrático e seus assistentes procuravam elaborar seminários versando sobre: os descobrimentos portugueses; a vinda da família real; os meios de transporte nas e para as Minas Gerais; a política econômica de D. João VI; a guerra dos Emboabas; a Inconfidência Mineira; etc. (*Anuário*, 1953, p. 226-227). Além disso, ofereciam-se cursos especializados e regulares para os alunos do segundo e do terceiro ano, e opcionais para os do quarto e quinto ano do curso (*Anuário*, 1954, p. 237-239); e, durante a execução dessas atividades, o professor terminaria em 1952 "uma obra sôbre a História de São Paulo, em 7 volumes, desde os primórdios da colonização até o século XIX" (*Anuário*, 1954, p. 239), uma forma, aliás, de não deixar passar despercebido o quarto centenário da cidade, capital do Estado, a ser comemorado em 1954.

Nessas circunstâncias, verificaram-se os laços de continuidade, mais que de rupturas, entre Afonso de Taunay e Alfredo Ellis Jr., e a forma como regeram a cadeira de História da Civilização Brasileira durante os anos de 1930 a 1950 – e, nesse processo, veremos as semelhanças e diferenças entre Ellis Jr. e Sérgio Buarque de Holanda, na terceira parte deste estudo, que viria a reger a cadeira a partir de 1956.

A cadeira de História da Civilização Americana

A cadeira de História da Civilização Americana foi igualmente criada em 1934, mas seu funcionamento se daria apenas nos anos seguintes, visto que seu oferecimento seria apenas no segundo ano do curso de Geografia e História da USP. Foi Paul Vanorden Shaw, da Universidade de Columbia, que ocupou a cadeira a partir de 1935. Neste mesmo ano apresentou um programa para a cadeira em sua exposição de *Ideias e Sugestões*, e que seria agrupado em seu relatório do ano seguinte, onde indicaria como deveria ser trabalhado ensino, pesquisa e extensão, para o bom desenvolvimento do campo da História da Civilização Americana no Brasil. Ao mesmo tempo, neste mesmo ano, em seu relatório da cadeira demonstraria as contribuições de um ensino universitário de História da América para a formação dos alunos; suas insuficiências e deficiências imediatas, assim como sua proposta para os próximos anos.

Nas suas *Ideias e Sugestões* (SHAW, 1937, p. 41-65) destacava que "os governos e os centros intelectuais da América estão percebendo o profundo valor de conhecimentos abalizados sôbre a civilização americana" (SHAW, 1937, p. 41). Ao mesmo tempo em que tal empreendimento estaria sendo proposto tanto na América do Norte, quanto na Central e do Sul, em diferentes centros de ensino e pesquisa (antigos ou recém criados para tal finalidade). E o que explicaria essas diferentes iniciativas, que estariam ocorrendo quase que de maneira simultânea, seria justamente a necessidade de os Estados Unidos conhecerem melhor seus vizinhos, para estabelecerem melhores vínculos e relações comerciais, políticas e diplomáticas; e o mesmo valeria para o caso da América Latina e Central, o que fomentaria em todas as partes das Américas a criação de centros de estudo, museus e institutos de pesquisa sobre a história americana.

Nesse sentido, para o desenvolvimento deste campo de estudo na FFCL/USP era necessário o aumento do número de "cursos dentro da própria cadeira", ou o estabelecimento de "um grande Centro de Estudos Americanísticos de S. Paulo"; visto, que pelos motivos acima apontados, "todos os países da América Latina devem vir a conhecer os seus vizinhos, e especialmente os Estados Unidos da América do Norte" (SHAW, 1937, p. 42).

Entre as razões imediatas para por em prática essa iniciativa estava à própria experiência que Shaw teve com o ensino no curso de Geografia e História, onde os alunos se envolveram mais detidamente com a temática da escravidão e da condição do negro no Brasil e nos Estados Unidos, e:

> Vê-se aí, ainda que seja em ponto muito pequeno e em linhas muito gerais, que o estudo de *um* problema americano, no sentido mais lato da palavra *americano*, tem atraído a atenção de estudantes brasileiros sôbre um aspecto dêste problema no seu próprio país e lhes tem pro-

> porcionado certos dados para comparar as soluções ou falta de soluções no Brasil e nos Estados Unidos (SHAW, 1937, p. 42-3).

Mais do que simplesmente pensar na formação de um campo de pesquisa, Shaw estava preocupado com o estabelecimento de melhores relações comerciais no Continente, de modo a propiciar uma formação adequada para o professor 'secundário', para o estudioso, assim como ao jornalista e ao diplomata, pois:

> Enquanto a economia do Brasil fôr a de nação por excelência exportadora de café, algodão e de outros produtos agrícolas, ou de matérias primas, as suas relações diplomáticas, para promover os seus interêsses econômicos, farão parte importantíssima da vida total do país.
> Assim, sendo os Estados Unidos um dos maiores fregueses do Brasil, sendo outros países latino-americanos seus concorrentes mais fortes, é de sumo valor prático todos os brasileiros responsáveis pelo bem estar do seu país, conhecer o ambiente continental não só nas suas modalidades culturais mas também nas econômicas, e igualmente conhecer melhor o seu próprio país em relação aos outros (SHAW, 1937, p. 43).

Era justamente por essa razão que a cadeira deveria primar pela formação do: a) professor para as escolas 'primárias' e 'secundárias', assim como para os centros de altos estudos; b) preparar jornalistas para escreverem sobre as Américas com conhecimento de causa; c) preparar diplomatas para representarem o Brasil em outros países e continentes; d) e preparar especialistas na matéria, "os quais, por meio de suas produções, desvendariam problemas importantes sôbre a América e tomariam o seu lugar ao lado de outras autoridades sôbre a matéria" (SHAW, 1937, p. 44). Não por acaso, esta "cadeira deveria estar a cargo de um grupo de especialistas, cada um dos quais se encarregaria de uma fase especializada da matéria" (SHAW, 1937, p. 45), como: a História Antiga Americana; a História do Império Espanhol e das Repúblicas Hispano-Americanas; a História do Império Britânico e dos Estados Unidos da América do Norte; e a História de Portugal e do Brasil (muito embora já houvesse uma cadeira específica para tal finalidade no curso de Geografia e História).

Ao mesmo tempo, "o historiador da civilização americana, que deseje recriar tôda a história passada do continente americano, terá de lançar mão da mais importante documentação ao seu dispor, que é a proporcionada pela arqueologia, pela antropologia e por outras ciências sociais" (SHAW, 1937, p. 46); uma vez que os povos nativos e os africanos trazidos para as Américas, na maioria dos casos, não deixaram registros escritos sobre suas experiências e histórias nas Américas (sendo-as, quase sempre, escritas pelos povos colonizadores do território). Não por acaso:

> [...] o historiador da civilização americana tem de apossar-se de todos os meios modernos ao seu dispor, para fazer pesquisas no campo, coligir dados que tomem o lugar de documentos escritos, e que, em vez de serem conservados em arquivos convencionais, irão para os laboratórios adjuntos às bibliotecas do pesquisador. Para o trabalho de campo, máquinas fotográficas e cinematográficas, aparelhos de reprodução de som e meios de colecionar material de museu, são absolutamente necessários. [...] [e] Esta necessidade explica-se, em parte, também pelo estado atrasado de muitos arquivos nacionais, pela falta de livros e por outras deficiências que só podem ser supridas por estudos no próprio campo. (SHAW, 1937, p. 47).

Assim também deveria ocorrer com o ensino. Visto que este ganharia ao ser articulado com o avanço das pesquisas, e com propostas de cursos de extensão que venham a lhes mostrar a diversidade étnica e cultural das Américas (diversidade, aliás, que não estaria limitada as suas histórias nacionais; e o que proporcionaria melhores condições de serem efetuados estudos comparativos). Nesse caso, contribuiria com o ensino o formato de aulas que propiciassem ao aluno *aprender fazendo*, como seria o caso de dramatizações de eventos políticos, econômicos, sociais ou mesmo culturais; e esse exercício teria sempre maior resultado na medida em que os alunos conhecessem a língua dos povos colonizadores das Américas: o inglês, o francês e o espanhol.

Por essa razão, ao lado de uma proposta de formação de especialistas, de professores aptos para o ensino 'primário' e 'secundário', de jornalistas e diplomatas, esta deveria vir articulada a propostas de criação de sociedades de estudos americanísticos, de museus e institutos, para maior catalogação, armazenamento e exposição de resquícios dos povos das Américas. Por isso também que se deveria ter em conta que esta cadeira não tinha apenas um fim *cultural*, pois, ela, antes disso, tem uma finalidade *prática*.

Em função dessas questões, indica quais os padrões de ensino, pesquisa e extensão deveriam ser atingidos; como deve ser desenvolvida a área no campo da cultura, das relações internacionais e da especialização e formação de quadros; bem como a cadeira deveria ser composta por uma equipe especializada nos diferentes momentos da história americana, tendo em vista o papel exercido por suas respectivas metrópoles inglesa, francesa, espanhola e portuguesa, antes e depois dos processos de Independência.

Não por acaso, em seu relatório de 1936 ressaltaria nas *lições introdutórias* que a América é um verdadeiro laboratório, onde conflitos e harmonia de raças e culturas seriam facilmente evidenciados nas fontes e na bibliografia. Por essa razão seria importante diferenciar as circunstâncias que deflagraram tal processo entre as Américas, assim como perceber suas diferenças em relação às civilizações européias, asiáticas e africanas. Fato, aliás, que justificaria pensar o lugar e a importância da América no mundo contemporâneo. Disto resultaria a análise pormenorizada de conceitos como o de: história, civilização, cultura, raça, ciência, mestiço (sem se esquecer de: ameríndios, negros, mulatos); e, ainda, as definições de: América Latina, América anglo-saxônica, Ibero-américa, América Central, América do Sul e América Hispânica.

Nesse aspecto era fundamental conhecer a época Pré-Colombiana, dando-se ênfase a história destas civilizações (Maia, Inca e Asteca), suas relações com os ibéricos, africanos, anglo-saxões e franceses nos séculos XV e XVI. Num segundo momento, era primordial analisar a época colonial, em especial, o papel que tiveram Espanha e Portugal nos desdobramentos desse processo. Num terceiro, verificar como houve o desenvolvimento dos Estados Unidos e qual a participação da França nesta questão. Em seguida, descortinar os processos de Independência com "um estudo comparativo dos movimentos de independência em tôda a América, desde o ponto de vista de: causa, ideologia, inspiração, vultos e personagens de importância, das conseqüências nos Estados Unidos, Haití, Canadá e América Latina" (SHAW, 1937, p. 264-265)

– mas, as "guerras, sendo só meios para um fim, serão omitidas nas discussões e estudos" (SHAW, 1937, p. 264-265). Por esse motivo deveriam ser estudados os séculos XIX e XX, com base numa análise comparativa da forma que os Estados Unidos, o Haiti, e a América Latina se comportaram antes e depois de seus respectivos processos de Independência.

Desse modo, seu programa estava dividido em setenta itens, distribuídos ao longo de sete partes. Sua bibliografia se compunha de histórias nacionais, livros de textos, estudos especiais, monografias, revistas e enciclopédias. Sobre toda a América havia 20 títulos, incluindo-se textos de Rocha Pombo, Oliveira Lima, Carlos Pereira, Diogo Barros Arana e Garcia Calderón. Para as histórias nacionais, outros 22 títulos; quanto às "raças", 12 títulos sobre os ameríndios, 8 sobre os africanos, 4 sobre os iberos e 5 a respeito dos anglo-saxões. (SHAW, 1937, p. 266-269).

Entre 1937 e 1938, Ernesto de Souza Campos noticia sobre a cadeira que no primeiro semestre o professor "ditou aulas sobre a 'Evolução dos Estados Unidos' e usou como livro de textos 'Aspectos da cultura norte americana', na falta de um livro mais conveniente" (CAMPOS, 1938, p. 183). No preparo de suas aulas foi auxiliado por Branca da Cunha Caldeira, então sua assistente. No segundo semestre proferiu conferências a respeito de aspectos da civilização norte-americana e do negro no Novo Mundo. Nesse mesmo período, Shaw novamente indica as deficiências da cadeira, em função da falta de recursos para a compra de materiais essenciais (como: livros, revistas, mapas; além da total falta de documentos primários). Em relação a seu programa nada havia sido alterado, com exceção da exclusão e da introdução de uma ou outra referência em sua bibliografia. (SHAW, 1938, p. 332-340).

A partir de 1941, a cadeira foi regida interinamente por Astrogildo Rodrigues de Mello, que se tornaria catedrático desta em 1946 (como vimos nos capítulos anteriores). Neste período teve Deusdá Magalhães Mota como seu assistente e Rozendo Sampaio Garcia como seu auxiliar. Por destacar, em meados de 1946, a "impraticabilidade de trabalho fecundo, pois o vasto campo de conhecimentos úteis, para nós americanos, ficaria prejudicado ao restrito número de aulas e à estreiteza a que o currículo obrigava" (MELLO, 1953, p. 447), este pleiteou e conseguiu a extensão do ensino da História da Civilização Americana para os alunos do segundo e terceiro ano do curso de Geografia e História; além de ser optativa para os do quarto e quinto ano (como vimos no capítulo anterior).

Mas, diferente do programa de Shaw, este passou a dar maior atenção a História da América Inglesa e da América Latina; fato, aliás, que se justificaria em função dos desdobramentos da II Guerra Mundial (Cf. BEIRED, 2005). Contudo, esses "estudos abrangem as civilizações encontradas na época do descobrimento, tratando-se tanto do problema da origem como dos traços culturais dos diferentes grupos ameríndios; aspectos e caracteres das conquistas, bem como da colonização; a história contemporânea das nações americanas, nos seus aspectos políticos internos e externos, sociais e econômicos." (MELLO, 1953, p. 447).

Neste período, a cadeira contava também com um Gabinete com uma Biblioteca "constituída de mais de um milheiro de volumes, dos quais cêrca de 700 são obras para estudo e consulta de alunos e professôres"; e possui "várias coleções de 'diários', coleções de leis e tratados", sendo a mais valiosa "a coleção de documentos do Cabildo de Assunção do Paraguai, obtido por cópia das atas e compreendendo mais de uma dezena de volumosos tomos." (MELLO, 1953, p. 449).

Em meados de 1950 houve um afastamento temporário do catedrático, sendo substituído por Alice Canabrava, que não alterou consideravelmente o programa, em vista do curto período que permaneceu regendo a cadeira (*Anuário*, 1952, p. 209-211). Entre 1951 e 1952, após seu retorno, a cadeira continuou oferecendo regularmente cursos para os alunos do segundo e terceiro ano, além de manter as opções de caráter facultativo para os alunos do quarto e quinto ano (*Anuário*, 1953, p. 222-223; *Anuário*, 1954, p. 231-233). Fato, aliás, que não se alteraria nos anos seguintes.

Nesse sentido, apesar de Astrogildo contribuir para o avanço da cadeira no que diz respeito ao ensino, parece que pouco o fez para o campo da pesquisa, ainda mais se considerarmos que durante este período orientou apenas o doutoramento de Myriam Ellis (ver quadro n. 1, do segundo capítulo), que foi defendido em 1955. Ao contrário de Shaw, este não procurou demonstrar em seus programas como articular ensino, pesquisa e extensão, nem tampouco como deveriam ser encaminhados os estudos sobre a História da Civilização Americana – voltaremos a essas questões no décimo capítulo deste estudo.

Considerações finais

Portanto, vimos como ocorreu às primeiras experiências de ensino e pesquisa entre as cadeiras do curso de Geografia e História da FFCL/USP. Algumas primaram mais a pesquisa, outras o ensino, e em certos momentos houve tentativas mais sistemáticas por parte de alguns docentes em intercalar ensino, pesquisa e extensão em seus programas das respectivas cadeiras. Evidentemente, não foi possível aqui aprofundar a análise tal como o tema mereceria (o que procuraremos fazer na terceira parte deste estudo, com algumas trajetórias).

As cadeiras tiveram uma preocupação em comum: estabelecer o campo disciplinar de sua disciplina nas cátedras que ocupavam. As áreas de História, Geografia e Etnografia tiveram, neste período, terreno fértil para experimentação e desenvolvimento de suas fronteiras didáticas, de pesquisa, no ensino e em relação aos procedimentos adotados nas investigações.

A experiência trazida da França e dos Estados Unidos, entre os profissionais que aqui estiveram nos anos 1930, mostrou-se pertinente para favorecer o desenvolvimento do campo disciplinar da História em São Paulo, entre outras razões, porque tiveram a sensibilidade e o profissionalismo de mostrar aos iniciantes do ofício como fazer pesquisas, sem deixar de lado a importância do ensino para suas carreiras.

As disputas pelo poder eram notórias, mas procuraremos avançar nessas questões na próxima parte deste estudo, ao nos depararmos com as regras que construíram para fundamentarem a escrita da história, que deveria ser a base para a execução de trabalhos "cientificamente conduzidos". Pensar como foi a "operação historiográfica", como salientou Michel de Certeau (2002), que corresponderia ao tipo de lugar, prática e escrita que alicerçavam em seus trabalhos de pesquisa, em seus planos de ensino e em suas obras é o que passaremos a fazer.

Parte 3

As cátedras do curso e a escrita da história

Capítulo 6

Alfredo Ellis Júnior e a cadeira de História da Civilização Brasileira (1938-1956)[1]

> [...] longe de admitir [...] como verdades estabelecidas as que foram escritas, no passado, a respeito dos problemas históricos de nossa gente, e longe de postar-se, como um soldado atrás de uma trincheira, atrás das suas verdades, como se elas não fossem passíveis de debate, de dúvida e de discussão, [Alfredo Ellis Júnior] vem procedendo, êle próprio, a uma revisão singular nos métodos de reconstituição histórica, mostrando, só por isso, não houvesse no seu trabalho de tantos anos outras qualidades, que a sua organização, o seu método, a sua maneira de fazer história é digna do melhor apreço, – é mesmo a única maneira que se pode aceitar em um professor universitário, para o qual a verdade não é um pilar de alvenaria, nem as conclusões já hauridas podem ser aceitas como infalíveis. (Werneck Sodré. Abud. BANDECCHI, 1967, p. 7).

---

1 Resultados da pesquisa: "Ofício de historiador na Universidade de São Paulo: entre o 'autodidatismo' e a profissionalização do trabalho intelectual de história (1934-1968)". Agradeço ao CNPq pela bolsa de iniciação cientifica concedida pelo período de ago/2006 a jul/2007, que permitiu ao meu aluno André Dioney Fonseca efetuar um levantamento das fontes de Alfredo Ellis Jr. na Universidade de São Paulo, e a quem aproveito para estender meus agradecimentos. Uma versão deste capítulo foi publicada em: ROIZ, p. 41-81, 2019c.

Assim, Nelson Werneck Sodré (1911-1999),[2] em artigo de 1º de janeiro de 1949, publicado no jornal *Correio Paulistano*, definia o trabalho efetuado por Alfredo Ellis Jr. Ele escrevera o texto quando Ellis Jr. já estava lecionando, como catedrático da cadeira de *História da Civilização Brasileira*, no curso de Geografia e História da Faculdade de Filosofia, Ciências e Letras da Universidade de São Paulo (FFCL/USP), há mais de dez anos. Num momento em que já tinha revisado a maioria dos livros que havia publicado nos anos 1920 e 1930. Tinha apresentado sua tese de cátedra em 1939 – que versava sobre *Meio século de bandeirismo* – e esta se encontrava em sua segunda edição (primeira para um público mais amplo), publicada pela Companhia Editora Nacional, na Coleção Brasiliana, em 1948. Além disso, já havia disponibilizado 9 boletins da cadeira de *História da Civilização Brasileira*, com obras de sua autoria (e, em alguns casos, agrupando trabalhos de orientandos de doutorado, como se encontra no boletim n. 5, de 1945, o ensaio de José Quirino Ribeiro, a respeito d'*A memória de Martim Francisco sobre a reforma dos estudos na Capitania de São Paulo*, que foi o resultado da tese que apresentou em 1943), e alguns desses boletins (que tinham tiragens de 100 a 300 exemplares, cada número)[3] começavam a cir-

2 A obra de Nelson Werneck Sodré é extensa e tem recebido análises importantes, algumas reunidas em coletâneas, como as organizadas por: SILVA, 2001; CABRAL, CUNHA, 2006.

3 O que, evidentemente, não quer dizer que não circulassem entre os letrados de São Paulo, ou de outros estados do país, como o comprova as várias correspondências administrativas de Alfredo Ellis Jr., armazenadas no CAPH da FFLCH/USP, nas quais despacharia exemplares dos boletins a diversos letrados, professores do ensino secundário e superior. Inclusive, a Sérgio Buarque de Holanda, que encaminhou os 9 publicados neste período. Muito embora a biblioteca de SBH, armazenada na Unicamp, com cerca de 10 mil obras (entre livros e periódicos), conte com os seguintes boletins: *O ouro e a Paulistânia*, *O café e a Paulistânia*, *A economia paulista no século XVIII*, *Meio século de bandeirismo*, *Capítulos da história psicológica de São Paulo*, *Panoramas históricos* e *Raposo Tavares e sua época*. E além desses títulos relativos aos boletins havia na biblioteca de SBH os seguintes títulos de AEJ: *A evolução da economia paulista e suas causas* (edição de 1937), *O bandeirismo paulista e o recuo do meridiano* (edição de 1934), *Populações paulistas* (edição de 1934) e *Tenente-coronel Francisco da Cunha Bueno, pioneiro da*

cular em edições voltadas para um público mais amplo, seja em coleções ou não, em Editoras, como: a Companhia Editora Nacional, a José Olympio e a Tipografia Brasil. Ademais, era ainda sócio da Academia Paulista de Letras, do Instituto Histórico e Geográfico de São Paulo (IHGSP), e da Sociedade de Estudos Históricos, fundada em 1942, e correspondente do Instituto Histórico e Geográfico Brasileiro (IHGB), desde 1926.[4] Em síntese, o texto de Werneck Sodré foi escrito num momento em que Ellis Jr. se encontrava no auge de sua produção e consagração acadêmica.

Contudo, quando Brasil Bandecchi (1917-1997),[5] em sua Nota Preliminar à edição de 1967, para a obra: *A lenda da lealdade de Amador Bueno e a evolução da psicologia planaltina*, cuja primeira edição havia sido publicada no boletim n. 4, da cadeira de *História da Civilização Brasileira*, em 1944 (sob o título de: *Amador Bueno e a evolução da psicologia planaltina*), e tomava de empréstimo a análise que Werneck Sodré expôs em 1949, este mais o faria para responder as críticas que a obra de Ellis Jr. estava recebendo naquele período. Ele também procurava justificar uma nova edição de sua obra, que entre os anos 1920 e 1950 havia circulado em várias edições, mas não encontrava o mesmo ambiente propício a novas edições a partir dos anos 1960, em pleno Regime Militar (1964-1985). Além disso, havia deixado a cadeira em 1952, por motivos de saúde, e se aposentado em 1956, cujo cargo foi ocupado interinamente por Sérgio Buarque de Holanda no final daquele ano, e em 1958 este viria a se tornar o novo catedrático, com a tese *Visão do Paraíso*. Sem contar que Holanda já vinha fazendo uma revisão crítica dos temas pesquisados por Ellis Jr., desde os anos de 1930, em *Raízes do Brasil* (de 1936), *Monções* (de 1945) e em *Caminhos e fronteiras*

---

cafeicultura no Oeste Paulista (edição de 1960). Totalizando 7 boletins e 4 outros títulos, assim representando 11 títulos deste autor. Por sua vez, a biblioteca de AEJ, com 2.200 títulos e armazenada no IEB da USP, conta com dois títulos de SBH, a saber: *Monções* (edição de 1945) e *Raízes do Brasil* (edição de 1948).

4 Em 1926 foi avaliada a proposta de ingresso de Alfredo Ellis Jr. como correspondente do IHGB (tomo 99, volume 153), na sétima sessão ordinária de 11 de outubro daquele ano (*RIHBG*, v. 153, p. 436-474).

5 Advogado e historiador.

(de 1957). Ao contrário de Ellis Jr. que orientou apenas 2 teses, entre 1939 e 1952, Holanda durante o período em que esteve na cadeira, entre 1956 e 1968,[6] veio a orientar sete alunos em seus doutoramentos e três em seus mestrados, num total de 10 trabalhos, o que veio a contribuir para a formação de um grupo de pesquisadores na área.[7] Em geral, contrários, ou no mínimo reticentes e críticos, as assertivas tanto de Afonso de Taunay, quanto de Ellis Jr., antigos professores da cadeira, especialmente, ao segundo.

Por outro lado, o engajamento político (embora não exclusivamente partidário) e a forma de proceder a pesquisa e a escrita da história de Holanda vieram, nas palavras de Maria Helena Capelato, Raquel Glezer e Vera Ferlini (1994), a renovar os estudos sobre a história do Brasil, até então praticados em nossas universidades. Especialmente na Universidade de São Paulo (USP), onde a cadeira vinha recebendo uma orientação de cunho tradicional e conservador, de viés metódico/positivista,[8] amplamente praticado no país desde o século XIX, no IHGB e em seus congêneres estaduais (LAPA, 1981, 1985; CAPELATO, FERLINI, GLEZER, 1994; DIEHL, 1998, 1999). Tal procediemnto era ainda remanescente na primeira metade do século passado, em várias cadeiras de cursos de Geografia e História das

---

6 Seu último ano letivo foi o de 1968, entre o final deste ano e o início de 1969 solicita a aposentadoria, em função da ação do AI-5 para vários amigos da FFLCH/USP, e a teve aprovada em 1969.

7 Como os de: Maria Odila da Silva Dias, Boris Fausto, Maria Thereza Petrone, Suely Robles Reis de Queiroz e José Sebastião Witter, e que seriam responsáveis pela formação de gerações de historiadores, a partir dos anos 1970, na Universidade de São Paulo (USP). Ainda que tal ponto seja fundamental, não podemos deixar de lado o que vimos no segundo capítulo, quanto à participação de ambos em teses de doutorado, livre-docência e de cátedra entre 1939 e 1952, nas quais Ellis Jr. teria uma participação muito maior, pelo simples fato de que era o catedrático da cadeira no período.

8 "Se de um lado [os franceses] traziam a experiência com um trabalho metodologicamente orientado e os ares renovadores dos *Annales*, por outro lado, encontraram caldo de cultura fértil, patente em produção historiográfica nacional de grande erudição, voltada para os temas paulistas, expressas nas obras de Taunay e Alfredo Ellis Jr. Em múltiplos aspectos, essa época corresponde a um repensar o Brasil" (CAPELATO, GLEZER, FERLINI, 1994, p. 351).

Faculdades de Filosofia, que foram criados a partir dos anos iniciais da década de 1930 (LAPA, 1981, 1985; FERREIRA, 2013; ROIZ, 2012a).

Apesar dos textos em homenagem a Ellis Jr. publicados na Academia Paulista de Letras (APL) e no Instituto Histórico e Geográfico de São Paulo (IHGSP), após sua morte em 1974, esta passou quase despercebida mesmo em instituições como o IHGB (que nem chegou a anunciá-la), já que ele foi um de seus correspondentes.

Ao historiar a construção do bandeirante como símbolo da história de São Paulo, em meados dos anos 1980, Katia Abud (1985), em sua tese de doutorado, indica-nos a escassez de estudos sobre Ellis Jr. Escassez, aliás, nas próprias reedições de suas obras, cuja mais recente foi de 1980.[9] Para Abud: "Ellis Jr. deixou claro em sua obra que a raça planaltina, superior à que se formara no restante do Brasil, onde o elemento negro tivera maior influência [...], tinha alcançado um desenvolvimento" que permitiu a região atingir um patamar de vida autônoma, até superior a muitos países estrangeiros. Mas, ao fazer isso, ele teria virado "ao avesso o racismo europeu" (ABUD, 1985, p. 143), tal como foi preconizado por autores como Joseph-Arthur, o conde de Gobineau (1816-1882), e Georges Vacher de Lapouge (1854-1936). Para John Monteiro (1994), em avaliação da obra de Ellis Jr. produzida no início dos anos 1990:

> A concepção ellisiana da história paulista orientava-se por três pressupostos fundamentais: o isolamento do planalto durante todo o seu período formativo, caráter específico da mestiçagem luso-indígena (a correspondente ausência do negro africano) e o fenômeno *sui generis* do bandeirantismo paulista. (MONTEIRO, 1994, p. 85).

Para Antonio Celso Ferreira (2002), em análise do final dos anos 1990, desde que ocupou o lugar de seu mestre Taunay na Faculdade de Filosofia da USP, até quando se (afastou por motivos de saúde em 1952 e) aposentou em 1956, Ellis Jr.:

---

9 Uma segunda edição de seu livro *Feijó e a primeira metade do século XIX*, pela Companhia Editora Nacional.

> Procurou sistematizar e, em alguns casos rever, suas reformulações sobre a história paulista, por meio da publicação de numerosos trabalhos. Já então, não só se modificava o perfil do historiador, a caminho da profissionalização, como também mudavam os paradigmas históricos, sob os efeitos dos modelos de explicação econômica e, em parte, como decorrência da expansão ultramarina da moderna historiografia francesa. (FERREIRA, 2002, p. 336).

Não foi por acaso, portanto, que o estudo de Myriam Ellis,[10] escrito nos anos 1990, pretendeu oferecer um painel sobre a vida e a obra de seu pai Ellis Jr. Mais sobre a obra, e, em especial, aquela produzida no período de 1922 a 1937. Todavia, para ela, a obra só ganhava significado na medida em que se compreendia a vida de seu autor, suas escolhas e suas atitudes. Nesse aspecto, ela procurou problematizar de que maneira o contexto oferecia um significado para a vida e a vida, por sua vez, forneceria um sentido para a obra. Sua meta era tirar a obra de seu pai do esquecimento, ao qual foi enclausurada após o final da ditadura militar nos anos 1980.

Note-se ainda que no quarto volume da série, *Os historiadores clássicos da história do Brasil*, organizada por Maurício Parada e Henrique Estrada Rodrigues,[11] Ellis Jr. além de não estar no rol de historiadores analisados, somente é mencionado em um dos dezessete ensaios (na página 210) do livro. Em importante trabalho realizado sob a organização de Fernando Nicolazzi,[12]

---

10 Fez os cursos de graduação e de pós-graduação, em nível de doutorado, na área de História na Universidade de São Paulo, sob a orientação de Astrogildo Rodrigues de Mello, e veio a substituir seu pai interinamente, a partir de 1952, na cadeira de *História da Civilização Brasileira* (Cf. *Anuários da FFCL*, 1950, 1951, 1952). Estudiosa do período colonial, ela contribuiu para o conhecimento da pesca da baleia na costa litorânea da América Portuguesa, quanto do abastecimento e da tributação do sal. Além disso, estudou, como o pai, a capitania de São Paulo, nos seus níveis de composição da riqueza pessoal dos indivíduos e nos processos de mobilidade social nos séculos XVII e XVIII. Cf. Currículo de Myriam Ellis, 1952 e 1957, FFCL/USP. CAPH. MCE -02, MCE – 03, Cx. E-1.

11 PARADA, M.; RODRIGUES, H. E. (Org.). *Os historiadores clássicos da história do Brasil: dos primeiros relatos a José Honório Rodrigues*. Rio de Janeiro: Vozes, 2018, v. 4.

12 NICOLAZZI, F. (Org.). *História e historiadores no Brasil: do fim do Império ao alvorecer da República – c. 1870-1940*. Porto Alegre: EdiPUCRS, 2015.

em *História e historiadores no Brasil*, com a meta de divulgar historiadores e textos pouco conhecidos do período de 1870 a 1940, igualmente Ellis Jr. segue como um nobre desconhecido, que sequer é mencionado entre os onze ensaios do livro. Qual a razão que levou a este esquecimento? Por que Ellis Jr. deixou de ser mencionado nos estudos historiográficos a partir dos anos 1990? A importância deste tipo de estudo não está apenas em mostrar porque é necessário conhecer a obra deste autor, mas também inquirir algumas das razões que levaram ao seu esquecimento em nossa historiografia.

Entender, portanto, em que medida a historiografia oitocentista balizou a interpretação da história de Ellis Jr., e como a converteu em suas práticas de pesquisa e em sua docência é importante não somente para compreender porque foi crítico em relação às "inovações" trazidas pelas relações entre História e Ciências Sociais, e aos avanços consignados pelo movimento dos *Annales*, nas primeiras décadas do século passado, mas também no modo que viria a interpretar as categorias: passado, presente e futuro. Em resumo, Ellis Jr. parecia ter procurado mesclar os procedimentos da "escola metódica" francesa, tendo como base a obra de Fustel de Coulanges, e aliando-as com a "história econômica" e a "história dos costumes" que eram então praticadas no Brasil, especialmente atento as obras de Roberto Simonsen e de Afonso de Taunay.

Assim, contrariando, de certa forma, aos cânones instituídos pela história do pensamento social e político brasileiro, o estudo de Karina Anhezini (2011) contribui para inquirirmos essa questão, por ter investigado como se deu a formulação de uma história da historiografia na obra de Afonso de Taunay, entre 1911 e 1939. Ao percorrer os lugares que propiciaram a Taunay rever e/ou reformular suas práticas, dando-lhes um caráter mais profundo e operacional, e permitindo-lhe perpassar o "autodidatismo", que a formação de engenheiro civil lhe possibilitou, para o constante aperfeiçoamento do ofício de historiador, por meio de leituras, práticas, exercícios de escrita e o intenso contato com os letrados do período, em especial, Capistrano de Abreu, não por acaso, mestre de toda uma geração de historiadores (Gontijo, 2006), a autora mostra como se configuraram os momentos que definiram a "operação historiográfica" de Taunay, ao ser ela também o trilhar de uma *prática* (inclusive, de pesquisa).

Neste caso, indica-nos como, a partir de 1911, Taunay iria definir preceitos teórico-metodológicos, forjando os fundamentos de sua escrita da história, ao se apoiar no manual de Langlois e Seignobos, *Introdução aos estudos históricos* de 1898. Evidentemente, para ela:

> [...] afirmar que Taunay se inspirou nas diretrizes desse método histórico não significa dizer que ele tenha aplicado todos os procedimentos do método em cada passo de sua produção, o que talvez nem mesmo os próprios autores da *Introdução aos estudos históricos* tenham feito, mas sim que ele foi informado por esses princípios e, sobretudo, motivado pela busca da "verdade histórica" (ANHEZINI, 2011, p. 47).

Ao mostrar como o autor manteve tais preceitos, em sua trajetória de ensino e pesquisa, mas sem deixar de lado a historiografia nacional, com sua "história dos costumes", a autora indica como e porque Taunay soube em sua época ser um "metódico à brasileira". Entre outras razões, porque "ele reuniu os ensinamentos adquiridos com os historiadores franceses que resumiu em 1911", em sua conferência sobre alguns princípios do método e da narrativa histórica, apresentada no Mosteiro de São Bento, como abertura do curso de História Universal que ele ministrou, e unindo tais preceitos com "as orientações de Capistrano de Abreu", que vieram a lhe tornar "um *metódico* coerente com as produções brasileiras das primeiras décadas do século XX" (ANHEZINI, 2011, p. 88), e:

> Historiador por vocação, Taunay foi um *metódico à brasileira.* [...] Na produção da epopeia bandeirante ou na História dos monstros e monstrengos, assim como, nas obras lexicográficas, os princípios gerais da moderna crítica histórica guiaram a escrita desse *metódico* que soube combinar a leitura da historiografia francesa com o desenvolvimento da historiografia brasileira das primeiras décadas do século XX (ANHEZINI, 2011, p. 232).

Além disso, num percurso simultâneo e articulado a esse primeiro, a autora vai detalhando como os lugares que este autor passou, como: o Instituto Histórico e Geográfico Brasileiro (IHGB); o Instituto Histórico e

Geográfico de São Paulo (IHGSP); o Museu Paulista; a Academia Brasileira de Letras (ABL), e na cadeira de *História da Civilização Brasileira* do curso de Geografia e História da Faculdade de Filosofia, Ciências e Letras da Universidade de São Paulo (FFCL/USP), entre meados dos anos 1910 e a década de 1930, lhes foram de fundamental importância para a coleta, organização e análise de fontes primárias. Nesse caso, especialmente, por que:

> Os esforços despendidos em torno dessa busca de documentação estavam atrelados à necessidade que esses homens de letras tinham de definir o que era o Brasil, o que era ser brasileiro, o que era ser paulista. Para Taunay, a melhor forma de se escrever a História do Brasil era por meio da realização de uma "História dos Costumes", portanto, as "minas virgens" que se descobriam a cada dia deviam servir para que os "mosaístas" compusessem a História não mais política e administrativa, denominada "história batalha", mas sim uma "História da Civilização" [brasileira] (ANHEZINI, 2011, p. 64).

Com isso, ao cruzar as correspondências passivas e ativas deste autor, com o processo de produção de sua obra, em meio aos locais em que foi passando, ao longo de sua carreira, a autora conseguiu elaborar um modelo interpretativo pertinente e eficaz para perscrutar a trajetória de Afonso de Taunay. Modelo de interpretar a história que foi usado por Taunay, e certamente inspirou diretamente Ellis Jr. em suas investigações históricas.

No entanto, para apreciarmos o movimento existente na obra de Ellis Jr. é preciso detalhar com maior propriedade o contexto no qual sua obra foi produzida. Os acontecimentos de 1929 (crise da bolsa de valores de Nova York e da economia cafeeira no Brasil), de 1930 (início do governo provisório de Getúlio Vargas e fim da Primeira República), e de 1932 (derrota dos combatentes paulistas, ao tentarem 'restaurar' a hegemonia do Estado de São Paulo, na 'Revolução Constitucionalista') causaram uma verdadeira crise de consciência histórica, tal como a define Jörn Rüsen (2001, p. 53-93), em parte significativa da intelectualidade paulista e brasileira. Em função dos caminhos então duvidosos para o Estado, alguns grupos e 'intelectuais' se organizaram com o objetivo de pensar 'novos' projetos de 'escritura da história', para rever o 'passado', o 'presente' e até o 'futuro' paulista e nacional, e contornar a situação, a que se encontravam imersos, diante daquela 'crise' política e econômica.

Não sendo indiferente a tal situação, Ellis Jr., então deputado da Câmara dos Deputados no Estado de São Paulo, também procurou elaborar um projeto de escrita da história para repensar o estado de São Paulo e o Brasil. Na falta de uma melhor definição, argumentaremos que este projeto esteve calcado '*num discurso mitológico*' (com ênfase nas 'origens' de um passado 'mítico', centrado na 'figura' do bandeirante) que foi defendido não apenas por Ellis Jr. (1896-1974), mas antes dele também por Afonso D'Escragnolle Taunay (1876-1958), como uma forma de se sair da crise, tendo em vista o passado "grandioso" e "exemplar" do povo do Estado de São Paulo – essa foi uma das razões que levaram ao esquecimento da obra de Ellis Jr., a partir dos anos 1980, mas não totalmente a de Taunay (como vimos acima). Embora existam continuidades evidentes entre os projetos de escrita da história elaborados por esses autores, não há como negar que também houve mudanças significativas entre eles.

Tendo em vista essas questões, o objetivo principal deste capítulo é estudar a trajetória intelectual de Ellis Jr., entre 1938 e 1956, inquirindo como apreendeu as discussões sobre a transição do "autodidatismo" para a "profissionalização" do trabalho intelectual de história. Durante esse período esteve lecionando no curso de Geografia e História da Faculdade de Filosofia, Ciências e Letras da Universidade de São Paulo, a qual ingressou em 1938, e a partir de 1939 se tornou o catedrático da cadeira de História da Civilização Brasileira. Pretende-se analisar ainda como procurou escrever uma História do Brasil, quando foi o catedrático da cadeira. As fontes principais desta pesquisa foram os programas da disciplina de História do Brasil, as suas correspondências pessoais e as obras escritas e publicadas nesse período.

Para empreender esta análise, a obra de Michel de Certeau contribuiu para o desenvolvimento dos procedimentos metodológicos, porque a escrita da história é entendida, por ele, a partir das relações que se formam entre um *lugar social* definido (um recrutamento, um meio, uma profissão, etc.), *procedimentos* de análise (uma disciplina) e a construção de um *texto* (uma literatura). (CERTEAU, 2002, p. 66). Nesta perspectiva, a operação historiográfica, "se refere à combinação de um *lugar* social, de *práticas* 'científicas' e de uma *escrita.*" (CERTEAU, 2002, p. 66). Quer dizer, o "fazer história" é entendido como uma prática. Assim, tal como Michel de Certeau indica que a localização do "lugar social", das "práticas de pesquisa" e da "escrita", são etapas fundamentais para a definição da "operação historiográfica", do indivíduo, ou do grupo a que faz parte, vimos combinando esse procedimento para pensar as etapas que levaram Ellis Jr. a elaborar um projeto de escrita da história (com ênfase para um retorno do passado no presente, ao se voltar para os bandeirantes) para pensar o Brasil, e a história do estado de São Paulo, após os acontecimentos do início dos anos de 1930.

A vida de Alfredo Ellis Jr. e o encontro com a História

Alfredo Ellis Junior nasceu em 6 de junho de 1896, na 'tradicional' fazenda cafeeira Santa Eudóxia, localizada na ribanceira de Mogi Guaçu, município de São Carlos do Pinhal. Era o último dos dez filhos de Alfredo Ellis, médico, agricultor, então Deputado Federal, e de sua esposa e prima Sebastiana Eudóxia da Cunha Bueno. (ELLIS, 1997, p. 43). Cresceu na Santa Eudóxia, entre as lavouras de café, onde desde tenra idade afeiçoou-se a terra e ao meio rural. Os valores e conceitos paternos, alicerçados no liberalismo e no código moral, familiar e cívico auxiliaram a modelar sua formação. E aos quais podem ter, mesmo que indiretamente, o conduzido ao estudo do passado, a escolha de seus temas e de uma escrita da história peculiar sobre o Brasil.

Não por acaso, Antonio Celso Ferreira, afirmará sobre Ellis Jr., que: "considerava-se um paulista por excelência, descendente dos primeiros e mais notáveis troncos da terra". (FERREIRA, 2002, p. 331). De fato, sua família era 'tradicional', tanto pelo lado da mãe, quanto de sua avó paterna (senhora Maria do Carmo da Cunha) que ostentava sua filiação à linhagem de Amador Bueno da Ribeira, o Aclamado, dando-lhes um tom de estirpe paulista de 'quatro séculos'. Seu avô inglês, Guilherme Ellis, instalou-se no Brasil como médico humanitário. Seu pai seguiu a mesma inclinação, após se doutorar na Universidade de Pensilvânia. (FERREIRA, 2002, p. 331).

Recebeu seus primeiros ensinamentos do pai e, depois, da professora Hermínia Rodrigues Luchetti, da cidade de Campinas, que o alfabetizou.

E, segundo as palavras do próprio Ellis Jr., em suas memórias,[13] despertou nele os 'rudimentos primordiais' do saber humano e o 'arraigado amor a São Paulo', sentimento que o orientou por toda sua vida. (ELLIS, 1997, p. 44). A formação intelectual de Ellis Jr. seguiu a rota privilegiada de seus antecessores, e deu-se no interior das escolas mais conhecidas de São Paulo. (FERREIRA, 2002, p. 332). Fez seus estudos primários entre São Paulo, na Escola Caetano de Campos, e Rio de Janeiro, na escola Alfredo Gomes.

Com menos de onze anos foi internato no colégio dos frades alemães da ordem de São Bento, onde completou o curso ginasial. No colégio São Bento, Ellis Jr. já despertava seu interesse pela História e encontrou um personagem importante em sua formação como historiador, conforme destacou em suas memórias:

> A matéria de minha predileção era História Universal, sempre com o professor Taunay.[14]

E complementou:

> Era professor de Geografia o dr. Afonso Taunay, que depois foi amigo meu, a quem muito haveria de dever nas minhas carreiras política e científico-literária.[15]

Ao concluir o ginasial em 1912, segue para uma longa permanência na Europa, onde conheceu a civilização do "pré-guerra" e obteve ganhos culturais, além do marcante acesso à visão humanista. Acompanhou-o durante

---

13 Suas memórias - *Roteiro de Minha Vida* - constituem-se de um extenso manuscrito de quase quatrocentas páginas deixado aos cuidados de Myriam Ellis, onde Ellis Junior escreve sobre sua vida, desde a infância na fazenda à seus últimos dias; até agora permanece como um texto manuscrito inédito.

14 Memórias de Alfredo Ellis Junior. Transcrição In: ELLIS, M. (prefácio) In: ELLIS JUNIOR, Alfredo. *Op. Cit.* 1959. p.12

15 Memórias de Alfredo Ellis Junior. Transcrição In: ELLIS, M. (prefácio) In: ELLIS JUNIOR, Alfredo. *Op. Cit.* 1959. p. 12.

toda viagem seu pai, figura de "grande" importância em sua formação, como retratou em suas memórias:

> Eu soube aproveitar a sólida orientação que meu pai me dava no decorrer dessa maravilhosa viagem [...] meu pai ... meu guia ... meu orientador ... meu grande mestre [...] com ele aprendi a raciocinar com lógica e compreensão ... incentivou meu espírito de independência ... o hábito das polêmicas ... o meu amadurecimento mental ... argumentar com segurança, a dialética do combate ... toda a tática e a estratégia na argumentação polêmica ... o maior lucro que obtive desses debates foi a conquista foi a confiança nos meus próprios recursos intelectuais.[16]

Já no Brasil, a inclinação ao humano e às questões sociais, além da possibilidade de residir em São Paulo, levou Ellis Jr., ainda com dezesseis anos, a decidir-se pelo ingresso no curso Jurídico da Faculdade de Direito. Nesta ocasião, a burguesia paulista passou a se interessar pelo lema "patriotismo", como norma de ação e o ideal para a afirmação de 'classe'. Daí nasceram as campanhas e, em seguida, as *ligas* que eram organizações burguesas destinadas a difundir a 'moral burguesa' no âmbito nacional. Entre as várias outras estava à liga 'Nacionalista de São Paulo', que era uma sociedade regularmente organizada e que trabalhava na arregimentação de alunos das três escolas superiores paulistas: Direito, Medicina e Politécnica.

Da fundação da Liga Nacional, participaram membros das sociedades secretas de estilo maçônico filiadas àquela Faculdade, como era o caso da *Burschenschaft* ou simplesmente *Bucha* ligada à Faculdade de Direito. Ellis Jr. ingressou na *Bucha* no ano de 1915, e através desta sociedade entrou nas *Arcadas* por influência do amigo Waldomiro de Carvalho. Entretanto, Ellis Jr. não teria se interessado pela Liga Nacionalista de 1917, bem como pelas propostas de aquartelamento propugnado por Olavo Bilac, uma vez que se mantinha fiel às tradições da 'classe rural paulista' e ao pai, agricultor e Senador participante em 1909 e 1913, das campanhas civilistas federais. (ELLIS, 1997, p. 47).

Nas arcadas, além da freqüência às aulas, Ellis Jr. debruçou-se sobre a leitura de autores brasileiros e estrangeiros, que contribuíram para elaborar

16 Memórias de Alfredo Ellis Junior. Transcrição In: ELLIS, M. *Op, cit.* 1997. p. 45.

a sua escrita da história. Leu da 'crítica de costumes' aos temas de Literatura, História, Sociologia, Antropologia, Psicologia, Ciências Físicas, Naturais e Biológicas, com ênfase em autores como: Darwin, Huxley e Haeckel. E que contribuíram para formar algumas de suas idéias básicas sobre o determinismo e o 'transformismo evolucionista' (ELLIS, 1997, p. 47), que serão tão presentes em suas obras.

Após sua formatura, em 1918, Ellis Jr. retorna à fazenda Santa Eudóxia com a dura tarefa de gerenciá-la num momento de grandes dificuldades. Além da baixíssima produtividade (resultado da exaustão do solo), das pragas de gafanhotos, da grande geada de 1918 (que flagelou as lavouras de café), da enchente do rio Mogi Guaçu (que levou a ruína das lavouras menores de arroz e algodão), Ellis Jr. fora, ainda nesse mesmo ano, acometido do mal da febre espanhola, que o debilitou e o afastou do comando do patrimônio da família. Depois da venda da fazenda falida, decidiu por enfrentar o serviço público, e já em abril de 1919, ocupou a Promotoria de Limeira e, em seguida, a de São Carlos. Foi o afastamento definitivo do meio rural e o início de uma carreira pública.

Após breve passagem pelo Rio de Janeiro, volta a São Paulo e passou a exercer advocacia. Sob a indicação de Afonso de Taunay consegue lecionar no colégio São Bento e conhece a redação do jornal *O Correio Paulistano*, onde inicia sua trajetória como escritor. Sobre *O Correio Paulistano* disse em suas memórias que: "a entrada no *Correio Paulistano* (1923) foi o primeiro degrau na escalada da minha carreira política e literária, bem como da ascensão como historiador, pois data de meus artigos semanais".[17] Neste jornal, que era órgão oficial do governo do Estado de São Paulo, Ellis Jr. relacionou-se com importantes intelectuais como: Menotti de Picchia, Cassiano Ricardo, Plínio Salgado, entre outros, e se integrou ao 'movimento renovador do pensamento nacional'. Em suas memórias afirmou:

17 Memórias de Alfredo Ellis Jr. Transcrição In: ELLIS, M. Op, cit. 1997. p. 17. Memórias de Alfredo Ellis J. Transcrição In: ELLIS, M. (prefácio) In: ELLIS Jr, A. *Op. Cit.* 1959. p. 13.

> Resolvi aceitar os bons ofícios do meu antigo professor Taunay, que me apresentou à redação do Correio Paulistano dirigido, então, por Flamínio Ferreira e onde encontrei Menotti del Picchia, Cassiano Ricardo, Plínio Salgado e outros.[18]

No ano de 1925, Ellis Jr. foi eleito para a Câmara dos Deputados do Estado de São Paulo, onde exerceu duas legislaturas com término em 1930. Sempre muito ligado à economia lutou em defesa do café, do açúcar paulista, dando ênfase as questões agrícolas, e a assuntos relacionados à indústria, às ferrovias, aos portos, e até mesmo à aviação.[19] A década de 1920 foi de grande movimentação para Ellis Jr., por dividir seu tempo entre as atividades políticas e do Jornal. Nesta década galga reconhecimento político (por suas atividades na Assembléia Legislativa de São Paulo) e 'intelectual' (dada a publicação de seus primeiros livros), sendo também admitido em institutos e academias, como vimos acima.

De 1930 a 1937, Ellis Jr. viveu um período conturbado, pois participou ativamente dos acontecimentos políticos que balançaram São Paulo e o Brasil. Já em 1929, uma violenta crise econômica mundial, com um decênio de recessão, atingiu o Brasil afetando todas as formas de produção, particularmente, a lavoura cafeeira (que sentiu diretamente seus efeitos), e o sistema agrário e político. A falta de dinheiro, a queda no consumo de café, as baixas de preço no mercado mundial, estoques sem escoamento, ruína financeira, falência e desespero levou a criação da Aliança Liberal[20]. Segundo Antonio Celso desde:

---

18 Memórias de Alfredo Ellis Jr. Transcrição In: ELLIS, M. (prefácio) In: ELLIS JUNIOR, Alfredo, *Op. Cit*,. 1959. p.13.

19 Alfredo Ellis Jr foi um dos pioneiros da Aviação civil em São Paulo e um dos fundadores do Aero-Clube paulista. ELLIS, M. (prefácio) In: ELLIS Jr, A. *Op. Cit.* 1959. p. 23.

20 Para maiores detalhes sobre esse período ver, entre outros: DECCA, E. S. *1930: O silêncio dos vencidos*. São Paulo: Brasiliense, 1981; FAUSTO, B. *A revolução de 1930*: historiografia e história. 5 ed. São Paulo: Brasiliense, 1978; CAPELATO, M. H. R. *O Movimento de 1932*. A Causa Paulista. São Paulo: Brasiliense, 1981.

> [...] meados da década de 1920 [...] a insegurança começava a bater às portas da intelectualidade paulista, sobretudo de feição mais conservadora [...] diante de forças consideradas ameaçadoras – principalmente, a luta de classes e as novas ideologias políticas do período posterior à Primeira Guerra Mundial. (FERREIRA, 2002, p. 148-149).

Em outubro de 1930, iniciou-se a 'Revolução'. Foram tempos de perseguições, destruição, invasões (como na sede do Partido Republicano e do jornal *O correio Paulistano*). Muitos líderes republicanos foram presos, entre eles Ellis Jr. (ELLIS, 1997, p. 58). Não obstante, ainda participou ativamente de o "fuzil na mão" na 'Guerra Cívica de 1932', como voluntário da Liga de Defesa Paulistana, que defendia a liberdade e a volta da autonomia para o estado de São Paulo. Ferido fisicamente, abalado psicologicamente com a derrota da Liga no setor de Cunha, Ellis Jr. ainda enfrentou forte perseguição política. (FERREIRA, 2002, p. 148-149). Após a Revolução, em meio à luta para não ser exilado, volta ao magistério, lecionando no período diurno, no Liceu Pan-Americano e no Ginásio Paulistano, além de escrever vários livros didáticos. Trabalhou neste mesmo ano no curso pré-jurídico (projeto que dirigia juntamente com Hermes Lima, em uma sala do próprio Ginásio Paulistano); lecionou antropogeografia na Escola Livre de Sociologia e no curso pré-jurídico oficial organizado por Alcântara Machado, então diretor da Faculdade de Direito, e deu aulas de Sociologia.[21] Em 1933 retorna à política. Nesse ano, reorganizava-se o Partido Republicano Paulista (PRP), que já contava com o nome de Ellis Jr. em suas fileiras. Nas eleições de 3 de maio para a escolha dos Constituintes, reuniram-se as 'frações da classe dirigente' em uma chapa eleitoral única (PRP e PD), que venceram com uma larga vantagem. Ellis Jr. foi um dos 23 sufragados. (ELLIS, 1997, p. 77). Assim, atuou em oposição tanto ao governo do Estado de São Paulo, como ao presidente Getúlio Vargas, novamente fiel aos ideais econômicos que nortearam seus mandatos anteriores. Em suas palavras:

21 Memórias de Alfredo Ellis Jr. Transcrição In: ELLIS, M. (prefácio) In: ELLIS Jr, Alfredo. *Op. Cit.* 1959, p. 16.

> Quando discuti nesta casa, em 1935 e em 1936 as leis orçamentais do Estado para os exercícios de 1936, tive cimo lema de todo o meu trabalho [...] uma única palavra. Economia. Considerei-a sempre como o fulcro de toda a administração do Estado.[22]
> a ... economia paulista... a minha grande religião ... o meu culto[23]
> Eu não mudo de opinião como quem muda de camisa. Defendo a lavoura em qualquer terreno. Estarei sempre com seus interesses [...] não sei me calar quando está em jogo a própria vida da lavoura de café que é a própria vida do Estado de São Paulo.[24]
> Eu não mudei. Continuo onde estava em 1932.[25]

Em 1937, Ellis Jr. deixou a carreira política por motivo da instalação do Estado Novo. Em 1939, mediante a apresentação da tese *Meio século de bandeirantismo 1590-1640*, no concurso da cátedra de História da Civilização Brasileira ingressou na então Faculdade de Filosofia, Ciências e Letras da Universidade de São Paulo (FFCL/USP), como primeiro catedrático do curso de Geografia e História, tendo substituído ao professor (e seu tutor 'intelectual'), Afonso Taunay, no ano anterior. Em suas memórias, assim resume sua entrada na USP:

> O professor Taunay, optando pelo cargo de diretor do Museu Paulista, deixou a Faculdade de Filosofia da Universidade de São Paulo. Eu pleiteei a vaga e fui contratado para reger a cadeira interinamente... No ano de imediato, isto é, em 1939, fiz concurso para catedrático, defendendo a tese 'Meio século de bandeirantismo.[26]

22 *Annaes da Assembléia Legislativa de São Paulo* – 1937 - vol. I, pg 198, 2 de março.

23 *Annaes da Assembléia Legislativa de São Paulo* – 1937 - vol. I, pg 195, 12 de julho.

24 *Annaes da Assembléia Legislativa de São Paulo* – Sessão Ordinária, 1935, vol. II, p. 314.

25 *Annaes da Assembléia Legislativa de São Paulo* – Sessão Extraordinária. 1937- vol. II, p. 285 e 288.

26 Memórias de Alfredo Ellis Jr. Transcrição In: ELLIS, M. (prefácio) In: ELLIS Jr, Alfredo. *Op. Cit.* 1959. p. 17.

Na antiga FFCL/USP foi catedrático de 1939 a 1956 (sendo Diretor entre 1939 e 1941). Os inventários de Alfredo Ellis Jr.[27] ajudam a dimensionar sua participação nos mais variados assunto daquela Faculdade.

Desta forma: Santa Eudóxia (promotora do sentimento de afeição pelas causas rurais e econômicas, que lhe foram ensinadas pelo pai), o Colégio São Bento (com a presença de Afonso de Taunay e o início de uma 'simpatia' pela história), a passagem pela Europa (com novas leituras e os conhecimentos humanísticos lá apreendidos), a Faculdade de Direito (e os primeiros contatos com os movimentos políticos), a promotoria pública em São Carlos (ambiente favorável à pesquisa), a Redação do Jornal *Correio Paulistano* (com a publicação dos primeiros artigos e o contato com os verde-amarelos[28]), a Assembléia Legislativa de São Paulo (e seu posicionamento de oposição ao governo estadual e federal), a 'Revolução de 1932', o colégio Pan-Americano, o Ginásio Paulistano, o Curso Pré-Jurídico Oficial e a Universidade de São Paulo (e o contato com a profissionalização do saber histórico), foram 'lugares sociais' e acontecimentos que direta e indiretamente contribuíram na prática de pesquisa e na escrita da história de Alfredo Ellis Jr.

A obra de Alfredo Ellis Jr. e a elaboração de um projeto de 'escrita da história'

A ligação da produção de Ellis Jr. com os lugares que ocupou é clara. Em palestra proferida na Academia Paulista de Letras, Myrian Ellis (filha desse historiador)[29] dividiu a obra de Ellis Jr. em três grandes momentos.

---

27 Inventários e acervos de: Alfredo Ellis Jr, 1.123 documentos, referência pasta: 7 (CAPH) - FFLCH\USP.

28 Segundo Antonio Celso: "Alfredo Ellis Jr., que ficaria conhecido como um dos principais ideólogos do regionalismo paulista, manteve contatos políticos estreitos com os verde-amarelos, apesar de não ter participado das experiências estéticas do modernismo. As suas ligações com o grupo se inicia em 1923, quando ingressou no jornal *Correio Paulistano* [...] então se juntando a Menotti, Cassiano Ricardo e Plínio Salgado, também colaboradores do jornal e líderes da corrente. (FERREIRA, 2002. p 331).

29 À margem do centenário de Alfredo Ellis Jr. Palestra da Professora e Acadêmica Myriam Ellis, na Academia Paulista de Letras, a 11 de maio de 1995. In: ELLIS, M. *Op, cit*. 1997, p. 9-34.

A primeira, de 1922 a 1930, relacionada aos primeiros livros (que foram à base dos demais). A segunda, de 1930 a 1937, articulada aos acontecimentos decorrentes do movimento 'revolucionário' de Outubro de 1930, e à 'Revolução Constitucionalista de 1932'. E a terceira, que compreenderia o período em que ocupou a cadeira de História da Civilização Brasileira na Universidade de São Paulo.[30]

Este trabalho, entretanto, divide a obra desse historiador em quatro grandes momentos. O primeiro, de 1920 a 1930,[31] estabelecendo pesquisas

---

30 Currículo de Alfredo Ellis Júnior, 1939, FFCL/USP. CAPH. MCE -01, Cx. E-1.

31 Antonio Celso observa que até 1930, não existia na província de São Paulo cursos superiores de história. Os conhecimentos de história, básicos na formação dos homens de letras, eram extraídos dos cursos primário e médio – nos quais viviam de maneira tensa, a história sagrada e a história laica – ou da cadeira de História Universal, anexa ao curso de Direito do Largo de São Francisco. Dessa forma esse saber ficava sob os cuidados de poetas, juristas, políticos, médicos, enfim, de quem se julgassem intelectualmente apurados e comprometidos com o destino da Nação (FERREIRA, 2002, p 46). Do primeiro período são as primeiras obras que revelaram Alfredo Ellis Jr. como pesquisador e historiador ainda nos moldes do autodidatismo dos institutos. No ano de 1922, Ellis Jr. apresenta: *Ascendendo na história de São Paulo*; *Novas bandeiras e novos bandeirantes* e *Alguns paulistas do século VXI e VXII*. O primeiro resultou de uma conferência proferida em 17 de junho de 1922, no Centro paulista no Rio de Janeiro; os dois últimos foram apresentados no Congresso Internacional de História da América realizado em 1922 no Rio de Janeiro. O primeiro contato mais aprofundado de Alfredo Ellis Junior com a história de São Paulo se deu ainda em 1918, logo após sua formatura, pois, voltando para a fazenda Santa Eudóxia, Ellis Junior, acometido pela gripe espanhola, retido em casa em repouso por semanas a fio, leu morosamente os nove volumes da *Genealogia Paulista* de Silva Leme. ELLIS, M. *Op, cit.* 1997, p. 49. Logo são publicados: *O bandeirantismo paulista e o recuo do meridiano* (1924) *Raça de gigantes* (1926) *Pedras lascadas* (1928). ELLIS. M. Contribuições de Alfredo Ellis Junior à Historiografia. *Notícia bibliográfica e histórica.* Campinas: SP. Ano XXVIII N° 163. Outubro/ Novembro de 1996. De 1928 é o romance *Tesouro de canvendish* escrito juntamente com Menotti de Picchia. O *bandeirantismo paulista e o recuo do meridiano*, foi resultado de pesquisas nos *Documentos Seiscentistas publicados pelos Governos Estadual e Municipal*, obra de especial importância na carreira de Ellis Jr., pois a partir desta, firmou-se como historiador nos requisitos de então. A partir da classificação da movimentação bandeirante, quanto ao *tem-*

e escrita ligadas aos padrões dos historiadores dos Institutos[32] – que nas pa-

---

po (bandeirantismo quinhentista, seiscentista, setecentista); e quanto ao *objetivo* (bandeirantismo de caça ao índio e bandeirantismo de busca de metais) a obra louva a saga bandeirante como fator de civilização, expansão geográfica e conquista, além da penetração continental. *Raça de gigantes*, expressa em seu título os píncaros do nativismo defendido por Ellis Jr.; a começar pelo uso da expressão "raça". Kátia Abud chama a atenção para a apropriação de termos como "raça", "seleção", "superioridade racial", "progresso" por Ellis Junior, a partir dos preceitos do Evolucionismo, no intuito de atestar a superioridade das famílias paulistanas. ABUD, K. *O sangue intimorato e as nobilíssimas tradições. A construção de um símbolo paulista: o bandeirante.* São Paulo, USP, Faculdade de Filosofia, Letras e Ciências Humanas (Tese de Doutorado em História), 1985, p. 142. Dividindo a obra em quatro partes, o autor busca demonstrar as grandezas do homem ibérico, e a presença do índio e do mameluco em São Paulo. Por outro lado, reafirma a não presença dos negros na formação desta "raça de gigantes"; em outras palavras, uma "raça" *sui generis*, por ser fruto de um cruzamento entre europeus, indígenas e mamelucos. Na busca por evidências o autor se vale de grande número de fontes e recebe elogios por esse exame documental, de seu mestre Afonso de Taunay que prefacia este livro e afirma: "Méritos de livre mediato longamente, assente em enorme, variadíssima e valiosa bibliografia e documentação, possuidor de qualidades decorrentes do aproveitamento lógico e natural das aquisições lentas, nascidas da leitura atenta e das pesquisas pacientes, da vontade de acertar, da lealdade e do respeito aos ensinamentos das fontes documentais [...] largamente estribado na farta documentação regional que tanto permite surpreender os estados d'alma da gente rude de nossos primeiros séculos [trabalho que] só officiaes do officio estão em condição de avaliar exactamente o que nelle se condensa de labor paciente e repassado de attentissima argúcia". TAUNAY, A. Prefácio In: ELLIS JUNIOR, Alfredo. *Raça de gigantes – A evolução no Planalto Paulista.* Estudos da evolução racial antroposocial e psicológica do paulista dos séculos XVI, XVII, XVII e XIX e das mesologias físicas e sociais do Planalto Paulista. São Paulo: Editorial Hélios Limitada - Novíssima, 1926, p. 12-13.

32 Toda essa documentação e análise crítica nela lançada, levou o livro de Ellis Jr., segundo Taunay a uma aproximação inextrincável da tão procurada 'verdade'. Diz Taunay: "Ninguém de boa fé jamais lhe poderá contestar a valia do enorme repositório de argumentos [...] inéditos de subido preço, acumulados com tanta inteligência, lealdade e vontade de acertar [...] labor [...] manipulação de grande material virgem de pesquisa [...] cotejos aproximações [...] meditação fatigante

lavras de Antonio Celso: "um homem erudito, que transitava com fluência por diversas áreas" (FERREIRA, 2002, p. 123), com uma escrita rebuscada,

---

e cautelosa" (p. 14). Alfredo conclui a obra, nas palavras de Taunay, com a: "exteriorização severíssima dos sentimentos que lhe deixou o exame tão acurado e tão consciencioso das origens e das vicissitudes de existência das populações paulistas. Compenetrou-se de sua grande obra passada na formação territorial brasileira e na devassa e na civilização de enormes tratos sul-americanos e antevê para a nova fase paulista esplendoroso surto, a que já serve de formosíssimo prêmio à grandeza presente de São Paulo, célula gigante superiormente desenvolvida como expressivamente [Ellis Junior] diz" (p. 14). Entre muitos outros, três aspectos principais de *Raça de gigantes* ligam-se aos padrões dos institutos do período em que foi escrito, por isso laureado por figuras como Taunay: a idéia de progresso (calcado no branqueamento), a documentação (oficial) e a escrita (com requintes de rebusque). Conforme lembra Antonio Celso, tanto o IHGB e IHGSP eram herdeiros da tradição iluminista, desta forma: "Imersos em relações e condicionamentos estamentais, os dois institutos se auto-incubiram da tarefa de produzir e difundir o conhecimento histórico e científico, concebendo-o como marcha linear em direção ao progresso, segundo os princípios de alargamentos da civilização branca nos trópicos "(2002, p. 108). No tocante à documentação, Celso Ferreira diz que os trabalhos de história praticados no IHGSP, fundamentavam-se em grande número de documentos como forma de comprovação dos atos heróicos. Nas palavras do autor: "Os documentos escritos constitu[iam] suportes dessa edificação heróica: inventários, testamentos, assinaturas, designações régias e outros textos oficiais (...) atua[vam] para comprovar os enredos, tornando-os verossímeis, daí a valoração dada às habilidades da crítica documental" (2002, p. 128-9). Por fim, a escrita de *Raça de gigantes* atendia às exigências dos institutos, como no caso do IHGSP, que esperava de seus associados "uma estilo de escrita demonstrativo de (...) versatilidade nas letras" (2002, p. 125). Destarte, havia um intercâmbio de formas narrativas de gênero literário, com os escritos históricos ou em sentido contrário. Para Celso Ferreira este intercâmbio responde em muito pelos estilos característicos dos trabalhos desse instituto: "Neles, convivem vestígios peculiares da literatura do princípio do século: documentos e ornatos parnasianos, relatos e 'letras floridas', ciência, imaginação poética e retórica" (p. 125). Os historiadores preocupados com a escrita da história poderiam se beneficiar de várias sugestões da crítica literária, caso decidissem cruzar a produção literária e a historiográfica.

entendida como imparcial e objetiva.[33] Neste período, dá-se a passagem pelo Jornal *Correio Paulistano* e à sua filiação ao IHGSP e à APL[34]; e suas atividades como deputado estadual por dois mandatos consecutivos.

O segundo momento, de 1930 a 1933, remete a participação desse historiador pelos movimentos revolucionários compreendidos nesses anos. As duas obras escritas sobre o assunto assumiram caráter denunciativo e 'panfletária' (ainda que claramente defendidas pelo autor como obras de 'história'), avançando sobre aos procedimentos de pesquisa, por ele praticados até então.

De 1934 a 1938, quando Ellis Jr. se volta ao ensino básico, no Liceu Pan-Americano e no Ginásio Paulistano, já com algumas aulas no ensino superior (*Escola Livre de Sociologia e Política*, Faculdade de Direito do Largo

---

33 Sobre os Institutos afirma Celso Ferreira: "Traçado o perfil do historiador ideal, os escritos históricos eram apreciados de acordo com um punhado de critério sem maior sofisticação teórica: a finalidade desse tipo de saber, os procedimentos necessários para sua elaboração e o estilo de escrita desejado [...] a história era concebida como conhecimento fértil de lições, entre as quais se procuravam sentidos de legitimação das ações no presente [...] no entanto, o historiador deveria estar atento às seduções que, porventura, surgissem no seu caminho, levando a assumir preconceitos apaixonados. A receita era dada por uns poucos autores do século anterior filósofos evolucionistas e, principalmente, intelectuais brasileiros. Em geral tomando como base os ensinamento desses mestres, o restabelecimento da verdade no trabalho histórico, dependia, fundamentalmente, das 'qualidade de observação, imparcialidade' e 'isenção de ânimo' (FERREIRA, 2002, p. 124).

34 Antonio Celso, tomando o exemplo do IHGSP, aponta a formação de verdadeiras dinastias dento das academias e instituto de então, no qual se enquadra a família Ellis. Em suas palavras: "Assim como nos demais institutos e academias, no quadro de associados do IHGSP pode ser observada a formação de uma verdadeira dinastia ilustrativa [de um] campo de sociabilidade. De uma relação mais extensa podem ser ressaltados os nomes das seguintes famílias: Prado (Martinho Júnior, Eduardo, Veridiana e Paulo), Souza Queiroz, Piza e Almeida (ambas com vários expoentes), Mesquita (Júlio César e Julho de Mesquita Filho), Machado de Oliveira, Bernardino de Campos e Carlos de Campos, Afonso Celso de Assis Figueiredo, Afonso Celso Júnior, Afonso Antônio de Freitas e Afonso Júnior, Francisco Gomes de Araújo e Araújo Filho, José Maria Lisboa e Lisboa Júnior e Alfredo Ellis e Ellis Jr." (FERREIRA, 2002, p. 103-4).

de São Francisco), além do exercício da advocacia e sua volta ao Poder Legislativo de São Paulo – um momento de muitas atividades, por isso de pouca produção, e de uma freqüente "reformulação" dos temas apresentados entre 1920 a 1930. Por fim, o quarto momento, em que foi admitido na então FFCL/USP como catedrático, na qual houve uma aproximação com a profissionalização e com as regras do ofício.

Momentos distintos de uma escrita, que manteve, entretanto, um 'fio condutor' comum, conforme observou John Monteiro, para quem:

> A concepção ellisiana da história paulista orientava-se por três pressupostos fundamentais: o isolamento do planalto durante todo o seu período formativo, caráter específico da mestiçagem luso-indígena (a correspondente ausência do negro africano) e o fenômeno *sui generis* do bandeirantismo paulista (MONTEIRO, 1994, p. 85).

Mudaram os 'lugares sociais' e a própria sociedade, e, com isso, as práticas de pesquisa e a escrita da história em Ellis Jr.; mas os pressupostos fundamentais apontados por Monteiro de que este autor teria sido o "último e mais radical expoente de uma safra de intelectuais dispostos a contar as glórias de São Paulo e com ele se encerra esse capítulo" (FERREIRA, 2002, p. 331), deve ser observada como o desenvolvimento de um projeto de escrita da história, com vistas a pensar o passado de São Paulo (e do Brasil), após os acontecimentos de 1929, 1930 e de 1932, aos quais teve uma participação direta. Desse modo, pensar o passado não era apenas uma questão afetiva, de cunho emocional, mas também uma questão política, dado que foi um momento de reconfiguração do poder. No entanto, ao ingressar na universidade o tom político deste projeto dá lugar à produção 'científica', a qual a escrita da história passava a ser inserida. Nesta remodelação, a história dos costumes e a historiografia metódica oitocentista foram fundamentais para Ellis Jr. forjar 'métodos' adequados à sua prática.[35]

---

35 Para Manoel Luis Salgado Guimarães (1988, 2011), o discurso historiográfico ganhou foros de cientificidade, a partir do século XIX, num processo em que a história vista como "disciplina", e conquistou definitivamente os espaços da universidade. Neste processo, o historiador perdeu o caráter de "hommes de lettres" e adquiriu o

Sem dúvida, este foi um período especial da trajetória intelectual do autor, seja por seu amadurecimento, ou pela sua escrita agora vigiada pelos olhos de uma "polícia do trabalho" emprestando a expressão de Certeau, um momento de transição do homem erudito ao homem intelectual.[36] Para Antonio Celso, desde que ocupou o lugar de seu mestre Taunay na Faculdade de Filosofia da USP até quando se afastou (por motivos de saúde) em 1956, Ellis Jr:

> Procurou sistematizar e, e alguns casos rever, suas reformulações sobre a história paulista, por meio da publicação de numerosos trabalhos. Já então, não só se modificava o perfil do historiador, a caminho da profissionalização, como também mudavam os paradigmas históricos, sob os efeitos dos modelos de explicação econômica e, em parte, como decorrência da expansão ultramarina da moderna historiografia francesa. (FERREIRA, 2002, p. 336).

Maria Helena Capelato, Raquel Glezer, Vera Ferlini reafirmam o ambiente encontrado por Ellis Jr na Faculdade de Filosofia de então, quando da vinda da missão francesa[37] e o encontro desses historiadores ligados ao mo-

---

estatuto de pesquisador, de igualdade entre seus pares no mundo da produção científica, processo esse que se dá tardiamente no Brasil, datando do início da "escola uspiana" de história. Grande é o impacto da chegada de um "hommes de lettres" em uma instituição com práticas de pesquisas especificas (agora sob a vigilância dos pares), com amplas distinções do modelo dos institutos, como é o caso de Alfredo Ellis Jr.: "um historiador típico das primeiras décadas do século: dedicado a várias áreas do conhecimento, eclético em suas abordagens, literato no sentido amplo do termo" (FERREIRA, 2002, p. 331). Rearranjou as suas teorias, abrandou seu tom discriminatório, preocupou-se com suas metodologias, mudou seu estilo de escrita, enfim utilizou sua experiência e respeito para demarcar seu espaço neste novo local social tão diverso, que representava a USP.

36 ALBUQUERQUE Jr, D. M. Da história detalhe à história problema: o erudito e o intelectual na elaboração e no ensino do saber histórico. *Locus* (Juiz de Fora), v. 19, p. 53-72, 2004. ALBUQUERQUE Jr, D. M. De Amadores à desapaixonados: eruditos e intelectuais como distintas figuras de sujeito do conhecimento no Ocidente. *Trajetos*, Fortaleza/CE, v. 03, n. 06, p. 43-66, 2005.

37 Fernando Novais tece o seguinte comentário sobre o termo missão empregado

vimento dos *Annales*, com a maneira tradicional de escrita da História praticada nos institutos históricos do Brasil até a abertura do curso de Geografia e História na Universidade de São Paulo em 1930.[38] Para as autoras:

> Se de um lado [os franceses] traziam a experiência com um trabalho metodologicamente orientado e os ares renovadores dos Annales, por outro lado, encontraram caldo de cultura fértil, patente em produção historiográfica nacional de grande erudição, voltada para os temas paulistas, expressas nas obras de Taunay e Alfredo Ellis Jr. Em múltiplos aspectos, essa época corresponde a um repensar do Brasil (CAPELATO, GLEZER, FERLINI, 1994, p. 351).

A escrita de uma História do Brasil em Alfredo Ellis Jr

Não se deve tomar, entretanto, a figura de Ellis Jr. na FFCL/USP, como a de um "forasteiro" assustado com o um "novo" mundo que se descortinava à sua volta. Experiente na convivência de outras instituições, com a força do nome já bem 'lapidado' que carregava, Ellis Jr movimentou-se com bastante facilidade pelos "meandros uspianos".

A começar que, conforme já mencionado, assumiu a diretoria dessa Faculdade no mesmo ano em que entrou, ficando no cargo até 1941.[39]

---

nesse trânsito de professores franceses no Brasil: "A palavra *missão*, que era oficial, é muito significativa. A Primeira missão francesa que chegou ao Brasil foi a artística, com Dom João VI. A segunda, na Primeira Republica, tinha como objetivo instruir oficiais do Exército. A terceira foi a dos docentes que vieram auxiliar na estruturação da USP e da Faculdade de Filosofia. A palavra *missão*, evidentemente, mostra que éramos visto como uma terra de índios que deviam ser catequizados. Não há outra explicação". NOVAIS. Fernando. Entrevista à Revista Estudos Avançados. *Revista Estudos Avançados*, São Paulo, 8 (22): 1994, p.161.

38 Mais detalhes sobre essa transição ver: GUIMARAES, M. L. S. Entre amadorismo e profissionalismo: as tensões da prática histórica no século XIX. *Topoi.* (Rio de Janeiro), v. 3, p. 184-200, 2002. PINASSI, M. O. Os brasileiros e o Instituto Histórico de Paris - 1834/1836. In: Elide Rugai Bastos; Marcelo Ridenti; Denis Rolland. (Org.). *Intelectuais: sociedade e política*. São Paulo: Cortez, 2003, p. 31-47.

39 Currículo de Alfredo Ellis Jr. Inventário Alfredo Ellis Jr: Caixa: 09. Pasta: 33. Envelope: 46. CAPH/USP.

Transitava Ellis Jr. pela USP com a mesmo poder crítico que tão bem exercitara nos anos de oposição na Assembléia Legislativa de São Paulo. Não media palavras nas críticas à Diretoria, aos colegas irregulares em suas tarefas, como foi o caso da polêmica levantada por ele nas discussões com a diretoria da Faculdade de Filosofia, Ciências e Letras, representada pelo professor André Dreyfus, questionando a conduta do professor William Madow, Roger Bastide, Abrahão de Moraes,[40] na qual cobrava um posicionamento mais eficaz do diretor no acompanhamento das aulas.

A voz de Ellis Jr., soava até com certo respeito na Faculdade. Nesta participou do conselho técnico-administrativo, da Comissão de Pesquisa Científica,[41] Subcomissão de Ciências Culturais, de inúmeras bancas de doutoramento, banca de livre-docência em história e outras áreas,[42] comissões de concursos de diversas áreas (como em geologia, e até mesmo análise matemática)[43] e foi sócio-fundador da Sociedade de Estudos Históricos.[44]

---

40 Inventário Alfredo Ellis Jr: Cartas 16 a 26, Caixa: 09; Envelope: 46. CAPH/USP.

41 Inventário Alfredo Ellis Jr: Cartas, Caixa: 09; Envelope: 45; Pasta 33. CAPH/USP.

42 Consta em seu inventário, além de inúmeros convites para bancas de doutoramento, um convite para participar da banca de Livre Docência em História Antiga e Medieval (CI 226 de 17 de novembro de 1950) e outro para compor banca em defesa de tese de Livre-Docência na Cadeira de Geologia (CI 2541 de 24 de novembro de 1950). Inventário Alfredo Ellis Jr: Cartas, Caixa: 09; Envelope: 44. CAPH/USP.

43 Inventário Alfredo Ellis Jr. Caixa: 09; Envelope: 46. CAPH/USP.

44 Nesta organização relacionou-se com importantes nomes do meio Universitário de então, conforme consta no Estatuto desta Sociedade, figura como sócio fundador ao lado de: Aldo Janotti, Alice P. Canabrava, Amélia Americano D. de Castro, Antonio Cândido de Mello e Souza, Antonio Rocha Penteado, Aroldo de Azevedo, Astrogildo Rodrigues de Mello, Aziz Nacib Ab'Saber, Boanerges Ribeiro, Branca da Cunha Caldeira, Caio Prado Junior, Charles Morazé, Deusdá Magalhães Mota, Edna Chagas Cruz, Eduardo Alcântara de Oliveira, Eduardo D'Oliveira França, Eduardo Vilhena de Morais, Emile G. Leonard, Eurípides Simões de Paula, Francisco Isoldi, G. D. Leoni, Gilda Maria Reale, Helio Cristofaro, Higino Aliandro, Isaac Nicolau Salum, João Cruz Costa, José Aderaldo Castelo, José Francisco de Camargo, José Querino Ribeiro, José Ribeiro de Araújo Filho, Laerte Ramos de Carvalho, Linneu Schutser, Livio Teixeira, Mafalda P. Zemella, Manoel

Além do mais, o regime de Cátedra, que existiu até a reforma universitária de 1968, dava grande liberdade ao catedrático, não podendo este ser questionado na grande maioria dos casos. Conforme lembra Fernando Novais (1994, p. 161) os assistentes eram forçados a seguir rigorosamente determinações do professor da Cadeira a qual prestavam auxílio. (NOVAIS, 1994, p. 165). Novais exemplifica esse poder investido nas Cátedras, lembrando do caso do professor Eduardo d'Oliveira França:

> [...] que desejou fazer sua tese sobra História do Brasil, mas não pode, porque era assistente da Cadeira de História Moderna e Contemporânea. Assim sua primeira tese foi sobre o poder real e as origens do Absolutismo em Portugal. Isto porque, de certa forma, queria estar mais próximo da História do Brasil. Mas não podia explicitar esse fato, pois os catedráticos eram Taunay e Alfredo Ellis (NOVAIS, 1994, p. 165-166).

Com base nestas considerações, a análise da obra *A economia paulista no século XVIII: o ciclo do muar o ciclo do açúcar*, publicada em 1950, pela Faculdade de Filosofia (Boletim 115; História da Civilização Brasileira, n°11) contemplará como se deu a escrita de uma História do Brasil feita por Ellis Jr, quando ocupou a Cátedra de História da Civilização Brasileira. O livro analisado é importante, sobretudo, por ter uma elucidativa introdução à primeira parte (chamada de *preliminares*), em que Ellis Jr faz uma discussão riquíssima sobre o que entende sobre História e o 'fazer história' (métodos, imparcialidade, objetividade, verdade, fontes, etc.), registro que explicita as preocupações e convicções deste autor sobre a área. É importante ressaltar, que mesmo sendo o livro de caráter didático, por ser oriundo de um boletim

---

Nunes Dias, Maria Celestina Teixeira Mendes, Maria Isaura Pereira de Queiroz, Mario Wagner Vieira da Cunha, Myriam Ellis, Nice Lecoaq Muller, Nicia Vilela Luz, Odilon Araújo Grellet, Odilon Nogueira de Matos, Olga Pantaleão, Pedro Moacyr Campos, Raul de Andrada e Silva, Renato Silveira Mendes, Roberto J. Haddock Lobo, Rozendo Sampaio Garcia, Sergio Buarque de Holanda, Silvio B. F. Dirickson, Thomas Oscar Marcondes de Souza. Estatuto da Sociedade de Estudos Históricos. Inventário Alfredo Ellis Junior: Cartas passivas, Caixa: 09; Envelope: 45. Pasta: 33. CAPH/USP.

da Cadeira, não se trata de uma produção restrita aos discentes do catedrático. As listas de boletins da Cadeira de História da Civilização Brasileira enviados no ano de 1948 dimensionam a enorme circulação desses materiais.[45]

---

45 Lista de boletins enviados da Cadeira de História da Civilização Brasileira – 1948: Dr. Oliveira Viana, Estado Rio de Janeiro; Dr. Francisco de Assis Carvalho Franco, nesta; Sr. Olavo Dias, nesta; Sr. Antonio Constantino, nesta; Professora Maria da Conceição Vicente de Carvalho, Rio de Janeiro; Exmo. Snr. professor Jaime Cortesão, Rio de Janeiro; Desembargador Afonso J. De Carvalho, nesta; Srª Alice Canabrava, nesta; Dr. José Leite Cordeiro, nesta.; Museu Paulista (Biblioteca), nesta; Professor Taunay, Rua Nestor Pestana, 48, nesta; Sr. Sergio Buarque de Holanda – Museu Paulista, nesta; Sr. Gilberto Freyre – Câmara dos Deputados, Rio de Janeiro; Sr. Roberto Simonsen, Rua Marquês de Itu, 902; Sr. Aureliano Leite - Câmara dos Deputados, nesta,; Biblioteca Pública Municipal Salvador; Bibl. Mun. Teresina, Piauí; Sr. Hebert Baudos Bibl. Nac. RJ; Bibl. Mun. Florianópolis; Arquivo Público Teresina, Piauí; Sr. José Bonifácio de Souza Amaral, Clube Comercial; Dr. Antonio Silvio Palácio; Museu histórico Teresina, Piauí; Bibl. Mun. Belém, Pará; Coronel Silvio de Andrade, Escola Preparatória de Cadetes; Sr. René Thaiolier; Bibl. Fac. de Direito SP; Coronel lima de Figueiredo, Bauru; Bibl. da Fac. de Fil. Campinas; Professor Edigar Franco; Desem. Manoel Carlos F. Ferraz; Sr. Olavo Dias; Bibl. da Escola Militar de Resende, RJ; Bibl. da Escola Livre de Sociologia e Política; Sr. Julio César de Faria; Sr. Aníbal Amaral Gama; Instituo Histórico Brasileiro Instituto Histórico Geográfico de Campinas; Instituto Mackenzie; Instituto Histórico de Santa Catarina; Hadock Lobo; Instituto Histórico Geográfico de Santos Instituto Nacional do Livro, RJ Dr. Henrique de Gandia, Buenos Aires, Argentina Bibl. da Fac. Nac. de Fil, RJ; Dr. Regialfo Nunes; Instituto Histórico Geográfico de SP; Dr. Américo de Moura; Mario Behring, BH; Desem. Euclides Figueiredo; Desem. Vicente de Paulo V. de Azevedo, capital; Agnelio Rodrigues de Melo, capital; Dante Laytano; Washington Luis; Aristides Lobo; Osmar Pimental Roberto; Moreira Hibraim Nobre; Mario Melo, Pernanbuco; Museu do Ouro de MG; Magalhães Gomes, Ouro Preto; Paulo Duarte, capital; Reginaldo Nunes, RJ; Julio de Mesquita Filho, Capital; Enzo Silveira Neto Santana; Honório Sylos; Soc. Bras. De etnologia, RJ; Coman. Aníbal Gama, RJ; Luis G. Iager, RS; Artur Ramos, RJ; Giselda Ribeiro Amoro Quintas; Percival de Oliveira; Caio Prado Junior; Bernardino de Souza, RJ; Antonio Muniz de Salles Jnr; Aucindo Silvio; Desem. Leme da Silva; Serviço do Patr. Hist e Art. Nasc, Rio de janeiro; Serviço de Imigração e Colonização; Serviço documentação do Itamaraty; Frederico Marques; Dr. Enrico Sodré; Dr. Paulo Arantes; Dr. Reginaldo Nunes, RJ; *The Hispanic*

A partir da leitura das *preliminares*, fica evidente a aproximação com o profissionalismo por parte de Ellis Jr. Assuntos que antes não o preocupava, agora são freqüentemente repetidos. A começar pela distinção clara que faz da disciplina de História com outras modalidades de se reportar ao passado:

> Um capítulo qualquer da História de um povo qualquer ou de um acontecimento qualquer não deve resumir-se a uma descrição mais ou menos minuciosa dos fatos ocorridos que constituem esse fenômeno do passado, então focalizado. Isso não passaria de uma mera reportagem, reduziria a História a uma situação inferior, com um objetivo muito simplista, de mero repositório das recordações e de curiosidades. História não pode se baixar de nível a esse ponto, recorrendo à memória do estudante, para o engavetamento mais ou menos ordenado de detalhes sobre nomes, datas, alvarás, decretos, batalhas, etc. (ELLIS Jr., 1959, p. 41).

Para ele, a História não poderia ficar presa à cronologia, mesmo sendo ela parte importante dos estudos históricos, e que se formaria da união de vários departamentos do saber humano, saberes estes, disciplinados pelo espírito crítico, mobilizados pelo raciocínio, o bom senso e a imaginação, aspectos indispensáveis para o diagnóstico das *causas*, para interligação

---

Historical Rewiew; Jaime Cortesão, Rio de Janeiro; Dr. Frederico Brotero; Bibl. Municipal, SP; Orlando de Almeida Prado; Abelardo Vergueiro; Museu do ouro de Sabará; Salomão de Vasconcelos; Professor Candido Mota Filho; Dr. Artur Ramos Henrique Garcia; Dr. Francisco Malta Cardoso; Dr. João M. Netto; Dr. Nuno Santana; Padre Sabóia de Medeiros; Dr. Francisco Pati; Padre Luis Gonzaga Tager; Juvenal Euclides Figueiredo; Professor Raja Gabaglian; Dr. Basílio de Guimarães; Dr. Roberto Moreira; Sr. Agnélio Rodrigues de Mello; Nelsonx Omegna; Abelardo de Vargueiro César; Professor Genésio de Moura; Museu da Inconfidência, Minas; Antonio de Paiva Sampaio; Cel. Inácio de Castro; Cel. Salvador Moya; Inst. Genealógico; Major Leorino; Dep. Henrique Ricchetti; Dep. J. B. de Carvalho; Redação da Gazeta; Professor Valter Palding, Porto Alegre; Dep. Rubens do Amaral; Miguel Arco e Flega; Harvard University; Columbia University; Yale University; Princenton University; Catholic University of América; University of Chigaco; Cornell University; John Hopkins University; Samuel Elliot Marison, Estados Unidos; Willian B.Greenlee, Estados Unidos. Inventário Alfredo Ellis Junior. Caixa: 09; Envelope: 46. Pasta: 36. CAPH/USP.

das *consequências* e sincronização das *repercussões*, que se encadeiam com os *fatos principais*. *Causas, consequências, repercussão*: eis o tripé que daria subsídio seguro ao historiador: "Só assim podem ser erguidas as reconstituições do passado com suas causas, bem diagnosticadas, e com suas consequências, bem interligadas, com suas repercussões bem sincronizadas e encadeadas com os fatos principais, que devem ser analisados", como dirá (ELLIS Jr., 1959, p. 41).

Aí está o problema nos capítulos sobre a história do Brasil até então, pois foram "desgraçadamente" escritos senão no seu aspecto cronológico, com "lamentável" falta de análise das *causas* e das *consequências*. Frente a isso, assevera Ellis Jr, as páginas de nossa evolução pregressa não foram constituídas completamente, "falta um seguro diagnóstico das causas desse sucesso que têm sido unicamente descritos sobre o ponto de vista cronológico e [...] apresentados em suas ramificações às vezes desimportantes". (ELLIS Jr., 1959, p. 41). Também reclama da falta de capacidade dos escritores da história do Brasil em recorrer aos vários "departamentos do saber", em traçar comparativos com o desenvolvimento histórico de outros povos, o que, para ele, comprometeu as explicações e as críticas dos eventos de nossa história: "com isso, as páginas do passado brasileiro figuram como se estivessem no ar e sem base sustentadora explicativa". (ELLIS Jr., 1959, p. 42).

Frente a esses problemas, escrever a história do Brasil, satisfatoriamente, seria analisar as causas, discriminá-las, mencioná-las e criticá-las, valendo-se do raciocínio e da imaginação. Ellis Jr era categórico na cobrança do tripé: causas, consequências e repercussões, de maneira que, a ausência do "espírito crítico", que lavava a interligação dos três fatores, era motivo de reprovação em suas avaliações. Data de 16 de abril de 1948, uma correspondência em que ele responde a solicitação de reconsideração do caso de Dinah Spadão, reprovada, ao que tudo indica, em um concurso. Na carta, responde - apontando os motivos da reprovação – a Malaman:

> Meu caro Malaman:
>
> Acabo de receber a carta de 8. Infelizmente, o caso de D. Dinah Spadão não poude ser resolvido a contento dela. Ela não foi bem, ela

> não foi aprovada. Tive a impressão dela, contrária a que V. manifesta em sua carta. Achei que a D. Dinah não liga muito ao ensino. É displicente. Ela faz parte do curso de férias e foi muito pouco assídua. Por êsse motivo ela não pegou o nosso sistema. Ela revelou a mais completa ausência de espírito crítico, pois fez uma dissertação sôbre a "Reforma religiosa" na qual esqueceu as causas e não mencionou as consequências. Repetiu essa enorme cincada quando deu uma aula sobre "Maioridade". Espero, porém que D. Dinah adquira o que não revelou nesse exame, de modo que em 1949, no concurso que vamos ter, ela conquiste uma boa classificação. Quanto ao mais, nada mais fiz que justiça. Gratíssimo pelo que V. me disse.
>
> Do muito amigo: Dr. Alfredo Ellis Junior.[46]

Sobre os fatos, não são todos os que devem receber a atenção do historiador. Ellis Jr., apresenta uma espécie de categorização que ajuda na escolha dos mais relevantes. São mais importantes aqueles fatos que produzem grande número de *consequências*, devendo ser mais "esmerilhados" do que os fatos *causadores* de menor efeito. Ele segue a rota de crítica aos "historiadores" do Brasil reafirmando: "infelizmente os que têm cuidado do passado brasileiro não têm tido os olhos voltados para essas idéias, embora elas sejam de lógica esmagadora e dotadas de tal evidência que se fazem irrespondíveis" (ELLIS Jr., 1959, p. 42), e complementa duramente: "resumindo tudo, o Brasil, ainda que tenha tido excelentes cronistas expositores de seu passado, não conhece completos historiadores-interpretadores de seus capítulos históricos". (ELLIS Jr., 1959, p. 42). Se por um lado é duro em seu tom de crítica, por outro acena o motivo dessas imensas lacunas na historiografia brasileira, demonstrando suas ligações com as práticas 'positivistas', principalmente, o modelo de história da chamada "escola metódica" francesa. As causas da falta dessas habilidades no trato do passado pelos "historiadores" do Brasil:

> É que o conceito de História, de acordo com as idéias supra, só agora é assim concebido. Isso exige uma cultura muito extensa para se apli-

46 Inventário: Alfredo Ellis Jr. Cartas de 1 a 11. Caixa: 09; Envelope: 46. Pasta: 33. CAPH/USP.

> carem nos problemas históricos os ensinamentos oriundos de vários ramos científicos. Além dessa cultura muito vasta, ainda que pouco profunda, a interpretação da História pelos métodos científicos, que não a deixa resumir-se em simples exposição descritiva, exige muito esforço, raciocínio e observação. (ELLIS Jr., 1959, p. 42).

Mas, não aparece somente como um crítico. O peso institucional da Universidade o levou a prática da autocrítica, a reconhecer suas limitações. Primeiramente, se apresenta (em um ato de humildade) como um não exemplo do modelo de historiador científico, por ele defendido:

> Eu tentei aplicar [o] sistema crítico ao passado paulista e apenas tentei, porque me faltam os recursos da cultura mais ampla como seria mister [...] outros mais dotados de predicados intelectuais, poderão fazer trabalho mais completo que o meu [...] contento-me com a função de ter sido um primeiro abridor de picada. (ELLIS Jr., 1959, p. 42-43).

Logo, a sombra das teses de suas primeiras obras que, nos meios acadêmicos, não tinham a mesma ressonância dos institutos, levou o catedrático as seguintes palavras: "é possível e mesmo provável que tenha exagerado nas minhas interpretações, ainda que tenha agido sempre de boa fé [...] eu não quero pensar que tenha acertado sempre". (ELLIS Jr., 1959, p. 43). Chama atenção uma frase de peso, em que o historiador reconhece os exageros cometidos em suas análises sobre a história de São Paulo e do bandeirantismo paulista: "as vezes o erro de superestimação de certos fatores tem me conduzido a caminhos menos certos". (ELLIS Jr., 1959, p. 43). Aberto ao debate, o catedrático, conclama que o corrijam, contradigam, que argumentem em contrário às suas ideias, que ele próprio reconhece, são muito avançadas e causam não poucas revoluções:

> Respeito muito as opiniões alheias! Sou profundamente liberal no concernente às minhas idéias às minhas convicções, ao meu modo de interpretar os acontecimentos da nossa vida e de meu povo [...] não imponho delineamento, bitolas, etc. à cerebração de ninguém [...] é justamente por isso que concebo tese como afirmação que se preten-

> de provar. Assim, eu reúno em torno de uma asserção que erijo uma série de argumentos bebidos nos recursos que o meu pobre engenho me faculta. Admito toda e qualquer objeção e contradição mesmo, às minhas ideias e concepções. Aprecio até que as façam! Abrem com isso, possibilidades para que eu melhor defenda os pontos mais frágeis das minhas teorias, e, além disso, há uma evidenciação de personalidade, uma das máximas e indispensáveis virtudes para quem precisa ser historiador de fato e não mero repetidor do que outros já escreveram. Uma só coisa eu exijo e nisso sou absolutamente intransigente: é que haja sinceridade na contradição e perfeita honestidade na argumentação. (ELLIS Jr., 1959, p. 43).

Mesmo com toda essa abertura, as "velhas" convicções de Ellis Jr se mostravam vívidas em suas abordagens históricas, principalmente o(s) determinismo(s), o ecletismo, agora complementados pela economia. Ele toma as rédeas da História das mãos do homem: os acontecimentos históricos não estão subjugados à vontade do homem, pois que, as ações do homem são determinadas por dois fatores predominantes, que em suas ações, reações e repercussões explicam a História. São esses fatores: o oriundo do *meio interno* e o oriundo do *meio externo*.

Ao levantar as questões em torno do que chamou de *meio interno*, retoma todas as lições das ciências biológicas (nesse caso especificamente da heredologia e da genética), para provar que não escolhe o homem a configuração física, moral, fisiológica, psíquica, etc., que carregará pela sua vida, pois ela é herdada de seus antepassados, determinados pelo jogo genético. Afirma assim:

> É claríssimo que nosso meio interno não depende de nossa vontade. Quando recebemos por hereditariedade, as linhas de nossa constituição interna, não somos consultados e as nossas escolhas não são obedecidas. Quem não haveria de querer possuir a beleza de beleza de Antinous, a perfeição de uma Vênus de Milo, o ardor combativo de um Aquiles, a finura Esparta de um Ulisses, a inteligência de um Rui Barbosa, etc. Quem não quereria ser um supernormal? (ELLIS Jr., 1959, p. 44).

Já o *meio externo*, é tudo o que envolve o homem, tanto o meio natural, leia-se, meio geográfico e o meio artificial ou social. Para ele, o primeiro, por força, envolve o homem, subordinando-o ao clima, ao solo, à nutrição entre outros. O segundo mesmo sendo criado pelo homem, também o escraviza às suas imposições: "Tudo isso independe da vontade humana, que tem que obedecer às correções estranhas, em completa e evidente ablação da própria vontade". (ELLIS Jr., 1959, p. 44).

Desta maneira, esses dois fatores, o oriundo do *meio interno* e o oriundo do *meio externo* são os modos de ação que causam todas as atividades humanas quer as individuais, quer as coletivas. Para ele, todos os homens agem no sentido egoísta de procurar o próprio bem, a busca constante pelo lucro, seja o lucro material ou mesmo o espiritual. Todos visam egoisticamente o bem próprio, direta ou indiretamente. Agindo os homens dessa maneira, os reflexos nos grupos humanos transparecem, e estes grupos também se vincam no mesmo objetivo de progredir, lucrar, melhorar a vida. E conclui: "progresso, lucro, a grande finalidade da vida humana". (ELLIS Jr., 1959, p. 45).

Daí vem à grande importância da economia para a história; já que o lucro material, ou o progresso, só podem ser alcançados pela economia. E exemplifica:

> [...] observe a vida dos povos; examine-se a vida individual e a conclusão terá de ser a mesma: a Economia é *causa mater* de todas as ações humanas. Poderá ela estar enroupada em vestes que lhe modifiquem a aparência, mas o bom observador, despindo as roupagens enganadoras dos disfarces, mais ou menos desfiguradores da verdade há encontrará resplandecente em sua nudez. Mesmo os mais sublimes e estranhos dos idealismos que parecem colocar os indivíduos apaixonados no irreal, tem a sua base na economia. (ELLIS Jr., 1959, p. 45).

Sendo a economia o carro-chefe no estudo da história para, ele busca sistematizar a melhor maneira de estudá-la. Para tanto, erige três pressupostos fundamentais para o historiador, no que concerne à economia: *produção, consumo* e *intercâmbio*. Para Ellis Jr., toda economia do agregado humano tem seus fulcros nessas três partes que, por isso, devem ser estudadas em separado. Ao partir do estudo da economia no seu tríplice aspecto é preciso que o historiador seja minucioso em sua análise, fugindo à mera descrição da situação estudada: "porque é preciso que fique tudo bem patente, não basta descrever uma situação, é preciso que ela seja explicada, quando não justificada, depois de ter sido analisada e criticada" (ELLIS Jr., 1959, p. 51).

Se a economia tem importância na história de qualquer povo, muito mais ainda na história do Brasil, pois, no "caso do Brasil, o que varia é a forma como se processa a interferência dela, mas a causa é sempre a mesma". (ELLIS Jr., 1959, p. 51). A economia é peça indispensável na história da civilização brasileira. Para ele, até mesmo as manifestações psicológicas ou sentimentais mais evidentes, têm sempre seus fundamentos calcados em aspectos econômicos:

> Nem sempre [a economia] aparece com evidência, pois muitas vezes ela se oculta com mistério, nos refólios umbrosos das aparências enganadoras. Compete ao historiador arguto raciocinar profundamente e descobrir o esconderijo onde reside a causa econômica, que, como um ponto nevrálgico serve de base para todos os acontecimentos visíveis (ELLIS Jr., 1959, p. 51).

Mas de nada adianta todos esses procedimentos analíticos se não existem boas fontes para o estudo do passado. Por isso traz uma listagem de fontes, em suas palavras, merecedoras de fé para a reconstituição dos capítulos do passado:

> Documentos;
> Ensinamentos de vários ramos científicos;
> Analogia e razão natural das coisas;
> Lógica tirada da repercussão da evolução histórica de outros povos;
> Toponímia;[47]
> Literatura, Folclore, Musica Pintura, Arquitetura, etc.;
> Tradição oral transmitida em famílias;

47 É importante ressaltar a importância da toponímia nos estudos de Ellis Jr que a utilizava na tentativa de provar a prolificidade dos cruzamentos dos ibéricos com os nativos, grande parte, fruto do cruzamento eugenésico, comprovando a mestiçagem sui generis paulista. Ellis Jr, assim, recorreu à documentação de publicação oficial e a trabalhos de linhagistas para realizar suas análises.

> Ensinamentos de autoridades e de mestres reconhecidos;
> Relatos e testemunhos coevos de viajantes, visitantes, etc. (ELLIS Jr., 1959, p. 51).

As reconstituições dos atos do passado devem ser feitas a partir deste conjunto de fontes que juntas fornecem os elementos para que bem pesados, interpretados e criticados, a história possa ser escrita. O documento aparece na primeira posição das fontes utilizáveis, mesmo com toda essa variedade de possíveis fontes apresentadas. Isto não quer dizer que não reconheça que os documentos eram fragmentos do passado, que apresentavam sérios problemas, tendo em vista que:

> [...] os documentos formam as fontes primordiais, mas isso não quer dizer que a documentação estabeleça verdade absoluta e incontestável. O documento precisa ser interpretado e dele aproveitado o Maximo que possa servir para elucidar um determinado fato. E por isso que o historiador deve possuir uma cultura ampla a fim de poder interpretar o documento sob vários aspectos [...] sendo o documento a fonte principal, isto é, do qual se podem estabelecer as asserções mais seguras, outros elementos para edificação histórica existem e não podem ser desprezados seus ensinamentos (ELLIS Jr., 1959, p. 52).

A cultura ampla, utilizará o historiador, no intuito de intercalar, combinar, interligar e sincronizar os conhecimentos estabelecidos pelo documento, com outros selecionados de outras fontes. Cita o exemplo de Georges Cuvier que dizia poder de um simples osso restaurar um animal monstruoso da pré-história, no sentido de afirmar que o mesmo teria de fazer o historiador: por uma simples peça, por mais secundaria e insignificante que aparente, reconstruir um fenômeno, um capitulo ou uma época ou ainda uma situação do passado. Insiste repetidas vezes na ampla cultura geral, imprescindível ao historiador, por que:

> [...] militando afincadamente neste objetivo, a história constantemente recorre a vários ramos científicos. E ainda por isso, eu repito e insisto, o historiador precisa estar munido de cultura geral muito ampla, a fim

> de poder ao menos compreender os assuntos de que precisa lançar mão, para atingir com mais felicidade o seu desiderato (ELLIS Jr., 1959, p. 52).

Na esteira desses predicativos indispensáveis ao historiador, rebate a ideia de que a historia é matéria fácil, acessível a qualquer pessoa, uma espécie de "água com açúcar", como corrente no conceito vulgar dessa disciplina. Por todos estes melindres no estudo do passado, a história é matéria que exige dedicação e especialização mais profunda; por isso, a função de historiador não está ao alcance de qualquer um: "é preciso haver a maior dedicação e não pode ser considerado um simples 'bico', o mister de historiador, que requer certa exclusividade". (ELLIS Jr., 1959, p. 52).

Por outro lado, atenta sobre a importância do raciocínio e da lógica, e de certa dose de imaginação na interpretação das fontes. Ressalta que o imaginado não pode, sem a base sólida de provas seguras, ser tido como verdade. O imaginado é uma simples hipótese que após a análise das provas poderá ou não ser transformada em 'verdade científica': "sem certa dose de imaginação, o historiador fica a repetir o estafadamente sabido". (ELLIS Jr., 1959, p. 53).

De todos os posicionamentos de crítica à escrita da História do Brasil, por parte de Ellis Jr, o seu desprezo pela história dopada de civismo chama atenção. Ataca veementemente o louvor exagerado ao povo brasileiro, o *me ufanismo* que forjou o muito pouco inteligente de que tudo o que é brasileiro é melhor, mais perfeito e mais razoável do que o restante. Para ele, isso acarreta enorme mal a verdade, pois, tal confusão e mistura entre a história e o civismo patriótico, mistura profundamente desinteligente e contraproducendente, não contribui para o melhor conhecimento do passado. A literatura sobre o passado brasileiro se acha embuida desse "espírito mefítico" que compromete toda a noção sobre a vida da nossa terra. O pieguismo do brasileiro e o romantismo do século XIX deram amplitude a este espírito desvirtuador da verdade, a tal amplitude a ponto do passado de nossa gente se tornar monstruosamente irreconhecível. Nesse aspecto, afirma categoricamente: "No Brasil, de fato, desde a famosa carta de Vaz de Caminha e das páginas de Rocha Pita que um ranço adocicado despurifica a verdade". (ELLIS Jr., 1959, p. 45). E assevera:

> A história de um povo não é Bíblia de civismo. História é uma ciência, ou antes, um conjunto de ensinamentos científicos. As suas conclusões devem ser rígidas, austeras e frias enquanto que o civismo é sempre apaixonado panegirista, etc., fazendo de cada capitulo do passado uma série de ditirambos endeusadores dos seus figurões (ELLIS Jr., 1959, p. 45).

O autor segue o caminho de crítica ao modelo ufanista de escrita da história do Brasil. Diz que o ensino desse civismo nas escolas é extremamente perigoso, pois "envenena" a formação intelectual do estudante nos ensinos primários e ginasial, saturando-os de noções falsas, de ideias errôneas, de tabus atrasadíssimos que refletem do espírito de ufanismo adulterador da verdade. Uma vez chegando ao ensino superior o estudante carregado de patriotismo toma uma "ducha gelada" ao se defrontar com a verdade. Estudante abalado e chocado se transforma em um "céptico", e descrente de tudo o que diz respeito ao seu país, à sua gente: "Ele é um desiludido! Ele é um desencantado" (ELLIS Jr., 1959, p. 46). E:

> Acontece com ele o mesmo que sucedeu à criança, que por fim descobre como é falso o mito do 'papá-noel', ou o da 'cegonha' [...]. Então ela pensa como viveu enganada! Ela então raciocina incoercivelmente: pois se tudo no Brasil é melhor, então por que estamos algo atrasados em face de outros povos, que, como lhe disseram, não eram tão favorecidos por Deus? Como não se desiludir diante deste raciocínio? De Pangloss esse estudante se transforma em Cassandra ou em Jeremias! (ELLIS Jr., 1959, p. 46).

Para ele é dessa decepção que nasce folclores como o de *Amélia, a mulher de verdade*, "Miserê", "não adianta fazer nada", "pra que trabaiá?", todos relacionados à miséria, conformismo e madraçaria. Por isso, conclama: "Não, a mentira não compensa!". (ELLIS Jr., 1959, p. 46). Não se exime de também ter sido acometido por este mal, que segundo ele, corrompeu sua geração, o mal que está no "espírito" de *me ufanismo* que saturou todos os que escreveram sobre o passado do Brasil, e pelo simples ato de escrever sobre o passado, foram guinados ao nível de historiadores, designação esta, muito malbaratada:

> Qualquer repetidor do que outrem descreveu sem raciocínio é chamado de *historiador.* Têm-se visto coisas verdadeiramente inconcebíveis em matéria de malbaratamento desse apelativo. Basta escrever qualquer coisa sobre o passado embora não abordando pesquisa nenhuma para ser erguido ao nível de *historiador*. Até quem nunca publicou coisa alguma é *inconscientemente* chamado de *historiador* (ELLIS Jr., 1959, p. 46).

Essas legiões de repetidores entronizam estes erros repetindo-os e com isso formando "tabus". Por tudo isso, os livros e compêndios didáticos ginasiais deveriam passar por uma "honesta" revisão para o restabelecimento da verdade. Ao delinear as diretrizes para o restabelecimento da verdade na História do Brasil, Ellis Jr traz à baila discussões sobre a imparcialidade na pesquisa histórica e se revela bom aprendiz de seu mestre Taunay, no que diz respeito à recepção da moderna crítica histórica. Conforme apontou Karina Anhezini, os procedimentos da "escola metódica" francesa foram de grande relevância na escrita da História de Taunay, mas não se pode considerá-lo um metódico ao modelo francês. Desta forma em Taunay:

> Este método foi uma das referências que informaram as composições historiográficas de Taunay, um *metódico à brasileira*, que confrontou procedimentos de análise interna e externa do documento, bem como, as definições quanto à melhor História a ser escrita e ditadas por Langlois e Seignobos com um outro universo de produção, o brasileiro, e assim, rearranjou estes elementos de acordo com as possibilidades apresentadas pela escrita da História no Brasil (ARAUJO, 2006, p. 45).

Tal como já havíamos antecipado acima, Ellis Jr segue a mesma trilha de seu mestre; mas, neste caso, tecendo duras críticas à noção de imparcialidade, tão cara aos metódicos franceses. Para Ellis Jr "o historiador pode e deve tomar partido de um problema do passado e defender a tese que tiver erigido" (ELLIS Jr., 1959, p. 47) pois, o historiador precisa se dedicar ao que quer provar. No caso do mero expositor, este não defende tese alguma, limitando-se a descrever uma situação. Nessa posição, o mero expositor deve ser imparcial, já que nada critica, nada defende: "a ele não interessa modificar o que expõe. Daí a sua frieza! O crítico interpretador da história, o verdadeiro historiador, entretanto não está na mesma postura" (ELLIS Jr., 1959, p. 47). O historiador tem um princípio a defender, em torno do qual ele reúne argumentos que lhes são favoráveis. Mas, para que possa o historiador defender uma tese é imprescindível que previamente acredite na sua veracidade, pois quando convencido disso, o historiador busca todos os elementos para estabelecê-la como verdade científica. Ora, tão laboriosa tarefa não deve ser feita com frieza, e sim com dedicação. "Desta maneira é diversa a situação do simples expositor que tem precisão visceral de ser imparcial, da do historiador interpretador dos acontecimentos, o qual não pode, nem deve ser imparcial" (ELLIS Jr., 1959, p. 47). Ressalta, porém, que o historiador, ainda que com calor defenda uma tese e se coloque em antagonismo contra os seus adeptos de tese oposta, deve ser honesto ao conservar sua parcialidade a favor do que sustenta e do que advoga. Honestidade, tanto por parte dos historiadores, como dos cronistas: "é a honestidade que deve presidir a todos os trabalhos concernentes às paginas do pretérito" (ELLIS Jr., 1959, p. 47).

É importante frisar que, de forma paradoxal, à medida que Ellis Jr outorga o direito à parcialidade ao historiador, não a permite ao cronista, que para ele:

> [...] relatando o fato, expondo uma situação ou descrevendo um fenômeno, não precisa tomar partido, deve ser imparcial [...] sempre dentro da honestidade [...] o historiador, pode ser parcial! Outro, o cronista, deve ser imparcial! Ambos, porém devem ser rigorosamente honestos (ELLIS Jr., 1959, p. 47).

Sendo a 'escola metódica' criada "em torno de um axioma, o da história como 'ciência positiva" (DOSSE, 2003, p. 39-40), fugindo do subjetivismo em nome da ciência e do respeito à verdade, Ellis Jr se afastava em um ponto fulcral do modelo francês: suas subjetividades; suas "paixões" tão às claras em suas obras.

O historiador no modelo metódico deveria estar ciente de que pertencia a uma comunidade de profissionais que além de zelar pela objetividade, tinha de apresentar seus escritos sem qualquer traço da estética literária; um discurso frio, duro e sem qualquer resquício das "paixões" pessoais;

devendo, somente, descrever o que estava objetivamente contido na fonte. (DOSSE, 2003). Em mais um ponto se afasta Ellis Jr desse modelo. Como já foi exposto, dava grande importância à imaginação: "ao ser feita a reconstituição do passado é preciso que o raciocínio trabalhe muito a par com o bom senso e a lógica. Além disso se faz mister que o historiador ponha em ação certa dose de imaginação" (ELLIS Jr., 1959, p. 53).

Todos os aspectos até aqui destacados, estão presentes no livro *A economia paulista no século XVIII*. O livro em questão, conforme já mencionado, é fruto do Boletim 115 da cadeira de História da Civilização Brasileira, e se insere no conjunto das obras que o autor deixou escritas sobre a história paulista. Coube ao autor aqui estudado a primeira parte da obra[48] que compreende dez pequenos capítulos e uma introdução. A sequência em que foram organizados os capítulos, sintetiza a maneira de pensar História de Ellis Jr, englobando os principais aspectos que o norteou desde as primeiras obras. Organizam-se os capítulos da seguinte forma: Capítulo I *Demografia Setecentista*; Capítulo II *A Serra do Mar*; Capítulo III *Seleções*; capítulo IV *A economia paulista setecentista*; capítulo V; *O ciclo do muar*; capítulo VI *O ciclo do açúcar paulista*; capítulo VII *A civilização do açúcar paulista*; capítulo VIII *O patriarcalismo e o ciclo do açúcar paulista*; capítulo IX *O negro no século XVIII*; capítulo X *Grandeza, agonia e morte do ciclo do açúcar paulista*. Desnecessário alongarmos resumindo os capítulos. Importa aqui salientar que seguem uma prática, articulada ao seu programa de pesquisa, e dão continuidade aos textos que produziu desde os anos de 1920 sobre a história paulista.

Nesse sentido, vimos como Ellis Jr. definiu seus procedimentos de pesquisa, na medida em que organizou sua prática e sua escrita, para delinear a história de São Paulo e do país. Vimos como seus procedimentos foram se consolidando durante o período em que esteve como catedrático da cadeira de História da Civilização Brasileira do curso de Geografia e História da Faculdade de Filosofia, Ciências e Letras da Universidade de São Paulo; e como esses mesmos preceitos teóricos e metodológicos alicerçavam seus processos de avaliação dos alunos e em suas bancas. E em suas palavras:

---

48 Os capítulos restantes da obra são de autoria de sua filha Myriam Ellis.

> Eu tentei aplicar [o] sistema crítico ao passado paulista e apenas tentei, porque me falta[va]m os recursos da cultura mais ampla como seria mister [...] outros mais dotados de predicados intelectuais, poderão fazer trabalho mais completo que o meu [...] contento-me com a função de ter sido um primeiro abridor de picada (ELLIS Jr., 1959, p. 42-43).

Depois de efetuarmos a análise da obra de Ellis Jr., percorrendo sua trajetória na cadeira de *História da civilização brasileira*, poderemos pensar comparativamente a trajetória e a obra de Sérgio Buarque de Holanda, e indagarmos com maior precisão porque Holanda veio a se tornar o modelo de historiador no curso de História, além de suas práticas de pesquisa servirem de base para a formação de gerações de historiadores e historiadoras profissionais, a partir dos anos 1950.

Capítulo 7

Sérgio Buarque de Holanda e a cadeira de História da Civilização Brasileira (1956-1968)[1]

> No Brasil [...] onde só há pouco o tirocínio universitário, e um contato mais assíduo com os grandes centros culturais, começa a habituar-nos a não ver nas teorias e idéias seu mero valor fiduciário, a apresentação de alguma nova forma, nova fórmula, de conhecimento, reveste-se muitas vezes de caráter sacramental. A fórmula, que deveria ter efeito provisório apenas, e especulativo, converte-se sem dificuldade em dogma definitivo e inapelável, até que se insinue no horizonte quem deva decretar sua fatal derrocada. Os que ontem juravam por um profeta, congregam-se hoje à invocação de outro, convictos de que, enfim, se apropriaram da Verdade. Assim, entre historiadores, contra os que antes acreditavam no valor final da documentação, ergueu-se a seita dos que tendem a proscrevê-la em prol da simples especulação. A muitos destes não ocorreu pensar que, se os fatos materiais objetivamente averiguados, situados, datados, não formam a história, ou toda ela, formam, entretanto, um dos seus elementos (HOLANDA, 2004, p. 131).

O objetivo principal deste capítulo (dando continuidade à análise do anterior) é estudar a trajetória intelectual de Sérgio Buarque de Holanda,

1 Este capítulo é resultado da pesquisa: "Ofício de historiador na Universidade de São Paulo: entre o 'autodidatismo' e a profissionalização do trabalho intelectual de história (1934-1968)". Agradeço ao CNPq pela bolsa de iniciação cientifica concedida pelo período de ago/2007 a jul/2008, que permitiu ao meu aluno André Dioney Fonseca efetuar um levantamento das fontes de Sérgio Buarque de Holanda nos arquivos da Universidade de São Paulo.

entre 1956 e 1968, inquirindo como apreendeu as discussões sobre a profissionalização do trabalho intelectual de história. Durante esse período esteve lecionando no curso de História da Faculdade de Filosofia, Ciências e Letras da Universidade de São Paulo (FFCL/USP). Pretende-se analisar ainda como procurou escrever uma História da Civilização Brasileira, quando foi catedrático da cadeira de História da Civilização Brasileira. As fontes principais desta pesquisa foram os programas da disciplina de História do Brasil, as correspondências pessoais e as obras escritas e publicadas nesse período.

Primeiro, busca-se mapear a vida de Sérgio Buarque de Holanda, dando ênfase aos 'lugares sociais' (Cf. CERTEAU, 2002) em que passou o referido autor. Em seguida, realizou-se uma análise de sua obra, referenciando as práticas de pesquisa desse autor e suas ligações àqueles lugares sociais. Por fim, analisou-se a escrita de uma História do Brasil no período em que ele esteve lecionando no curso de História da FFCL/USP, como catedrático da cadeira de História da Civilização Brasileira.

A vida de Sérgio Buarque de Holanda: a questão dos lugares sociais

Elencar os 'lugares sociais' pelos quais Sérgio Buarque de Holanda passou não é tarefa simples, pois o autor em questão iniciou sua carreira muito cedo e viveu-a intensamente até os últimos dias de sua vida. Revistas, jornais, museus, universidades, academias, associações, partidos políticos, entre outros, formam o rol de lugares sociais que tanto foram marcados pela presença dele, como marcaram, cada um ao seu modo, o pensamento desse historiador em muitos aspectos.

Aos onze dias do mês de julho, no ano de 1902, à Rua São Joaquim, no bairro da Liberdade na cidade de São Paulo nasceu Sérgio Buarque de Holanda, primogênito do casal Cristóvão Buarque de Holanda e Heloísa Buarque de Holanda. Seu pai, pernambucano, iniciou o curso de medicina no Rio de Janeiro, porém não concluiu. Através de convite estendido por Cesário Mota transferiu-se para São Paulo. Trabalhou no Serviço Sanitário do Estado e foi um dos fundadores da Escola de Farmácia e Odontologia, onde lecionou Botânica. Em 1901, casou-se com Heloísa Gonçalves Moreira que, nascera em Niterói, mas fora criada em São Paulo (NOGUEIRA, 1988, p. 17-26).

Ao falar de sua relação com os pais, Sérgio Buarque de Holanda sempre destacava um aspecto que marcara profundamente sua infância: o autoritarismo de seu pai. Para ele: "O que sou hoje acho que é uma reação contra a lembrança deste autoritarismo" (NOGUEIRA, 1988). Em linhas gerais sua infância seguiu os padrões das crianças de classe média da capital paulista, com vida escolar iniciada no Jardim de Infância do Colégio Progresso Brasileiro (NOGUEIRA, 1988, p. 17-26). O primário foi cursado na Escola Modelo Caetano de Campos, e o ginásio no Colégio São Bento (1915-1918), onde fora aluno do historiador Afonso de Taunay.

O gosto pela leitura e pela a escrita floresceu em tenra idade. Segundo seu próprio testemunho a Homero Senna a tendência a escrever nutriu desde sua infância; todavia, não sabia explicar como e por que se tornou escritor. Afirmava: "Já em menino gostava de rabiscar minhas coisas. Fazia, então, um pouco de tudo ao acaso: ficção, crítica, ensaio. Mas não publicava" (SENNA, 1957, p. 119).

Sendo um leitor voraz, desenvolveu o hábito de anotar em tiras de papel almaço as considerações que retirava de cada leitura. Comentava sobre esse costume que: "Dei para escrever com fertilidade e ferocidade inesgotável bem indigna do autor tardo e remido em que iria me transformar com o tempo" (NOGUEIRA, 1988, p. 20). Para Antonio Candido: "Desde muito moço [ele] aproveitou ao máximo as leituras e acumulou um saber que espantava os amigos. Sobretudo porque a sua curiosidade era dirigida igualmente ao passado e ao presente, à inovação e à tradição, com o dom contraditório de se apaixonar tanto pela minúcia quanto pelo conjunto" (1982, p. 35).

O ano de 1921 foi particularmente significativo, pois com a mudança da família Buarque de Holanda para o Rio de Janeiro, ele ingressou na Faculdade de Ciências Jurídicas e Sociais deste Estado, que mais tarde se chamaria: Faculdade Nacional de Direito da Universidade do Brasil. Mesmo não sendo um aluno assíduo, por isso considerado sem interesse, formou-se em 1925. Do período em que esteve na Faculdade de Direito ficaram grandes amizades, em especial a de Prudente de Moraes, neto, Afonso Arinos de Melo Franco e José Maria Lopes Cansado, este último seu colega de turma que o convenceu a colaborar no *Rio-Jornal* com crônicas e entrevistas (CARVALHO, 2002, p. 21-27; REIS, 1999).

À medida que demonstrava seu talento e erudição, novas oportunidades iam surgindo e novos contatos iam se firmando; logo foi convidado a publicar na *Revista do Brasil* e no periódico *O Jornal*, e já acumulava prestígio intelectual para realizar viagem a Minas Gerais acompanhado por Pedro Nava, Carlos Drummond de Andrade, Emílio Moura e João Alfonsus (NOGUEIRA, 1988, p. 17-26). No período em que esteve atuando nesses órgãos de imprensa, com seu monóculo e seus tabletes homeopáticos, passava as manhãs nas livrarias, onde horas a fio lia as mais variadas publicações nacionais e internacionais. De acordo com Arlinda Rocha Nogueira, ele "sempre leu muito. O dinheiro que conseguia com suas publicações empregava-o na compra de livros em diferentes línguas, pois dominava vários idiomas" (NOGUEIRA, 1988, p. 20).

Sua vida boêmia nas noites no Largo do Machado[2] permitiu contato com importantes personagens do mundo letrado. Uma dessas personagens, Gilberto Freyre, relatou sobre esses encontros no Lamas, com o Dr. Sérgio e Prudente de Moraes, neto:

> Mais de uma vez amanhecemos, bebendo chope, em bares tradicionalmente cariocas, ouvindo os para nós brasileiríssimos e como que mestres, além de amigos, da cultura brasileira, Dunga, Patrício e Pixinguinha!... Nenhum de nós três musicólogo. Mas dos três, o que, nessas noitadas inesquecíveis, sentava-se ao piano boêmio e tocava músicas saudosas! Que ele sabia de cor era Sérgio (FREYRE, 1982).

---

2 A erudição de Sérgio Buarque sempre fora lugar comum entre os amigos, e acontecimentos como o narrado por Antonio Cândido demonstram a elasticidade intelectual desse autor. Em uma ocasião em que estava nos Estados Unidos, Sérgio Buarque recebeu uma carta do amigo Antônio Candido em português seiscentista. Não teve dúvida, respondeu-a em inglês seiscentista. Relatos como os do poeta Manuel Bandeira reforçam essa idéia: "Nunca me esqueci de sua figura, certo dia, em pleno Largo da Carioca, com um livro debaixo do braço, e no olho direito o monóculo que o obrigava a um ar de seriedade. Naquele tempo não fazia senão ler. Estava sempre com o nariz metido num livro ou numa revista – nos bondes, nos cafés, nas livrarias" (NOGUEIRA, 1988, p. 20).

Além das noitadas no Lamas, participava frequentemente de palestras sobre política, arte e literatura no Bar Nacional e no Brahma, junto com Manuel Bandeira, Di Cavalcanti, Aparício Torelli, Gastão Cruls, Gilberto Amado, Graça Aranha, entre outros; quando não, optava por longas caminhadas pelos bairros da zona sul, em companhia de Prudente de Moraes, neto (NOGUEIRA, 1988, p. 20).

Já o ano de 1922 marcou sua consolidação peremptória nos círculos intelectuais, iniciando seus trabalhos na revista *Klaxon*. Mesmo tendo vida curta, maio de 1922 a janeiro de 1923 (DE LARA, 1972), a *Klaxon* permitiu a aproximação de Sérgio Buarque de Holanda com Mário e Oswald de Andrade, que foram os responsáveis por sua atividade literária (IELO, 1982; LUCA, 2011). Embora fosse de se esperar com a aproximação a Mário e Oswald de Andrade sua participação na Semana de 22, por motivo de sua displicência na Faculdade de Direito, isto é, uma segunda época o impediu de participar do evento em São Paulo (NOGUEIRA, 1988, p. 20).

Ainda nesse ano, Prudente de Moraes, neto, junto a um grupo de amigos fundou uma revista modernista chamada *Estética*, que igualmente a revista *Klaxon*[3] teve uma vida breve (de setembro de 1924 a junho de 1925). Nesse espaço de tempo foram publicados três números, com tiragem de oitocentos exemplares. No primeiro número da *Estética* escreveu um texto sobre Graça Aranha, que tinha por título: *Um homem essencial, compreensivo e justo*. (NOGUEIRA, 1988, p. 20).[4]

Em 1924, formou-se em Direito, profissão que não exerceu, exceto em uma breve atuação como promotor na cidade de Muniz Freire, no estado do Espírito Santo. Em 1927, voltou aos jornais atuando em *O Progresso*, de Cachoeira de Itapemirim, fixando moradia no Estado do Espírito Santo. Após atuar nesse jornal, e as muitas polêmicas suscitadas junto à elite política local – o que lhe rendeu o apelido de "Dr. Progresso" –, Sérgio retornou ao Rio de

3 Segundo as próprias anotações do casal Buarque de Holanda o nome *Klaxon* foi sugerido por Graça Aranha durante uma conversa na Casa Carvalho, situada na Av. Rio Branco no Rio de Janeiro (NOGUEIRA, 1988, p. 21).

4 Para uma análise pormenorizada do conjunto destas publicações, assim como sobre as metamorfoses do movimento modernista neste período, ver: LUCA, 1999, 2011.

Janeiro, onde passou a assinar reportagens e entrevista para a agência de reportagens internacionais *United Press* e para o *Jornal do Brasil*. Neste manteve uma coluna de crônica diária chamada *O dia dos senadores* (NOGUEIRA, 1988, p. 21). No ano de 1929, ao atender um convite de Assis Chateaubriand para ser correspondente do *Diário de São Paulo* na Europa, mais especificamente no Leste Europeu – Alemanha, Rússia e Polônia – realizaria uma viagem marcante para a sua carreira de historiador, pois, teria contato com a área das humanidades daqueles países, principalmente, na Alemanha.

No Brasil, os jornais festejaram a escolha de Chateaubriand considerando o viajante como "uma das figuras mais expressivas da moderna geração de escritores nacionais [...] familiarizado particularmente com a literatura russa e com as novas formas de pensamento surgidas da revolução de outubro de 1917". Endossavam sua capacidade de analisar "com conhecimento de causa e com autoridade os múltiplos problemas da vida soviética" (NOGUEIRA, 1988, p. 21). Chegando a Europa, fixou residência em Berlim. De seu plano inicial, cumprira somente a visita à Polônia, não conhecendo, portanto, a Rússia. Aproveitou sua estada em Berlim para aprofundar suas leituras (de Meinecke, Max Weber, Kafka, Rilke, entre outros) e frequentou, ainda que irregularmente, as aulas de História e Ciências Sociais, inclusive com o historiador Friedrich Meinecke (CANDIDO, 1988).

Além de enviar textos para o *Diário de São Paulo* enviou artigos para a Agência Internacional de Notícias. Destes textos, ganhou grande destaque o artigo "*Os instintos da sabedoria*". Por reconhecimento de sua capacidade intelectual a Embaixada do Brasil em Berlim, indicou-o como colaborador da renomada revista *Duco*. Realizou outras atividades enquanto esteve na Alemanha, como traduções de scripts de filmes da UFA, entre eles o famoso filme *Anjo Azul*. Em 1930 coordenou uma secção em língua portuguesa da revista *Brasilianische Rundschau*, órgão oficial do Conselho de Comércio Brasileiro de Hamburgo. Neste espaço publicou seus primeiros escritos sobre a economia e a história do Brasil.

O advento do nazismo, e a situação internacional decorrente (fechamento de oportunidades com a diminuição de traduções de filme e da revista *Duco*) foram fatores determinantes para a sua volta ao Brasil em 1931 – mesmo antes do nascimento de seu filho como uma alemã, a quem ele próprio chamava de "filho alemão".[5] Em entrevista concedida em sua volta ao Brasil, ele assim relatou: "Tudo nos indica que a Europa volta às rivalidades nacionais que a conduziram à guerra e tende cada vez mais, se já não chegou, à situação de 'avant guerre'". (NOGUEIRA, 1988, p. 21).

De volta ao Rio de Janeiro, reduziu suas contumazes visitas aos cafés, e se voltou de forma categórica às atividades jornalísticas, agora junto às agências telegráficas *Havas*, Agência Brasileira e a *United Press*. Desta última, em 1935, transferiu-se para a *Associated Press*, como redator-chefe. Ali permaneceu até 1939.[6]

O ano de 1932 marcou sua trajetória com dois episódios difíceis. Primeiramente, a perda de seu pai e, depois, a prisão em plena revolução federalista de 1932, por estar dando vivas a São Paulo, em pleno Mangue, ao lado de Tarquínio de Souza, Tristão da Cunha e Ribeiro Couto (NOGUEIRA, 1988, p. 21). Todavia, entre todos os aspectos que circundaram sua volta ao Brasil, destaca-se o seu relativo desinteresse pela poesia e pela ficção, e seu interesse cada vez maior pela História, que para ele era: "o elo primordial das ciências humanas" (NOGUEIRA, 1988, p. 21). Movido por essa euforia em relação à História, empenhou-se na elaboração da obra que viria a ser responsável pelo seu reconhecimento como historiador, que foi o livro: *Raízes do Brasil* de 1936. Dois dos capítulos já haviam sido escritos na Alemanha, segundo diz em entrevista a João Marcos Coelho (1976, p. 6), sob forte impacto das leituras lá realizadas das obras do sociólogo Max Weber. Em 1936, ano de publicação de *Raízes do Brasil*, casou-se com Maria Amélia Alvim. O casal teve sete filhos, entre 1937 e 1950.[7]

---

5 SANTOS, N. P. *Raízes do Brasil*. (documentário) CD 01. Vídeo Filmes, 2003.

6 Universidade de São Paulo. Administração. Processo 757/58. Faculdade de Filosofia, Ciências e Letras. Data: 15/9/58: curriculum vitae.

7 Profissionalmente o ano de 1936 fora também positivo, pois aos 13 dias do mês de maio Sérgio Buarque ingressou na Universidade Federal do Rio de Janeiro, contratado para o cargo de Professor-Assistente da Cadeira de História Moderna e Contemporânea da qual era titular o Professor Henri Hauser; e da Cadeira de Literatura Comparada, até então aos cuidados do Professor Trouchon, vindo as assumir de fato em 1938, quando ambos os professores deixaram suas cátedras para retornarem à Europa. Em 1938 foi nomeado Professor-Adjunto da segunda

Nos anos 1940 foi responsável pela direção do Museu Paulista (para maiores detalhes desse período ver apêndice n. 2). Em 1956, após deixar a direção do Museu – quando aos 56 anos de idade, Alfredo Ellis Jr., que por dezessete anos fora catedrático da Cadeira de História da Civilização Brasileira na FFCL/USP, deixou o cargo por motivos de saúde –, por sua vasta cultura e por seu trânsito na disciplina de História, teve seu nome proposto pelo Professor Eurípedes Simões de Paula para assumir, interinamente, a cadeira vaga no curso de História da FFCL/USP. Em 1958, deu-se o concurso para provimento efetivo dessa cadeira. Sérgio Buarque, após concluir seu mestrado na Escola Paulista de Sociologia e Política (condição necessária para fazer o concurso), apresentou à banca examinadora a tese intitulada: *Visão do Paraíso*, e foi aprovado com distinção. Tamanha era a credibilidade de Sérgio Buarque nos meios acadêmicos que sobre a necessidade de um concurso para a sua efetivação na USP, Soares Amora se declarou inconformado com a estrutura da universidade em "exigir de homens da estatura intelectual e do saber de Sérgio Buarque de Holanda um concurso de provas".[8]

A educação que lhe propiciou um ambiente de leitura (Colégio Progresso Brasileiro Escola Modelo Caetano de Campos, Colégio São Bento); a ligação com o Estado de São Paulo; a experiência e amizades granjeadas na Faculdade de Ciências Jurídicas e Sociais do Rio de Janeiro (com Prudente de Moraes, neto, Afonso Arinos de Melo Franco e José Maria Lopes Cansado, entre outros); a participação em revistas (como a *Revista do Brasil*, *Klaxon*, *Estética*, *Duco*, *Brasilianische Rundschau*) e jornais (*Rio-Jornal*, *O progresso*, *Jornal do Brasil*, *Diário de São Paulo*, *Diário de Notícias*); as importantes amizades da boemia (Gilberto Freyre, Manuel Bandeira, Di

---

secção didática desta mesma Universidade, permanecendo por apenas um ano nesse cargo dada e extinção Universidade do Distrito Federal em 1939. Nesse mesmo ano recebeu convite de Augusto Meyer para dirigir a seção de publicações do então recém-criado Instituto Nacional do Livro. Frente às adversidades que enfrentava, não hesitou em aceitar. Para maior detalhamento desta trajetória, ver: MONTEIRO; EUGÊNIO, 2008; WEGNER, 2000.

8 *Universidade de São Paulo*. Administração. Processo 757/58. Faculdade de Filosofia, Ciências e Letras. Data: 15/9/58.

Cavalcanti, Aparício Torelli, Gastão Cruls, Gilberto Amado, Graça Aranha, entre outros) e o contato com os modernistas (Mário de Andrade e Oswald de Andrade); sua participação na política e nos movimentos de esquerda (partido: *Esquerda Democrática* e, depois, no *Partido Socialista*, a revolução de 1932); a experiência e leituras proporcionadas por sua estada na Alemanha (principalmente Meinecke, Max Weber, Gundou, Kafka, Rilke); a passagem pela Universidade Federal do Rio de Janeiro e por inúmeras universidades estrangeiras (Sorbonne, Universidade de Roma e outras); a Direção do Museu Paulista e a participação em inúmeras academias e associações, são lugares sociais e acontecimentos que direta e indiretamente marcariam a prática de pesquisa e a escrita da História da Civilização Brasileira de Sérgio Buarque de Holanda.

A obra de Sérgio Buarque de Holanda: a questão das práticas de pesquisa

A constante participação em diferentes periódicos faz da análise dos escritos de Sérgio Buarque de Holanda – alguns, aliás, organizados pelo próprio autor (1978, 1979) – uma atividade complexa, pois são centenas de textos que só recentemente vem recebendo organização adequada (BARBOSA, 1988, PRADO, 1996, COSTA, 2004, 2011a, 2011b).[9] Ao afirmar que sua obra

9 A obra de Sérgio Buarque de Holanda, não por acaso, têm sido daquelas que mais foram impressas nesse período, incluindo, aliás, textos inéditos (e em certas ocasiões inacabados) deixados pelo autor, após sua morte em 1982. Em 1986, sob os auspícios da família, José Sebastião Witter ficou responsável pela publicação de *O extremo oeste* (obra inacabada, que viria a completar as interpretações do autor lançadas primeiramente em *Monções*, em 1945, e em *Caminhos e fronteiras*, em 1957). Quando, em 1991, foi à vez de ser lançado: *Capítulos de literatura colonial*, a cargo de Antônio Candido, que contribuiria para um melhor entendimento de *Visão do paraíso*, de 1959, nem por isso seria o encerramento das surpresas deixadas pelo autor. Já em 1988, Francisco de Assis Barbosa publicaria o resultado da coleta e organização dos artigos dispersos, publicados em jornais e revistas. Na coletânea *Raízes de Sérgio Buarque de Holanda*, Assis Barbosa preocupou-se, entre os 32 ensaios que cobrem o livro, em dar ênfase ao período anterior ao de publicação do livro de estréia de Sérgio, *Raízes do Brasil*, em 1936. Naquele momento, Assis Barbosa dava continuidade ao que Sérgio havia feito em 1945, com *Cobra de vidro* (ao reunir 19 de seus textos), e em 1979, quando publicaria *Tentativas de mitologia*,

"distingui-se mais pela qualidade do que pela quantidade", Francisco Iglésias (2000, p. 207) demonstra que mesmo tendo publicado enorme quantidade de textos em jornais, ele não se preocupou, a princípio, em reuni-los em livros, e: "não o fez por modéstia e caráter anti-promocional" (IGLÉSIAS, 2000, p. 208).

Apesar de não ser central no estudo ora empreendido, é importante ressaltar que a atividade de jornalística teve grande peso na sua escrita da história. Nesse aspecto sua trajetória se alinha a grande parte dos estudiosos de história do início do século XX, inclusive a de Alfredo Ellis Jr. seu antecessor na Cadeira de História da Civilização Brasileira na FFCL/USP (e que vimos no capítulo anterior). Sobre a ligação dos "historiadores" do inicio do século XX com os jornais afirma Ângela de Castro Gomes, que:

> Os intelectuais em geral, aí incluídos os historiadores, de origem aristocrática ou não, são homens ligados ao jornalismo num duplo sentido. De um lado porque os jornais e também as revistas constituem os 'novos e amplos' salões, exibindo os homens de letras a um publico inusitado, e permitindo uma nada desprezível fonte de renda. Os jornais representavam [...] uma forma de ingresso no mercado de trabalho intelectual, uma profissionalização que expandia contatos, sendo em alguns casos passaportes para mundos políticos e sociais maiores. (GOMES, 1996, p. 45).

---

onde reuniria outros 17 artigos dispersos publicados na imprensa periódica. Em 1996, Antônio Arnoni Prado daria novo alento a esse tipo de iniciativa, reunindo em dois volumosos livros, outros 192 artigos (publicados pelo autor entre 1920 e 1959), sob o título de *O espírito e a letra*. Novamente, em 2004, foi à vez de Marcos Costa trazer a público outros 21 textos, no volume *Para uma nova história*. E o mesmo autor reuniu outros 156 textos, publicados entre 1920 e 1979, em *Sérgio Buarque de Holanda. Escritos coligidos* (2011a, 2011b). Com isso, temos o total de 438 artigos, publicados em jornais e revistas, que consideradas as pequenas repetições de textos entre uma coletânea e outra totalizam mais ou menos 400 textos, o que representa quase a totalidade de textos publicados por Sérgio na imprensa periódica brasileira (eminentemente entre São Paulo, Rio de Janeiro e Espírito Santo) e no exterior (em especial, os textos publicados em Berlim, na Alemanha, no início dos anos de 1930).

Sérgio Milliet destaca a importância da crítica literária realizada em inúmeros jornais e revistas, para o estilo ímpar praticado por Sérgio Buarque quando tratava dos temas históricos: "sem essa excursão pela critica literária não teria atingido a leveza de explanação, a limpeza de linguagem, a capacidade de seleção que são o apanágio dos que souberam especializar-se sem se algemarem como escravos à especialização". E conclui: "A crítica literária e a prática do ensino fizeram de Sérgio Buarque de Holanda um escritor. É o que é acima de tudo e é o que dá a seus livros áridos um encanto que entre os historiadores não se vislumbra comumente" (NOGUEIRA, 1988, p. 22). Para Thiago Nicodemo (2011), o constante exercício da crítica literária fez com que o autor dirimisse melhor sua análise do passado, além de formular questionamentos sobre a consciência histórica e as figurações do passado que foram produzidas em sua época.

Para uma análise sucinta da produção de Sérgio Buarque, antes de sua entrada na FFCL/USP, não nos estenderemos às obras: *Raízes do Brasil*, de 1936, *Monções*, de 1945, *Caminhos e Fronteiras* de 1957, *Visão do Paraíso*, publicado em 1959, a partir de sua tese de cátedra apresentada no ano anterior, *Extremo Oeste*, publicado postumamente em 1986, dentre outros, hoje tão comentados pela historiografia brasileira (Cf. MONTEIRO, EUGENIO, 2008; NICODEMO, 2008; WEGNER, 2000).[10] Pelo contrário, utilizou-se três artigos que apresentavam discussões pertinentes em relação as suas propostas para a escrita da história: *Apologia da Historia* (publicado em 18

10 Em 2010, a Companhia das Letras publicou uma nova edição de *Visão do Paraíso* (2010a), com textos de Ronaldo Vainfas e de Laura de Mello e Souza, em dobradinha com o texto *Capítulos de história do Império* (2010b), texto inacabado que deveria ser a reescrita do volume *Do Império a República* (que analisaremos no próximo tópico deste capítulo), que Sérgio preparou para a *História Geral da Civilização Brasileira* (em que foi o responsável pela organização dos volumes referentes ao período Colonial e Imperial), e que planejava publicá-lo em dois volumes sob o título de *O pássaro e a sombra*, o primeiro que deveria chegar até 1868, e o segundo *A fronda pretoriana*, que deveria percorrer até o período de 1889, momento de implantação da Primeira República. A edição conta ainda com textos de Fernando Novais e de Evaldo Cabral de Mello, que detalham o estado dos originais e a maneira como foram organizados para publicação.

de julho de 1950 no jornal *Folha da manhã*), *Para uma nova História* (publicado em 26 de julho de 1950 no jornal *Folha da manhã*), e *O senso do passado* (publicado em 13 de julho de 1952 no *Diário Carioca*).[11]

Vale destacar, que metodologicamente *Extremo Oeste* segue a mesma linha de *Monções*, aprofundando em vários pontos as considerações levantadas por este. Em *Extremo Oeste*, apoiado em grande massa documental, Sérgio Buarque demonstra que a sociedade paulista já em meados do século XVI, efetuou uma marcha singular e muito particular em relação ao modelo agro-exportador, escravista e litorâneo característico do período inicial da colonização do território da América Portuguesa (HOLANDA, 1986). A sociedade paulista, ao negar as determinações para a colonização da América Portuguesa impetradas pela Coroa, realizaram um trajeto *sui generis* para aquele período. Deste modo, com a "rebeldia" paulista, forjou-se um modelo de interação ímpar, baseado nas condicionantes locais.

Evidentemente, ficava o contraponto com o que havia de maior respeito em se tratando de sociedade paulista, principalmente, as bandeiras, já que em Sérgio Buarque de Holanda a figura da "epopéia bandeirante" (Cf. FERREIRA, 2002), do herói, do aventureiro audaz, resultante de uma "raça de gigantes" (Cf. ELLIS Jr., 1926), dá lugar a figura de um sertanejo empobrecido, movido pela busca das necessidades mais prosaicas do cotidiano, moldando-se por não ter grandes opções, às asperezas do sertão, por meio do auxílio e do conhecimento dos povos nativos, os "negros da terra" (Cf. MONTEIRO, 1994).

Entre o ano em que foi publicado o livro *Monções* (em 1945) e *Caminhos e Fronteiras* (em 1957), ele publicou três importantes artigos, nos quais tratava diretamente da escrita da história. Neles o autor discute pontualmente suas concepções a respeito da pesquisa histórica, como: pressupostos teóricos, fontes, a utilidade da história, a história e o tempo presente, entre outros. Em 26 de julho de 1950 publica no jornal *Folha da Manhã* o artigo *Para uma nova História*, que traz uma súmula de suas principais considerações sobre a História.

---

11 Todos os textos encontram-se na coletânea organizada por Marcos Costa, em: HOLANDA, 2004.

A exposição tem início com a apresentação de uma crítica ao modelo de História dita objetiva, e duvida do progresso que o rigor nas pesquisas poderiam trazer ao ofício de historiador. Para ele, no Brasil o conto e o romance estavam sofrendo uma considerável retração em favor da poesia. Fato semelhante ocorria com a historiografia, que passava por um processo de substituição dos trabalhos, sobretudo interpretativos, em benefício da exposição objetiva e amplamente documentada.

As preocupações do modelo 'positivista' de História, em frear a imaginação, em buscar o máximo de imparcialidade não eram bem vistas por ele, que afirmou: "Quanto à historiografia, não há dúvida de que a demissão da inteligência, e direi também da imaginação – imaginação que escolhe, que simplifica, se necessário, e que recria – associada a uma exaltação do fato puro e mensurável, pode significar em certos casos um regresso". E sobre a concorrida questão do fato histórico retorquiu: "Bem sabemos que os fatos nunca falam por si, que o verdadeiro historiador não é apenas o que conseguiu acumulá-los no maior número possível, mas o que soube formular-lhes, a esses fatos, as perguntas realmente decisivas dando-lhes ao mesmo tempo voz articulada e coerência plausível" (HOLANDA, 2004, p. 129).

Para arrematar sua crítica aos 'positivistas' citou excerto de um artigo do historiador francês Lucien Febvre, no qual este afirmava que ainda em 1949 havia historiadores que conservavam "uma espécie de respeito supersticioso ao fato: espécie de fetichismo do fato, que é em verdade a coisa mais singular que se possa conceber, e a mais anacrônica'" (HOLANDA, 2004, p.130).

O autor une as considerações de Febvre, com as palavras do filósofo alemão Karl Jaspers, para explicar que aos historiadores do século XX, caberia a tarefa de interpretar as muitas informações trazidas à luz pelo trabalho de pesquisa efetuado pelos nossos antecessores, sobretudo no século XIX. Este seria o momento de ultrapassar a fase da simples coleta erudita de material dos arquivos, a fim de se erigir uma indagação vital sobre os destinos humanos. Por outro lado, acenando contra extremismos, não deixou de atacar com veemência a onda de críticas radicais surgida após a criação das primeiras universidades no Brasil, aos historiadores tradicionais, que não levavam em conta as contribuições destes, para o desenvolvimento da História, pois:

> No Brasil (...) onde só há pouco o tirocínio universitário, e um contato mais assíduo com os grandes centros culturais, começa a habituar-nos a não ver nas teorias e idéias seu mero valor fiduciário, a apresentação de alguma nova forma, nova fórmula, de conhecimento, reveste-se muitas vezes de caráter sacramental. A fórmula, que deveria ter efeito provisório apenas, e especulativo, converte-se sem dificuldade em dogma definitivo e inapelável, até que se insinue no horizonte quem deva decretar sua fatal derrocada. Os que ontem juravam por um profeta, congregam-se hoje à invocação de outro, convictos de que, enfim, se apropriaram da Verdade. Assim, entre historiadores, contra os que antes acreditavam no valor final da documentação, ergueu-se a seita dos que tendem a proscrevê-la em prol da simples especulação. A muitos destes não ocorreu pensar que, se os fatos materiais objetivamente averiguados, situados, datados, não formam a história, ou toda ela, formam, entretanto, um dos seus elementos. (HOLANDA, 2004, p. 131).

Sérgio Buarque proclamava em seu texto que as novas gerações viabilizassem um regime de respeito aos "velhos mestres", que tão bem ensinaram a boa lição da curiosidade e do zelo crítico. Assim, era de todo imprescindível, apesar da divergência de métodos, de esforço e de geração, consideração de uns aos outros com rigor crítico, mas sem rancor dogmático.

No artigo *O senso do passado* que foi publicado em 13 de julho de 1952 no jornal *Diário Carioca*, ele avança e retoma alguns desses pontos. Trata-se de um texto originalmente redigido para uma conferência inaugural no curso de história barroca do Brasil, promovido pelo Clube dos Artistas e Amigos da Arte. No texto, o autor chama atenção para a necessidade de um "senso do passado" que não se desvinculasse do presente. Sendo ele, historiador, "ao menos por inclinação intelectual e também por profissão, tenho sido muitas vezes abordado acerca do paradoxo que haveria no estimar-se e apreciar-se com o mesmo fervor as manifestações artísticas – e não somente artísticas – do passado e as do presente". (HOLANDA, 2004, p. 102). Para ele, a busca dos acontecimentos do passado não poderia estar vincado somente no "sentimentalismo", com o que já passou, e: "Quando queremos sentimentalmente uma coisa ou uma época, queremo-la com exclusividade e ciúme, contra as outras coisas e contra as outras épocas. Por isso repito que o sentimentalismo histórico é o que há de mais avesso ao senso do passado. Não é próprio do historiador, mas do mau antiquário" (HOLANDA, 2004, p. 102). Na esteira dessa argumentação, o autor também destoa da historiografia praticada pelos institutos históricos, pois: "o próprio do historiador não está em querer ver e enaltecer o passado no presente ou vice-versa, mas em reconhecer e estimar as formas diferentes que se sucedem através dos tempos" (HOLANDA, 2004, p. 103). Para ele, conservar, restaurar, procurar entender o patrimônio histórico de cada povo era uma "das grandes e gratas missões do historiador".

O *presente* é apresentado como sendo um elemento indissociável do trabalho do historiador, "ninguém menos apto, em realidade, para conhecer e valorizar o passado do que aquele que voluntariamente fecha os olhos à sua época às solicitações e aos estímulos do mundo que o cerca" (HOLANDA, 2004, p. 103). Para ilustrar seu pensamento, cita um acontecimento[12] que envolveu dois importantes historiadores franceses ligados ao grupo dos *Annales*. Esse é um fato bastante interessante, uma vez que Sérgio Buarque, mesmo sem estar à época em que escreveu esse texto, diretamente envolvido no mundo universitário da pesquisa histórica, estava afinado as mais importantes correntes historiográficas de então. Sobre a necessidade que o historiador tem de estar ligado aos acontecimentos do presente arremata: "Nessa faculdade de apreender o miúdo, a vida presente, o mundo presente, está, com efeito, uma das qualidades dominantes no historiador" (HOLANDA, 2004, p. 103).

Cinco dias após a publicação de o *Senso do Passado*, publica o artigo *Apologia da Historia* no jornal *Folha da manhã*. O texto, como o seu título sugere, é uma resenha do livro *Apologia da História* do historiador francês Marc Bloch (2002). Novamente a preocupação do engajamento do historiador com o presente é reforçada, em detrimento daqueles que insistem

12 Trata-se de um episódio vivido pelos historiadores franceses Henri Pirenne e Marc Bloch no qual o primeiro chegando a Estocolmo indagou a Bloch: "Que faremos agora? Parece-me que acabaram de construir um magnífico prédio para servir de Paço Municipal. Vamos vê-lo antes de mais nada [...]. Se eu fosse um antiquário, só me interessaria as casas e as coisas antigas. Mas eu sou um historiador".

em mirar o passado sempre com um olhar de saudosismo. E: "É que para o verdadeiro historiador, há de importar primeiramente o esforço para a boa inteligência da hora presente, se quiser entender o passado. E, por outro lado, qualquer valorização sentimental do passado – valorização que só poderá ser fragmentadora e caprichosa – nos levaria a vê-lo com as cores de nossa nostalgia" (HOLANDA, 2004, p. 108). Sérgio Buarque volta a criticar a busca da "verdade absoluta", com a qual se preocuparam historiadores europeus em outros tempos: "Ponto de vista [anti-histórico] em sua expressão mais singela, corresponderia à crença de que a verdade absoluta, válida para todo o sempre, pode encamar-se em alguma expressão histórica isolada" (HOLANDA, 2004, p. 109).

O autor demonstra preocupação com a manutenção dessas correntes no Brasil, mesmo com o desenvolvimento do ensino universitário na área. Para ele, se tal atitude nasceu e frutificou em países detentores de uma sólida tradição, os países novos não estavam imunizados contra ela, e: "Penso, muito ao contrário, que exatamente entre povos sem longo passado como o nosso torna-se, por isso mesmo, frequentemente tirânica a tentativa de forjar um passado artificial e que a 'idolatria do ser efêmero' [...] tende a encontrar os mais fervorosos adeptos". (HOLANDA, 2004, p. 109).

Como antídoto, a esse "mal historiográfico", apresenta algumas importantes publicações como a *Revista de História*, organizada pelos professores da Faculdade Filosofia da Universidade de São Paulo e o livro *Teoria da História do Brasil*, de José Honório Rodrigues, que em sua análise viria a substituir o "velho manual de Langlois e Seignobos", que recentemente havia sido traduzido para o português.

A escrita de uma História do Brasil em Sérgio Buarque de Holanda

No ano de 1958, Sérgio Buarque de Holanda assumiu a cátedra de História da Civilização Brasileira na FFLCH da Universidade de São Paulo.[13]

---

13 Como nossa maior preocupação foi delinear a proposta de escrita da história para a civilização brasileira, contida nas apreciações de Sérgio Buarque, não nos detivemos pormenorizadamente em sua trajetória pela Universidade de São Paulo, ou por outras instituições, como o tema permitiria. Para tal questão, ver: SANCHES, 2007; FRANÇOZO, 2005, 2007; NICODEMO, 2008, 2011.

De acordo com Maria Helena Capelato, Raquel Glezer e Vera Ferlini (1994), na docência da cadeira de História da Civilização Brasileira, ele orientou mestrados e doutorados, com destaque para as seguintes áreas/temas: *História do Brasil Colonial* – Economia, Povoamento e Movimentos de População, Composição Social, especialmente sobre São Paulo; *História do Brasil Império* – Cultura/Ensino, Formação do Estado Nacional, Historiografia/Identidade Nacional, Escravismo em São Paulo e Imigração; *História do Brasil República* – Composição Política e Historiografia. Para elas, Sérgio Buarque deu novo perfil às pesquisas em História do Brasil, introduzindo discussões sofisticadas, com utilização de referenciais weberianos, do historicismo, da escola psicossocial alemã. Estas foram reflexões que, segundo as autoras, enriqueceram as análises e trouxeram novas possibilidades de estudos, desvinculados da perspectiva marxista tão em voga naquele período, ou sob a perspectiva a que a cadeira prescrevia até então.

Sua vida acadêmica era extremamente ativa, participava de bancas no Departamento de Ciências Sociais e, quando convidado pelos estudantes, dava palestras nas quais procurava, com humor, convencer os jovens sociólogos de que não havia modelos no estudo das Ciências Humanas (Cf. DIAS, 1994). Sua experiência e conhecimento trazia grandes auxílios ao "meio tomado pela fé em sistemas abstratos, fazia-se ouvir prazerosamente sem esperar pronta resposta" (DIAS, 1994, p. 270). Outra contribuição de Sérgio Buarque foi com à abertura de cursos de pós-graduação na FFCL da USP. Orientou, a partir de 1962, as primeiras teses de mestrado. Sem pompa e sem corte pessoal, orientava alunos das mais diversas proveniências, iniciando um movimento de abertura da pós-graduação a estudantes que vinham de departamentos de outros Estados do Brasil. Essa dinâmica permitiu o começo do afluxo das universidades dos outros Estados para o Departamento de História da USP. Sérgio Buarque tornou-se um centro de apoio para o intercâmbio com universidades francesas, universidades da Inglaterra e dos Estados Unidos, onde mantinha boas relações com vários historiadores, como por exemplo, os brasilianistas: Stanley Stein, Richard Morse e, em Londres, o amigo Charles Boxer (Cf. DIAS, 1994).

Seu bom relacionamento com universidades estrangeiras trouxe ganhos à pesquisa histórica da FCL/USP, pois muitas das inquietações de historiadores de outros meios eram trazidas por ele aos bastidores da pesquisa nacional. Aliás, a pesquisa sempre teve espaço privilegiado nas ações de Sérgio Buarque de Holanda na USP. Preocupava-se com a possibilidade e disponibilidade das pesquisas em arquivos, por isso, em 1962, idealizou a fundação do Instituto de Estudos Brasileiros, do qual foi diretor durante os dois primeiros anos, e que teria o objetivo de promover o intercâmbio entre várias áreas acadêmicas, como forma de incentivo as pesquisas interdisciplinares (Cf. DIAS, 1994). Também trabalhou no processo que levou a compra do acervo particular de Yan de Almeida Prado e também participou da organização dos Museus de Arte Moderna e Contemporânea da Universidade de São Paulo. Sobre a importância da pesquisa em arquivos para os estudos universitários, Maria Odila Dias (1994) ainda diz:

> Tratava de institucionalizar, no meio universitário, o trato com as fontes manuscritas. Autodidata, embora frequentador assíduo das Universidades nacionais e estrangeiras (desde sua juventude como critico literário e jornalista), trazia para a Universidade a experiência de anos de consulta aos arquivos nacionais e de São Paulo. Em 1967, voltava aos Arquivos. Regressando dos Estados Unidos, passou por Portugal onde pesquisou no Arquivo Ultramarino e na Torre do Tombo, interessado em retomar e desdobrar a sua obra *Monções*. De retorno ao Brasil, passou algumas semanas no Arquivo de Cuiabá (DIAS, 1994, p. 271).

Não era partidário do corporativismo universitário, não ostentava o perfil do professor catedrático "tradicional" com o poder que tal posto conferia e via com simpatia a extinção das cátedras. Pesquisador "autodidata" em grande parte de sua vida, acreditava que a Universidade era o meio profícuo para institucionalizar as condições necessárias para o estímulo à pesquisa e a formação do historiador profissional.

No entanto, entre todas as características de Sérgio Buarque de Holanda, uma em especial ganhou relevância em sua passagem pela FFCL/USP: seu marcante engajamento político. Sempre teve ao longo de sua vida uma participação política bastante ativa, seja através dos partidos políticos ou de suas obras e artigos, como demonstramos neste estudo. Nos seus primeiros anos de cátedra retomou, em perspectiva crítica e enriquecedora, temas da

História de São Paulo, buscando relativizar o peso do café como elemento gerador do enriquecimento da Província, e apontando a importância da lavoura canavieira e do comércio de muares (Cf. CAPELATO, GLEZER, FERLINI, 1994, p. 354). Contrapôs-se a visão ufanista dos 'intelectuais' da elite paulista que ressaltavam a braveza, o espírito indômito e empreendedor dos bandeirantes, mostrando que a "paixão ambulatória" não passava de um ímpeto de fuga da pobreza e da fome (Cf. BLAJ, 1988). Maria Odila Dias (1994) lembra ainda a importância da visão política de Sérgio Buarque nos tempo em que fora professor na USP; ele inaugurou "um certo viés de militância e de engajamento político no trabalho acadêmico. Forma peculiar de luta que envolve a crença na Universidade como instrumento de crítica e sobretudo o empenho numa militância política de que nunca descuidou, subordinada e aliada às atividades de pesquisa, propiciando trabalhos capazes de influir na crítica e, eventualmente, na transformação das atividades políticas no país". Ela ainda ressalta: "Acreditava num trabalho intelectual engajado e achava que o trabalho de pesquisa poderia também constituir forma de militância apta a contribuir para a democracia e para as reformas sociais, que considerava inadiáveis no seu país" (DIAS, 1994, p. 273).

Para Sebastião Witter: "Acreditava sempre em mudanças e mudanças para melhor... Não só dizia ou pregava contra as injustiças, mas participava da vida lutando contra elas. Quanto nos ensinou somente por suas atitudes e suas posições, nem sempre coerentes, mas inquestionavelmente honestas e corajosas! Sérgio não se omitia e por isso era realmente um homem que ensinava" (WITTER, 1988, p. 58). Sueli Robles de Queiroz, também lembra dos posicionamentos políticos de Sérgio Buarque, nos seguintes termos: "Não era um ativista político, mas sua vida sempre foi pautada por atitudes políticas, principalmente contra governos autoritários. Assim foi em 1945 contra Getúlio Vargas e depois de 1964, quando exprimiu de vários modos a sua oposição ao regime" (QUEIROZ, 1988, p. 70). Para ela: "uma das formas encontradas por ele para lutar à sua maneira contra o autoritarismo teria sido a de voltar-se mais sistematicamente para a história política e, nela, para a ascensão dos militares, que considerava um tema importante e ainda pouco estudado. Essa preocupação resultou no livro *Do Império à República*, sétimo volume da coleção História Geral da Civilização Brasileira que ele dirigiu por quase dez anos". (QUEIROZ, 1988, p. 70). De fato, foi a partir de 1964, com o golpe que levou à Ditadura Militar, que se estenderia por vinte anos no Brasil, que Sérgio Buarque de Holanda "o radical"[14] voltaria a utilizar seus escritos como forma de resposta, ainda que indiretamente, ao regime militar.

A década de 1960 marcou o início de um grande projeto capitaneado por Sérgio Buarque de Holanda: a coleção *História Geral da Civilização Brasileira*. O projeto que foi proposto pela editora Difusão Européia do Livro era considerado por ele uma iniciativa de extrema importância: "nada [...] parecia mais adequado do que uma obra coletiva e de síntese da História do Brasil para animar a pesquisa e congregar pesquisadores de todas as regiões do Brasil" (DIAS, 1994, p. 273). A coleção *História Geral da Civilização Brasileira* foi composta de 11 volumes: dois dedicados à época colonial, cinco ao Brasil monárquico e quatro ao Brasil republicano.

Francisco Iglésias é quem fala sobre os problemas enfrentados na organização da série, que deveria ser orgânica tal qual à série dedicada às civilizações editada na França, sob a coordenação de Maurice Crouzet. Para Iglésias o número de colaboradores convocados por Sérgio Buarque foi demasiado excessivo, o que fez do conjunto da obra extremamente fragmentada: "tem capítulos notáveis e outros fracos. O principal colaborador é o diretor, redigindo as melhores partes. Se todas que faz são boas algumas são ótimas" (IGLÉSIAS, 2000, p. 210), conclui. Para ele é no volume *Do Império à República* que se confirma as grandes qualidades de Sérgio Buarque como historiador: "nada de tão importante se escrevera sobre a fase já inspiradora de muitos textos. Vai exercer influência, apesar do deplorável silêncio da crítica, que não lhe dedicou uma linha" (Idem). Walnice Galvão (2001, p. 471-86) afirma que *Do Império à República* tem um percurso original, pois fora escrito num momento em que o autor dirigia a coleção *História Geral da Civilização Brasileira*. Quando chegou ao último, cansado de tanta cobrança e tanto atraso na entrega dos trabalhos, sentou-se e escreveu sozinho as quase 500 páginas do sétimo volume, caso único na coleção. Depois disso

---

14 Assim se referiu Antonio Candido de Mello e Souza a Sérgio Buarque de Holanda no artigo *Sérgio, o radical*, em: CANDIDO, 1988.

desistiu e passou-a adiante – sob a supervisão de Boris Fausto, que organizaria a parte referente ao período republicano.

Com este livro, ao concentrar-se nas instituições políticas, o historiador tornou-se especialista no período imperial. Tratando do vício de origem que é o patriarcalismo rural, observa como este, oriundo da Colônia, atravessa o Império e chega à República. Delimita-o, de um lado, ao governo absoluto, mas camuflado como constitucional do imperador; e, de outro, a imensa maioria de uma plebe sem instituições organizacionais, composta por escravos e homens livres pobres. Tudo isso com base num âmbito de eleitorado minúsculo, emperrando a plausibilidade de constituição da sociedade civil (Cf. GALVÃO, 2001, p. 472).

Raimundo Faoro vê em *Do Império à República* ligações estreitas com o livro *Raízes do Brasil*. Em suas próprias palavras: "há entre os dois livros de Sérgio Buarque de Holanda uma relação de complementaridade, de sorte que seria difícil analisar [...] o segundo sem retornar à perspectiva aberta pelo primeiro" (FAORO, 1998, p. 59). Antonio Cândido nota em *Do Império à República* uma prova de que o pensamento de Sérgio Buarque e sua ação sempre foram pautados por um pensamento político infuso (CANDIDO, 1998, p. 81-88). Maria Odila Dias também reconhece essa relação quando afirma: "em seu livro *Do Império à República* publicado em 1972, retorna novamente como em *Raízes do Brasil*, escrito em 1936, a abordar as vicissitudes das relações entre política e sociedade no Império" (DIAS, 1998, p. 25). Em outro texto diz: "De *Raízes* a *Do Império à Republica* construiu uma interpretação crítica da sociedade e da política do Brasil" (DIAS, 1988, p. 78). Ainda sobre essa relação entre o primeiro e o último livro de Sérgio Buarque de Holanda afirma o historiador Fernando Novais: "o livro *Do Império à República* funciona de maneira oposta a *Raízes do Brasil*, uma vez que parte do evento para as estruturas, em vez de partir das estruturas para os eventos". (NOVAIS, 2006, p. 22). Para Novais, sua obra parte de um ensaio sociológico (*Raízes do Brasil*) para a história: "ele vai caminhando nessa direção, e seu último livro, *Do Império à República*, é exatamente a culminação desse caminho, quando ele faz sua virada total, apesar de ter sido, desde o princípio, um historiador". (NOVAIS, 2006, p. 22). Marcos Costa afirma que com o recrudescimento da ditadura militar em 1968, Sérgio Buarque vai viver os processos que se desencadearam a partir do endurecimento do regime, e: "diante desse quadro não tinha mais como ficar calado e o livro *Do Império à República* poderia ser considerado como uma das maiores contribuições de Sérgio Buarque de Holanda ao entendimento do regime militar por meio da análise que o livro oferece da mentalidade dos militares em relação a sua posição social" (COSTA, 2007). Para Arthur Assis, *Do Império à Republica* pode ser interpretado como manifestação historiográfica produzida a partir de um certo contexto de orientação e como uma resposta a demandas de sentido dele afluentes: o período do regime militar (ASSIS, 2004, p. 104).

Em função da importância deste texto, e de sua localização na obra do autor, é que procuraremos ver como este propôs a escrita da história do país, por meio do estudo da sua história política, em alguns de seus momentos decisivos – apesar de ter sido escrito quando este havia deixado a universidade, em função de seu pedido de aposentadoria compulsória, em favor dos amigos punidos pelo Ato Institucional n. 5. O volume *Do Império à Republica*, como já foi mencionado, marcou a passagem do autor da história social para a história política. Seguindo o modelo da coleção *História Geral das Civilizações* organizada por Maurice Crouzet, todos os livros da coleção são divididos por capítulos, que são subdivididos por pequenos tópicos. *Do Império à República* apresenta a seguinte divisão: *Livro primeiro:* crise do regime, *Livro segundo*: O pássaro e a sombra, *Livro terceiro:* reformas e paliativos, *Livro quarto:* da constituinte constituída à lei Saraiva, *Livro quinto:* o caminho da república. Deste conjunto, três capítulos merecem especial destaque por deixarem mais explicitas as críticas do autor: o primeiro capítulo do livro segundo (*O poder pessoal*) e o segundo capítulo deste mesmo livro (*A democracia improvisada*), além dos capítulos III (*A fronda pretoriana*) e IV (*O fim do regime*) do livro quinto.

O capítulo *O poder pessoal* se apresenta com preocupações semelhantes às do livro *Raízes do Brasil*, principalmente no que concerne ao personalismo e a dificuldade que persegue o país para separar o que é público do que é privado. O personalismo estava assentado sobre a figura de Dom Pedro II, que arbitrariamente concentrava poder em suas mãos, capaz de interferir nas questões de interesse público no Brasil. Para demonstrar como essa concentração operava, o autor recorre a uma análise meticulosa da

Constituição de 1823 e da Constituição de 1824, aquela revogada por esta pelo simples interesse pessoal do Rei. Uma constituição com sérias ambiguidades que levava sempre a concentração do poder, e: "a própria carta constitucional do Império já oferece problemas embaraçosos, cuja solução se presta a infindáveis controvérsias. De conformidade com o artigo 102, para citar um exemplo, o imperador é o chefe do poder executivo e o exerce através de seus ministros de Estado. Mas o artigo 99 declara que a pessoa do imperador é inviolável e sagrada, não se sujeitando a responsabilidade alguma" (HOLANDA, 2004b, p. 69). Já à página inicial da carta outorgada, podia-se ler que o chefe supremo da nação era solenemente declarado imperador "pela graça de Deus e unânime aclamação dos povos". Povo com sua representatividade reduzida à Sua Majestade, como bem assinalou o autor: "a vontade do povo ficava reduzida em última instância à vontade do imperador" (HOLANDA, 2004b, p. 73).

Sérgio Buarque denúncia as contradições presentes no regime político do Império, que surgiam quando da tentativa de aplicar o princípio moderno da soberania popular ao da sanção divina do Imperador, isto é: "Entre um sistema nominalmente representativo e a carência de verdadeira representação; entre um regime de natureza aristocrática e a inexistência de aristocracias; entre um liberalismo formal e a falta de um autêntico regime democrático; entre uma carta outorgada que pendia para a monarquia centralizadora e uma constituição "não escrita" com tendência parlamentarista" (HOLANDA, 2004b, p. 69). O autor afirma que esse poder centralizado não causava qualquer constrangimento ao Rei, que mesmo em momentos de insegurança, seja por pressão da opinião pública, seja por pressão da imprensa de oposição, elegia seus critérios de escolha de maneira aleatória e, consequentemente, antidemocráticos. Mas o Imperador encontrava espaço no Brasil para exercer esse poder concentrador, pois no país faltava um povo organizado, trabalhadores e pequenos proprietários devidamente organizados e independentes das oligarquias, eleitores capazes de pensar e votar por si, sem um estado-maior constituído de comandantes representados por coronéis da guarda nacional.

Outro tema presente às páginas de seu livro *Raízes do Brasil* volta a ser tratado pelo autor: a modernização. Se ela ocorreu, Sérgio Buarque afirma que foi somente nos centros urbanos; mas não todos, apenas os principais, como: Rio de Janeiro e São Paulo, em contraponto a um mundo rural com situação não semelhante, mais idêntica a do período colonial. Todas essas informações são trazidas à tona pelo autor para traçar o caminho que levava da Monarquia à República.

Sempre preocupado com a democracia – tema recorrente em *Raízes do Brasil* – e sua real efetivação, Sérgio Buarque de Holanda reservou o segundo capítulo do livro para uma análise substancial da democracia no período imperial, uma democracia "inexistente", uma democracia "improvisada". Nessa análise os paradoxos na organização política do Brasil continuam a ser evidenciados, pois dificilmente a democracia se efetivaria em um país onde a vida econômica estava assentada sobre uma massa populacional que não tinha participação política: os escravos. O grande mal de nossa história estaria na forma que se deram as nossas reformas, que sempre tiveram seus reflexos na cúpula, e para o caso do ato fundador do Império, a Independência, não foi diferente, uma vez que mesmo a gente livre das camadas mais pobres só foi afetada superficialmente pela transformação. Para o autor, o processo de Independência não foi motivado por um sentimento coletivo ou de uma noção coletiva das possíveis melhorias que esta poderia trazer; na verdade todo o processo foi capitaneado por uma mínima parcela, destituída de qualquer preocupação com o que pensavam a grande maioria da população. Semelhantemente, a proclamação da República também se deu nesses mesmos moldes e para ilustrar esse alheamento das classes populares Sérgio Buarque utiliza a famosa carta de Aristide Lobo, sobre o 15 de novembro que demonstra que a chegada da República foi cerceada pelos militares, em detrimento do elemento servil que teve participação nula, ao que o povo assistiu a chegada da República "bestializado", "atônito", sem saber, de fato, o que acontecia. (HOLANDA, 2004b, p. 69-70).

A questão da burguesia brasileira, que também visitou as páginas de *Raízes do Brasil*, volta a se apresentar como problema essencial para o desenvolvimento pleno da democracia. Nesse tópico o que Sérgio Buarque chama de "cunho nativista" ganha destaque por ser, no caso da Independência, o motivo de afastamento de uma parcela importante da população no processo de transformações do país: a burguesia. No Brasil, a burguesia estava sendo representada pelos portugueses; ao invés da classe que poderia representar a burguesia brasileira ter participação ativa nos movimentos de transformação, como o foi em outros países, no Brasil essa classe foi marcada pelo conservadorismo estatizante (HOLANDA, 2004b, p. 79), pois: "faltava um empresariado numeroso e consciente, em terra onde a vida econômica assentava sobre a lavoura, lavoura de cunho primitivo e predatório, onde faltava um autêntico proletariado, já que a força de trabalho ainda girava principalmente em volta da escravidão ou se sujeitava aos seus efeitos" (HOLANDA, 2004b, p. 302). Essa situação foi determinante para o modelo de emancipação política pelo qual passou o Brasil, uma vez que a não-existência de uma parcela da população que representasse a classe média, formava um vácuo entre as classes dirigentes e a irrelevante parcela de população livre empobrecida, não fomentava o anseio de liberdade das tutelas internacionais.

A corrupção que permeava o serviço público no período monárquico mereceu várias páginas do capítulo. Esse foi assunto também tratado pelo autor em *Raízes do Brasil*, quando neste tratou do patronato, do amálgama entre o público e do privado, principalmente no capítulo "*O homem cordial*". À página 94 do livro *Do Império à República* o tópico *Corrupção Administrativa* esmiúça as torpes relações empreendidas pelos diferentes espaços da administração pública, tendo em vista: "A existência de intermediários oficiosos que, agindo na penumbra e fora dos circuitos legais, permitiam que facilmente andassem pelos corredores das repartições os papéis necessários à efetivação dos negócios, disfarçava, no entanto os rigores das leis" (HOLANDA, 2004b, p. 94). Nesse palco, ser parente, compadre ou amigo do ministro, ou até mesmo secretário do ministro, ou ter acesso aos empregados que ocupavam postos-chave nas repartições do governo era o melhor título que poderia se esperar de um corretor público:

> A verdade é que ninguém tinha força, ainda que o desejasse, para coibir essas irregularidades, tão correntes que até se apontavam os nomes dos responsáveis, e no fundo, nem havia mesmo como ou de que pedir desculpa. A tal ponto o patronato já embebera a vida pública, e a sociedade que, depois de fazer do vício um mal indispensável, acabara por

> transformá-lo em virtude eminente, pois como não será virtuoso quem tudo faz para ceder pressuroso à exigência de lealdade e solidariedade partidárias. (HOLANDA, 2004b, p. 94).

Os representantes do povo que tinham por incumbência primeira defender a população dos abusos dos governos se encontravam ligados ao governo partidariamente e/ou por laços sanguíneos; senão jamais estariam ocupando qualquer cargo. Os malefícios desse modelo só poderiam ser os mais desastrosos, pois a cada destituição de um cargo, gerava-se enorme celeuma entre autoridades, a ponto de ser considerado por Sérgio Buarque um dos fatores de instabilidade do Império. Diante dessa situação nada mais cabia ao imperador do que se afastar, intervindo apenas quando o abuso se dava extremamente às vistas do público; sendo que nesse caso, advertia os chefes e repassava as demais providências aos ministros, mesmo sabendo que eram estes os maiores "patroneiros". Essas considerações eram extremamente oportunas para o período que Sérgio Buarque escrevera a obra, uma espécie de denúncia velada num momento em que muitas artimanhas vinham tomando forma no escopo do poder público brasileiro.

Mas, nenhum outro capítulo da obra tem dimensões denunciativas tão evidentes, como o terceiro capítulo, do livro quinto denominado: "*A Fronda Pretoriana*". Nele o autor, com a mesma capacidade de análise dos detalhes do cotidiano, dos pequenos acontecimentos, e a obsessão pela coleta e interpretação do maior número possível de fontes, que caracterizaram outras de suas obras, revela a psicologia dos militares do Império e suas relações com o poder e com a sociedade civil. Nas palavras de Sueli Robles de Queiroz: "o capítulo intitulado 'A fronda pretoriana' é um primoroso estudo da psicologia do militar e da concepção que o tem oposto aos civis. Nele estão os elementos fundamentais para se entender as raízes do comportamento castrense no período republicano" (QUEIROZ, 1988, p. 70). A leitura do capítulo permite identificar claramente que mesmo estando tratando dos militares do período monárquico, a tônica da crítica está voltada aos militares que haviam tomado o poder em 1964. No capítulo, Sérgio Buarque apresenta uma radiografia do processo de crescente descontentamento dos militares, principalmente, depois de vencidas as tropas de Solano Lopez, processo que cavou um fosso na relação dos militares com o poder civil, chamados então "senhores legistas".

O ato fundador destas discórdias foi marcado no jornal, cujo nome dispensa qualquer comentário sobre sua ligação com os homens da farda: *O Militar*. Na edição de 1855, os "legistas" figuram como sendo os principais, os únicos responsáveis pelo atraso do Império. O *Militar* não economizava nas críticas depreciativas às diversas instituições civis do Império. Para os articulistas, devido à negligência e incompetência dos legistas, a agricultura nacional chegou à beira do precipício, e foram também responsabilizados pela deficiência dos meios de comunicação, os embaraços criados à indústria e também ao comércio, entravando-os num emaranhado de regulamentos, que tornava impraticável seu progresso. As tramóias e violência eleitorais, a corrupção, que desmoralizava o povo, o pouco caso mostrado à classe militar, sobre a qual se lançara um manto espesso de ignomínia e miséria, também compunham o rol de responsabilidades destes legistas. E ameaçavam: "Srs. Legistas o período de vossa usurpação está acabado" (HOLANDA, 2004b, p. 306).

O sentimento de indignação dos militares aumentou com o desprestígio que a carreira militar experimentou após a inauguração de cursos superiores de Direito. Com a migração dos jovens mais abastados, que outrora não teriam outras opções a não ser a carreira militar, para os novos cursos de ensino superior, acorreu a proletarização das tropas. A "nobre" Escola Militar passaria a ter seu contingente formado, em sua esmagadora totalidade, por alunos de famílias de menor poder aquisitivo. É por este motivo que trinta anos mais tarde "alguns desses antigos estudantes já terão galgado os postos mais altos da hierarquia militar, e é quando um bom número de oficiais se vê impelido a conduzir sua classe para o caminho da intervenção nos negócios públicos e da tentativa de reconstruir a sociedade brasileira sobre bases novas" (HOLANDA, 2004b, p. 307).

Durante todo o período que se inicia em 1850 e se estende até 1889, o que vai se tornar cada vez mais evidente é a separação entre as esferas civil e militar, e a quase segregação das forças armadas, causando um descompasso entre a força militar e o poder público. Seguindo análise de Sérgio Buarque:

> [...] a segregação a que se achava agora reduzido o militar, da forma pela qual se apresentava, só podia trazer-lhes desvantagens, sem dar-lhes proveito correspondente. No Brasil, as forças armadas, embora assim segregadas, não chegavam a constituir uma espécie de Estado dentro do Estado, porque lhes faltava à autonomia em face do poder civil [...] Isso explicaria, até certo ponto, a má vontade de muitos militares do fim do Império, e mesmo depois da implantação da República, contras as instituições parlamentares, em particular contra o regime parlamentarista (HOLANDA, 2004b, p. 307).

A discordância entre a força militar e o poder público, que se acentuou a partir de 1884 se tornaria uma incontrolável crise de poder, que desaguaria numa crise das instituições. Deste modo, segundo Sérgio Buarque de Holanda, "o primeiro passo nesse caminho será o exacerbamento do espírito de classe ou da consciência de classe, o que só é plenamente realizável no momento que se pode identificar o inimigo da classe [...] Para os militares brasileiros, durante o Império, o inimigo foi desde cedo identificado com os grupos dominantes na política nacional" (HOLANDA, 2004b, p. 333).

O fim do Regime Monárquico resultaria em grande medida deste processo de desentendimento entre as esferas militar e civil, que se arrastaria e culminaria no episódio de 15 de novembro de 1889, de modo que a Proclamação da República teria sido uma iniciativa quase que exclusiva das forças militares. Este mesmo espírito que havia conduzido à ação militar no episódio da Proclamação da República estava presente no movimento de 31 de março de 1964, que havia sido lançado quase que com os mesmos sentimentos por parte dos militares, em relação à esfera civil, ou seja, livrar o país da corrupção, do comunismo, da negligência e da incompetência na gestão pública, etc. Num momento de vigência do regime militar, Sérgio Buarque de Holanda dilata seu recorte temporal para buscar fatos que ilustravam a situação do Brasil após o Golpe de 64. O contraste entre militares e civis, particularmente entre militares e "legistas" não é de qualquer modo uma inovação do século XIX. Para ele, este era um fenômeno comum em "todos os tempos e a quase todos os lugares", e: "apenas entre alguns povos, e seria o caso não apenas do Brasil e das repúblicas latino-americanas, como em geral dos povos de origem ibérica, certos resíduos de um tempo em que o chefe guerreiro pertencera normalmente à ordem aristocrática e devia por isso ostentar atributos associados à nobreza, pareceram resistir indômitos a forças que em outros países serviriam para atrofiá-los" (HOLANDA, 2004b, p. 333).

Conhecedor que era da literatura internacional de vários períodos da história, como bem demonstrou em *Visão do Paraíso*, Sérgio Buarque citou novela picaresca espanhola do século XVII,[15] como prova de que as contradições entre as esferas militar e civil não eram um acontecimento próprio da modernidade. Ao fazê-lo, o autor lança mão de suas mais finas ironias, no intuito de transportar a reflexão do leitor de *Do Império à República*, do longínquo século XVII aos anos de chumbo vividos na década de 1960 no Brasil.

A capacidade de Sérgio Buarque em utilizar a história para a crítica do presente nas entrelinhas de seu texto, tão bem demonstrada em outros de seus escritos, teve especial importância na redação do livro *Do Império à República*. O período era extremamente sinistro, onde qualquer crítica ao

15 A novela Guzman de Alfarache, citada pelo autor, mostra através de um clérigo, a distinção e oposição entre o "juízo civil" e o "juízo militar". O primeiro tinha por guia principal as leis, ao passo que o outro só visava à honra, e é coisa vulgar, diz o personagem, "que dois proveitos não cabem num saco". Além disso, acrescenta, o juízo civil era formado por juristas e letrados, enquanto o das armas foi fundado pelos cavaleiros e fidalgos, cuidando alguns que seriam de origem divina. Ora, de tão contrárias inteligências não é possível esperar um mesmo efeito e nem uniformidade de resoluções. "Como puderam afetar esse juízos diversos e opostos os princípios democráticos, quando fizeram com que os postos de mando deixassem de caber a uma classe privilegiada?" indagou Sérgio Buarque, respondendo em seguida: "Pode-se procurar a resposta a essa questão em Tocqueville, por exemplo, onde mostra como, no regime aristocrático, o oficial ocupava, além de seu posto militar, uma posição eminente na sociedade: o nobre que abraçava a carreira das armas obedecia menos a uma ambição pessoal do que a uma obrigação imposta pelo nascimento. Seu fito não estava na aquisição dos bens da fortuna, de poder ou de consideração social, porque essas vantagens ele os tinha já sem precisar sair de casa. O posto militar era um acessório. Nos exércitos democráticos ao contrário, quando todos podem chegar a oficiais, generaliza-se, por isso mesmo, o direito de acesso e a ambição castrense toma-se praticamente ilimitada. Do posto dependerá seu papel na sociedade e acontece, não raro, que o oficial tem no soldo sua fonte única de subsistência. Assim, o que no exército aristocrático é o acessório, passa agora a ser o principal".

regime instaurado poderia repercutir em consequências seríssimas, ainda mais no caso de 'intelectual' com o prestígio de Sérgio Buarque. Também outro agravante lhe reclamava maiores cuidados, pois seu filho, cantor e compositor, Chico Buarque já acumulava na década de setenta uma série de processos junto aos departamentos de censura do Regime Militar, pelo teor de várias letras de suas canções, o que, indiretamente, punha a figura de seu pai em maior destaque frente aos censores (Cf. MENEZES, 2002). Para Marcos Costa (2007), nos anos de 1970: "elaborar um diagnóstico como esse era dar uma contribuição sem precedentes para que a sociedade brasileira tomasse ciência da situação que se passava com a ditadura militar, ou seja, um governo completamente ilegítimo pela simples falta dos princípios democráticos. Esta era a militância de Sérgio Buarque de Holanda" (COSTA, 2007, p. 164), e esta preocupação marcou a escrita de uma história do Brasil em sua breve, porém marcante, passagem pela antiga Faculdade de Filosofia, Ciências e Letras da Universidade de São Paulo.

Considerações Finais

Sérgio Buarque de Holanda ocupou a cadeira de *História da Civilização Brasileira* após a aposentadoria de Alfredo Ellis Jr. Essa transição sem dúvida trouxe grandes transformações, pois, cada um deles transportou para os átrios da universidade todas as experiências vividas em diferentes ambientes de suas trajetórias, trajetórias essas que com pontos de convergência e divergência, marcaram a escrita da história de cada um, e a escrita da história de São Paulo e do Brasil que passaram a ser feitas.

Alfredo Ellis Jr., filho de fazendeiros, estudou no colégio São Bento onde se tornou amigo íntimo do historiador das bandeiras Afonso de Taunay; visitou a Europa ainda na adolescência, cursou a Faculdade de Direito, exerceu a promotoria usando a tranquilidade do cargo para dar início as suas pesquisas históricas. Atuou na redação do jornal *Correio Paulistano*, onde participou do movimento regionalista verde-amarelo[16], exerceu cargos po-

16 Segundo Antonio Celso: "Alfredo Ellis Jr., que ficaria conhecido como um dos principais ideólogos do regionalismo paulista, manteve contatos políticos estreitos com os verde-amarelos, apesar de não ter participado das experiências esté-

líticos chegando a ser deputado estadual, participou da Revolução de 1932 ativamente e exerceu a docência em várias instituições antes de se tornar o primeiro catedrático da FFCL da Universidade de São Paulo.

Sérgio Buarque de Holanda, filho de funcionário público e de mãe voltada aos afazeres domésticos, teve sua educação no Colégio Progresso Brasileiro, na Escola Modelo Caetano de Campos e no Colégio São Bento, onde, apesar de ter conhecido Afonso de Taunay, não teve um relacionamento 'intelectual' estreito com ele. Mesmo tendo nascido em São Paulo, teve forte ligação com os 'intelectuais' cariocas, por motivo de seus estudos na Faculdade de Ciências Jurídicas e Sociais do Rio de Janeiro. Participou de várias revistas (*Revista do Brasil*, *Klaxon*, *Estética*, *Duco*, *Brasilianische Rundschau*) e jornais (*Rio-Jornal*, *O progresso*, *Jornal do Brasil*, *Diário de São Paulo*, *Diário de Notícias*); manteve contato com os modernistas (Mário de Andrade e Oswald de Andrade) e também atuou em partidos de esquerda (como a *Esquerda Democrática* e, depois, no *Partido Socialista*, bem como na revolução de 1932). Foi marcado pela leitura dos autores alemães, quando de sua passagem pela Alemanha (principalmente Meinecke, Max Weber, Kafka, Rilke), e foi professor em universidades nacionais e estrangeiras (Sorbonne, Universidade de Roma e outras).

Alfredo Ellis Jr. esteve ligado à historiografia tradicional, nos moldes dos institutos[17], com posturas próximas aos 'positivistas' da escola metódi-

---

ticas do modernismo. As suas ligações com o grupo se inicia em 1923, quando ingressou no jornal *Correio Paulistano* [...] então se juntando a Menotti, Cassiano Ricardo e Plínio Salgado, também colaboradores do jornal e líderes da corrente" (FERREIRA, 2002, p 331).

17 Sobre os Institutos afirma Ferreira: "Traçado o perfil do historiador ideal, os escritos históricos eram apreciados de acordo com um punhado de critério sem maior sofisticação teórica: a finalidade desse tipo de saber, os procedimentos necessários para sua elaboração e o estilo de escrita desejado (...) a história era concebida como conhecimento fértil de lições, entre as quais se procuravam sentidos de legitimação das ações no presente [...] no entanto, o historiador deveria estar atento às seduções que, porventura, surgissem no seu caminho, levando a assumir preconceitos apaixonados. A receita era dada por uns poucos autores do século anterior filósofos evolucionistas e, principalmente, intelectuais brasileiros.

ca, por sua proximidade com Taunay[18] escreveu uma história dos grandes feitos da população paulista, a qual chamava de "raça de gigantes" (ELLIS Jr., 1926). Era, como afirmou Antonio Celso Ferreira, o "último e mais radical expoente de uma safra de intelectuais dispostos a contar as glórias de São Paulo e com ele se encerra esse capítulo" (2002, p. 331). Sérgio Buarque, em contrapartida, afinado ao que havia de mais novo no pensamento historiográfico alemão, francês, italiano, norte-americano e inglês, mesmo com toda a sua "paulistanidade", apresentava um bandeirante que, ao invés de ser um espírito aventureiro e empreendedor, nada mais fazia do que lutar contra a fome (Cf. BORGES PINTO, 1988, p. 89-92). O amor exacerbado a São Paulo levou Alfredo Ellis Jr. a escrever a história do Brasil a partir da história de São Paulo; mesmo ocupando a cadeira de História da Civilização Brasileira, suas pesquisas se concentraram na história de seu Estado. Sérgio Buarque, por sua vez, além de tratar da história de São Paulo, teve como preocupação escrever uma história do Brasil, que abarcasse as demais regiões, e em comparação com a América Latina.

Mesmo com todas essas diferenças, em alguns aspectos Alfredo Ellis Jr. e Sérgio Buarque de Holanda não se afastavam peremptoriamente, sobretudo na visão política – salvo as diferenças de posicionamento, inclusive partidário – e o zelo com a pesquisa histórica. Alfredo Ellis Jr. escreveu uma história do Brasil, com ênfase sobre São Paulo, no intuito de demonstrar a grandeza histórica desse Estado. Entende-se o porquê dessa insistência ao

---

Em geral tomando como base os ensinamento desses mestres, o restabelecimento da verdade no trabalho histórico, dependia, fundamentalmente, das 'qualidade de observação, imparcialidade' e 'isenção de ânimo'" (FERREIRA, 2002, p. 124).

18 Conforme apontou Karina Anhezini, os procedimentos da "escola metódica" francesa foram de grande relevância na escrita da História de Taunay, mas não se pode considerá-lo um metódico ao modelo francês. Desta forma em Taunay: "Este método foi uma das referências que informaram as composições historiográficas de Taunay, um *metódico à brasileira*, que confrontou procedimentos de análise interna e externa do documento, bem como, as definições quanto à melhor História a ser escrita e ditadas por Langlois e Seignobos com um outro universo de produção, o brasileiro, e assim, rearranjou estes elementos de acordo com as possibilidades apresentadas pela escrita da História no Brasil" (ARAUJO, 2006, p. 45).

se considerar que esse historiador provinha de uma elite tradicional de São Paulo e teve participação efetiva na chamada Revolução de 1932, sendo até mesmo baleado no front. Ellis Jr. queria demonstrar a singularidade de seu Estado e do povo que o compunha, como resposta à derrota contra as forças do governo que impediram a emancipação da 'grande nação' que era São Paulo. Por isso, os seus escritos, enquanto catedrático, não se afastaram em nenhum momento dessa intenção, conforme os títulos seguintes indicam: *Meio século de bandeirismo – 1590-1640* (tese de seu concurso, reeditado em 1939); *Feijó e sua época* (edição pela Companhia Editora Nacional, 1940); *Resumo da história de São Paulo* (1943); *Amador Bueno e a evolução da psicologia Planaltina* (1944) *Capítulos da história psicológica de São Paulo* (1945); *Panoramas históricos* (1946); *Amador Bueno e seu tempo* (1948); *O ouro e a paulistânia* (1948); *Um parlamentar paulista da república* (1949); *A economia Paulista no século XVIII* (1950, em colaboração a professora e sua filha Myriam Ellis, com reedição pela Academia Paulista de Letras); *O café e a paulistânia* (1951); *Feijó e a primeira metade do século XIX* (reedição da Companhia Editora Nacional em 1940); *Capítulos da história de São Paulo* (reedição da Companhia Editora Nacional em 1944) *Raposo Tavares e sua época* (Livraria José Olympio Editora 1944); *Geografia econômica* (Editora Atlas, 1945); *O bandeirismo na economia do século XVIII* em *Curso de Bandeirologia* (Publicação Oficial do Estado, 1946).

Sérgio Buarque, em contrapartida, utilizou o espaço aberto pela cadeira de História da Civilização Brasileira para pôr no bojo da história do Brasil os atores e aspectos esquecidos pela historiografia tradicional: o 'negro da terra', o bandeirante empobrecido, as minúcias do cotidiano, etc. (Cf. MESGRAVIS, 1988, p. 94-98). A urgência do momento, dado o golpe militar, aguçou ainda mais seu senso crítico-político. E ele se preocupou em aplicar o conhecimento e a experiência angariados ao longo de sua trajetória 'intelectual', não apenas com reflexões, mas também as usando como arma de ataque às atrocidades empreendidas pelo regime militar. Nesse momento, estava especialmente preocupado com a coletividade, pondo em prática uma convicção que sempre o acompanhou: a de que o verdadeiro 'intelectual' deve, antes de tudo, ter capacidade de analisar criticamente e conhecer as condições concretas da existência, além de ter uma larga visão política.

E *Da Monarquia à República* se mostra como a síntese dessa concepção crítica ao empreender uma análise dos problemas sociais brasileiros. Mesmo sem ter qualquer ligação partidária se mostrou um grande militante neste período. A despeito das muitas diferenças entre as abordagens históricas e as concepções políticas de Alfredo Ellis Jr. e Sérgio Buarque de Holanda, podemos afirmar que na escrita da história do Brasil: "Não existe relato histórico no qual não esteja explicitada a relação com um corpo social e com uma instituição de saber", pois, "de fato, a escrita histórica [...] permanece controlada pelas práticas das quais resulta; bem mais que isso ela própria é uma prática social" (CERTEAU, 2002, p. 93-95). Que é estabelecida por meio das tradições que são construídas pelo lugar social do qual foi originada.

A escrita da história forjada por Sérgio Buarque para pensar a história da sociedade brasileira fundamentou, a partir da década de 1950, o circuito de preparação e definição do ofício de historiador, constituindo-se seu autor, depois dos anos 1980, como o modelo de historiador profissional mais acabado em nossas instituições.

Capítulo 8

Eurípedes Simões de Paula e a cadeira de História da Civilização Antiga e Medieval (1939-1956)

Depois de estudarmos as trajetórias de Alfredo Ellis Jr. e de Sérgio Buarque de Holanda na cadeira de História da Civilização Brasileira, detalhando as diferenças entre eles no que dizia respeito às aulas, pesquisas e estudos históricos, nos deteremos agora em outras cadeiras e profissionais do curso. Começaremos por ver o percurso de Eurípedes Simões de Paula na cadeira de História da Civilização Antiga e Medieval, local em que a missão francesa aportou desde o início, e onde um aluno formado no curso veio a se tornar seu catedrático nos anos 1940. De forma semelhante veremos o caso de Eduardo d'Oliveira França, no próximo capítulo, que se fixou na cadeira de História da Civilização Moderna e Contemporânea, com percurso inicial semelhante ao de Eurípedes. Em ambos os casos a perspectiva da historiografia francesa dos *Annales* foi marcante na trajetória destes dois profissionais, que contribuíram diretamente com a sua recepção no Brasil. Por fim, nos voltaremos para a carreira de *História da Civilização Americana* (no décimo capítulo) que foi ocupada no período por Astrogildo Rodrigues de Mello, que marcou seu percurso mantendo ligações estreitas com Alfredo Ellis Jr. Como se verá o antigo e o moderno, o velho e o novo, história dos costumes e história econômica e social, movimento dos *Annales* e historicismo alemão e escola metódica, estiveram a permear as discussões e as práticas de pesquisa e a docência desses profissionais, em suas respectivas cadeiras no curso de Geografia e História da FFCL/USP.

O percurso de Eurípedes Simões de Paula na cadeira de História da civilização Antiga e Medieval do curso de Geografia e História da Faculdade de Filosofia, Ciências e Letras da Universidade de São Paulo é normalmente associado à criação da *Revista de História* nos anos 1950 (NASCIMENTO, 2018), mas, sem dúvida alguma, define-se por muitas outras coisas, funções e atividades que ele desenvolveu no período.

A contribuição que trouxe para os estudos de história antiga e medieval no Brasil é inegável, assim como a forma pela qual procurou introduzir a historiografia francesa dos *Annales* em suas disciplinas, pesquisas e orientações. (GLEZER, 1983, p. 661-706). É certo que as disputas pela "velha" história francesa ainda persistiam em algumas cadeiras do curso de Geografia e História da FFCL/USP, como também é certo afirmar que outras já serviam como linha de combate a historiografia do século XIX (FREITAS, 2002, 2004; GUIMARÃES, 2007; COSTA, 2019; RUDI, 2019). Em ambas as circunstâncias, a trajetória de Eurípedes Simões de Paula foi fundamental para trazer para o curso de Geografia e História as discussões sobre o ofício de historiador e a escrita da história, nos moldes preconizados pelos *Annales* na França, a partir do final dos anos 1920 (SIMÕES DE PAULA, 1953, p. 157-164). Além disso, convém ainda notar que foi um momento crucial para a introdução do marxismo nas universidades brasileiras, e, nesse caso também, a historiografia dos *Annales* foi se firmando por entre esses debates, muitas vezes, a revelia do próprio percurso do marxismo, que se inseria mais subterraneamente nas teses e discussões institucionais (RODRIGUES, 2012, 2013).

Nesse caso também a direção que Eurípedes Simões de Paula exerceu na *Revista de História*, ao longo dos anos 1950 e 1970, constituiu-se na formação de uma rede de discussões fundamental para definir a recepção da historiografia francesa dos *Annales* e do marxismo no Brasil (NASCIMENTO, 2018; RODRIGUES, 2012). Como ele, Eduardo d'Oliveira França esteve a assentar sua formação dentro dos pilares erguidos pelos *Annales*, especialmente fundamentados em Fernand Braudel, Lucien Febvre e Marc Bloch. Para Oliveira França, o papel desempenhado pelos professores franceses na USP fez com que houvesse uma evidente renovação na prática de pesquisas e na escrita da história que era então ensinada aos alunos e alunas do curso de Geografia e História (ARAÚJO FILHO; SIMÃO; FRANÇA, 1989. p. 21-30).

A presença de Simões de Paula se fez presente também nas orientações de novos doutorandos, para a área de história antiga e medieval, como Pedro Moacyr Campos, e para moderna e contemporânea, como Eduardo d'Oliveira França. Esses dois profissionais, como Eurípedes, tiveram uma longa carreira na universidade, e igualmente formaram gerações de pesquisadores em história antiga e medieval, moderna e contemporânea.

Entender de que forma a trajetória de Eurípedes Simões de Paula se articulou com a aproximação dos vínculos estabelecidos entre a historiografia nacional e o movimento dos *Annales* na França é importante não somente para observarmos a recepção desse movimento no Brasil, mas também para compreendermos como o ofício de historiador e a escrita da história passaram a ser domínio de profissionais formados nas universidades, cujo exercício passava por um processo intenso de formação e execução de pesquisas. E isso foi acontecendo em meio a um longo e marcante debate a respeito das limitações do autodidatismo ainda presente na pesquisa histórica brasileira e a profissionalização do trabalho intelectual de história (ROIZ, 2019d).

Um professor em seu tempo: Eurípedes Simões de Paula (1910-1977)

Diante do exposto, almeja-se neste tópico avançar quanto à questão da apropriação do movimento dos *Annales* no Brasil, a partir das relações de Eurípedes Simões de Paula, com Fernand Braudel e Jean Gagé. Durante o período em que foi aluno do curso de Geografia e História da FFCL/USP, Eurípedes foi fortemente marcado pela maneira com que estes dois profissionais ministravam suas aulas, mostravam os avanços de suas pesquisas e ensinavam o ofício de historiador aos iniciantes. Ao se tornar assistente na cadeira de história da civilização antiga e medieval, sob o comando de Jean Gagé, Eurípedes iria acentuar seu olhar sobre a historiografia francesa, cujos rastros são facilmente identificáveis em sua tese de doutorado e sua tese de cátedra. Entre os anos 1940 e 1950, Eurípedes esteve preocupado com a formação de profissionais, estabelecendo parâmetros didáticos, teóricos e metodológicos para ministrar suas disciplinas, definir suas pesquisas e formar seus alunos e alunas. Quando, em 1950, fundou a *Revista de história*, esses parâmetros passaram também a ser ampliados para o campo editorial, vindo a publicar artigos, resenhas e documentos brasileiros e estrangeiros, com a meta de tornar mais acentuada a recepção da historiografia francesa, e particularmente a do movimento dos *Annales*. (NASCIMENTO, 2019).

A importância desta análise está também em demonstrar algumas marcas deixadas por Fernand Braudel no curso de Geografia e História da Faculdade de Filosofia, Ciências e Letras da Universidade de São Paulo (FFCL/USP), do qual foi professor entre 1935 e 1937. Além disso, indicar certas redes de sociabilidade que foram construídas entre os historiadores brasileiros e franceses, a partir da contribuição de Fernand Braudel. Que entre outras coisas, talvez até sem o querer (ou então reconhecer), fixou o núcleo da idéia de escola junto ao movimento dos *Annales*, quando o dirigiu entre os anos de 1950 e 1960. Paulo Miceli (1998, p. 259-70) já intentou analisar a trajetória de Fernand Braudel no Brasil, mas apenas considerou o que ele levou do país, e que contribuiu no desenvolvimento de sua escrita da História. Esta análise, no entanto, aproxima-se mais da interpretação de Luís Corrêa Lima (2004) e Paulo Henrique Martinez (2002), por terem tratado não apenas dos ganhos que Fernand Braudel teve em sua estada no Brasil, mas também dos reflexos que ele deixou em nossa historiografia.

Contudo, tenta-se aqui avançar sobre esses trabalhos, na medida em que se empreende uma análise em parte das correspondências trocadas entre eles. O valor e a utilidade desse tipo de documentação epistolar, já foram tratados, com o devido cuidado e atenção, em vários trabalhos. (GOMES, 2004). Para tornar essa exposição mais didática: a) primeiro, será dado ênfase a trajetória de Eurípedes Simões de Paula, até criar a *Revista de História*, em 1950; b) e, depois, será analisada sua experiência no curso de Geografia e História. No interior desse processo, que ocorreria a passagem da influência da segunda geração do movimento dos *Annales* dirigidos por Fernand Braudel, para a terceira geração que almejaria uma Nova História.

Eurípedes Simões de Paula nascera a 15 de novembro de 1910 na cidade de São Paulo, e veio a falecer, num desastre de trânsito, a 21 de novembro de 1977, nesta mesma cidade, com 67 anos de idade. Filho de Jacintho de Araujo Cintra de Paula e de Maria de Lourdes Carvalho Simões de Paula, este manteve uma correspondência ativa com seus pais, indicando suas relações e afinidades, mas que aqui não serão analisadas.[1] Foi professor no curso de História da atual Faculdade de Filosofia, Letras e Ciências Humanas da Universidade de São Paulo, por mais de 30 anos, e, talvez por isso, era mais conhecido como Prof. Eurípides, ou simplesmente Prof. Dr. E. Simões de Paula.[2]

Contava quase 40 anos de idade, quando, em 1950, já como professor catedrático da cadeira de *História da Civilização Antiga e Medieval*, fundou uma *Revista de História*, sob a recomendação e a orientação de Fernand Braudel, que recebera deste já nos anos de 1930, quando havia sido professor do curso de Geografia e História, ministrando disciplinas pela cadeira de *História das Civilizações* entre 1935 e 1937. Anos depois, aquele periódico viria a ser, senão o lugar principal, pelo menos o que tornou mais profícuo, intercâmbios de ideias e propostas entre os cursos da Faculdade de Filosofia, Ciências e Letras da Universidade de São Paulo, que foi criada em 1934. Antes disso, porém, Eurípedes Simões de Paula passou por vários lugares sociais e fez toda uma trajetória acadêmica, até chegar aos anos de 1940, como professor catedrático, aprovado em 1946, no concurso para a cadeira de *História da Civilização Antiga e Medieval.*

Fez todo o ensino primário e secundário em escolas da cidade de São Paulo. Primeiro, no Colégio de São Bento da cidade de São Paulo, onde estudou de 1917 a 1925. Depois, no Gymnasio do Estado (nome depois alterado para Escola Estadual de São Paulo), em que permaneceu entre 1926 e 1930. Durante esse período mantém uma rica correspondência com os familiares –

---

1 Currículo de Eurípedes Simões de Paula, 1942 e 1946, FFCL/USP. CAPH. MCP -04, MCP -03, Cx. P-1.

2 Esta última era a forma mais comum e mencionada nas reuniões universitárias, atas e registros institucionais, que aqui foram utilizadas como fontes para a pesquisa. A base da documentação aqui analisada se encontra no Centro de Apoio à Pesquisa em História "Sérgio Buarque de Holanda", do Departamento de História da FFLCH/USP. Uma pesquisa cuidadosa, concluída em 2005, catalogou o conjunto dos documentos do prontuário de Eurípides Simões de Paula. O trabalho foi coordenado pela historiógrafa do CAPH, Elisabeth Conceta Mirra, e foi reunido em 4 volumes. Esse trabalho permite que o pesquisador tenha contato com a documentação de forma simples e organizada.

mas que não serão analisadas neste trabalho. Ele ingressa no curso superior, primeiro fazendo o curso de Direito, e depois o de Geografia e História.[3]

Em 1931, em meio as circunstâncias sociais e políticas então vividas pelo estado de São Paulo, ele ingressou no curso de Ciências Jurídicas e Sociais, pela então consagrada Faculdade do Largo São Francisco, formando-se, em 1935, quando ela já havia sido integrada à Universidade de São Paulo.

Foi em 1934 que Eurípedes ingressou, junto com outros 16 jovens, no curso de Geografia e História, na recém criada Faculdade de Filosofia, Ciências e Letras da Universidade de São Paulo, dos quais apenas 7 alunos, todos homens, concluíram o curso em 1936. Evidentemente, esse quadro social viria a mudar totalmente nos anos subsequentes, com o ingresso de mulheres no curso, que se fixariam em, aproximadamente, 65% das vagas oferecidas no curso de Geografia e História, entre os anos de 1930 e 1950.[4]

No ano de 1936, logo depois de se formar no curso de Geografia e História, Eurípedes foi contratado, como assistente do Prof. Fernand Braudel, na cadeira de *História da Civilização*. No ano seguinte, Braudel foi eleito diretor de estudos na IV seção da *École des Hautes Études*, em Paris, e retorna à França. No seu lugar veio o Prof. Jean Gagé, que permaneceu na Faculdade de Filosofia de 1938 até 1946. Embora ainda mantivesse certa correspondência com Braudel nesse período,[5] Eurípedes fez o seu doutoramento com o Prof. Jean Gagé. Além de orientar Eurípides, que concluiu o trabalho em 1942, sendo o primeiro defendido na área de Ciências (História) na

3 Currículo de Eurípedes Simões de Paula, 1942 e 1946, FFCL/USP. CAPH. MCP -04, MCP -03, Cx. P-1.

4 Resultados semelhantes foram encontrados por Cerdeira, ao estudar o ingresso de mulheres na Faculdade na década de 1960 (Cf. CERDEIRA, 2001).

5 Ver o trabalho de Aryana Lima Costa (2015), intitulado "A construção da cadeira de História das Civilizações da USP nas cartas de Jean Gagé, Branca Caldeira e Eurípedes Simões de Paula", no qual a autora demonstra a propriedade do estudo das correspondências, e as trocas estabelecidas entre estes três profissionais. Para acessar o trabalho, link:
http://www.snh2015.anpuh.org/resources/anais/39/1434480720_ARQUIVO_SimposioNacionalANPUHTextoCompleto.pdf. Acesso em setembro de 2018.

Faculdade de Filosofia, também orientou outros três jovens pesquisadores, Olga Pantaleão, Alice Piffer Canabrava e Astrogildo Rodrigues de Mello.[6]

Entre 1937 e 1938 ministrou cursos sob a orientação de Jean Gagé, na cadeira de História das Civilizações, para onde foi contratado como professor adjunto no ano de 1939, quando a cadeira desdobra-se em Antiga e Medieval, a cargo de Eurípedes, e Moderna e Contemporânea, sob a responsabilidade de Jean Gagé. (COSTA, 2018). No mesmo ano em que terminou o seu doutoramento, em 1942, Eurípedes foi um dos sócios fundadores da *Sociedade de Estudos Históricos* (da qual foi, posteriormente, presidente de 1950 a 1977).

Durante os conturbados anos da Segunda Guerra Mundial, entre 1939 e 1945, fez parte da Força Expedicionária Brasileira (FEB). Nela permaneceu durante três anos, mas nem por isso deixou de manter correspondência com amigos e professores do Brasil e do Exterior. Quando retornou, em 1945, volta a exercer as funções de professor e pesquisador na cadeira de História da Civilização Antiga e Medieval, na qual em 1946 foi aprovado no concurso para efetuar as funções de professor catedrático.[7]

Desde então foi considerável o número de alunos que orientou e argüiu; sendo que, das 109 teses defendidas no Departamento de História no período de 1939 a 1977, 36 foram orientadas por ele, valendo a mesma coisa

6 *In memória* de Eurípides S. de Paula: artigos; depoimentos de colegas, alunos, funcionários e ex-combatentes da FEB; vida e obra. *Revista de História.* 113: 381-713. São Paulo: Composto e Impresso na Seção Gráfica da FFLCH/USP, 1983.

7 Para maiores detalhes consultar: USP, FFCL. *Anuário da Faculdade de Filosofia, Ciências e Letras, 1934-1935.* USP, São Paulo: Empreza Grafica da "Revista dos Tribunaes", 1937; USP, FFCL. *Anuário da FFCL.,1936.* USP, São Paulo: Empreza Grafica da "Revista dos Tribunaes", 1937;USP, FFCL. *Anuário da FFCL., 1937-1938.*USP, São Paulo: Empreza Grafica da "Revista dos Tribunaes", 1939; USP, FFCL. *Anuário da FFCL., 1939-1949.* USP, São Paulo: Seção Gráfica; Industria Gráfica José Magalhães Ltda., 1953, 2v. Eurípides Simões de Paula também exerceu o cargo de vice-diretor, nos anos de 1947 a 1950, e Diretor, de 1950 a 1954, naquela Faculdade e em outras (Faculdade de Filosofia de Marília, de 1962 a 64) que estavam surgindo no interior do estado de São Paulo nos anos 1950 e 60.

para 13 das 81 dissertações.[8] Dentre os alunos que orientou estavam Pedro Moacyr Campos, que foi professor na cadeira de História da Civilização Antiga e Medieval, junto com Eurípedes, e Eduardo D'Oliveira França, que foi professor catedrático, a partir de 1951, na cadeira de História da Civilização Moderna e Contemporânea, e que muito contribuíram na formação de novos quadros de bacharéis, mestres e doutores na Faculdade (Cf. FONSECA, 1997; ROIZ, 2004b). Se agruparmos ao percentual de orientações efetuadas por Eurípedes, as de Eduardo França, para o período de 1939 a 1981, em que foram defendidas 181 teses de doutoramento e 161 dissertações de mestrado, teremos que este orientou 11 doutoramentos e 10 dissertações de mestrado. Por outro lado, se somarmos a essas orientações, as de Sérgio Buarque de Holanda, que permaneceu no curso entre 1956 e 1968, teremos que ele orientou 7 doutoramentos e 3 dissertações de mestrado (MESGRAVIS, 1983). Com isso, temos que a base do corpo docente do curso, e, depois, também dos programas de História Social e de História Econômica foram formados basicamente por esses três professores. Que não por acaso, seriam vistos como inauguradores de novos procedimentos de pesquisa, em parte, seguindo aos preceitos da missão francesa dos anos de 1930, intimamente associada ao movimento dos *Annales* (NOVAIS, 1994; CAPELATO, GLEZER, FERLINI, 1994; GLEZER, 2011). Cabe destacar que este papel fora atribuído a estes professores, em função da contribuição que trouxeram para a consolidação dos cursos de gradução e de pós-graduação em História da Faculdade de Filosofia, Letras e Ciências Humanas da Universidade de São Paulo. Se Eurípedes e França contribuiram diretamente para a construção dessa memória coletiva, por alinharem sua formação e procedimentos de pesquisa à missão francesa dos anos 1930, cujos vínculos ao movimento dos *Annales* viriam, aliás, a se tornar cada vez mais evidentes em rememorações e ensaios sobre o tema (ROIZ, FARIAS, 2010); no caso de Sérgio Buarque de Holanda isso estaria evidenciado pela maneira com a qual o próprio autor expressaria sua interpretação do movi-

---

8 SIMÕES DE PAULA, M. R. C. R. Teses defendidas no departamento de História da Universidade de São Paulo (1939-1974). *Revista de História.* Número Jubilar, São Paulo/USP, Tomo II, 2(100): 821-857, 1974, 2v.

mento dos *Annales* e do grupo de professores do curso de História da USP, a partir dos anos de 1950.

Para demonstrar a eficiência e os méritos de suas avaliações tomemos alguns poucos exemplos. Em sua resenha ao livro póstumo de Marc Bloch, *Apologia da história*, publicada na *Folha da Manhã*, em 18 de julho de 1950, poucos meses após o lançamento do livro na França, em 1949, Holanda constatava que:

> Até recentemente ainda dependíamos em grande parte [...] do velho manual de Langlois e Seignobos, publicado ainda no século passado e só há pouco traduzido para o português. [...] Para tal orientação acredito que muito militará a iniciativa do grupo de professores paulistas que vem publicando uma nova *Revista de História*. Apesar de sua modéstia, esse periódico, a que espero dedicar, em outra ocasião, comentário mais extenso, poderá ter grande papel em nossa cultura. O de mostrar o verdadeiro sentido de uma disciplina, que se vem transformando, cada vez mais, de simples devaneio estético, ou exercício erudito, em questão vital para a época presente (HOLANDA, 2004, p. 110).

E, nesse aspecto, a contribuição da obra de Marc Bloch, quanto da de Lucien Febvre, eram particularmente fundamentais para esse processo. Por que, como indicaria em seu texto *Sobre uma doença infantil da historiografia*, publicado n'*O Estado de S. Paulo*, em 17 de junho de 1973:

> Em nossos dias parece definitivamente condenada a história unicamente factual, fundada na pressuposição de que existem fatos 'puros', isolados das condições tantas vezes complexas em que se situam. A esse pressuposto pode opor-se o argumento de que a maior ou menor importância que possa ganhar na história qualquer fato é largamente ditada pela importância maior ou menor que lhe emprestam, no curso do tempo, os homens e os acontecimentos vindos depois, em suma pela sua projeção no futuro (HOLANDA, 2004, p. 115).

Foi justamente durante esse período que Eurípedes lançaria o seu projeto mais ambicioso, com a criação da *Revista de História*.[9] Segundo ele (no editorial do primeiro número) foi inicialmente pensada em 1937, junto com Braudel (como indicam algumas das cartas que trocaram no período), mas ela só seria inaugurada em 1950, devido a vários imprevistos de ordem institucional e financeira. Já, naquele momento, Eurípedes verificou que:

---

9 "A Cadeira possuía, em 31 de dezembro de 1950, 710 volumes. Revistas e coleções importantes não eram regularmente adquiridas, deixando-se tal função a cargo da Biblioteca Central. A biblioteca da Cadeira é circulante, *exclusivamente* para os alunos e pessoal docente (...). Os principais trabalhos realizados por iniciativa do Prof. Dr. E. Simões de Paula, foram a fundação da "Sociedade de Estudos Históricos" e da "Revista de História", da qual o Prof. Simões é Diretor e proprietário. A permuta de publicações com instituições nacionais e estrangeiras é feita por intermédio da "Revista de História", publicação trimestral, da qual saíram os 4 números regulares em 1950" (*Anuário da FFCL, 1950*, p. 212). "Dentre as atividades de 1951, destaca-se a publicação regular dos quatro números da Revista de História (...). Este periódico, que é o principal órgão de intercâmbio da Cadeira com os centros culturais do País e do Exterior, conta já com cêrca de 220 assinantes, o que, entretanto, está ainda longe de ser suficiente para a sua manutenção. Associada à *Revista de História* está uma série de *Cadernos*, dos quais já foram publicados três, todos no ano findo. A Sociedade de Estudos Históricos, fundada em 1950, por um grupo de especialistas, à frente dos quais se encontrava o Prof. E. Simões de Paula, embora irregularmente, continuou a realizar as suas reuniões em 1951" (*Anuário da FFCL, 1951*, p. 224). "Além do movimento didático normal, continuou a destacar-se, entre as mais importantes atividades da Cadeira de História da Civilização Antiga e Medieval durante o ano de 1952, a publicação regular da *Revista de História* (...). A revista afirmou-se como o legítimo órgão de ligação entre a Cadeira e os intelectuais nacionais e estrangeiros, conforme nos dá prova a publicação de trabalhos de autoria de especialistas portuguêses, italianos e franceses. Ainda mais, atribuindo à palavra *História* o sentido mais amplo possível, a sua direção dá margem a que docentes de outras Cadeiras da Faculdade encontrem na revista – o que não é fácil entre nós – um periódico com objetivos de ordem estritamente cultural onde possam dar a público os seus artigos, apresentando-a assim, como um instrumento de aproximação com outras Cadeiras, como as das secções de Letras e de Filosofia, além das de História, evidentemente" (*Anuário da FFCL*, 1952, p. 235).

> Contamos desde já com o apoio valioso dos Departamentos de História e de Etnologia, de nossa Faculdade, com os Profêssores de História Econômica da Faculdade de Ciências Econômicas da Universidade de São Paulo e da Escola de Sociologia e Política, e com a cooperação de conhecidos historiadores do Rio de Janeiro, dentre os quais, podemos destacar: Eremildo Luiz Vianna, Jayme Coelho, Delgado de Carvalho, Hélio Vianna, Sílvio Júlio e Artur César Ferreira Reis (SIMÕES DE PAULA, 1950, p. 2).

A revista foi dividida em sete seções: I – Conferências; II – Artigos; III – Fatos e Notas; IV – Documentário; V – Questões pedagógicas; VI – Resenha bibliográfica; VII – Noticiário. Apresentava-se como um lugar de debates e trocas de ideias entre intelectuais brasileiros e estrangeiros, constando em seus objetivos principais: a) oferecer a oportunidade aos estudiosos divulgarem suas pesquisas; b) estimular os jovens a aprimorarem a sua cultura histórica, via leitura e apresentação de trabalhos ao periódico; c) e contribuir para a divulgação da bibliografia nacional e internacional, junto ao público leitor, no "ensino normal" e "secundário", proporcionando-lhes um acesso para conhecerem a "História da Nação". Foi uma publicação trimestral, sem interrupção de 1950 a 1977, totalizando 112 números impressos até o desaparecimento de seu fundador. Desde então, somente foi interrompida no período de 1978 a 1982, devido à morte de seu fundador e diretor, em 1977, e a organização de uma nova diretoria colegiada. Para Eurípedes:

> Incompreendida por alguns, combatida por outros [...] apesar de tudo, venceu, triunfou e hoje é acatada e respeitada em nosso meio cultural. Sabemos muito bem que ela ainda tem muito que progredir, pois representa bem o meio onde surgiu [...]. Também não conseguimos desenvolver, a nosso contento, a seção de resenhas bibliográficas, mas algum progresso já se fêz nesse sentido [...]. A *Revista de História* foi [...] um meio de ligação entre o grupo de profêssores e assistentes do Departamento de História da Faculdade de Filosofia, Ciências e Letras da Universidade de São Paulo e o grande número de profêssores em História por êsse Brasil imenso, assim como sempre manteve e manterá aberta as suas páginas a todos aquêles que queiram escrever alguma coisa sôbre o nosso passado. (SIMÕES DE PAULA, 1960, p. 3).

As discussões giravam em torno de autores, principalmente os fundadores do periódico, e de Braudel (e seus discípulos), junto àqueles professores que estiveram na Cadeira de História da Civilização (Antiga e Medieval e Moderna e Contemporânea). Por isso, antes da década de 1980 foram muito raros, os momentos em que o grupo dos *Annales* era caracterizado como uma escola, tanto nas dissertações e teses, como nos artigos publicados na *Revista de História* (do departamento de História da USP) nesta primeira fase. (ROIZ, SANTOS, 2012). Conforme indicou o próprio Eurípedes, em 1949, na sua aula inaugural, antes mesmo da fundação da *Revista de História*:

> A psicologia renovou seus métodos e seu objeto sob o impulso de Ribot, Janet e Dumas; a sociologia se constituiu em ciência a parte com Durkheim, Simiand e Mauss. A Geografia Humana desenvolveu-se com Vidal de La Blach, Demageon e Jean Brunhes. Para a História ficava apenas a parte enfadonha da História Diplomática, da História Política, da História 'Batalha'. Por isso, muitos espíritos acharam que dedicar-se à História seria pura perda de tempo. Contra essa História 'historicizante' levantaram-se Lucien Febvre e Marc Bloch, seguidos de explêndida plêiade de discípulos, colaboradores e colegas de ensino superior, como: Joseph Cuvelier, Albert Demageon, Georges Espinas, Maurice Halbawachs, Henri Hauser, André Piganol, Charles Rist, Paul Rivet, André Siegfried, Gaetam Pirou. Foram êles mais tarde completados por Fernand Braudel, Henri Brunschwig, Charles Friedman, Jean Gajé, C. E. Labrousse, Georges Lefebve, Charles Mozaré, e outros. São êles que se insurgem em França contra êsse velho modo de ver a história e, em conseqüência, enveredam para a História Econômica e Social. Êsse movimento francês é idêntico e paralelo a outros em diversos países da Europa Ocidental (SIMÕES DE PAULA, 1953, p. 159).

O debate entre brasileiros e franceses permaneceu intenso durante todo esse período, seja por meio da colaboração com artigos, ou de comentários de obras e autores via resenhas, tanto escritas por professores brasileiros, assim como por estrangeiros. E a contribuição de Eurípedes, criando meios para assegurar essa divulgação, foi de fundamental importância para proporcionar a divulgação e a recepção da historiografia francesa no Brasil. (COSTA, 2018). É importante nos determos na rotina de trabalho de Eurípedes na cadeira de história da civilização antiga e medieval e nos debruçarmos sobre suas orientações, para termos maiores subsídios para vermos como conduzia essas questões no curso de Geografia e História.

A cadeira de história da civilização antiga e medieval

A cadeira de história da civilização antiga e medieval do curso de Geografia e História da FFCL/USP foi marcada desde o início por uma orientação didática e metodológica pautada nos princípios do movimento dos *Annales* da França – tal como vimos no quinto capítulo deste livro.

É notório o vínculo que permaneceu na cadeira de história das civilizações com este movimento intelectual, em função da proposta didática deixada por Braudel nos anos 1930, no curso de Geografia e História da FFCL/SUP. (MASSI, 1991). Mesmo após sua volta para a França no final dos anos 1930, essas orientações permaneceram com o ingresso de Jean Gagé. (SIMÕES DE PAULA, 1953; COSTA, 2015). A parceria que se formou entre Gagé e Eurípedes, desde seu ingresso na cadeira de história antiga e medieval, foram visíveis e como indica Aryana Costa, um "elemento interessante neste trabalho de parceria é a confiança que Gagé tem em Eurípedes, pedindo-lhe que complete seu relatório para o Anuário da FFCL de 1937 a julho de 1938" (COSTA, 2015, p. 8). Além disso:

> Em algo que nos parece tão naturalizado quanto um currículo e um horário, aprendemos por meio das correspondências de Gagé que este também é negociado, nem tanto pelo *mérito do conteúdo, mas pelos seus compromissos profissionais*. Sem saber se as autoridades paulistas iriam aceitar seu pedido de retornar ao Brasil somente ao final de abril ou início de maio, quando poderia se desvencilhar de suas aulas na França sem prejuízo, Gagé pede a Simões que organize seus horários em 6 aulas, pois mais do que isso também não pode ministrar, caso seu vencimento não esteja garantido. Simões daria mais aulas até sua chegada, quando este finalmente retomaria suas seis horas regulamentares mais duas de Simões. Percebemos também, mais uma vez, que parece não haver preocupação com a distinção entre os níveis dos alunos. (COSTA, 2015, p. 9, itálico no original).

As tarefas da cadeira não se resumiam apenas ao planejamento das disciplinas, distribuição de aulas e organização dos horários, mas também dizia respeito a execução das pesquisas e ao acompanhamento dos alunos e das alunas do curso de Geografia e História. Em vários momentos Gagé se deparou com as deficiências de formação dos discentes. De acordo com a análise de Aryana Costa:

> Para Gagé, formar-se historiador tratava-se de saber as datas, mas também de saber selecioná-las, para um texto que não fosse desnecessariamente longo. Era preciso identificar o que de fato podia ser articulado entre si, o que podia considerado como causas ou efeitos. Enfim, Gagé chegou ao Brasil exigindo de seus alunos na FFCL análise histórica. Deparou-se, porém, com a fragilidade na formação de "cultura geral" com a qual eles vinham do ensino secundário. (COSTA, 2018, p. 223).

Essa simples constatação nos mostra, que não foi uma passagem abrupta de orientações teóricas e metodológicas, mas sim a construção de uma tradição de análise e pesquisa, que só foi se consolidar a partir da década de 1950. Portanto, muitos anos após o ingresso inicial da missão francesa no curso de Geografia e História durante os anos 1930 e 1940.

Acompanhar um pouco a rotina de trabalho de Eurípedes pode nos ser útil para dirimir com maior propriedade essas questões. Em sua tese de doutorado, sobre *O comércio vergue e o Grão-Principado de Kiev*, publicada em 1942, vê-se facilmente a inspiração no trabalho de Henri Pirenne e Joseph Calmette. O estudo dos movimentos comerciais, em compasso com as políticas administrativas no Kiev, demonstram como Eurípedes não deixou de lado a história política e diplomática, mas sim que tentou articulá-la aos movimentos econômicos e sociais do período. Em sua análise tangenciou entre explorar o estabelecimento dos eslavos nas planícies russas, para adentrar nos varegues na Rússia e a formação de seu comércio. Com esta perspectiva, Eurípedes passava a esmiuçar a dinastia dos grão-principados de Kiev: Oleg (879-912), Igor (912-945), Olga (945-957) e Sviatoslav (957-972). Nessas circunstâncias que lhe foi possível adentrar na cristianização da Rússia, na relação de Kiev e os nômades das estepes e a decadência de Kiev e a invasão Tártara.

Ao estudar esse tema havia certa preocupação de Eurípedes em justificar por que havia pesquisado algo fora da Europa Ocidental e do Mediterrâneo, e foi "precisamente pensando em realizar uma pesquisa sobre a História Medieval da Europa Oriental, pouco conhecida entre os estudiosos da História no nosso meio, que empreendemos este trabalho" (SIMÕES DE PAULA, 1942, p. 5), mesmo não sendo totalmente original, ou que tivéssemos acesso a todos os documentos do período. Esse trabalho não apenas permitiu demonstrar o simplismo de pensar certa homogeneidade na formação dos estados durante a Idade Média, como possibilitou inquirir em que medida o comércio influía sobre as decisões políticas e diplomáticas, e refletia nas ações daquela sociedade. Nota ainda que além desses aspectos econômicos e culturais, "pensamos que o assunto por nós escolhido tem também interesse para o estudo de nossa História Colonial, pois, como os Portugueses no Brasil, os Varegues invadiram em pequeno número um território até então à margem do mundo mediterrâneo e estabeleceram aí uma colonização e uma civilização de base inteiramente mercantil, mesclando-se com os indígenas e utilizando-se como mão de obra na exploração dos produtos peculiares à região. Mas não é só. Eles vão mais longe ainda: dão seu próprio nome ao Estado que vão organizar." (SIMÕES DE PAULA, 1942, p. 7). Além disso, a "civilização que esses Varegues introduziram na Rússia, até então dividida pelas disputas entre as diversas tribus eslavas, é muito interessante, pelo seu caráter mercantil" (SIMÕES DE PAULA, 1942, p. 138), mas com a "decadência comercial de Kiev, a Rússia voltou-se inteiramente para si própria, mantendo apenas ligações não muito intensas com o Báltico, através de Novgorod". (SIMÕES DE PAULA, 1942, p. 141).

Em 1946, quando então se voltou para o estudo de *Marrocos e suas relações com a Ibéria na Antiguidade*, em sua tese para concorrer à cadeira de história da civilização antiga e medieval, Eurípedes novamente conjugava relações político-diplomáticas e movimentações comerciais. Para ele:

> A escolha do assunto foi [...] propositada, pois, mostrando a situação geográfica de Marrocos entre o Mediterrâneo, o Saará, a Ibéria e o Atlântico, a similitude de população entre a Península e o norte da África, as relações entre Marrocos e as regiões circunvizinhas, demons-

> traremos que a Ibéria e a África do Norte formam um *bi-continente*. (SIMÕES DE PAULA, 1946, p. 7, itálico no original).

A construção do argumento se baseava na demonstração inicial das condições geográficas e das relações pré-históricas, para chegar ao alvorecer da história marroquina. Isso possibilitaria inquirir como se definiram suas relações com os fenícios, os gregos, os cartagineses e os romanos. Seu principal objetivo foi indicar como "entre Marrocos e Ibéria, devido à proximidade e as condições favoráveis, se estabeleceu durante a Antiguidade uma identidade étnica e cultural, que teve grande repercussão na História das duas regiões", formando nelas "um verdadeiro *bi-continente*." (SIMÕES DE PAULA, 1946, p. 277, itálico no original).

Essa perspectiva de análise se conjugava no planejamento de suas aulas e no oferecimento de disciplinas no curso de Geografia e História.[10] Nos anos 1950, Eurípedes não deixou de observar as questões políticas e diplomáticas, em consonância com as econômicas e sociais nos programas de seus cursos.[11] O mesmo valia para suas pesquisas e orientações.

10 *Anuários da FFCL/USP*, 1934-1935, 1936, 1937-1938, 1939-1949.

11 Programa do curso de Geografia e História de 1952. FFCL/USP. CAPH. PM – 081 – Acervo. Programa da disciplina de história da civilização antiga e medieval de 1950. FFCL/USP. CAPH. FSDH, Cx. 3, E-13.

Quadro 24: Distribuição de teses orientadas entre os anos 1940 e 1970

Discente	Trabalho	Nível	Orientador	Ano
Eduardo d'Oliveira França	*A realeza em Portugal e as origens do absolutismo*	Doutorado	Eurípedes S. Paula	1945
Pedro Moacyr Campos	*Alguns aspectos da Germânia Antiga através dos autores clássicos*	Doutorado	Eurípedes S. Paula	1945
Aldo Janotti	*Condicionalismo sócio-cultural das origens do movimento universitário europeu*	Doutorado	Eurípedes S. Paula	1966
José Maria Correa	*A Igreja e a escravidão no Código de Justiniano*	Doutorado	Eurípedes S. Paula	1967
Jaime Pinsky	*O Egito helenístico*	Doutorado	Eurípedes S. Paula	1968
Maria Portal	*Dos geto-dácios aos daco-romanos*	Doutorado	Eurípedes S. Paula	1969
Marcos Margulies	*A evolução dos contactos inter-grupais na Europa na Idade Média*	Doutorado	Eurípedes S. Paula	1970
Helmi Nars	*As seitas islâmicas*	Doutorado	Eurípedes S. Paula	1970
Yessai Kerouzian	*Origem do alfabeto armênio*	Doutorado	Eurípedes S. Paula	1970
Victor Silva	*A legislação econômica e social consecutiva à Peste Negra de 1348*	Doutorado	Eurípedes S. Paula	1970
Ricardo Gonçalves	*Considerações sobre o culto de Amida no Japão Medieval.*	Doutorado	Eurípedes S. Paula	1971
Gabriel Roy	*Um senhorio rural canadense*	Doutorado	Eurípedes S. Paula	1971
Shozo Motoyama	*Galileo Galilei*	Doutorado	Eurípedes S. Paula	1971

Niko Zuzek	*Razões da recusa do Grão-Principado de Moscou à União Florentino*	Doutorado	Eurípedes S. Paula	1972
Nachman Falbel	*A luta dos Espirituais e sua contribuição para a reformulação da teoria tradicional*	Doutorado	Eurípedes S. Paula	1972
Victória El Murr	*Um poema épico russo do século XII.*	Doutorado	Eurípedes S. Paula	1973
Oliveira Leite Gonçalves	*Jesus e o Zelotismo.*	Doutorado	Eurípedes S. Paula	1973
Paulo de Castro	*Apontamentos do Manuel Agronômico de Catão.*	Doutorado	Eurípedes S. Paula	1973
Aydil Preiss	*O sentido da História através dos Prolegômenos de Ibn Khaldun*	Doutorado	Eurípedes S. Paula	1973
Jaubran El Murr	*Considerações sobre os geógrafos árabes*	Doutorado	Eurípedes S. Paula	1973
Jorge Mota	*O influxo da Bíblia na vida e no pensamento de Dom Miguel de Unamuno*	Doutorado	Eurípedes S. Paula	1973
José Mello	*A insularização da Monarquia Angevina e a formação da Nação Inglesa*	Doutorado	Eurípedes S. Paula	1973
Renato Oberg	*João Huss, um injustiçado.*	Doutorado	Eurípedes S. Paula	1973
Sun Chin	*A influência indiana sobre a pintura chinesa da caverna*	Doutorado	Eurípedes S. Paula	1973
Abd Kamel	*O movimento zubairita e suas atividades políticas e militares*	Doutorado	Eurípedes S. Paula	1973

Teiiti Suzuki	*Formação da arte plástica japonesa.*	Doutorado	Eurípedes S. Paula	1973
José Passos	*Bonifácio VIII e Filipe-o-Belo.*	Doutorado	Eurípedes S. Paula	1973

Fonte: MESGRAVIS, L. O curso de pós-graduação do departamento de História da Faculdade de Filosofia, Letras e Ciências Humanas da Universidade de São Paulo. *Revista Brasileira de História*, v. 3, n. 5, p. 87-118, 1983; SIMÕES DE PAULA, Maria R. C. R. Teses defendidas no departamento de História da Universidade de São Paulo (1939-1974). *Revista de História.* Número Jubilar, São Paulo/USP, Tomo II, 2(100): 821-857, 1974. Link: http://www.revistas.usp.br/revhistoria/article/view/132679/128763.

Apesar de não acrescentarmos as dissertações de mestrado que Eurípedes orientou neste período (conforme se observa no quadro n. 24), é facilmente aferível o quantitativo de teses de doutorado que ele orientou. Sua contribuição foi fundamental para a formação de uma geração de pesquisadores e pesquisadoras no campo da história antiga e medieval. A variedade de temas, períodos e lugares pesquisados também é evidente, assim como a ênfase dada a certas personagens históricas. Outro aspecto importante a se destacar é a variedade étnica e cultural, além de gênero, de alunos e alunas que ele orientou no período. Muitos desses alunos se tornaram docentes na instituição, ou vieram a ser professores em outras universidades. Seguramente não há como deixar de lado que muitos resultados desses trabalhos foram publicados na *Revista de História*. Além disso, a tônica sobre a historiografia francesa é outro elemento que se sobressai em relação ao conjunto das pesquisas. Evidentemente, não estavam limitadas a isso, como pode ser facilmente observado em alguns desses textos, mas no conjunto a ênfase sobre questões econômicas e sociais vai se assentando entre os temas que foram abordados pelas teses. Das seitas até os movimentos universitários, escravidão e liberdade, a realeza e o povo, os sentidos da história laica e a escatologia da história religiosa que traçavam sentidos distintos ao processo histórico, o espaço urbano e o mundo rural, o mundo simbólico e os regimes de escrita, os sujeitos e as instituições, todos esses temas faziam parte do rol de estudos que Eurípedes ia orientando neste período. Todos eles iam permitindo traçar novos contornos sobre a história européia, além de fomentar outras conexões entre a Europa e a Ásia antiga e medieval.

No ensino, na pesquisa e em suas orientações, Eurípedes foi um verdadeiro incentivador de empreendimentos que visavam aperfeiçoar o ofício e a prática de pesquisa em História. Mesmo compreendendo as inevitáveis limitações dos estudantes brasileiros em procederem a estudos de história e sobre a historiografia européia, africana e asiática do período antigo e medieval, Eurípedes buscava minimizar os percalços com a tradução de textos, a publicação de artigos na *Revista de História*, e a compra de revistas e livros para a cadeira de história antiga e medieval.

Considerações finais

A trajetória de Eurípedes Simões de Paula foi fundamental para a disseminação da historiografia francesa, especialmente, a do movimento dos *Annales* no Brasil, entre os anos 1940 e 1970, não somente por intermédio de seu trabalho na cadeira de história da civilização antiga e medieval, ou a orientação de alunos e alunas, mas também por meio de seu compromisso editorial na *Revista de História*. (NASCIMENTO, 2019).

Em sua rotina de trabalho na cadeira de história da civilização antiga e medieval havia certamente um compromisso com a preparação das aulas, nos vários cadernos de anotações que nos chegaram, além do material didático, iconográfico e com indícios da cultura material, que ele se utilizava para demonstrar os resquícios dos movimentos econômicos e sociais que definiam aquelas sociedades do passado e fomentavam a definição de sua política e de suas tradições culturais.

Certamente sua opção por demonstrar as questões políticas e diplomáticas, e só aí adentrar nos movimentos da economia e da sociedade, não era fortuita no período, mas se engajava nas próprias opções que eram feitas por Braudel, Bloch e Febvre em suas pesquisas nesse mesmo período. (ROIZ, SANTOS, 2012). Somente ao longo dos anos 1940 e 1950, que o movimento dos *Annales* se tornou uma verdadeira vanguarda, e suas disputas com a historiografia metódica e historicista passavam a ter certo rompimento de diretrizes, orientações e opções teóricas e metodológicas. As continuidades passaram então a dar lugar as rupturas e inovações. (REIS, 1994a, 1999, 2000).

Mesmo sendo marcante, e a primeira vista o lugar de destaque, que foi presidir a *Revista de História*, Eurípedes orientou quase um terço de todos os alunos que fizeram seu doutoramento no período. Não foi possível avançar aqui no retrato que definiu para a execução das pesquisas em história antiga e medieval, mas certamente criou uma perspectiva de trabalho (centrada na historiografia francesa) que deixou frutos na universidade.

Ao estudarmos sua trajetória, no campo da história antiga e medieval, isso nos permite investigar com maior propriedade como Eduardo d'Oliveira França desenvolveu seus estudos em história moderna e contemporânea no próximo capítulo.

Capítulo 9

Eduardo D'Oliveira França e a cadeira de História da Civilização Moderna e Contemporânea (1942-1968)[1]

> Defendi, desde o começo, a idéia de que devíamos pesquisar a História do Brasil. Naquela ocasião fui criticado e vencido pelo exclusivismo da cátedra, mas posteriormente a barreira caiu, e hoje docentes de outras áreas se doutoram com trabalhos, alguns muito bons, de História do Brasil; começamos a influir no sentido de uma renovação dos estudos historiográficos (FRANÇA In: FREITAS, 1993, p. 201).

Depois de estudarmos as trajetórias de Alfredo Ellis Jr. e Sérgio Buarque de Holanda, inquirindo como pensaram a transição do 'autodidatismo' para a profissionalização do trabalho intelectual de História e verificarmos como propuseram a escrita da história da civilização brasileira, assim como o fizemos para o caso de Eurípedes Simões de Paula, ao pensar a escrita da história da civilização antiga e medieval, passamos agora a ver como Eduardo D'Oliveira França pensou essas questões, ao propor a escrita de uma história

1 Este capítulo é resultado da pesquisa: "Ofício de historiador na Universidade de São Paulo: entre o 'autodidatismo' e a profissionalização do trabalho intelectual de história (1934-1968)". Agradeço ao CNPq pela bolsa de iniciação cientifica concedida pelo período de ago/2007 a jul/2008, que permitiu a Marcilene Nascimento de Farias efetuar um levantamento exemplar das fontes de Eduardo D'Oliveira França na Universidade de São Paulo. Uma versão deste capítulo foi publicada em: ROIZ & FARIAS, 2011, p. 129-167.

das civilizações, para o período moderno e contemporâneo, especialmente, a partir de seus estudos sobre Portugal.

Nesse sentido, o objetivo principal deste capítulo é estudar a trajetória intelectual de Eduardo D'Oliveira França, entre 1942 e 1968, inquirindo como apreendeu as discussões sobre a profissionalização do trabalho intelectual de história. Durante esse período esteve lecionando no curso de Geografia e História – tornados cursos independentes a partir de 1956 (ROIZ, 2004a) – da Faculdade de Filosofia, Ciências e Letras da Universidade de São Paulo (FFCL/USP). Pretende-se analisar ainda como procurou escrever uma História das Civilizações, quando foi catedrático da cadeira de História da Civilização Moderna e Contemporânea. As principais fontes desta pesquisa foram os programas da disciplina de História Moderna e Contemporânea, as correspondências pessoais e as obras escritas e publicadas pelo autor nesse período.

A discussão foi dividida em três partes: na primeira buscou-se fazer um panorama geral da vida de Eduardo D'Oliveira França; na segunda fizemos uma análise do período em que ele foi professor catedrático na Universidade de São Paulo; e na terceira analisamos como procurou escrever uma História das Civilizações, quando foi catedrático da cadeira de História da Civilização Moderna e Contemporânea, da FFCL/USP (Cf. CERTEAU, 2002, p. 65-122).

A vida de Eduardo D'Oliveira França

Foi o terceiro dos três filhos de Américo e Ila de Oliveira França. Era de família tradicional, tanto pelo lado de sua mãe quanto de seu pai, os Galvão de França. Cresceu na fazenda de seu avô paterno, filho de um pai que nunca se desvencilhou do sonho da posse da terra, guardava a nostalgia dos campos e dos horizontes largos das fazendas, dado que:

> Cresci mixuango valeparaibano, ouvindo o falar caipira do "sar-sor", do "vansuncê", do "a despois", do "cumpade", do "vamo simbora". Garoto, madrugava com o sol e a neblina a recolher gado para o curral ou trotar para a entrega do leite na usina (FRANÇA, 1994, p. 2).

Sempre demonstrou muito orgulho em ser filho de professores primários, pois tinha como exemplo Lucien Febvre e Fernand Braudel, considerados por ele dois grandes referenciais, que também haviam sido filhos de "professores de crianças" (FRANÇA, 1994, p. 2). Seu pai sempre foi muito insatisfeito e oscilava entre o magistério e a fazenda, sem tempo de ficar nos lugares. Assim, o jovem Eduardo França residiu em várias cidades, Caçapava, Guaratinguetá, Queluz, Jambeiro e Ribeirão Preto, e: "pervaguei de uma cidade para outra: de Queluz onde nasci para Guará, para Caçapava" (FRANÇA, 1994, p. 2).

No período da crise de 1929, voltou novamente ao Vale do Paraíba. Depois, mudou-se para Jambeiro e daí para Cajuru, cidade próxima a Ribeirão Preto. Após o ginásio, com dezessete anos, foi para São Paulo a fim de completar os estudos e retornar depressa ao "aconchego do Vale do Paraíba". Mas, para sua tristeza, esta volta nunca aconteceu, pois, havia ficado "preso ao visgo abominável da cidade grande" (FRANÇA, 1994, p. 3).

O curso primário foi realizado nas cidades de Queluz, Guaratinguetá, Caçapava e Jambeiro. Após "escapar" ao internato dos Salesianos de Lorena, fez o curso secundário em Guaratinguetá (de 1927 a 1931), no Ginásio Nogueira da Gama. O tempo em que passou no ginásio, que considerava como "cinco breves e belos anos", foram os melhores de sua vida, com verdadeiros professores. Foi no ginásio que se iniciou no convívio cultural, no grêmio Rui Barbosa que ajudara a fundar. Concluindo o ginasial em 1931, segue para São Paulo, na Faculdade do Largo de São Francisco, para cursar Direito. Mas, nunca se entregou totalmente a ela, pois, nesta Faculdade tinha uma sensação de insegurança, de anonimato, com professores que não o conhecia. Como calouro da Faculdade de Direito do Largo de São Francisco não demorou muito para participar dos acontecimentos políticos que balançaram São Paulo e mesmo o Brasil, na década de 1930.[2]

2 Foram tempos de perseguições, destruições e invasões. Eduardo França participou da Revolução Constitucionalista, no Batalhão Fernão Salles, e do movimento estudantil de oposição à ditadura, as quais: "o clima apaixonado intoxicou-me irreversivelmente deste amor a liberdade que, como um vício nunca mais me deixou" (FRANÇA, 1994). Desse episódio Eduardo França retirou importantes 'lições': considerava a Revolução "uma grande escola", onde aprendera não só a

Licenciado também pelo Instituto de Educação, ele passou a ser assistente de Educação, ministrando aulas no ensino particular, na Escola Normal Padre Anchieta, onde, segundo ele, conheceu melhor a alegria de ensinar, e também na Faculdade do Mackenzie. Para ele, a geração de 32 descobrira que tinha um compromisso nascido da decepção injusta: "vencer em outro plano para reaver o bem perdido" (FRANÇA, 1994, p. 4). Em busca da liberdade, viram nascer nos "escombros do sonho político, a Universidade de São Paulo,[3] oferecendo novos horizontes. Com isso, matriculou-se na seção de História e Geografia, por considerar que desta forma estaria mais próximo de sua linha de interesse, das leituras e recordações dos tempos de ginásio, onde tivera excelentes professores da disciplina. Além disso:

> Havia fome de um saber maior, mais atual: vinha de longe, de 1922. Aderi à investida e optei pela História e Geografia depois de muito hesitar, abandonado o Instituto de Educação onde ajudara a fundar um Grêmio 2 de Agosto sempre com a idéia de ser preciso unir para combater (FRANÇA, 1994, p. 4).

Na seção de História e Geografia, sentia-se uma espécie de deslumbramento pelas novidades. Para os alunos não havia espaço para a monotonia, as aulas eram poucas, mas os professores se empenhavam em ensinar, sem descuidar de suas pesquisas. Os professores, os estrangeiros mais que os outros, incitavam os alunos a participarem de uma atividade intelectual atua-

---

enfrentar o perigo sem esquivas, mas, sobretudo, a valorizar o companheirismo e a apurar o valor dos outros, "depois a volta para curtir a tristeza da derrota, derrota militar, mas não das convicções e das esperanças aliadas mas não abandonadas. Amor contrariado vira teimosia" (FRANÇA, 1994).

3 Quanto à divergência que há na historiografia sobre a criação da USP e da Faculdade de Filosofia, como sendo um projeto político, pelo qual a elite paulista visava à recuperação de sua hegemonia, Eduardo França destacava que ela nascera devido às inquietações culturais da época (ROIZ, 2004a, 2009), independente de interesses políticos: "na verdade a criação da Faculdade de Filosofia, como de resto a criação da Universidade, respondia a uma aspiração do meio cultural de São Paulo, independentemente de compromissos de natureza política, ou de implicações de caráter social, é esta a minha opinião". (FREITAS, 1993, p. 180).

lizada (FALCON, 1996; IGLÉSIAS, 2000; ROIZ, 2004a). A turma de França foi a segunda a se formar na Faculdade de Filosofia, e eram, em sua maioria, professores primários comissionados, trazendo experiências de docência.

Havia certa dificuldade por parte dos alunos em assimilar os ensinamentos de culturas mais refinadas, como era o caso dos professores estrangeiros. A biblioteca não contava com muitos textos clássicos de história. Os professores citavam as obras e os alunos procuravam conhecê-las. Assim se deu a colaboração dos professores estrangeiros no processo de "modelagem e no estilo do que se destinava a ser um centro de estudos de História e de Geografia" (FRANÇA In: FREITAS, 1993, p. 183). Para ele, os professores estrangeiros eram muito compreensíveis com os alunos, sempre demonstravam preocupação em cumprir a missão para a qual haviam sido destinados, deixando sucessores que iniciaram profundas transformações no estudo da História, da Geografia, da Literatura, da Sociologia, pois, "eles cumpriram plenamente esta missão. Eles nos compreenderam em nossas limitações e nos estimularam" (FRANÇA In: FREITAS, 1993, p. 184). Amplamente engajados, esses professores contribuíram para diminuir o distanciamento entre o aluno e o professor, que até então era comum na universidade:

> Pela primeira vez se sentia que o aluno havia de conviver com o professor, eu vinha da Faculdade de Direito, onde se interpunha na tradição coimbrã enorme distância entre professor e aluno. Conhecia agora professores que me convidavam para almoçar ou jantar em casa deles e que tinham conversas longas, sobre mil assuntos, com seus estudantes (FRANÇA In: FREITAS, 1993, p. 184).

A partir disso é interessante notar que os professores estrangeiros não se limitaram ao convívio somente no ambiente universitário, estenderam a convivência para o domínio particular, aumentando, assim, o interesse por certos alunos, em função do interesse e das aptidões que demonstravam para a docência e para a pesquisa. Os primeiros anos da Faculdade de Filosofia foram difíceis; desde cedo os alunos tiveram de lutar pela Faculdade, que ele considerava "a guerra dos ex-alunos, repto desigual contra a incompreensão e a hostilidade" (FRANÇA, 1994, p. 5), além disso:

> Foram anos de combate desigual, quando o meio resistia à irrupção dos licenciados. Nos primeiros concursos para o magistério, concursos arrancados à malevolente Secretaria de Educação, logramos os primeiros lugares. Cheguei a fazer um deles e obtive um segundo lugar, mas não escolhi cadeira: inscrevi-me só de birra (FRANÇA, 1994, p. 6).

Aos poucos a Faculdade de Filosofia formou um corpo docente para o curso secundário, apesar da resistência permanente por parte da Universidade, das outras Faculdades, da Secretaria da Educação e das escolas particulares. A Faculdade representava uma ameaça a todas elas, que até então produziam professores secundários sem formação específica. Em contrapartida, os licenciados se consideravam a revelação do mundo cultural e não facilitavam a sua própria aceitação no ensino secundário. Foi preciso defender os licenciados juridicamente, para que não fossem colocados em situação de inferioridade nos concursos e aos poucos eles foram conquistando espaços, inclusive na direção do ensino, aliás: "Houve uma conspiração entre as faculdades tradicionais para resistir à Faculdade de Filosofia num enfrentamento que se de um lado tinham a tradição, de outro os licenciados eram muito provocadores". (FRANÇA, 1994, p. 8).

Ao longo dos três anos em que passou na Faculdade de Filosofia, de 1935 a 1937, deparou-se diversas vezes com a mudança das classes, para lugares diferentes. Com a mudança das classes para tantos lugares diferentes, mudavam-se também os pontos de encontro preferidos pelos alunos, como: bares, restaurantes e livrarias. (FREITAS, 1992).

De início, a universidade não apresentava vocação para a pesquisa; esse amadurecimento só veio depois de algum tempo, acompanhando o desenvolvimento que ela viria atingir (ROIZ, 2004a) – como vimos na primeira parte deste estudo. Os alunos possuíam liberdade para optar pelos seus objetos de pesquisa, não havendo escola ou doutrina oficial de estudo e pesquisa. Os professores, estrangeiros ou brasileiros, não obrigavam os alunos a seguirem um campo de pesquisa ou orientação metodológica pré-estabelecidos – embora isso também fosse dinâmico, como vimos nos capítulos quatro e cinco. Para ele: "O clima era de intensa liberdade cultural e isso foi de uma importância muito grande para o futuro da cultura no Brasil" (FREITAS, 1993, p. 187). Além disso:

> Havia um orientador de doutorado sem que houvesse exigências de cursos e créditos. Todo o tempo do candidato era dedicado a pesquisa. O candidato não perdia tempo em sala de aula ou a colecionar créditos. Depois, com a pós-graduação de modelo americano, é que se passou a preceituar o mestrado e freqüência a cursos e a obtenção de créditos. (FREITAS, 1993, p. 188).

Desta maneira, ao adotar o modelo de pós-graduação das universidades americanas, a Faculdade de Filosofia, optava por um modelo diferente daquele que vinha sendo desenvolvido pela Faculdade, sob a inspiração das universidades européias, sejam as francesas ou as alemãs, o que gerou nele certo descontentamento. A extinção das cátedras, também foi resultado da assimilação do modelo norte-americano, que não contava com cátedras, apenas com a livre-docência, de procedência alemã.

Em 1942, mediante a apresentação da tese *O Poder Real em Portugal* (1946), Eduardo França[4] terminou o doutorado, orientado por Eurípedes Simões de Paula. O doutoramento, segundo ele, ocorreu em meio ao atropelo das aulas, em regime de tempo parcial e sem o auxílio de bolsas.[5] Em suas palavras:

> Instituída a Universidade em 1934, criada a Faculdade de Filosofia, matriculou-se na seção de História e Geografia, tendo sido aluno de Fernand Braudel, Pierre Monbeig, Plínio Ayrosa, Afonso de Taunay,

---

4 De professor da Escola Normal, Eduardo França transferiu-se para a Faculdade de Filosofia, como assistente, porém recebia o salário como professor da Escola Normal, porque a Faculdade não possuía recursos suficientes para a contratação de assistentes para todos os professores. Tendo sido um aluno de destaque Eduardo França, ficava seduzido com a possibilidade de voltar à Faculdade de Filosofia como professor. Embora sendo professor do secundário, na Escola Normal mediante concurso, sempre sonhou com ascensão, sem perder o contato com Faculdade, não havia abandonado a esperança, mesmo estando fora, de voltar como professor.

5 Currículo de Eduardo d'Oliveira França, 1951, FFCL/USP. CAPH. MCF - 03, Cx. F-1.

> Vanorden Shaw. Diplomou-se em 1936 na Faculdade de Direito, e em 1937 na de Filosofia. [...] Da Escola Normal transferiu-se para a Faculdade de Filosofia indicado para assistente pelo Prof. Braudel. Foi assistente de História Antiga e Medieval (Prof. Simões de Paula), e depois de História Moderna quando Fernand Braudel retornou ao Brasil, e após, foi assistente do prof. Émille Léonard, o grande historiador da Reforma. Foi professor do Colégio Universitário. Em 1942 doutorou-se e em 1951, mediante concurso, tornou-se professor catedrático.[6]

Em 1951, com a tese *Portugal na Época da Restauração* (1997), ingressou na FFCL/USP como catedrático de História da Civilização Moderna e Contemporânea, substituindo seu professor Émile Léonard.[7] O concurso para a cadeira ocorreu entre 19 e 20 de novembro de 1951. A banca examinadora foi constituída pelos professores Eurípedes Simões de Paula e Astrogildo Rodrigues de Melo, indicados pela Congregação, e Sérgio Buarque de Holanda, Jaime Coelho e Eremildo Luís Vianna, indicados pelo Conselho Técnico-Administrativo.[8] Para ele:

---

6 Currículo de Eduardo d'Oliveira França, 1951, FFCL/USP. CAPH. MCF - 03, Cx. F-1., P. 2.

7 Currículo de Eduardo d'Oliveira França, 1951, FFCL/USP. CAPH. MCF - 03, Cx. F-1.

8 A prova escrita para o concurso de catedrático aconteceu no dia 19 de novembro das 14 às 20 horas, sorteado o assunto coube a Eduardo França discorrer sobre: Reforma Protestante: suas causa e desenvolvimento. No mesmo dia também ocorreu o exame dos títulos do candidato. No dia 20 de novembro, no salão nobre da Faculdade, realizou-se a sessão pública e solene da defesa da tese "Portugal na Época da Restauração", apresentada pelo Dr. Eduardo D'Oliveira França. Aberta a sessão pelo presidente, foi dada a palavra ao primeiro argüidor, prof. Jaime Coelho. Argüiram, a seguir, os profs. Sérgio Buarque de Holanda, Eremildo Viana, Astrogildo Rodrigues de Melo e Eurípedes Simões de Paula. Após cinco horas regulamentares de debates, a Banca Examinadora passou à atribuição das notas. Às 20 horas do dia 21 de novembro, presentes os Srs. Membros da Comissão Organizadora, realizou-se o sorteio do ponto da prova didática, Eduardo França dissertou sobre o tema "A Entente Cordiale". Logo em seguida foi feita a leitura da prova escrita, para atribuição de notas, na forma regulamentar, passando-se depois ao julgamento final. À vista das notas atribuídas foi Eduardo D'Oliveira França aprovado nos termos do Regimento do Concurso. Tal decisão foi homologada pelo governo do Estado, por decreto de

> Assistente, realizei o meu doutoramento e depois fui contratado regente de cátedra quando se retirou. A seguir fiz o meu concurso e me transfigurei em catedrático. É mais ou menos essa história. História igual à de vários outros de minha geração; história de ex-alunos que sucedem aos mestres (FREITAS, 1993, p. 192).

Com a cátedra veio o cobiçado tempo integral. Mas, como professor catedrático teve que se despedir das aulas particulares nos cursos secundários, onde considerava que havia sido feliz sem saber. O seu posicionamento quanto à estrutura de cátedras, sempre foi favorável, por acreditar que se tratava do melhor sistema, calcado na tradição e no prestígio vindo de Portugal e, sobretudo, por assegurar "a eficiência, a independência, a harmonia funcional, a responsabilidade individual" (FREITAS, 1993, p. 194).

Eduardo D'Oliveira França na Universidade de São Paulo

O que sempre se sobressaiu em Eduardo França foi sua profunda identificação com Universidade de São Paulo e, particularmente, com a Faculdade de Filosofia; sempre se referiu a ela como "minha faculdade". Esta era a sua expressão permanente e também a razão pela qual se aposentou apenas na compulsória. Tão intensa foi sua dedicação à Faculdade de Filosofia que ele teve poucas ou quase nenhuma atividade fora da Universidade. Para Novais: "Toda a sua vida esteve vinculada a ela, até a aposentadoria e mesmo depois dela. Isso foi levado a ponto de pouco sair, embora tendo muitos convites" (NOVAIS, 1994, p. 5).

Nos cursos que oferecia, procurava sempre ir de encontro ao que se pregava, essa foi uma de suas características mais marcantes. Num período em que a tendência era cursos abordando História Econômica, História Antiga, História Medieval, havia o "professor França", oferecendo um curso de História da Cultura, uma abordagem totalmente discrepante na época,

---

19 de dezembro de 1951, tornando o Dr. Eduardo D'Oliveira França, professor em caráter efetivo da Cadeira XXVII – História da Civilização Moderna e Contemporânea. Concurso de História da Civilização Moderna e Contemporânea. *Anuário da Faculdade de Filosofia Ciências e Letras.*USP , 1951, p. 86-8.

talvez fosse este o motivo de tantos alunos sentirem-se atraídos pelos cursos que oferecia, como lembrará Novais.[9]

Ao sugerir a formulação de problemas para a compreensão do processo histórico seguia a mesma trilha dos historiadores do movimento dos *Annales* (AGUIRRE ROJAS, 2001; ROIZ, SANTOS, 2003, 2012). Neste caso, tornando a história-problema, o ponto de partida da investigação histórica (REIS, 2000; ROIZ, SANTOS, 2005, 2012). Esta foi uma lição que seus alunos nunca esqueceram; ele sempre pedia aos estudantes que começassem a exposição dos seminários indicando qual era o problema, mas não em termos de pergunta, não devia haver ponto de interrogação. Desta forma, a investigação histórica deveria começar por meio de pesquisa ou questionamentos determinados, que já apontariam para a postura frente ao tema a investigar. Fernando Novais recorda que era absolutamente angustiante este momento, pois, a dificuldade que alguns encontravam em formular um problema sem fazer interrogação era enorme:

---

9 No tocante aos seminários, Fernando Novais lembra que eram considerados "seminários didáticos", "seminários-aula", onde Eduardo França deixava sua dedicação à docência transparecer, como bom professor e, também, pedagogo, fazia questão desses seminários. Para os seminários, sorteava-se um tema e, aos alunos ficava a incumbência de dar aula, baseando-se no tema sorteado. No entanto, as notas quase sempre eram baixas. Enquanto professor, ele era implacável nas críticas, "ficava sentado no fundo da sala, sem manifestar se estava gostando ou não, e as notas eram quase sempre baixíssimas", recorda Fernando Novais. Interessante notar que com esses seminários, que aparentemente eram só para dar aula, Eduardo França procurava fazer seus alunos refletirem sobre a atividade docente. O que estava implícito nos seminários e, que na maioria das vezes os alunos não entendiam, era a preocupação de Eduardo França, em demonstrar que para dar aulas era preciso conhecer o assunto, "mas para dar uma boa aula, a primeira coisa era saber qual o problema que estava inscrito no assunto". Porém, sempre deixou claro que formular um problema era algo diferente de fazer uma pergunta, que poderia ser muito simples, a respeito de qualquer assunto, bastando apenas dizer como, quem, quando, onde por que, e estaria feita a pergunta. Já a formulação de um problema, tornava-se algo muito mais complicado.

> Imaginem a tremenda angústia que nós tínhamos ao preparar e tentar formular o problema sem fazer interrogação. Ele estava sentado no fundo da classe e quando a gente não conseguia, e raramente se conseguia, ele dizia: 'lá vem a perguntinha'. Lembro muito bem desses comentários (NOVAIS, 1994, p. 6).

Fernando Novais exemplifica o perfil de Eduardo França nos seminários, relembrando seu caso ao apresentar um seminário sobre a Reforma Protestante nos Países Baixos:

> Eu li um livro inteiro sobre a Reforma nos Países Baixos. Consegui resumir e consegui formular aquilo que eu pensava ser o problema, sem fazer a tal interrogação. Quando terminou, o professor França foi para a frente e disse: está tudo errado! Desenhou um quadrado na lousa e escreveu E, desenhou outro e escreveu A, depois o terceiro e escreveu F, e acrescentou: isto aqui é a Espanha católica; isto aqui é a Alemanha protestante; isto aqui é a França, que não se sabe se é católica ou protestante; aqui estão os Países Baixos, eles têm que escolher, não podem não escolher. Este é o problema. Como não souberam escolher acabaram dividindo-se, sendo os Países Baixos católicos e os Países Baixos protestantes. Isso o senhor não viu e o senhor não entendeu nada do seu tema. Imaginem a minha tristeza depois dessa noite, nos anos cinquenta (NOVAIS, 1994, p. 8).

Implacável que era nas críticas, Eduardo França observava que dada à imaturidade e a pobreza cultural geral com que eram admitidos alguns alunos nos cursos, fazia-se necessária uma preparação prévia e sistemática desses alunos, em cursos de iniciação aos estudos de história, considerados indispensáveis para a revisão de conceitos errôneos e maus hábitos de trabalho intelectual.

Todas essas idiossincrasias de Eduardo França fizeram com que seus cursos se tornassem inesquecíveis, pelo fato de serem aulas com abordagens muito diferentes. Para Novais: "Tornou-se memorável o curso que o professor França dava sobre a Revolução Francesa. Havia uma aula em que se discutia o que era revolução e ele terminava esta aula dizendo que revolução e história é a mesma coisa" (NOVAIS, 1994, p. 6).

A parca presença de mulheres na lista das pessoas representativas ao professor França é explicado pelas dificuldades e preconceitos enfrentados pelas mulheres no mundo universitário de então – como vimos no segundo capítulo deste estudo. Como ele mesmo indicaria, havia um machismo consciente nos primeiros professores de História, por não acreditarem no trabalho intelectual da mulher, e:

> Chegam a certo ponto e estacionam ou se dedicam à vida pessoal. Sou machista e na minha experiência, minha intuição não foi negada. Mulher pode ser tão inteligente quanto o homem, mas a partir de certo momento, as que não se casam tornam-se pessoas desagradáveis e ásperas e as outras casam ou são absorvidas pelos filhos, como é de direito. As assistentes mulheres que tive só confirmaram a regra (FRANÇA, 1990, p. 8).

Além de um excelente professor, implacável nas críticas, outro aspecto também se sobressaía nele: o de historiador discípulo do grupo dos *Annales*. Seus trabalhos revelavam uma forte aproximação com o movimento dos *Annales*, que acabaria por transferi-los para o Brasil.[10]

Ele também foi um liberal contra a ditadura militar. Para ele, a geração de 32 teve uma atuação bem mais discreta, se comparada à geração que lutou contra a ditadura. A esquerda nunca chegou a constituir-se maioria, muito embora a geração de 32 tivesse uma posição de esquerda democrática, infelizmente, não tiveram uma persistência muito grande ou uma atividade ostensiva. Posteriormente a universidade foi recebendo novas gerações, que mais decididas e ousadas optaram pela esquerda definitivamente (D'ALÉSSIO, 1994), de maneira mais nítida e agressiva, como foi o caso de alguns alunos, que se envolviam abertamente em atividades políticas no pe-

---

10 Sua tese *Portugal na Época da Restauração,* tornou-se de um prestígio absolutamente internacional, no Dicionário de História de Portugal, de Joel Serrão, uma obra marcante da historiografia moderna em termos de dicionário de História, o verbete sobre a Restauração baseia-se totalmente no texto de Eduardo França. Da mesma forma, o texto de Luiz Torgal, de Coimbra, sobre a Ideologia da Restauração, diz desde o início, que o centro das suas reflexões é a obra *Portugal na época da Restauração.* Além disso, o livro traz o traço característico de Eduardo França: sua total fidelidade à Escola dos Annales, lembrando às vezes a escrita de Lucien Febvre.

ríodo da ditadura militar e acabavam sendo perseguidos pelo regime. Nem comunistas, nem socialistas eram maioria na Faculdade (Cf. CHAUÍ, 1994). Para ele:

> Era uma missão cultural, essa missão de renovação de pensamento, das posições do espírito, tinha implicações políticas. E nós tivemos consciência disso, e não nos recusávamos a atuar neste sentido. Mas não se pode dizer que predominassem os extremos. E havia os que não eram, mas simpatizavam com os pensamentos de esquerda. A fama de vermelha que veio a ter a Faculdade, isso era outra coisa (FREITAS, 1993, p. 199).

Sobre a contribuição da Faculdade de Filosofia para as pesquisas historiográficas brasileiras, ele lamentava o fato de que poderia ter sido maior, sentindo-se, de alguma forma, também responsável pelo atraso na renovação dos estudos de História. A inspiração recebida dos professores, no tocante à metodologia e às posições em relação à História e seus problemas, foram assimiladas e amadurecidas, mas não foi o bastante para a renovação da produção historiográfica, principalmente, no que dizia respeito à história do Brasil (FRANÇA, 1951, 1971) – vimos algumas dessas tensões, sobre a escrita da história do país, nos capítulos anteriores.

Para ele, esse atraso explicava-se, em grande parte, pelo fato da Cátedra de História da Civilização Brasileira, considerada a "cadeira chave", ter ficado aos cuidados de professores brasileiros, com "posturas historiográficas tradicionais definidas", como foi o caso de Afonso de Taunay e Alfredo Ellis Jr.[11] Tanto Taunay quanto Ellis Jr., foram historiadores de mérito, mas "não estavam disponíveis para rever os seus comportamentos no campo da pesquisa histórica" (FREITAS, 1993, p. 200), levando a historiografia, no campo da História do Brasil, a ser neutralizada e permanecer em um estado de "inércia" – evidentemente, sua análise não leva em consideração outros fatores, como indicamos nos capítulos quatro e cinco.

Assim, a primeira fase da Cátedra de História da Civilização Brasileira adotou uma orientação tradicional; em razão disso a renovação da historiografia, conforme observou Novais: "se deu não nos temas de História do

---

11 Para maiores detalhes sobre essa questão, ver: ROIZ, 2007, 2010.

Brasil, mas através da cátedra de História Geral da Civilização. Ou seja, pela cadeira ocupada pelos professores estrangeiros" (FRANÇA, 1994, p. 165). A "influência" modernizadora dos professores estrangeiros não progrediu em meio à visão tradicional da história praticada no Brasil. Fernand Braudel, quando veio ao Brasil, pretendia desenvolver um programa de História do Brasil do século XVI. Contudo, houve reação contrária à ideia de Braudel; entenderam que seria "político" ele não oferecer um curso sobre História do Brasil. Essa atitude figurou, para Eduardo França, muito equivocada e primária "um nacionalismo infantil reclamava que viessem professores do estrangeiro ensinar História do Brasil aos brasileiros. O que era uma visão positivamente primária". (FREITAS, 1993, p. 200). Evidentemente, poucos foram os professores estrangeiros que desenvolveram pesquisas sobre a História do Brasil. Émile Léonard (1963), que era especialista em História do Protestantismo, realizou alguns estudos sobre o protestantismo no Brasil.

Com a delimitação das cátedras, a escrita de uma História do Brasil renovada tornava-se ainda mais difícil, pois, com tais restrições muitos professores se encontravam distantes dela. Cada professor atuava na sua área de docência, evitando comprometimentos com História do Brasil, tanto nas pesquisas quanto nas críticas historiográficas. Com a extinção das cátedras, o monopólio sobre as pesquisas em História do Brasil também desapareceu; além disso:

> Defendi, desde o começo, a ideia de que devíamos pesquisar a História do Brasil. Naquela ocasião fui criticado e vencido pelo exclusivismo da cátedra, mas posteriormente a barreira caiu, e hoje docentes de outras áreas se doutoram com trabalhos, alguns muito bons, de História do Brasil; começamos a influir no sentido de uma renovação dos estudos historiográficos. (FREITAS, 1993, p. 201).

Partindo dessas considerações, ele acreditava que a historiografia brasileira se atrasara em sua renovação, devido à incompreensão de alguns docentes por acreditarem que a pesquisa dos professores de História Moderna não deveria se estender à História do Brasil. Em suma, "ciúmes atrasaram a renovação" (FRANÇA, 1994, p. 156). Favorável ao debate entre especialidades diversas, ele reconhecia ser de extrema importância compartilhar experiências com outras áreas, como a Geografia, a Antropologia, a Sociologia, a Filosofia e a Estatística, dentre outras, e:

> Quando a História convivia com a Geografia, com a Antropologia, com a Sociologia, com a Filosofia, com a Estatística, a tendência do espírito era o pensamento compartilhado, cada um pensando no seu campo, mas com o espírito aberto às contribuições que vinham de outros domínios (FREITAS, 1993, p. 204).

Se tivesse continuado a agir assim, no convívio entre diversas especialidades, a Faculdade de Filosofia poderia ter garantido sua eficácia no cenário cultural nacional. E, para ele, o desempenho desta "ação conjugada" foi prejudicado em virtude da tendência ao "seccionamento", tão presente na Universidade (FRANÇA, 1971, 1974).

Para as novas gerações de historiadores, ele sugeria que não renegassem a historiografia do passado, basicamente política e econômica, quando muito cultural, por amor à historiografia social. Era imprescindível, também, que não esquecessem os mestres, porque eles seriam sempre um ponto de referência, tanto na docência quanto na pesquisa, por que: "Acredito que as novas gerações saberão usar bem a herança que deixamos, sensibilizados com o que Braudel chamou de a nova Nova História" (FRANÇA, 1994, p. 160). Considerava que os jovens historiadores encontravam-se bem familiarizados com temáticas que tratavam do povo, da mulher, do escravo, do trabalhador, enfim, com tudo o que significava a ampliação dos personagens no estudo da História. E justamente, em meio a essa ampliação de temáticas, não se poderia esquecer as contribuições da História Política e Econômica, indispensáveis para a compreensão da História Social e seus "vários capítulos".

Por tudo isso, ele foi considerado um homem que soube pagar o preço de suas ideias; de formação e de posições conservadoras, sempre foi um liberal autêntico que soube respeitar a divergência. Trouxe grandes contribuições ao saber histórico em sua passagem pela FFCL/USP, desempenhou um importante papel na história do departamento de História da Universidade de São Paulo, na geração que intermediou entre os franceses e a consolidação que se seguiu depois (CAPELATO, GLEZER, FERLINI, 1994). No Departamento de História, os professores franceses ficaram de três a quatro anos, sendo substituídos pelas novas gerações de historiadores brasileiros, e entre eles figurou Eduardo D'Oliveira França.

A obra de Eduardo D'Oliveira França

Eduardo D'Oliveira França viveu sua carreira profissional num período de intensos debates, circunstanciados entre a 'escola metódica francesa' e o 'movimento da revista *Annales*', e sua recepção nas universidades brasileiras. De acordo com Capelato, Glezer e Ferlini (1994, p. 351 e ss), essa ação dos franceses ocorreu num ambiente intelectual propício, pois, se de um lado trouxeram a experiência com o trabalho metodologicamente orientado e os ares renovadores dos *Annales*, por outro, também encontraram caldo de cultura fértil, presente em produção historiográfica tradicional, de grande erudição. No plano intelectual, os franceses introduziram a preocupação com a orientação metodológica e com o rigor da análise documental, iniciando uma relação com temas da historiografia francesa, especialmente a dos *Annales*, que representaram uma vanguarda na época.

Dessa forma, tanto em sua tese de doutoramento, *A realeza em Portugal e as origens do absolutismo* (1946), quanto em sua tese de cátedra, *Portugal na Época da Restauração* (1997), é possível observar as marcas de historiadores dos *Annales*, como Lucien Febvre e Fernand Braudel. Em *Portugal na Época da Restauração*, aparecem 'influências' mais amplas de Hazard e Huizinga, além de conceitos de matriz weberiana, como sociedade 'estamental' e 'estado patrimonialista', esboçados no doutorado, e que na tese de cátedra apareceriam mais desenvolvidos. Na tese de cátedra também se observa uma maior inclinação do autor para a história da cultura e das mentalidades, revelando uma 'inspiração' particular pela obra de Lucien Febvre, cujos trabalhos concentravam-se nos temas da história cultural, história das ideias, da história religiosa, e na da história da ciência. (FEBVRE, 1959; CAPELATO, GLEZER, FERLINI, 1994; AGUIRRE ROJAS, 2001; BURKE, 1997).

Seguindo a rota dos que escreviam "pouco e bem", ele deixou poucas obras escritas.[12] O fato de ter escrito poucas obras e sempre ter se recusado a publicá-las, fez com que recebesse muitas cobranças para que publicasse seus livros, mas ele sempre foi muito claro no seu posicionamento de não querer publicá-los, por considerar que nunca estavam completos. A produção historiográfica de Eduardo França sempre se manteve no grupo dos que escreviam "pouco e bem", conforme observou Fernando Novais:

> O professor França pertence, como eu mesmo, àquele grupo dos que escrevem pouco e bem e, que se contrapõe ao grande grupo dos que escrevem muito e mal. Isso não o deixava numa situação difícil para me pressionar porque não fazia mais teses, não escrevia mais livros, não completava a carreira. Nas poucas vezes em que o fez, ele dizia sempre: 'Não siga o meu exemplo' (NOVAIS, 1994, p. 2).

Em sua tese de cátedra, *Portugal na época da Restauração*, de 1951, a inspiração braudeliana aparece desde a audácia de sua primeira frase. Semelhante ao que fez Braudel ao iniciar sua famosa tese *O Mediterrâneo e o Mundo Mediterrâneo na época de Felipe II*, com uma frase de impacto que dizia: "Amo apaixonadamente o mediterrâneo, talvez porque, como tantos outros e depois de tantos outros, cheguei até lá vindo das terras frias do norte" (NOVAIS, 1994, p. 2), Eduardo França iniciaria sua tese com uma frase de audácia ainda maior:

12 Em que se destacariam: *O poder real em Portugal e as origens do Absolutismo* (tese de doutoramento). Boletim LXVIII da Faculdade de Filosofia da Universidade de São Paulo, 1946; *A ocupação econômica do Brasil pelos europeus* - Paralelos, n. 4 e 5, São Paulo, 1948; *História para a Arte* - Artes Plásticas, n 1, São Paulo, 1948; *Conhecimento do presente em História* - Ecos Universitários, n 14; São Paulo, 1950; *Paris, cidade do povo* - Ecos Universitários, n 16: São Paulo, 1951; *A Teoria Geral da História* - Revista de História, n. 6; São Paulo, 1951; *Considerações sobre a função cultural da História* - Revista de História, n. 8, São Paulo, 1951; *Em torno de Luis XIV* - Revista de História, n. 8, São Paulo, 1951; *O Testamento de um historiador: Marc Bloch* - Revista de História, n. 8, São Paulo, 1951. Currículo *Vitae* dos novos professores. *Anuário da Faculdade de Filosofia Ciências e Letras*; USP, 1951, p. 179.

> Tese uma idéia e um método a serviço dessa idéia. Para nós foi: a idéia de um método. Representa este trabalho apenas uma experiência metodológica. Mais um ensaio do pensamento que pesquisa original. A procura de um caminho (FRANÇA, 1997, p. 11).

A frase que abre sua tese diz muito sobre suas preferências teóricas e as dificuldades encontradas no desenvolvimento de sua pesquisa. Sua ideia era tratar da restauração portuguesa em 1640. As entrelinhas do livro e algumas citações presentes na obra denunciam o seu esforço em praticar uma história das mentalidades, seguindo o modelo do historiador francês Lucien Febvre. Mas esse método passou a ser apenas uma "ideia de um método", defrontando-se com inúmeros empecilhos que o afastavam dos ricos e imprescindíveis arquivos salvaguardados em Portugal.

O livro é importante, sobretudo, por ter conseguido fazer não só uma reconstituição de um evento tão importante como foi a Restauração Portuguesa de 1640, mas por trazer uma discussão riquíssima sobre o Barroco, o homem do barroco e a civilização teatral do barroco, na qual ele faz um texto exemplar de História das Mentalidades. E o fez na década de 1950, quando esse tipo de abordagem nem era cogitada entre os historiadores brasileiros. Dividindo a obra em três partes, o autor busca articular o perfil do homem do Barroco, como um alicerce para a compreensão do processo político da Restauração Portuguesa. Fernando Novais, que apresentou o livro, colocou a obra como uma das melhores vertentes da historiografia moderna:

> A montagem típica do "homem do Barroco" (o "*honnête-homme*" francês, o "*hidalgo*" espanhol, para confluir no perfil do "português da Restauração") surge como base para a compreensão do processo político (precisamente, a Restauração portuguesa) amplamente analisado na terceira parte, nas suas dimensões ideológicas (note-se a notável análise do sebastianismo como ideologia), sociais e até mesmo econômicas. (FRANÇA, 1997, p. 10).

Assim, a partir das estruturas de mentalidades, chega-se a um evento concreto, a Restauração Portuguesa, a intercalar a análise do campo cultural com as estruturas políticas. Para Novais, a obra possui um 'fio condutor', no qual:

> O professor França faz, em 1951, uma tese de História das Mentalidades, e ao contrário de muitos trabalhos de história das mentalidades, não fica solto no espaço, porque o que liga, o que a tese faz no seu conjunto é partir dessas estruturas de mentalidades para chegar a um evento concreto, que é a Restauração Portuguesa. E esta articulação é feita em termos de duração, em termos de ritmos, em termos de *durée*, em termos braudelianos (NOVAIS, 1994, p. 10).

Apesar de ser considerado um texto seminal, marcado pelas 'influências' e inspirações recebidas do grupo dos *Annales*, sobretudo de Fernand Braudel e Lucien Febvre, ele sempre se recusou a publicar este trabalho; dado o seu perfeccionismo, julgava que nunca estava pronto, que tinha feito no Brasil sem ter ido a Portugal, e precisava consultar bibliotecas e arquivos. Com isso, adiava cada vez mais sua edição. Praticamente inacessível, o texto foi se reproduzindo como a famosa "tese secreta do professor França", e assim suscitando ideias e reflexões sobre a Restauração Portuguesa, e sobre Portugal e Brasil no século XVII (NOVAIS In: FRANÇA, 1997, p. 9).

O livro foi publicado, tal qual o texto de 1951, pela editora Hucitec, em 1997, fazendo parte da coleção *Estudos Históricos*, que tinha por objetivo resgatar a produção das primeiras gerações da Universidade de São Paulo, que por um ou outro motivo nunca se editaram, e eram consideradas parte de uma "constelação de obras perdidas" (FRANÇA, 1997, p. 9).

Todos os aspectos destacados estão presentes no livro *Portugal na Época da Restauração*. A divisão da obra sintetiza a maneira de pensar a História de Eduardo França. Na primeira parte, intitulada de *Um Século Barroco*, procurou "focalizar a época em uma visão panorâmica de um século". (FRANÇA, 1997, p. 13). A razão dessa escolha, afirma o autor, reside no fato de que a mentalidade do homem é fruto do clima histórico em que ele vive. Eduardo França destacou que "cortesia, burocracia, galantaria, guerra e cerco, cabeleiras e rendas, literatura gongórica, arte barroca são folhas do mesmo galho" (FRANÇA, 1997, p. 13), foram traços comuns que marcaram a época barroca; portanto, o homem barroco. Assim, procurou mostrar que a mentalidade predominante em um determinado momento histórico estava presente nos fatos mais insignificantes. Para o autor, essa era a razão pela qual Lucien Febvre reclamava o estudo da história das mentalidades: "porque as maneiras de pensar, sentir, e agir do homem, relativamente coerentes num mesmo período histórico, diversificam-se de um para outro tempo". (FRANÇA, 1997, p. 17). Também destacou na obra a importância de se fazer um panorama histórico do século XVII europeu, para que desta forma pudessem ser diagnosticados os motivos que levaram este século a ser mal estudado e mal compreendido. Um primeiro aspecto que, segundo ele, explicaria esse desinteresse que conservou o século XVII esquecido por muito tempo, foi o impacto do racionalismo: "o século XVII, de uma religiosidade mística ou elegante não seria fecundo para aqueles excelentes ateus" (FRANÇA, 1997, p. 18). Outro aspecto destacado pelo autor foi à historiografia do liberalismo: "o século XVII com o absolutismo triunfante, com sua mania de aristocracia, com sua elite ferreamente instalada, não era campo propício para o nacionalismo liberal" (FRANÇA, 1997, p. 19).

O século XVII foi considerado um século europeu, o momento da conquista do mundo pela Europa, é o século da "europeização da Terra". Para ele, os principais responsáveis por esta difusão da cultura européia foram os povos peninsulares, razão pela qual esse século marcadamente europeu era também ibérico. Além de ter sido um século europeu e ibérico, o século XVII, também foi marcado pela busca da ordem e de método. Foi um século dominado pela preocupação de impor ordem: política, social, econômica, religiosa, de pensamento, na linguagem, nas relações internacionais.

A grande expressão do mundo espanhol no século XVII foi o Barroco, que evidenciou um momento de civilização, um estilo de vida. Eduardo França considerou o Barroco como a expressão da época da hegemonia ibérica na Europa, associada à reação católica procedente do Concilio de Trento. Correspondeu a um período marcado pela posição de busca, de renegação da conciliação do humanismo cristão, uma época de tensão do espírito, às vezes dramática e trágica. Em três traços, ele definiu a civilização do barroco como: teatral, inquieta e heróica. Apesar de ter sido um século barroco, no século XVII também houve a presença do classicismo. Para ele, o século XVII só pode abrigar ao mesmo tempo o barroco e o clássico, porque nele existiram dois mundos distintos mental e politicamente: o barroco e o neoclássico. Por esses dois mundos foi que se apresentou a contradição

Espanha-França, os Habsburgos e os Bourbons. Apresentam-se, assim, o século XVII imerso em um duelo de duas nações e dois espíritos, duas mentalidades disputando o privilégio de construir a Europa. Nessa disputa por privilégios, identificou que dois tipos de homens se defrontavam: o francês e o espanhol daqueles tempos: o *honnête-homme* e o hidalgo. Esses dois tipos de homens realizaram a história do século XVII, porque não estando em lugar nenhum, eles estavam em toda parte. O *honnête-homme* era o representante da mais pura nobreza, acessível que era a 'influência' da burguesia, adotando certos critérios de 'influência' burguesa em suas vidas. Já o *hidalgo* de Espanha, era considerado o maior exemplar do homem barroco, sua gravidade agressiva, suas inquietações demonstravam uma disponibilidade à aventura, seu idealismo impenitente alimentava um heroísmo improdutivo, mas de verdadeira tensão para a ação (FRANÇA, 1997, p. 74).

De acordo com ele, havia sido contra o hidalgo espanhol, que o *honnête-homme* havia combatido, mas foi contra ele, na qualidade de cavaleiro do Império, que se posicionou contra o fidalgo português em 1640. Essa oposição entre o espírito francês e o espanhol desempenhou importante função na dinâmica revolucionária do século XVII, por implantar na Europa uma ordem que não fosse espanhola, e incentivou a desordem. Para ele, a Restauração Portuguesa de 1640, dado o seu caráter aristocrático-monárquico, sua mística sebastianista, aliada à atmosfera pessimista que a envolveu, pode ser considerada uma revolução tipicamente barroca, uma cisão entre fidalgos, pois:

> O fidalgo português se associou ao *honnêtte homme* que temperava a era do neoclassicismo, porém esta aliança luso-francesa faltava afinidades de objetivos: para a França liquidar a hegemonia hispânica, para Portugal restaurar a independência e salvar seu mundo colonial. [...] A Revolução Portuguesa foi o teste final de que o *hidalgo* barroco se tornara anacrônica na paisagem social e militar da Europa, e todos os lados saiu vencido (FRANÇA, 1997, p. 88).

Na segunda parte do livro, intitulada *O Homem da Restauração*, o autor procurou enfatizar que para se compreender todo o processo da Restauração

Portuguesa, era necessário se remeter ao Homem português do século XVII; mais especificamente, à mentalidade desse homem, ao passo que a mentalidade está presente no que ele faz, e compreender isso seria algo imprescindível para o entendimento do processo da revolução portuguesa de 1640. Seguindo esse raciocínio, que procura inquirir:

> Que homem fez a revolução? Qual a estrutura mental? Até que ponto essa mentalidade impregnou os acontecimentos? Não se há de escrever história, partindo do falso pressuposto que os homens são sempre os mesmos, e que apenas os fatos variam. A estrutura mental, a consciência de posição em face da vida, sua viva reatividade em face dos acontecimentos e sua compreensão do significado das coisas não são sempre os mesmos (FRANÇA, 1997, p. 92).

O autor aponta ainda as dificuldades que há em "capturar" o homem do século XVII, porque existem classes sociais distintas e a essas classes sociais correspondem várias nuances de mentalidades: a do fidalgo, a do padre, a do burguês, a do homem do povo, a do letrado e a do soldado. Considerando que toda época produz o seu "homem", o homem que predomina na vida social, pode-se concluir que o homem de 1640 era o "fidalgo português", que não trazia características do rico-homem da Idade Média, e nem do hidalgo espanhol. Com a perda da Independência, os portugueses perderam a vida cortesã. Nesse processo, a nobreza empobrecida e sem corte, presenciou o desaparecimento de todo o esplendor dos tempos passados, vivendo apenas da nostalgia que ficara das lembranças dos outros tempos do passado, quando Lisboa era a corte. Sem corte, a nobreza tomou a decisão de abandonar Lisboa e emigrar para o campo, refugiando-se em castelos.

Assim, observou que a corte dos duques de Bragança, transformou-se em corte de aldeia, corte sem rei, mas os duques de Bragança, no seu altivo isolamento, ostentavam atitudes de majestades no exílio. Para o autor, essa vida de corte aldeã não podia propiciar grandes oportunidades, significava apenas uma fuga. E nos mecanismos dessa fuga, os derivativos eram a caça, a música, a leitura, o contemplativismo, atividades socialmente inúteis como convinha a fugitivos das atividades políticas. No entanto, essa atitude de fuga dos fidalgos para o campo, aliada a sua pequena participação na política do reino, era o resultado de um estado de espírito de desgosto em face da realidade, desgosto contra Madri, contra a nova corte. Contudo, se aos velhos fidalgos cabia a vida monótona, inglória e medíocre de seus palácios provinciais, os jovens almejavam uma carreira.

Além disso, ressaltou que o fidalgo português do período da Restauração, possuía uma concepção heróica da vida, que havia sido criada no século XVI. Inclinado a essa concepção acerca da vida, no momento em que as portas se fechavam, o homem barroco português preferiu cultivar as expectativas das promessas sebastianistas, apegado que era à ordem, à harmonia, à moralidade cristã. Assim, o homem português, em função das contradições do tempo, ainda se apresentava como um herói: um herói frustrado, um herói artificial, um herói melancólico. Para ele, foi devido a essas características que o profetismo que presidiu à Revolução de 1640, perdurou depois nos primeiros reinados.

Na terceira parte, *Ideais e Posições na revolução de 1640*, procurou demonstrar que todas as revoluções possuem certo corpo de crenças e ideias, nem sempre coerentes, mas dotadas de um dinamismo imperativo. Essas crenças e ideias são elaboradas a partir de inspirações dos homens que estão dispostos à mudança, se ligam ao clima do tempo e, se não são esquecidas, é porque esses homens precisam delas: "essas crenças e idéias de uma época se parecem com os homens que as sustentam, porque eles estão nelas e elas os modelam tanto quanto as condições políticas, sociais e econômicas que são afinal matrizes dessas idéias e crenças" (FRANÇA, 1997, p. 235). Apontou que a mentalidade do período era receptiva à busca do sobrenatural, o que explicaria o sucesso do profetismo, ao oferecer esperança em promessas e aumentar a confiança no futuro. Esse profetismo endêmico esteve presente nos revolucionários de 1640. Dessas manifestações, do "providencialismo profético" do século XVII, o sebastianismo representou a mais vigorosa expressão.

O sucesso do sebastianismo estava intimamente relacionado à fertilidade do espírito barroco para as idealizações, para as evasões da realidade. O sebastianismo representava, assim, uma atitude sentimental e não política de anticastelhanismo, de nacionalismo, de desagravo. Já o bandarrismo foi à segunda mística, presente nos revolucionários de 1640, de origens mais remotas e que constantemente aparecia como expressão do sebastianismo. O messianismo bragantino, foi à mística que verdadeiramente moveu a revolução, era um anti-sebastianismo, não se esperava mais D. Sebastião, ele residia em carne e osso em Vila-Viçosa, apenas precisava que uma revolução triunfante o revelasse como rei restaurador.

Os portugueses da época da Restauração, embora tenham lutado pela libertação do Reino português do domínio espanhol, não planejaram uma ordem revolucionária, de entrechoques de ideias, de elaboração de pensamento construtivo. A revolta portuguesa apresentava um caráter nitidamente conservador quanto às concepções do poder e de sua organização. Para ele, o problema da ordem moral minimizou uma filosofia política de caráter revolucionário: "não se separam os portugueses do Império para constituírem um regime político melhor, mais livre, mais honesto. Separaram porque não era decente continuarem sujeitos a um governo ilegítimo, e por ser ilegítimo tirânico. Problema de ordem nacional". (FRANÇA, 1997, p. 262). Procurando solucionar um problema de ordem nacional, os homens barrocos em assembléia procuravam demonstrar a pureza de sua rebelião, e se consideravam homens honrados, uma vez que não eram contra o rei português que lutavam, mas sim contra o usurpador. Procuravam demonstrar a ilegitimidade de Filipe II, os direitos da Casa de Bragança e os abusos dos reis castelhanos.

Entretanto, qual foi à posição do povo, da massa em face da Restauração de 1640? Para ele, o povo nunca deixou de ser antiespanhol. Todavia, o que aconteceu depois de 1640 foi uma adesão maciça a uma solução por quase todos desejada. Mas, e antes da conjuração restauradora? E mesmo depois da Aclamação? Ele fez insurreições com coragem e desespero, mas apesar de se rebelar ficou ausente. O povo era contra o sofrimento, contra a mobilização permanente, e observou os acontecimentos da Restauração para aderir a eles posteriormente e, ainda assim, com reservas. Ele analisa que o destino da Restauração esteve nas mãos dos burgueses, que detinham os recursos financeiros. Essa burguesia de lastro cristão-novo não hostilizava a revolta dos fidalgos portugueses, mas também não nutriam nenhum entusiasmo por ela. Esses cristãos-novos eram beneficiados pelos reis castelhanos, os quais sustentavam. Coube aos portugueses atrair de volta para Portugal, esses burgueses e os seus capitais, haja vista que a Inquisição recusava qualquer concessão aos cristãos-novos.

O autor aponta ainda as dificuldades encontradas por Portugal, na busca por recursos financeiros, seja com a prata através de atividades clandestinas ou com o tráfico de escravos. Ressaltou ainda, que do império colonial saíam os recursos utilizados por Portugal para sustentar a guerra e preservar a independência. Porém, a burguesia portuguesa decepcionou-se grandemente quando foi surpreendida pela concorrência marítima dos holandeses e ingleses. Nas palavras do autor:

> [...] a insegurança no Atlântico e a falta de braços nas minas e nos engenhos acabaram de comprometer os Habsburgos perante a burguesia portuguesa. Ela que, graças à sua mobilidade e operosidade, poderia ter cimentado a organicidade econômica do Império (FRANÇA, 1997, p. 404).

Por fim, discorre sobre as consequências para a revolução, da fraca participação do povo e da burguesia. Segundo ele, essas duas camadas sociais contribuíram para que o "levante autonomista" da Restauração, não ganhasse vigor revolucionário, como a Revolução Inglesa de 1688. Complementa ainda que:

> Foi antes uma Fronda feliz, sem dissensões entre as classes que, afinal, messianistas todas, aspiravam por rei natural, como remédio para todos os males. [...] Faltou caldo de cultura burguês e popular à fermentação de uma ideologia verdadeiramente revolucionária, quando a ruminação de um passado glorioso alcalinizou a sublevação dos heróis fidalgos em disponibilidade. Não se tratava de abrir caminhos a uma burguesia anemizada e sem aspirações políticas, mas de refazer os quadros cortesãos, elidindo-se o processo de provincialização que intentava Olivares (FRANÇA, 1997, p. 405).

Encerra sua análise destacando que 1640 havia sido apenas uma restauração e não uma revolução, pois, foi muito mais à volta para a Corte, depois da atitude de fuga. Significando apenas um reajustamento da ordem social.

Considerações Finais

Pelo que foi acima exposto, podemos considerar que os escritos de Eduardo D'Oliveira França são frutos do processo de institucionalização do saber histórico nas décadas iniciais do século passado, então em processo no país. Sua entrada na Universidade de São Paulo se deu num momento de transição de uma prática historiográfica tradicional, praticada, sobretudo por historiadores ligados aos Institutos Históricos, como Afonso de Taunay e Alfredo Ellis Jr., a uma história renovada metodologicamente e sobre a 'influência' dos historiadores franceses ligados a revista *Annales.* (FALCON, 1996; GOMES, 1996, 2009; ARAUJO, 2006; ROIZ, 2010d; FERREIRA, 2011).

As *mentalidades* fazem lembrar as pesquisas realizadas por Lucien Febvre, a *longa duração*, nos remetem aos tempos braudelianos. Já a forma de análise do "homem barroco" remete-nos a pensar no Rabelais esboçado por Lucien Febvre (1959), onde este havia sido analisado dentro da mentalidade do século XVI; enquanto o homem do barroco, aquele do século XVII. As fontes utilizadas por Eduardo França também carregariam a inspiração trazida pela abertura da história, que foi realizada pela chamada escola dos *Annales.* Neste quesito, o livro *Portugal na época da restauração*, do mesmo modo que *A religião de Rabelais*, vincam-se em fontes literárias. Esse tipo de abordagem era inédita em solo brasileiro, tão acostumado a história dos grandes feitos, dos grandes heróis, a uma história estritamente política. Deve-se considerar que a institucionalização da disciplina de história, no Brasil, permitiu que historiadores brasileiros pudessem tratar de temas da história de outros países, bem como as do próprio país, sob novas perspectivas (CAPELATO, GLEZER, FERLINI, 1994; FALCON, 1996; ROIZ, 2004a, 2007, 2010d; FERREIRA, 2011).

A importância do diálogo realizado por Eduardo D'Oliveira França com os historiadores franceses, para o desenvolvimento da disciplina de história, no Brasil, se traduz também em importantes trabalhos orientados, por ele, na Universidade de São Paulo. Lembremos apenas a título de exemplo, da tese de Ronaldo Vainfas (1988), *O trópico dos pecados*, e a de Fernando Antônio Novais (1985), *Portugal e Brasil na crise do Antigo Sistema Colonial*

(1777-1808), que cobririam lacunas e lançariam luzes sobre pontos ignorados de nossa história até a segunda metade do século XX.

Além disso, vimos como seus diálogos permaneceram restritos com as cadeiras de história da civilização americana e história da civilização brasileira, mas não em relação à cadeira de história da civilização antiga e medieval, cujo catedrático, Eurípedes Simões de Paula, fora seu orientador do doutorado. As tensões remanescentes dos diálogos entre autodidatismo e profissionalização do trabalho intelectual de história foram corriqueiros no trabalho cotidiano de Oliveira França, inclusive, nos seminários que acompanhava com os alunos e as alunas do curso de Geografia e História. Em certa medida, essa era uma das lições dos "mestres franceses", que ele trazia para a sala de aula e praticava em suas pesquisas.

Ao analisarmos sua trajetória vemos como França, ao lado de Simões de Paula e Buarque de Holanda foram fundamentais na introdução da moderna pesquisa histórica, em moldes "cientificamente conduzidos", e contribuíram diretamente para a constituição do campo disciplinar da História em São Paulo nos anos 1940 e 1950.

Capítulo 10

Astrogildo Rodrigues de Mello e a cadeira de História da Civilização Americana (1941-1956)

A trajetória de Astrogildo Rodrigues de Mello[1] é ainda menos estudada que a de Alfredo Ellis Jr. Quais as razões que levaram ao seu esquecimento em nossa historiografia? Por que seu nome não está atrelado ao desenvolvimento dos estudos sobre a história da América no Brasil? Quais as contribuições de sua obra para o estudo da história da América? O que ensinava em suas disciplinas e quais temas e alunos orientou durante o período em que foi cate-

1 "ASTROGILDO RODRIGUES DE MELLO. — Natural da cidade do Rio de Janeiro. Fez seu Curso de Humanidades em Santos. Diplomou-se em 1927 pela Faculdade de Farmácia e Odontologia, depois incorporada à Universidade de São Paulo. Bacharel em Ciências Jurídicas e Sociais (1936) pela Faculdade de Direito da Universidade de São Paulo. Licenciado em Geografia e História pela Faculdade de Filosofia Ciências e Letras (1936) da Universidade São Paulo. Doutorou-se em Ciências (História) em 1942, pela Faculdade de Filosofia, Ciências e Letras da Universidade de São Paulo, com a tese: A política colonial de Espanha através das "encomiendas" (Boletim História da Civilização Americana n° 1. FFCL/USP. 1943). Professor catedrático de História da Civilização Americana da Faculdade de Filosofia, Ciências e Letras da Universidade de São Paulo, por concurso de títulos e provas (1946), tendo apresentado a tese: Os "serviços pessoais" nas fainas agrícolas em Nova Espanha (Boletim História da Civilização Americana n° 3. FFCL/ USP. 1946). Diretor da Faculdade de Filosofia, Ciências e Letras da Universidade de São Paulo (1947-1950). Aposentou-se em 1967." (MELLO, 1975, p. 722).

drático na cadeira de história da civilização americana do curso de Geografia e História da Faculdade de Filosofia, Ciências e Letras da Universidade de São Paulo? Para José Luís Beired (2005, p. 35-51) sua presença não teria sido marcante para o desenvolvimento do campo de estudos sobre a história das Américas no Brasil, apesar de fazer parte de um grupo de estudiosos da questão nos anos 1940 e 1950, e ser catedrático em uma cadeira de história da civilização americana na FFCL/USP até meados dos anos 1970. Ao lado de Alice Canabrava e Olga Pantaleão, Rodrigues de Mello foi pioneiro nos estudos sobre as Américas em nossas universidades, apesar destas teses figurarem solitariamente até meados dos anos 1960, quando, de fato, este campo de estudos começava a se desenvolver com um conjunto relevante de trabalhos de pesquisa e orientações (BEIRED, 2005, p. 42 e ss.).

Ao menos em dois momentos, tanto em seu doutoramento quanto em sua tese de cátedra, Astrogildo procurou explorar a questão em: *A política colonial de Espanha através das encomiendas* (de 1942), e em *Os serviços pessoais nas fainas agrícolas de Nova Espanha* (de 1946). Além disso, permaneceu na cadeira de História da Civilização Americana do curso de Geografia e História da FFCL/USP por mais de vinte anos, contribuindo com a formação de bacharéis e licenciados, o desenvolvimento deste campo de estudos e a formação de novos mestres e doutores na área. Mas se sua presença foi marcante no curso pelo tempo que nele permaneceu, por que sua contribuição foi observada como irrisória para a constituição e o desenvolvimento deste campo de estudos? O que fez com que se tornasse um autor esquecido nos estudos sobre as Américas no Brasil? Por que sua produção intelectual não marcou o avanço dos estudos sobre a história das Américas no Brasil?

A hipótese lançada por Beired (2005, p. 43 e ss.) de que Astrogildo não foi responsável pela formação de uma geração de estudiosos das Américas é pertinente para entendermos um pouco a razão de seu esquecimento entre os estudiosos da área, mas não é suficiente para justificar a falta de estudos sobre este autor, e, como veremos abaixo, mesmo esta afirmação deve ser relativizada. A preocupação de tentar entender sua trajetória é parte de um esforço simultâneo de, mostrando sua participação no curso de Geografia e História e na formação dos alunos e alunas, demonstrar em que medida sua obra foi (ou não) pertinente para o avanço dos estudos sobre as Américas no Brasil. Em texto desta natureza, obviamente, não há como aprofundar a questão com a devida propriedade que o tema apresenta.

Uma área em formação nas universidades brasileiras

A área de estudo em história das Américas no Brasil, como vimos em capítulos anteriores, não era tema de investigação corriqueiro entre os pesquisadores brasileiros nos anos 1930 e 1940, apesar da existência de disciplinas específicas sobre a temática nos cursos de Geografia e História e de Ciências Sociais e Políticas, e muitos congressos debaterem a questão. Mesmo a cadeira de História da Civilização Americana tendo sido criada em 1934, junto com o curso de Geografia e História da USP, e seu oferecimento ser regular entre as séries, esta área de estudos só foi começar a se desenvolver de forma progressiva a partir dos anos 1960 (BEIRED, 2005, p. 35-51; PRADO, 2015).

Em sua trajetória, Astrogildo fez parte da primeira turma de formandos do curso de Geografia e História da FFCL/USP nos anos 1930. No início dos anos 1940 era professor interino da cadeira de história da civilização americana, onde se tornaria catedrático a partir de 1946. Na década de 1970, ao relembrar a fundação da universidade e pensar a história da instituição em correspondência com a história das Américas, ele mostrava como foi tardio seu aparecimento no Brasil, por que:

> [...] até a revolução de 1930, não existiam Universidades no Brasil, que só floresceram após a "Reforma de Ensino" de Francisco Campos, sendo a primeira delas fundada em 1934: a Universidade de São Paulo. (MELLO, 1975, p. 718).

A princípio, nota-se certa correspondência em suas impressões, com as expectativas de Júlio de Mesquita Filho e Fernando de Azevedo – como vimos no primeiro capítulo deste estudo. Mas, ao desenvolver seu argumento, vemos como se distancia relativamente das metas almejadas pelo grupo de *O Estado de S. Paulo* para a universidade, ao considerar outros atores sociais no projeto de criação da instituição, que:

No Estado de São Paulo, até 1934, como escolas de ensino superior, só existiam faculdades isoladas, como a Faculdade de Direito, do Largo de São Francisco, esta de âmbito federal, dependendo inteiramente do Governo da União, e a Faculdade de Medicina, a de Veterinária, a Escola Politécnica, a Escola Agrícola "Luis de Queiroz" de Piracicaba, todas sob a égide do Governo do Estado, e a Escola de Farmácia e Odontologia, na cidade de São Paulo, e outra no interior, na cidade de Pindamonhangaba, ambas de reconhecimento federal, porém pertencentes a particulares.

> Quanto às Faculdades de Filosofia, existiam duas, particulares, uma, antiga, católica, funcionando junto ao Mosteiro de São Bento, no Largo do mesmo nome, e outra, surgida logo após a Revolução de 1930 — a Faculdade Paulista de Filosofia e Letras — criada por uma plêiade de intelectuais, a saber: Alfredo Ellis Júnior, Antônio Picarolo, Hermes Lima, André Dreyfus entre muitos outros, e que funcionou, à noite, em dependências do Instituto Caetano de Campos, na Praça da República, e que desapareceu com a fundação da Faculdade de Filosofia, Ciências e Letras da Universidade de São Paulo (MELLO, 1975, p. 718).

A sua narrativa, no entanto, não deixava de ver os méritos do grupo de O Estado, ao enfatizar que:

> Entretanto, de há muito, sentia-se, entre os que se preocupavam com o futuro do país, no setor de ensino, a necessidade de alargar os horizontes para os jovens, eis que, as escolas superiores de ensino, eram especialmente voltadas para a formação de profissionais, sem cuidar, com exceção de alguns professores, de uma formação mais humanística, universal.
>
> Com as possibilidades, decorrentes da "Reforma de Ensino" de Francisco Campos, o Governador do Estado de São Paulo, na época o Dr. Armando de Salles Oliveira, assessorado por um grupo de elite, que se preocupava com o problema, distinguindo-se entre outros, Theodoro Augusto Ramos, Júlio de Mesquita Filho, Fernando de Azevedo, Almeida Júnior, em 1934, fundou a Universidade de São Paulo, criando e nela entrosando, a primeira "Faculdade de Filosofia" oficial do Brasil. (MELLO, 1975, p. 718-719).

Adentrar nestas questões é importante para entender como Astrogildo construiu uma narrativa sobre a fundação da universidade, na qual ele próprio fora introduzido como um dos pioneiros no processo de desenvolvimento da instituição e dos cursos, tendo em vista que:

> Esta primeira turma, que terminou o seu curso em 1936, foi fruto de esforços conjugados de alunos brasileiros e mestres estrangeiros e brasileiros, e muitos se destacaram em suas especialidades, tornando-se pesquisadores, e, mesmo, posteriormente, com a volta de alguns professores estrangeiros para seus países de origem e com o natural desdobramento das cadeiras, transformaram-se — através de concursos de títulos e provas — em professores catedráticos da Faculdade em que estudaram.
> Desses destacamos: João Cruz Costa (Filosofia), Cândido Lima da Silva Dias (Complementos de Geometria e Geometria Superior), João Dias da Silveira (Geografia Física), Astrogildo Rodrigues de Mello (História da Civilização Americana), Eurípedes Simões de Paula (História da Civilização Antiga e Medieval), Mário Schenberg (Física Teórica e Matemática), Fernando Furquim de Almeida (Crítica dos Princípios e Complementos de Matemática), Lívio Teixeira (História da Filosofia) (MELLO, 1975, p. 720).

Assim colocado o problema, nota-se como foi definindo seu papel na instituição e de que maneira apresentava seu "retrato de si" para a posteridade. A história da América não se apresentava neste texto como tema de pesquisa em desenvolvimento na cadeira, mas como *lócus* para compreender o desenvolvimento das universidades no continente.

Obviamente, em muitas ocasiões Astrogildo pensou a área e o campo de pesquisas em História das Américas. No entanto, é importante acompanhar um pouco mais de perto seu olhar sobre os estudos históricos. Em 1951, no texto publicado na *Revista de História*, com o título: *Os estudos históricos no Brasil*, ele voltava-se exclusivamente para um campo de pesquisa para o qual as fronteiras de sua cadeira não adentravam em função das delimitações estreitas do regime de cátedras. Contudo, nota-se sua disposição em analisar pormenorizadamente a questão, visando articular alguns aspectos da história e da historiografia brasileira, com a americana, de modo a refletir estratégias de análise destes diferentes espaços, que ainda assim, compactuavam com uma história conectada:

> A história do Brasil se reveste de extraordinária complexidade pela conjugação de inúmeros fatores de ordem geográfica, social e política que dificultam a análise do seu conjunto. Daí tornar-se difícil a apreciação da obra daqueles que, direta ou indiretamente, intencionalmente ou não, se têm ocupado das diferentes fases de nossa história.
> Assim o sentido dessa história cresce em amplitude à medida que nos aproximamos dos dias atuais, em que o campo da investigação histórica se vai alargando gradativamente, através de ciências subsidiárias, indispensáveis à melhor compreessão do "facies" histórico.
> O problema historiográfico brasileiro, oferece, na verdade, aspectos bem característicos, cuja interpretàção encontra suas raízes em momentos bem definidos da civilização brasileira.
> Destarte, no largo período colonial, a historiografia brasileira não poderia ser senão em função do acanhado campo cultural da colônia, onde a Metrópole afogava quase tôdas as possibilidades de desenvolvimento intelectual. Sem imprensa nem tipografia, falta de Universidades, ficava a possessão portuguêsa em evidente inferioridade em confronto com os domínios inglêses e espanhóis, bafejados desde o início com êsses fatores indispensáveis de progresso. Donde a pobreza de informes dos cronistas, testemunhas oculares dos momentos culminantes de nossa história, que poderiam ter projetado maior luz sôbre tais acontecimentos.
> Dessa pobreza de informes basta citar a escassez de documentos sôbre um dos períodos mais sugestivos da história da nacionalidade — o bandeirismo. Não houve entre nós, como na América Espanhola, documentário sôbre o movimento de penetração do século XVII, mercê da ignorância do sertanista, o que privou a bibliografia brasileira de preciosa fonte de informação. Já no século seguinte a necessidade de firmar o direito de posse sôbre os descobertos e a fixação dos roteiros mudariam a face do problema com documentação de grande valia para os estudos atuais (MELLO, 1951, p. 381).

Apesar de longa, essa digressão nos mostra sua afinidade com os temas e discussões da cadeira de história da civilização brasileira, então sob os cuidados de Alfredo Ellis Jr. – é de se reconhecer, desde já, que Astrogildo ofereceu disciplinas de história do Brasil, substituindo Alfredo Ellis, quando este ocupou cargos administrativos nos anos 1940 na instituição. Sem deixar de notar as contribuições trazidas por historiadores que fizeram parte do Instituto Histórico e Geográfico Brasileiro (IHGB), e produziram trabalhos significativos no século XIX, à meta de Astrogildo era identificar a contribuição direta das universidades no desenvolvimento dos estudos históricos brasileiros, por que:

> A predominância dum espírito "universitário" de cultura histórica vem norteando um progressivo incremento das pesquisas históricas calcadas em preciosos subsídios dos arquivos, que vêm aumentando extraordinàriamente o acervo documental de épocas notáveis de nossa história. Assim, por exemplo, o bandeirismo se aclara à luz das contribuições de Afonso de Escragnolle Taunay, Alfredo Ellis Jr., Basílio de Magalhães, Sérgio Buarque de Holanda, Oliveira Viana, Pedro Calmon, Alberto Lamego e muitos outros historiadores regionais, cujas memórias engrossaram grandemente a caudal dos estudos modernos sôbre a matéria (MELLO, 1951, p. 386).

A preocupação com o desenvolvimento do ofício de historiador e a pesquisa histórica trouxe igualmente mudanças significativas no "fazer história" das universidades. Em lugar dos grandes períodos históricos, recortes muito bem definidos; ao invés de um recolhimento aleatório e variado de fontes, a produção de estudos abalizados e fortemente calcados em análises circunscritas sobre um acervo documental; em lugar de trabalhos pouco afinados com procedimentos metodológicos, a produção de pesquisas amplamente amparadas em conceitos, teorias e métodos, pois:

> Eis porque, talvez, tenhamos ganho, no setor histórico do presente, mais em profundidade do que em extensão. Já não predominam as obras maciças abrangendo largos períodos, como o foram no passado as de Varnhagen, Rocha Pombo e outros: preponderam, antes, as teses abrangendo períodos restritos, mas fortalecidos por uma análise mais objetiva, mais fecunda em observação, mais profunda em seus fundamentos, como as que têm produzido o Departamento de História da

> Faculdade Filosofia, Ciências e Letras da Universidade de São Paulo neste decênio de atividade (MELLO, 1951, p. 387).

A elevação do número de pesquisas feitas pelas universidades, porém, não tinha conseguido ainda sobrepor um enorme contingente de lacunas em nossa historiografia. Embora as questões políticas e sociais começassem a dar indícios de maior avanço, as questões econômicas ainda permaneciam na superfície dos problemas:

> Infelizmente ainda não se constituiu uma síntese de conjunto sôbre a nossa história econômica pois, excetuados o açúcar e o ouro, estudados sob múltiplos prismas, faltam-nos estudos coordenados sôbre inúmeros aspectos da nossa atividade produtora nas diversas fases de nossa história, que explicariam melhor a nossa evolução. Estudos recentes, porém incompletos, foram esboçados, como o de Roberto C. Simonsen, que ficou apenas à superfície do manancial profundo representado pelo importante problema. É de se destacar, entretanto, a obra de Caio Prado Jr., — Formação do Brasil Contemporâneo, admirável síntese sôbre os três séculos de colonização. Do laboratório de pesquisas, que é o Departamento de História da Faculdade de Filosofia da Universidade de São Paulo, tem-se esboçado vários estudos interessantes que, embora sem uma diretriz delineada, contribuirão, por certo, para melhor e maior compreensão de nossa história econômica.
>
> Finalmente estamos com Gilberto Freyre quando, com tôda a autoridade, afirma que ainda está por elaborar-se a história da técnica e da teoria essencialmente brasileira da valorização, nascida com a República, a quem coube antecipar-se a teorias européias e norte-americanas de intervenção do Estado na regulamentação de suprimentos de determinados produtos, estabilizando-lhes o preço através de retenção em armazéns. E êsse é um campo onde os historiógrafos poderão colher farta messe, principalmente a plêiade de estudiosos que integra o Instituto de Administração da Faculdade de Ciências Econômicas e o Departamento de História da Faculdade de Filosofia, Ciências e Letras da Universidade de São Paulo. (MELLO, 1951, p. 389-390).

A organização do Departamento de História do curso de Geografia e História da FFCL/USP na década de 1940, embora não rompesse com a estreiteza de relações e fronteiras de pesquisas delineadas pelo regime de cátedras, contribuiu diretamente com a promoção de maiores debates entre os catedráticos. O texto de Astrogildo, produzido no início dos anos 1950, refletia essas circunstâncias e demonstrava um pouco das limitações, até então observadas pelos profissionais, em relação às barreiras criadas sobre o estudo de certos temas e na definição do recorte espaço-temporal dos objetos de pesquisa feitos pelas cadeiras do curso.

Em 1958, no seu texto "Contrabando e bandeirismo no segundo quartel do século XVII", igualmente publicado na *Revista de História*, Astrogildo novamente toca na questão das limitações e barreiras criadas pelo regime de cátedras e indica possíveis estratégias com pesquisas comparativas, por meio de temas como o bandeirantismo:

> A história do bandeirismo paulista, por exemplo, poderia ser encarada por novos prismas, e ser reescrita com linhas mais fortes, dando à famosa epopéia, não apenas o interêsse do preamento do selvícola como fonte de renda de uma comunidade pobre, e indiretamente o alargamento de nossas fronteiras, porém, mais do que isso, o escopo de, paulatinamente, alcançar o coração da conquista espanhola — o Perú — com os seus famosos veios de prata e o fabuloso comércio de contrabando (MELLO, 1958, p. 341).

Ao adentrar nestas questões, por meio do estudo desta temática, Astrogildo demonstrava que não estavam limitadas ao espaço da América Portuguesa, mas faziam parte também da América Espanhola, de modo que apenas com o avanço de pesquisas comparativas entre as colônias, como também entre as metrópoles (e suas relações com as colônias), que seria possível aprofundar o conhecimento das entradas e das bandeiras dos séculos XVII e XVIII, tanto em relação à América Portuguesa, como no que dizia respeito à América Espanhola, com a peculiaridade do regime das *encomiendas*.

Na conferência que apresentou no início dos anos 1960, publicada na *Revista de História*, na qual nos apresentava um pouco da história do México, Astrogildo novamente indicava a necessidade de conectar diferentes espaços e temporalidades para a compreensão de questões como a da escravidão (tráfico, compra e venda de escravos, rebeldia e submissão). Para ele:

> Ao contrário do escravo europeu, o escravo azteca não podia ser vendido sem seu consentimento. Tanto que para a consumação da venda se exigia o testemunho de pelo menos quatro pessoas. Isso porque, como não havia contratos que obrigassem, as testemunhas eram a única prova legal que existia das vendas. A venda de escravos noutras condições, isto é, sem seu consentimento, só se verificava, como já expusemos, quando o escravo era preguiçoso, fujão ou vicioso, mas, mesmo assim, antes de vendê-lo, seu amo devia admoestá-lo três vêzes ante testemunhas e, se não emendasse, poderia vendê-lo no mercado de escravos para os sacrifícios (MELLO, 1961, p. 301).

Com tais indícios é pertinente indagarmos como foi à rotina de trabalho de Astrogildo Rodrigues de Mello na cadeira de História da Civilização Americana nos anos 1940 e 1950, e em que se diferenciou da proposta de Schaw – apresentada no quinto capítulo.

A rotina de trabalho na cadeira de História da Civilização Americana

A cadeira de história da civilização americana do curso de Geografia e História da FFCL/USP foi conduzida até o início de 1940 por Paul Vanorden Shaw. No início de 1941, Astrogildo Rodrigues de Mello a assumiu interinamente, e se tornou seu catedrático a partir de 1946.

Com a defesa de sua tese de doutorado em 1942, Astrogildo passava a destrinchar questões apresentadas em sua tese, em parte dos programas de suas disciplinas oferecidas na cadeira de História da civilização Americana. Em sua tese, *As encomiendas e a política colonial de Espanha*, publicada no boletim XXXIV da FFCL/USP, no primeiro número da cadeira de História da Civilização Americana em 1943, ele nos oferecia um primeiro painel completo sobre as *encomiendas* "base da colonização espanhola na América" e que não era "bem conhecida entre nós" (MELLO, 1943, p. 7). Destacava suas diferenças em relação ao regime das "mitas", ou dos "yanaconas". Para ele, era preciso que "os estudos das instituições do período colonial dev[a]m ser feitos em função do tempo, aprofundando os fatos tendo ante os olhos os costumes, as tradições e os pensamentos da época." (MELLO, 1943, p. 7). Com esse objetivo, seu estudo esteve dividido em duas partes: 1. Na primeira destacou o instituto das encomiendas, rastreando suas origens e evolução, assim como suas principais características (capacidade, investiduras, deveres, sucessão, pensões e propriedade territorial); 2. Na segunda, manteve-se dedicado a analisar a política colonial da Espanha (observando os direitos da Espanha sobre a conquista da América, a liberdade dos indígenas e a formação das encomiendas, até a contenda entre Sepúlveda e Las Casas). Por essa razão:

> As 'encomiendas' foram uma instituição fundamental na vida da América Espanhola. Dela decorreram conseqüências econômicas, sociais e políticas.
> Assim, foram a base da vida econômica de uma sociedade em formação, que nelas se vai apoiar inteiramente para o seu sustento. (MELLO, 1943, p. 9).

Essa foi uma das situações que ocasionou certo percurso da "política colonial de Espanha se orienta[r] através das encomiendas", e em "torno delas gravita[ra]m os interesses dos colonos, dos indígenas e da Coroa Espanhola" (MELLO, 1943, p. 81). Elas foram à base da vida econômica e social dos colonos, assim como de seus descendentes. Por isso, elas foram imprescindíveis no processo de colonização da América Espanhola.

Em 1946, ao defender sua tese de cátedra, *O trabalho forçado de indígenas nas lavouras de Nova - Espanha*, publicada no boletim LXIX da FFCL/USP, no terceiro número da cadeira de História da Civilização Americana em 1946, Astrogildo procurava avançar nessas questões. Sua análise deteve-se especialmente sobre o México, que se justificava em função da abundância de relatos e documentos. Neste texto, aprofundava as questões relativas ao período anterior a chegada do europeu nas Américas; em seguida, traçava um painel a respeito da escravidão indígena, para retomar a formação e o instituto das encomiendas; avançou esmiuçando o "repartimiento forçozo" e suas relações entre colonos e indígenas; para fechar sua análise com questionamentos em relação à liberdade de trabalho e a compulsão por dívida.

Por isso ele identificava que na Nova Espanha a agricultura foi se desenvolvendo com base nos "serviços pessoais" dos indígenas e com "serviços forçados", cujas origens se alicerçavam em variados matizes. Em suas palavras:

> [...] o sistema gerado pela sujeição continuada marcou de tal forma o indígena, criou-lhe tais complexos, que atravessa ainda, sem solução de continuidade, o período da independência e vai vigorar, talvez mais agravado, durante todo o século XIX. (MELLO, 1946, p. 167).

A partir de 1946 a disciplina de História da América passou a ser lecionada desde o segundo ano do curso de Geografia e História, sendo optativa a partir do quarto ano (tal como vimos no quarto capítulo). O relatório da cadeira de História da civilização Americana assim descrevia as atividades desenvolvidas neste período:

> A cadeira de História da Civilização Americana tem trabalhado intensamente no desenvolvimento dos cursos. Estes são programados pelo Catedrático, observando-se um rodízio, de maneira que os alunos tenham, ao terminar o 3º ano, visão completa e a mais ampla possível, tanto da História da América Inglesa como da América Latina.
> Esses estudos abrangem as civilizações encontradas na época do descobrimento, trantando-se tanto do problema da origem como dos traços culturais dos diferentes grupos ameríndios; aspectos e caracteres das conquistas, bem como da colonização; a história contemporânea das nações americanas, nos seus aspectos políticos internos e externos, sociais e econômicos (*Anuário da FFCL, 1939-1949*, 1953, p. 447).

Ao mesmo tempo em que dividia o oferecimento das disciplinas de História da América no curso de Geografia e História, com seu assistente Deusdá Magalhães Mota, nos anos 1940, Astrogildo também se dedicou com afinco no oferecimento da disciplina de História do Brasil – sempre substituindo Alfredo Ellis Jr., quando este se encontrava em posse de cargos administrativos na instituição. As publicações de Astrogildo neste período demonstram bem suas preocupações entre a História da América e a História do Brasil, de certa forma já começando a criticar a rigidez com que as cadeiras atuavam e firmavam fronteiras estreitas entre as áreas e as pesquisas a serem desenvolvidas nas cátedras. Entre 1940 e 1941, ele demonstrou um pouco isso em dois estudos: 1. O comércio europeu nos séculos XV e XVI e o florescimento da Espanha e Portugal; e 2. O Brasil na administração cabralina, do Visconde de Carnaxide. Antes de ser publicada sua tese de doutorado em 1943, Astrogildo lançou um pequeno artigo sobre "O regime de trabalho dos indígenas na América Espanhola", em que resumia os principais resultados de sua pesquisa. No ano seguinte seguia publicando manuais para as séries iniciais do ensino secundário, a respeito da "História Geral", além de publicar pela *Folha da Noite* um pequeno artigo em que tratou "d'Os partidos políticos e as eleições nos Estados Unidos da América". Em 1946, além da publicação de sua tese de cátedra, ele publicou outros dois manuais didáticos para a 3ª e 4ª séries do curso ginasial sobre a "História do Brasil".

A rotina de trabalho do catedrático da cadeira de história da civilização americana indicava o quanto ele esteve preocupado em pensar uma história comparativa sobre as Américas. Em suas orientações, feitas entre os anos 1950 e 1970, nota-se o esforço em fazer com que os parâmetros comparativos fizessem parte dos resultados apresentados pelas pesquisas. Durante este período, Astrogildo orientou 6 teses de doutorado e 2 dissertações de mestrado. Nos trabalhos defendidos, a variedade de temas pesquisados pode muito bem obscurecer a iniciativa de desenvolver uma história comparativa sobre a América Latina, relacionando-a com a história do Brasil e o desenvolvimento da história dos outros países sul-americanos. Com base no quadro abaixo vemos desde estudos sobre o monopólio do sal, o aprisionamento de escravos negros, o comércio marítimo, a expansão territorial, a relação entre colonos e indígenas, até o trabalho dos jesuítas e seus sucessores.

Quadro 25: Distribuição de trabalhos orientados entre os anos 1950 e 1970

Discente	Trabalho	Nível	Orientador	Ano da defesa
Myriam Ellis	*O monopólio do sal no Estado do Brasil*	Doutorado	Astrogildo Rodrigues de Mello	1955
Rozendo Sampaio Garcia	*Contribuição ao estudo do aprisionamento de escravos negros na América espanhola (1580-1640)*	Doutorado	Astrogildo Rodrigues de Mello	1962
Nícia Vilela Luz	*Amazônia para os negros americanos*	Doutorado	Astrogildo Rodrigues de Mello	1964
Suely Crespo	*O comércio marítimo entre Vera Cruz e Campeche*	Doutorado	Astrogildo Rodrigues de Mello	1968
Uacury Ribeiro de Assis Bastos	*Expansão territorial do Brasil colonial no vale do rio Paraguai (1767-1801)*	Doutorado	Astrogildo Rodrigues de Mello	1972
Clodoaldo Bueno	*A Terceira Conferência Internacional Americana no Rio de Janeiro (1906)*	Doutorado	Astrogildo Rodrigues de Mello	1974
Yvone Dias*	*O Instituto de Naturalização – Mercadores e banqueiros na conjuntura comercial na América dos Austrais*	Mestrado	Astrogildo Rodrigues de Mello	1970
Uacury Ribeiro de Assis Bastos	*Os Jesuítas e seus sucessores: mochos e chiquitos (1767-1830)*	Mestrado	Astrogildo Rodrigues de Mello	1971

Fonte: MESGRAVIS, Laima. O curso de pós-graduação do departamento de História da Faculdade de Filosofia, Letras e Ciências Humanas da Universidade de São Paulo. *Revista Brasileira de História*, v. 3, n. 5, p. 87-118, 1983; PRADO, Luiz Fernando Silva. *História da América no Brasil: catálogo de dissertações e teses*. Goiania: Kelps, 2015. Link: https://edisciplinas.usp.br/pluginfile.php/4194343/mod_resource/content/0/Catalago_Historia_da_America_no_Brasil_LUIZ_FERNANDO.pdf.

* Pequena distinção na grafia de nome e título de trabalho entre as pesquisas de Mesgravis e Prado.

A desenvoltura com que Astrogildo tratava da história do Brasil e da história da América nos leva a questionar como era seu relacionamento profissional com Alfredo Ellis Jr., então catedrático da cadeira de história da civilização brasileira. É importante adentrar nesta questão, para vermos como se dava o estreitamento de objetivos e o desenvolvimento de trabalhos entre as cátedras e seus catedráticos.

Diálogos entre catedráticos

As relações entre Astrogildo Rodrigues de Mello e Alfredo Ellis Jr. não se resumiam a cumprimentos diários de dois catedráticos. Primeiro, porque Ellis Jr. fora professor de história do Brasil de Rodrigues de Mello no final dos anos 1930, quando este fora aluno no curso de Geografia e História da FFCL/USP. Segundo, por ser favorável ao seu ingresso como catedrático na reunião da congregação de 1946, que congratulou os novos catedráticos. Terceiro, pelas aproximações políticas e partidárias entre ambos. E, enfim, pela afinidade de pesquisas feitas por ambos sobre a história do Brasil e a história da América Latina.

No centenário do senador Alfredo Ellis, comemorada em 25 de março de 1950, Astrogildo Rodrigues de Mello aproveitou para proferir uma conferência na FFCL/USP, na qual revelava algumas dessas aproximações. Para ele, "tais são os laços de amizade, estima e gratidão que me ligam a Alfredo Ellis Júnior que, se fosse possível, eu mesmo reivindicaria esta distinção" (MELLO, *Anuário da FFCL, 1950*, 1952, p. 179). Entre os anos 1930 e 1940 coexistia ainda um tratamento autodidata sobre as fontes e a interpretação dos acontecimentos históricos e a formação de uma geração de historiadores e historiadoras profissionais efetuada pelas universidades (BENTIVOGLIO, LOPES, 2013; ROIZ, 2012a). De acordo com Rodrigues de Mello:

> Para que um pensamento novo predomine, para que uma idéia nova se concretize e se traduza em fatos, é mister que tenha a força necessária para subjugar a vontade, vencer todas as dificuldades, e impor-se, clara e eficientemente, ao raciocínio dos homens, quebrando os velhos moldes e apagando a antiga rotina (MELLO, *Anuário da FFCL, 1950*, 1952, p. 180).

A constituição de um campo disciplinar para a História estava em processo no estado de São Paulo nos anos 1940 e 1950 (PARADA, RODRIGUES, 2018). As relações que se estabeleciam entre os letrados do período, nas universidades brasileiras, dava-se, seguramente, com a formação de laços de amizade, organização de projetos políticos e culturais em comum, a delimitação de meios para conduzir "cientificamente" a pesquisa histórica e o rol de disciplinas didáticas que eram ministradas nos cursos. (ROIZ, 2019d). Astrogildo, desde o final dos anos 1930, estreitou relações com Alfredo Ellis Jr., e ao homenagear seu pai, Alfredo Ellis, conduziu um roteiro de elogios, destacando contribuições de ambos, por meio do destaque ao papel que tiveram sobre a história de São Paulo e o Brasil. E as décadas de 1920 e 1930 eram momentos decisivos na história recente deste estado.[2] Para ele:

> São essas injustiças que cada vez mais acendem e entretêm o espírito regionalista que, diga-se de passagem, não é monopólio de São Paulo, embora aqui se justifique e mesmo se imponha. Para justificá-lo bastaria lembrar o tratamento dispensado a São Paulo e a seus homens públicos, logo depois da Revolução de 1930, que redundaria na famosa epopéia de 1932, em que todo o povo se levantou, como só um homem, que os de baixo ou da alta classe, paulistas de nascimento, filhos de outros Estados e até estrangeiros (MELLO, *Anuário da FFCL, 1950*, 1952, p. 181).

No tocante as questões ligadas à história do estado de São Paulo, Astrogildo lembrava ainda o texto publicado por Alfredo Ellis Jr. sobre seu pai, *Um parlamentar paulista da República*. Esse texto lhe eximia de tentar traçar uma biografia longa e detalhada sobre o senador Alfredo Ellis, e ir direto a certas questões, em que foi crucial seu papel para a consolidação do regime republicano no Brasil. Ao lado de Nilo Peçanha e Hermes da Fonseca, ou Prudente de Morais, Campos Sales e Rodrigues Alves, o senador Alfredo Ellis fez parte de uma geração que mudou os contornos da história de São Paulo e do Brasil. Por esse motivo:

2 Para maior detalhamento sobre essa questão, ver: ROIZ, 2019d.

> Não há dúvida que lhe assiste toda a razão. Mas, tantos e tais foram os serviços prestados pelo Senador Alfredo Ellis ao Brasil, através de São Paulo, durante a sua longa e frutuosa vida pública, que desejaríamos lembrar aqui – e sem espírito de regionalismo ou bairrismo – esse admirável escudo paulista, aparecido em 1932, quando da Revolução Constitucionalista (MELLO, *Anuário da FFCL, 1950*, 1952, p. 186).

A condução de seus argumentos demonstra como Astrogildo se aproveitava da comemoração do centenário do senador Alfredo Ellis para enfatizar o papel que tiveram os homens públicos para a formação da história de São Paulo e do Brasil, nas décadas iniciais do século XX. Ao historiar o pai, Astrogildo se referia igualmente ao papel crucial exercido pelo filho, que com a pena do letrado, cumpriu a função de deixar a posteridade o registro da história recente de seu estado.

Há, além disso, outro registro importante que foi a orientação de Myriam Ellis, filha de Alfredo Ellis Jr., que Astrogildo procedeu nos anos 1950.[3] A tese foi orientada no campo da história da civilização brasileira, ainda que cumpra ressaltar que tenha sido feito no período de licença médica do catedrático da cadeira.

Com esse rápido registro, nota-se como dois catedráticos mantinham estreitas relações no período de vigência do regime de cátedras na Faculdade de Filosofia, Ciências e Letras da Universidade de São Paulo, ao longo dos anos 1940.

Considerações finais

A análise do papel exercido por Astrogildo Rodrigues de Mello na cadeira de história da civilização americana do curso de Geografia e História da Faculdade de Filosofia, Ciências e Letras da Universidade de São Paulo, ao longo dos anos 1940 e 1950, demonstrou-nos como foi o percurso gradativo de um aluno, que se tornou assistente e virou catedrático. Percurso semelhante ao que percorreram Eurípedes Simões de Paula e Eduardo d'Oliveira França, todos eles formados no curso de Geografia e História da FFCL/USP nos anos

---

3 Currículo de Myriam Ellis, 1952 e 1957, FFCL/USP. CAPH. MCE -02, MCE – 03, Cx. E-1.

1930, que entre os anos 1940 e 1950 vieram a se tornar catedráticos no curso. Mas, diferente de Simões de Paula e França, que fizeram "escola" (cada um a sua maneira), ao que tudo indica Astrogildo não conseguiu figurar neste panteão, como pioneiro nos estudos sobre a história das Américas, apesar de ter formado um grupo significativo de profissionais no período.

Obviamente, os trabalhos desenvolvidos por ele sobre a história da América foram relevantes, mas sua desenvoltura entre a história do Brasil e a história da América, ministrando disciplinas, desenvolvendo pesquisas e publicando textos, de certa forma obscureceu a relevância de seus trabalhos para o campo específico dos estudos sobre a história das Américas no Brasil. Além disso, sua evidente aproximação com setores conservadores da sociedade, e dentro da universidade, com destaque para sua amizade com Alfredo Ellis Jr., ao que tudo indica, fomentaram certo distanciamento em relação as suas contribuições para o estudo da história das Américas, a partir dos anos 1960, com o acirramento das posturas políticas projetadas durante o Regime Civil-Militar brasileiro.

Em certa medida, Astrogildo procurou repensar as barreiras provenientes do regime de cátedras, o que lhe assegurou certo pioneirismo na iniciativa, porém, sem fazer com que esse trabalho lhe redesse frutos na posteridade. Nada indica que sua perspectiva em traçar uma história comparativa nos estudos sobre a América Latina estivesse intimamente relacionada com a proposta da historiografia francesa dos *Annales*. Ainda assim é bem provável que ele tenha se inspirado nas obras de Marc Bloch, Lucien Febvre e Fernand Braudel, cujos dois últimos estiveram, inclusive, no curso de Geografia e História no período, entre o final dos anos 1930 e na década de 1940.

Além disso, sua postura na rememoração da criação da universidade, da faculdade e do curso, sempre foi a de se colocar como um pioneiro, participante direto das iniciativas feitas para fomentar o desenvolvimento da instituição no período, apesar de reconhecer o papel representativo que tiveram Júlio de Mesquita Filho, Fernando de Azevedo e Armando de Salles Oliveira.

Aqui também os homens faziam a história sob circunstâncias já dadas pelo passado, mas sem que com isso viessem a reconhecer o importante papel que as mulheres tiveram para o desenvolvimento dos estudos históricos, do ofício de historiador e de uma prática de pesquisa firmada em moldes "cientificamente conduzidos" pelos seus proponentes, para a escrita da história das Américas e do Brasil (LIBLIK, 2019; RIBEIRO, 1999).

Entender como foi que Astrogildo Rodrigues de Mello, ao lado de Alfredo Ellis Jr., Sérgio Buarque de Holanda, Eurípedes Simões de Paula e Eduardo d'Oliveira França propuseram estudos, desenvolveram pesquisas e ministraram disciplinas sobre a história da civilização antiga e medieval, moderna e contemporânea, americana e brasileira, constitui-se para o estudioso como o desvendamento de elos do passado e do presente da história da historiografia brasileira. Mais precisamente, compreender como atuaram, estudaram e pesquisaram nos permite aprofundar linhas interpretativas sobre o que se constituía como objeto para a história no período, como se definiria o ofício de historiador (em sua tensão entre o autodidatismo e a profissionalização deste ofício), de que maneira passariam a ser formados historiadores e historiadoras em nossas universidades, assim como passaria a ser escrita a história das civilizações: antiga e medieval, moderna e contemporânea, americana e brasileira.

Epílogo

Os caminhos da (escrita da) História e os descaminhos de seu ensino

Desde o final dos anos 1970 foram se adensando os estudos sobre a formação e o desenvolvimento do ofício de historiador e a constituição do campo disciplinar da História. (DUMOULIN, 2017; CHARLE, 2018). Essas discussões aportaram no Brasil, a partir do final dos anos 1980, e desde então tem se constituído em canteiro fértil de pesquisas e contribuído com a produção de estudos que passaram a não apenas investigar como se definiu o ofício de historiador entre nós (VENÂNCIO, 2015; DICKMANN, 2017; CEZAR, 2018), como também a se propor novas interpretações sobre a história da historiografia brasileira. (NICODEMO, SANTOS, PEREIRA, 2018). Essas pesquisas favoreceram a produção de estudos sobre a constituição do campo disciplinar da história em vários estados brasileiros (ROIZ, 2012a; FERREIRA, 2013; FAGUNDES, 2019).

Essa foi uma das razões que nos levaram a procurar entender como ocorreu o início do processo de constituição do campo disciplinar da História em São Paulo, entre as décadas de 1930 e 1950. Tendo esse norte como nosso principal objetivo neste livro foi que evidenciamos de que maneira começava a ser constituído um campo disciplinar para a História em São Paulo, em sintonia e simultaneamente com as mutações em movimento no que dizia respeito à prática e a definição do ofício de historiador no Brasil. E, semelhante ao trabalho realizado por Marieta de Moraes Ferreira (2013) para o caso do Rio de Janeiro, tivemos também como meta o de contribuir para a proposição de construção de um modelo interpretativo para estudar a formação de cursos de Geografia e História no Brasil. A importância da temática pode ser observada quando Ferreira nos indica que:

> Ainda que as reflexões dos historiadores sobre suas práticas intelectuais e sociais sejam relativamente recentes, a história da História tem se tornado, cada vez mais, um objeto nobre e relevante de investigação. Nas últimas décadas, os processos de construção das identidades se tornaram uma temática importante para os estudos históricos, e é exatamente essa relevância que tem estimulado os debates sobre a própria identidade da disciplina. Voltar-se para ela significa aferir suas alterações e mudanças, pensar seu trabalho na produção de conhecimento e seu papel social e político. Nossa proposta neste livro é exatamente contribuir para o melhor entendimento dos itinerários percorridos pelo campo na História no nosso país. [...] É importante lembrar que a UDF e posteriormente a FNFi tornaram-se um padrão para as demais faculdades de filosofia nas décadas de 1930, 1940 e 1950, o que torna a análise de suas trajetórias uma contribuição importante para a história da educação no Brasil (FERREIRA, 2013, p. 8).

A proposta de Ferreira estava em pensar a formação das instituições no Rio de Janeiro, articulando as reflexões sobre as mudanças relativas aos cursos e seus programas curriculares, com a investigação do percurso de alguns professores. Ao entrelaçar o estudo da instituição com a trajetória profissional de sujeitos que lá estiveram e contribuíram com o desenvolvimento do curso e da universidade, Ferreira nos mostra como foi se definindo o campo disciplinar da História no Rio de Janeiro. Sua proposta de estudo é ainda enriquecida com o acréscimo das entrevistas que a estudiosa realizou no andamento da pesquisa – a edição conta com 14 ricos depoimentos de alunos e professores que fizeram parte das instituições investigadas.

Em nossa análise, semelhante a Ferreira, começamos por pensar a formação da instituição, observando como foram construídas suas tradições, em meio aos desdobramentos de cadeiras dos cursos e a efetivação de profissionais entre as cátedras. Com isso, nos foi possível pormenorizar a investigação adentrando no curso e verificando como ensino e pesquisa se entrelaçavam no processo de constituição do campo disciplinar da História, ao compararmos as experiências de São Paulo, Rio de Janeiro e do Paraná. Por fim, nos deparamos com os percursos profissionais e nas proposições de escrita da história efetivadas pelos docentes do curso, em suas pesquisas e disciplinas ministradas nas cadeiras em que eram catedráticos.

Quadro 26: Etapas de desenvolvimento da pesquisa

Período de 2002 a 2004	Período de 2006 a 2008	Período de 2015 a 2017
5 Capítulo - 1: A institucionalização das 'Ciências Humanas' na Universidade de São Paulo 22 1.1 - Dos projetos de fundação a criação da Universidade de São Paulo 23 1.2 - Qual foi o lugar da Faculdade de Filosofia, Ciências e Letras na Universidade de São Paulo? 35 1.3 - A divisão do conhecimento e a organização das Faculdades 50 **Capítulo - 2:** **Entre a graduação e a cátedra** 2.1 - Da escola a universidade 56 2.2 - Movimentação dos alunos da FFCL\USP, segundo o número e o sexo 67 2.3 - Formação do historiador: entre a graduação e a cátedra 87 **Capítulo - 3:** **As transformações na estrutura curricular do curso de Geografia e História entre 1934 e 1956 91** 3.1 - Estrutura e funcionamento do regime de cátedras 91 3.2 - Transformações na estrutura curricular do curso de Geografia e História entre as décadas de 1930 e 1950 101 **Considerações finais 137** **Fontes e referências bibliográficas 140**	Prólogo (Teresa Maria Malatian). Apresentação (Marieta de Moraes Ferreira) Prefácio (Ivan Aparecido Manoel) Introdução e agradecimentos. **Parte. 1: A estrutura curricular do curso de Geografia e História** Capítulo - 1:Estrutura e funcionamento do regime de cátedras Capítulo - 2:As transformações na estrutura curricular. Capítulo - 3:Características e dimensões do ensino e da pesquisa **Parte. 2: Escrita da história, civilizações e atores sociais** Capítulo - 4:Entre o 'autodidatismo' e a profissionalização do trabalho intelectual de História: o caso Alfredo Ellis Júnior (1938-1956) Capítulo - 5:Sérgio Buarque de Holanda e a escrita de uma História da Civilização Brasileira (1956-1968) Capítulo - 6: Eduardo D'Oliveira França e a escrita de uma História das Civilizações (1942-1968) **Epílogo** **Apêndices** **Fontes e Referências Bibliográficas**	Prólogo (Teresa Maria Malatian) Apresentação (Marieta Moraes Ferreira) Prefácio (Ivan Aparecido Manoel) Introdução e agradecimentos **Parte. 1: A instituição e o regime de cátedras** Capítulo - 1: A instituição em construção Capítulo - 2: As cadeiras em movimento **Parte. 2: O curso, o ensino e a pesquisa** Capítulo - 3: Campo disciplinar e cursos de Geografia e História Capítulo - 4: As transformações na estrutura curricular Capítulo - 5: Características e dimensões do ensino e da pesquisa Parte. 3: As cátedras do curso e a escrita da história Capítulo - 6: Alfredo Ellis Júnior e a cadeira de História da Civilização Brasileira (1938-1956) Capítulo - 7: Sérgio Buarque de Holanda e a cadeira de História da Civilização Brasileira (1956-1968). Capítulo - 8: Eurípedes Simões de Paula e a cadeira de História da Civilização Antiga e Medieval (1939-1956) Capítulo - 9: Eduardo D'Oliveira França e a cadeira de História da Civilização Moderna e Contemporânea (1942-1968) Capítulo - 10: Astrogildo Rodrigues de Mello e a cadeira de História da Civilização Americana (1941-1956) Epílogo. Apêndice Fontes e Referências Bibliográfica

Fonte: Do autor.

O desenvolvimento deste trabalho passou por três momentos fundamentais (como pode ser observado pelo quadro n. 26). No primeiro deles, a pesquisa foi desenvolvida como uma dissertação de mestrado entre 2002 e 2004, quando o campo investigativo estava produzindo seus primeiros trabalhos. No segundo, entre 2006 e 2008, com o avanço da análise investigando a trajetória de alguns catedráticos do curso de Geografia e História, para inquirir como se constituiu o campo disciplinar da História em São Paulo. E, por fim, entre 2015 e 2017, após a conclusão de um estágio de pós-doutorado, em que nos foi possível analisar outro curso de Geografia e História no Paraná. Nesse processo, a investigação foi sendo amadurecida e seus resultados ampliados.

Note-se que:

> Apesar de seus primeiros sinais [de inovação] remontarem aos anos 1930, época da publicação de obras hoje clássicas como as de Gilberto Freyre, Sérgio Buarque de Holanda e Caio Prado Júnior, e da criação das primeiras *Faculdades de Filosofia* – a da USP e da antiga UDF (sucedida pela FNFi da antiga Universidade do Brasil) –, acompanhada pela vinda para o Brasil de um grupo de brilhantes mestres franceses, é necessário ter em vista que o impacto de tudo isso, a começar pela irradiação e consolidação das possibilidades reais de inovação presentes nesses fatos, quer no ensino, quer na escrita da História, foi na verdade muito lento, e consumiu ainda duas décadas pelo menos (FALCON, 1996, p. 9).

A história dos cursos de graduação e de pós-graduação no Brasil, em praticamente todas as áreas do conhecimento, ainda não foi substancialmente estudada, nem tampouco escrita (Cf. FALCON, 1996; FERREIRA, 2006; ROIZ, 2010c, p. 251-302). Isso vale igualmente para o caso dos cursos de Geografia e História das Faculdades de Filosofia. Temos ainda poucos estudos para o caso do Rio de Janeiro (FERREIRA, 2006, 2008, 2012, 2013), de São Paulo (ROIZ, 2004a, 2012a), do Paraná (FAGUNDES, 2014, 2019; ROIZ, 2019, 2019b) e de Minas Gerais (SANTOS, 2013), com cursos de Geografia e História fundados nos anos 1930, e que concentrariam, nas décadas seguintes, os maiores índices de cursos criados nessas áreas no país. (Ferreira &Silva, 2011, 2016). Situação semelhante é facilmente aferível para a região Sul (RODRIGUES, 2002; CARVALHO, 2010), ou mesmo para a região Nordeste (OLIVEIRA, 2008, 2011), em que os estudos são ainda relativamente escassos.

Se para essas regiões o número de estudos ainda é muito incipiente, para o caso das outras regiões do país é praticamente inexistente (FERREIRA & SILVA, 2011, 2016). O que torna promissor esse tipo de investigação, não somente para se rastrear a história dos cursos de graduação e pós-graduação nestas áreas, mas o fazendo de um modo geral para as Humanidades, as Exatas e as Biológicas. Só assim poderemos ter um conhecimento mais preciso sobre a introdução, fundação e desenvolvimento de nossos cursos e universidades, e também como foram mudando ao longo do tempo, como apreenderam as alterações da legislação vigente e quais as semelhanças e diferenças do processo de um local para o outro do país.

Além disso, tanto os procedimentos metodológicos, quanto o *corpus* documental a ser analisado, carecem de maior experimentação para se atingir um nível de articulação e operacionalidade adequado entre os instrumentos teóricos e metodológicos e a maneira de inquirir e interpretar as fontes. Por essa razão, procuramos experimentar, neste estudo, alinhar os procedimentos de Pierre Bourdieu (2008a, 2008b, 2009a, 2009b) – refletindo a definição do "campo", a produção dos "bens simbólicos" e a constituição de um *habitus* entre os "agentes sociais", que fundamentavam as disputas pelo poder no interior do campo – e de Michel de Certeau (2002) – ao propor a análise da "operação historiográfica" – para inquirirmos como se formou a estrutura que deu base a criação e ao desenvolvimento do curso de Geografia e História da FFCL/USP. E, no interior deste rico processo, adentrar na análise das cadeiras do curso, com o estudo das trajetórias profissionais de Alfredo Ellis Jr., Sérgio Buarque de Holanda, Eurípedes Simões de Paula, Eduardo d'Oliveira França e Astrogildo Rodrigues de Mello, e observarmos de que maneira propuseram como deveria ser escrita a história das civilizações em geral, e da brasileira em particular.

Nesta pesquisa buscamos, portanto, analisar o curso de Geografia e História da Faculdade de Filosofia, Ciências e Letras da Universidade de São Paulo (FFCL/USP), que foi um dos primeiros a serem criados no país nos anos de 1930, durante o período em que esteve em vigência o regime de cátedras (1934-1968), com foco no estudo da legislação federal e estadual, e a forma como esta agia na definição de seus regimentos internos, de sua estrutura curricular (bem como suas mudanças), no ensino e na pesquisa. E, por fim, como foi proposta a escrita de histórias tanto para a história das civilizações em geral, quanto para a do Brasil em particular. Num primeiro momento procuramos verificar como ocorreu a organização dos cursos, cuja estrutura estava baseada no regime de cátedras, de que maneira se desdobravam as cadeiras e como estas mudanças agiram sobre a estrutura curricular do curso de Geografia e História, assim como sobre o ensino e a pesquisa, que então eram ministrados pelos docentes. E, num segundo, de que maneira alguns de seus catedráticos, tendo em vista essas questões, propuseram como deveria ser escrita a história das civilizações em geral, e da brasileira em particular.

Vimos que os alunos que permaneciam nos cursos estavam fadados a inclinarem-se perante um jogo de poder para serem aceitos pelo(s) grupo(s). Em geral, era esse grupo que limitava a entrada de novos membros. Entre suas estratégias estava a de congregar apenas homens para o cargo de professor catedrático,[1] nas sessões e subseções da Faculdade de Filosofia.

---

1 Muito embora, nas últimas décadas, a figura das 'minorias' tenha sido reabilitada nos estudos históricos, enquanto um espaço silenciado pelas elites de outrora, que dominariam os espaços de ação política e cultural, e, por sua vez, a produção dos documentos da época, analisar-se o papel dos chamados homens e mulheres 'comuns' das sociedades passadas tem sua importância também justificada pelo fato de contribuírem, ainda que de forma restrita, com as transformações sociais de sua época. Nesse ínterim, as mulheres conquistaram o direito de terem a sua história também escrita no século passado. A 'história das mulheres' é hoje um campo de pesquisa consolidado em universidades do mundo todo (ainda que em cada país ocorram níveis diferenciados de desenvolvimento e aceitação do campo). Percebe-se, cada vez mais, que a mulher não apenas tem história, mas também fez e faz (a sua) história. De um lado, a conquista do direito ao voto, ao trabalho (e a uma carreira profissional), a uma igualdade de direitos entre os sexos, portanto, buscados com afinco pelos movimentos feministas, a partir do início do século passado, foi que deram margem aos estudos produzidos (em maior escala), a partir dos anos de 1960. De outro, com os movimentos de massa daquela década, que repercutiram em todo o mundo, ganhando ainda maior repercussão com

Nesse aspecto, vimos tratando ao longo do texto o processo de institucionalização do ensino universitário de História na FFCL/USP, durante o período em que esteve unificado ao curso de Geografia, período que durou entre 1934 e 1956. A partir do ano seguinte começaria um lento processo de separação dos cursos (em cursos independentes), entre as Faculdades de Filosofia distribuídas ao redor do país.

Observou-se no trabalho que mesmo quando os historiadores viram oportunidades no curso de Geografia e História de executarem certas propostas, esbarravam-se quase sempre em barreiras técnicas e administrativas, nas quais deviam adequar suas propostas para serem aprovadas. Para a execução adequada dessas regras no curso, este se desenvolveu e funcionou no interior da seção de Ciências, anexa à FFCL/USP. Consequentemente veio a incorporar as mudanças legais e funcionais igualmente como as outras seções e subseções. O mesmo ocorria em termos curriculares, porque as alterações eram provenientes da Faculdade Nacional de Filosofia da Universidade do Brasil, órgão responsável, a partir dos anos 1940, pela padronização do funcionamento e da grade curricular de todas as Faculdades de Filosofia do país.

Evidentemente, não se deu uma padronização completa tanto na legislação vigente do curso de Geografia e História da FFCL/USP, quanto na de outros cursos da USP, ou de outras universidades (RODRIGUES, 2002, 2003; OLIVEIRA, 2008, 2011, ROIZ, 2019, 2019b), pelo simples fato de insuficiências técnico-administrativas, ou mesmo do próprio corpo docente, ou ainda devido à autonomia que havia sido criada nos anos 1930, de cada um vir a estabelecer a sua própria estrutura curricular.

---

os movimentos estudantis de 'Maio de 1968', vieram também a justificar ainda mais os estudos sobre a mulher; principalmente, com a abertura dos campos de pesquisa produzidos nos anos de 1970. Mas nem sempre foi assim. Pelo contrário, durante muito tempo as mulheres, e a escrita de sua história, foi um tema opaco e sem sentido, principalmente, para os pesquisadores do sexo masculino. Tanto nas fontes, quanto nas pesquisas, o que se via era o silêncio, 'delas' e sobre 'elas'. E um silêncio que se prolongava ainda mais com a escassez de documentos, os quais, quase sempre, não demonstravam a sua presença (Cf. PERROT, 2005).

Vimos, além disso, que os debates em torno das disciplinas foram longos, quase sempre, resultando em impasses entre os profissionais, devido as suas formas de agir e pensar, ou ainda em função da incorporação da medida legal, ser também insuficiente para corrigir os problemas observados no funcionamento do curso. Vimos ainda que formar 'novos' profissionais foi, evidentemente, o resultado de um processo longo e que não se encerraria no período aqui estudado.

Por outro lado, os historiadores do curso de Geografia e História tiveram dificuldades de se relacionarem entre os 'pares' e o 'grande público', principalmente porque, ao contrário do que ocorreu nas outras áreas, que limitaram o que representava a formação intelectual de seus profissionais com certas práticas científicas, estes conviveram com o 'autodidatismo' que almejava se igualar aos profissionais da área, sob o discurso de que tinham um objeto em comum: "o estudo das sociedades e dos homens no tempo", além de também praticarem "pesquisas cientificamente conduzidas". Não por acaso, as formas de conceber o que seria o historiador, o que seria obra histórica e qual o espaço da pesquisa, conviveram entre duas 'tradições intelectuais': uma francesa (e ligada ao movimento dos *Annales*) e outra nacional (e ligada, muito genericamente, ao que se convencionou chamar de 'escola metódica'), acabando por impedir o desenvolvimento de um procedimento comum de ensino e pesquisa – como, em certas circunstâncias, Eurípedes Simões de Paula presumiria que seria possível, como em sua aula inaugural de 1949. Mas, como vimos, ao estudar as trajetórias de alguns catedráticos, e suas propostas para a escrita da história das civilizações em geral, e da brasileira em particular, as disputas pelo poder, as predisposições teórico-metodológicas, o estudo das sociedades, o modo de inquirir as fontes e os objetos, foram muito mais complexas, ultrapassando a mera disputa entre diferentes tradições de "fazer história"; mesmo porque os próprios autores não se limitariam a elas, ao proporem seus projetos de escritura da história, de representação da "realidade", ou mesmo das categorias: passado, presente e futuro.

Nesse aspecto que procuramos demonstrar que enquanto os *caminhos* da escrita da história foram dinâmicos e complexos, os *descaminhos* de seu ensino, mesmo na Faculdade de Filosofia, impediam o rastreamento deste mesmo processo, em função da maior lentidão com que se davam as mudanças nos programas, conteúdos e assuntos tratados nas disciplinas. Donde, tal estabilidade também favorecer a continuidade dos grupos no poder e que, não por acaso, também se fazia por meio de um tipo específico de 'dominação masculina'; que, aliás, nos próprios programas das cadeiras, de tão silenciadas que eram, as mulheres foram apenas uma breve sombra numa história escrita por homens, que contavam a história de seus antepassados. Evidentemente, como vimos, o próprio contexto contribuiria com essas escolhas, e as exclusões que se faziam no passado, também se reproduziam naquele presente histórico, de modo a perpetuar um tipo específico de divisão dos papéis masculinos e femininos na sociedade.

Portanto, espera-se que este estudo, ao contar um pouco da história dos cursos de Geografia e História criados a partir dos anos de 1930 – acompanhando o processo que levou a torná-los independentes nos anos 1950, bem como os projetos de escritura da história que lá se formaram durante o período de vigência do regime de cátedras na FFCL/USP –, possa também inspirar outras análises, para que possamos conhecer melhor tanto a história de nossos cursos, quanto à de nossas universidades.

Destarte, a importância deste tipo de análise também não se resume a perscrutar como passou a ser definido o ofício de historiador, quando começaram a se formar os primeiros profissionais na área nas universidades brasileiras, mas igualmente em como passou a ser estudado e praticado o ensino de história. Para Circe Bittencourt:

> Nas décadas de [19]50 e 60 surgiram críticas e novas propostas sobre os objetivos e métodos de ensino. Tais críticas provinham de professores formados pelos cursos de História criados a partir de 1934, cursos esses responsáveis pela profissionalização de um corpo docente que também se iniciava pela relação entre ensino e pesquisa (BITTENCOURT, 2011, p. 82).

A história do ensino de História no Brasil basicamente foi escrita tendo-se por base a formação do ensino fundamental e do ensino médio, em meados do século XIX.[2] A história das universidades normalmente é um capítu-

2 Sem aqui nos estendermos a rica experiência deixada pelos jesuítas, desde o pe-

lo a parte, quase autônomo em relação aos outros níveis de ensino.[3] Apesar dos níveis de ensino terem surgido no país sem um projeto articulado, mais fazendo com que cada um deles fosse criado de acordo com as necessidades imediatas do momento, o que resultou em dificuldades evidentes em se estabelecer diálogos, isto é, construírem-se relações entre as universidades e as escolas na teoria e na prática, e ao longo do tempo, a história que se escreveu sobre os diferentes níveis de ensino, mesmo considerando os imensos avanços na área (Cf. LIMA E FONSECA, 2003; BITTENCOURT, 2011), também não se desgarrou dessa característica (Cf. AZEVEDO, BICALHO, KNAUSS, QUADRAT, 2009; ROCHA, GONTIJO, MAGALHÃES, 2009; ROCHA, REZNIK, MAGALHÃES, 2009). Mais precisamente, têm-se escrito a história do ensino fundamental e médio, sem a respectiva articulação com a história do ensino universitário. Não sem razão, no Brasil, ainda são escassos estudos sistemáticos sobre a história do ensino de História, articulando a trajetória de todos os níveis de ensino, muito embora as fontes existentes e as possibilidades de se abordar o tema já houvessem indicado como seriam profícuas tais investigações (BITTENCOURT, 2018).

> Evidentemente, até a década de 1930, o papel do IHGB foi primordial, assim como do Colégio Pedro II, criados em meados do século XIX,[4] inclusive porque "produzia-se e ensinava-se, a julgar pelos programas e pelos textos dos livros didáticos, uma História eminentemente política,

---

ríodo colonial, e que apesar de sua expulsão em função dos atos de Pombal no século XVIII, nem por isso deixaria de ter certa representatividade no século XIX, quando o Brasil se tornou independente e se passou a dar maior importância às questões educacionais no país (Cf. DA CÁS, 1996; DA CÁS, MANOEL, 2009; GONDRA, SCHNEIDER, 2011; NETO, MIGUEL, NETO, 2011; SAVIANI, 2010).

3 Como demonstram vários estudos, como os indicados ao longo deste trabalho. Veja-se ainda as interessantes indagações contidas em: VIDAL, SCHWARTZ, 2010; CARVALHO, GATTI Jr., 2011; SIMÕES, CORRÊA, MENDOÇA, 2011; LEITE, ALVES, 2011; XAVIER, TAMBARA, PINHEIRO, 2011; BITTENCOURT, 2011.

4 Como indicou com propriedade Ivan Aparecido Manoel no Prefácio a este livro. Para maior detalhamento da questão, ver: HAIDAR, 1972; CATROGA, AZEVEDO, HERMANN, 2011; NETO, MIGUEL, NETO, 2011.

nacionalista e que exaltava a colonização portuguesa, a ação missionária da Igreja Católica e a monarquia" (LIMA E FONSECA, 2003, p. 47). Contudo, vale destacar, que embora Thais Lima e Fonseca (2003) indique a importância de se estudar a história do ensino de História, quase nada falou sobre o surgimento das universidades, a partir da década de 1920, no país. Sem contar que em sua narrativa, a contribuição das universidades para o ensino de história no Brasil pareceu senão nula, no mínimo muito incipiente, coisa que de fato não procederia.[5] Mesmo se considerarmos que as:

> [...] características do conjunto de conhecimentos definidos como História, no universo escolar, nem sempre foram às mesmas nem se mantiveram fiéis a uma estrutura de organização semelhante a que conhecemos hoje para as disciplinas escolares. Na verdade, o próprio estatuto da História enquanto campo do conhecimento mudou com o tempo, conforme suas relações com o debate científico de uma forma geral e com as Ciências Humanas em particular. A rigor, somente a partir do século XVIII é que a História começou a adquirir contornos mais precisos, como saber objetivamente elaborado e teoricamente fundamentado" (LIMA E FONSECA, 2003, p. 20-21).

Para ela, no século XVIII, ainda sob o impacto do Iluminismo, vários conteúdos foram introduzidos e outros repensados no elenco das disciplinas escolares. Como indica a "História, ainda não constituída como disciplina escolar e ainda não totalmente desvencilhada do sentido providencial, passaria a ser ensinada, desde o final do Antigo Regime, com o intuito de explicar a origem das nações; e sob "a influência do Iluminismo, seria cada vez menos a história sagrada e cada vez mais a história da humanidade" (LIMA E FONSECA, 2003, p.22-23).

---

5 Muito embora sejam compreensíveis as razões que levaram a autora a chegar a tais assertivas sobre a questão, fundamentalmente, ligadas a escassez de trabalhos que vislumbrem não somente o surgimento dos cursos e universidades no país, mas igualmente demonstrem a importância que tiveram no período em que foram inaugurados, e quais ressonâncias efetivamente causaram sobre a consolidação da profissão docente, sobre a renovação do ensino de História, a escrita da história e as práticas de ensino, após a década de 1930.

Mas, quando foram definidos os respectivos níveis de ensino no Brasil, em meados do século XIX, além de suas trajetórias serem quase que autônomas, um em relação ao outro, o mesmo se deu quanto a maneira a que se passou a escrever a história do ensino de história no país, cujo norte foi estabelecido tendo como base o ensino fundamental e médio, a que a autora em pauta não fugiu a regra.[6]

Ao serem tratados esses níveis, presumia-se que seria possível estabelecer todos os contornos do desenvolvimento não só da história do ensino de história, mas também dos respectivos métodos de ensino; os procedimentos de ensino-aprendizagem usados tanto no passado quanto no presente; e quais os materiais didáticos primordiais, como se desenvolviam, como foram usados e quais as transformações que se deram no tempo. Entretanto, como muito bem destacou Marieta de Moraes Ferreira na Apresentação deste livro, mesmo considerando os avanços, permanece uma imensa lacuna nesta área de estudos, em parte, pelas razões exploradas, em parte, pela falta de estudos sistemáticos, especialmente, sobre nossos cursos universitários.

Por outro lado, se a história que tem sido escrita sobre o ensino de história, leva mais em consideração o surgimento e desenvolvimento do ensino fundamental e médio, sem que estes sejam articulados ao lado do ensino universitário, tampouco tem se escrito a história de nosso ensino universitário; razão pela qual, ao menos em parte, justifica-se a escrita de uma história da educação, tal qual indicada acima. Se tal questão tem sido amplamente revista nos últimos anos, como este estudo procurou demonstrar, o mesmo ainda não ocorreu com a história de nosso ensino de História. De um lado, porque temos mais a história de nossas universidades, mas não a de seus respectivos cursos; de outro, porque os estudos são muito pontuais, quase nada sistemáticos, impossibilitando, mesmo que preliminarmente, seja feito um panorama do surgimento e desenvolvimento dos cursos universitários de Geografia e História em todo território nacional.

Nesse sentido, espera-se que este estudo possa contribuir não só com a renovação da escrita da história de nosso ensino em todos os níveis, mas

---

6 Como de fato tem acontecido com a maior parte dos trabalhos na área, ainda que as razões indicadas na nota anterior representem parte das justificativas para tal fato.

que possa sugerir caminhos e questionamentos para o empreendimento de outras pesquisas. Não apenas para o Estado de São Paulo, lugar que o trabalho se pautou, mas para todas as partes do país, para que possamos simultaneamente rever a história do surgimento e desenvolvimento de nossos cursos universitários, e promover novas análises e estudos sobre a história do ensino de História.

Daí nossa preocupação em detalhar como procuramos trabalhar as fontes e demonstrar os caminhos trilhados e apontar as escolhas teórico-metodológicas,[7] até para servir de modelo, ainda que preliminar, para outras iniciativas, e estas inquirirem em que medida este estudo pode ser operacional ou não para o empreendimento de outros. Além de possibilitar o exercício de comparações com os dados levantados e analisados.

Não por outra razão, procuramos detalhar primeiro como se formou a instituição e suas tradições, confluindo no caráter e normas de funcionamento do regime de cátedras. Em seguida, refletindo a constituição do campo disciplinar da História entre São Paulo, Rio de Janeiro e Paraná, nos detendo com maior propriedade no primeiro caso, inquirindo, de que forma foram sendo definidas as regras de seu funcionamento, como se estabeleceu sua estrutura curricular e como esta foi se alterando no tempo, e quais as experiências de ensino e pesquisa foram postas em prática, no período que o curso de Geografia e História permaneceram unificados, no interior do funcionamento do regime de cátedras na Faculdade de Filosofia, Ciências e Letras da Universidade de São Paulo. Por fim, objetivamos detalhar de que maneira alguns catedráticos perscrutaram e apreenderam em suas trajetórias a transição do autodidatismo para a profissionalização do trabalho intelectual de História, em que a meta era definir o que seria o ofício de historiador no país, e como empreenderam seus respectivos projetos de escrita sobre a história das civilizações em geral, e da civilização brasileira em particular.[8]

---

7 Como salientou Teresa Maria Malatian no Prólogo a este livro.

8 Em outro trabalho procuramos avançar nesta questão, ao analisar as transferências culturais que se deram na historiografia brasileira, inquirindo que tipo de leituras e apropriações sobre o movimento dos *Annales* foram efetuadas no país, em: ROIZ, SANTOS, 2012.

Portanto, espera-se que este livro possa ser útil não apenas para o iniciante nas áreas de Ciências Humanas e Sociais, que ingressa na universidade e mal sabe como é o exercício da profissão que escolheu para sua formação, quanto para o profissional, a quem desejamos possa também ser útil em suas pesquisas e diálogos com as sociedades do passado e do presente, assim como a proposição de novas investigações sobre a constituição do campo disciplinar da História no Brasil.

APENDICE n. 1

Entre a graduação e a cátedra: a movimentação dos alunos e das alunas do curso de Geografia e História na Faculdade de Filosofia, Ciências e Letras da Universidade de São Paulo[1]

Pretende-se discutir, neste apêndice, a movimentação de alunos e alunas da Faculdade de Filosofia, Ciências e Letras da Universidade de São Paulo (FFCL/USP), entre as décadas de 1930 e início de 1950, com base nos dados relativos ao sexo e ao número de discentes inscritos e formados entre os cursos.

Apresenta-se a dinâmica entre os sexos, segundo a escolha dos cursos, tendo em vista quais eram mais escolhidos por mulheres e quais eram mais escolhidos por homens. Procura-se destacar o perfil social dos alunos selecionados para o exercício de funções docentes no curso de Geografia e História - exercício, aliás, articulado com o segundo capítulo. Para empreender esta análise foram utilizadas as listas de matrículas de alunos e as listas de formandos do período, publicadas nos *Anuários da Faculdade de Filosofia, Ciências e Letras*. Complementa-se o acervo documental com entrevistas com alunos e professores - elaboradas por outros pesquisadores (CERDEIRA, 2001; FONSECA, 1997; FREITAS, 1992, 1993; MORAES, REGO, 2002; MORAES, 1999) - que estiveram nos cursos neste período.

---

1 Uma versão deste texto foi publicada em: ROIZ, 2006.

Infere-se que a escolha dos cursos feita pelos alunos esteve ligada às características do mercado de trabalho da época e as possibilidades de ingresso de mulheres em áreas da FFCL/USP. (BLAY & LANG, 2004).

Da escola a universidade

No período em análise, segundo vários autores (PERISSINOTO, 1994; CANO, 1998a, 1998b; LORENZO, COSTA, 1997; MELLO, 1998; FERREIRA, 2002; MATE, 2002; BITTENCOURT, 1990; BUENO, 1987; CANUTO, 1987; CAPELATO, 1989; CUNHA, 1992; NUNES, 2001), ocorreriam diversas mudanças na economia e na política da sociedade brasileira (CORSI, 2000), que viabilizariam a abertura de 'novos setores' no mercado de trabalho. Em parte, aquelas mudanças estiveram relacionadas com os desdobramentos causados pela desvalorização do café, que culminou na crise de 1929, e na consequente renovação da economia nacional direcionando subsídios para a criação de novos setores na sociedade (Cf. CANO, 1998b). Em parte, aquelas mudanças proporcionariam também transformações sobre o 'mundo do trabalho', na medida em que tornou necessária a criação de uma legislação trabalhista (GOMES, 2003) para sistematizar as relações de trabalho e definir o formato e o funcionamento dos novos postos de trabalho que estavam sendo fundados ou ampliados, no período entre as décadas de 1930 e 40, em função da construção de novos setores de formação de profissionais para as mais variadas áreas do saber (GOMES, 2002; MICELI, 2001, 1995, 1989). Produto direto daquelas iniciativas seria a expansão do ensino 'primário' e 'secundário', com a criação de salas de aula e escolas e a contratação de novos profissionais para o exercício do magistério (MATE, 2002; BITTENCOURT, 1990; NADAI, 1987; CUNHA, 1992). As universidades inauguradas, a partir das décadas de 1920 e 1930, também seriam provenientes dos esforços em se criar, no país, às bases para a formação de pessoal qualificado nos mais diversos setores do mercado de trabalho (Cf. NADAI, 1987; CUNHA, 1992; CUNHA, 1989, 1986).

De fato, observa-se que as mudanças nos mais variados setores da sociedade, também efetuadas devido ao crescimento demográfico da população brasileira, proporcionariam questionamentos sobre o papel das mulheres no interior da sociedade (Cf. TUPY, 2002; BLAY, LANG, 2004).

Enquanto em 1872 a população brasileira contava com 10.112.061 de habitantes, dos quais 5.224.551 eram homens e 4.887.510 eram mulheres, fundamentalmente, vivendo nas zonas rurais do país; em 1920, com a entrada de imigrantes das mais variadas nacionalidades e os altos índices de crescimento vegetativo da população (Cf. BERQUÓ, 1998, p. 411-37) elevaram o número de habitantes a 30.635.605, sendo destes 15.443.818 homens e 15.191.787 mulheres,[2] que representava aquela altura, além de uma igualdade entre os sexos nos índices de crescimento vegetativo, uma manutenção sobre os postos de trabalho masculino e sobre o lugar da mulher estar basicamente reservado a reprodução da sociedade e aos cuidados com o lar e a família (Cf. MANOEL, 1996; 1988; CERDEIRA, 2001).

Apenas em 1950, quando os índices de crescimento urbano em várias regiões do país estavam próximos de 50%, notadamente demonstrando uma diversificação da economia[3] e o avanço de outros setores que não apenas

---

2 *Anuário Estatístico do Brasil de 1937.* Rio de Janeiro: Serviço Gráfico do Instituto Brasileiro de Geografia e Estatística, 1938, ano III; *Anuário Estatístico do Brasil de 1939-1940.* Rio de Janeiro: Serviço Gráfico do Instituto Brasileiro de Geografia e Estatística, 1941, ano V.

3 Para um exemplo, nesse ponto, basta observar que em São Paulo no ano de 1872 havia 60.778 prédios e 65.960 domicílios, enquanto no Rio de Janeiro constatava-se 30.918 prédios e 44.211 domicílios. Já em 1900 esses números saltaram para 429.256 e 404.224 para o primeiro e 83.686 e 84.375 para o segundo estado. E em 1920 696.694 e 478.311 no primeiro, e 129.632 e 128.961 no segundo. O crescimento relativo do número de imóveis construídos manteve-se alto durante as décadas seguintes. E com ele os índices de crescimento urbano do Estado, atingindo cifras mais de 50% em várias cidades nos anos 50. *Anuário Estatístico do Brasil de 1937.* Rio de Janeiro: Serviço Gráfico do Instituto Brasileiro de Geografia e Estatística, 1938, ano III; *Anuário Estatístico do Brasil de 1939-1940.* Rio de Janeiro: Serviço Gráfico do Instituto Brasileiro de Geografia e Estatística, 1941, ano V; *Anuário Estatístico do Brasil de 1948.* Rio de Janeiro: Serviço Gráfico do Instituto Brasileiro de Geografia e Estatística, 1949, ano IX; *Anuário Estatístico do Brasil de 1950.* Rio de Janeiro: Serviço Gráfico do Instituto Brasileiro de Geografia e Estatística, 1951, ano XI; *Anuário Estatístico do Brasil de 1955.* Rio de Janeiro: Serviço Gráfico do Instituto Brasileiro de Geografia e Estatística, 1955, ano XVI; *Anuário Estatístico do Brasil de 1957.* Rio de Janeiro: Serviço Gráfico do Instituto Brasileiro de Geografia e Estatís-

o agrário-exportador (Cf. TAVARES, 1972), que é possível se notar maior participação de mulheres no mercado de trabalho, em setores do ensino magisterial, cultural e de profissões liberais (como medicina, odontologia, farmácia, comércio, etc.). Contava-se, no país, naquele ano 51.944.397 de habitantes, sendo destes 25.885.001 homens e 26.059.396 mulheres (Tabela – 5). No Estado de São Paulo (que foi 'o grande produtor' e exportador de café e, depois de 1930, lugar onde ocorreu rápido processo de urbanização e industrialização), essas mudanças foram ainda mais nítidas, e por diversas razões (Cf. CANO, 1998b; 1998a; MELLO, 1998). Em 1872, o Estado possuía apenas 837.354 habitantes, e já em 1920 possuiria 4.592.188 habitantes, em função dos altos índices de crescimento vegetativo e de imigrantes que desembarcavam no porto de Santos e fixavam residência no Estado (Cf. DIÉGUES Jr., 1964; LESSER, 2001). De forma que o número de escolas criadas por imigrantes tanto na capital, quanto no interior, foi representativa nas décadas de 1920 e 1930. Em 1936, por exemplo, agrupavam-se no interior 223 escolas particulares mantidas por estrangeiros e na capital havia outras 87, totalizando no Estado 310 escolas (Tabela – 1).

tica, 1957, ano XVIII; *Anuário Estatístico do Brasil de 1958.* Rio de Janeiro: Serviço Gráfico do Instituto Brasileiro de Geografia e Estatística, 1958, ano XIX.

Tabela 1: Escolas mantidas por estrangeiros no Estado de São Paulo em novembro de 1936

Nacionalidade	Capital	Interior	Total
Escolas Japonezas	19	196	215
Italianas	17		25
Allemãs	18	8	26
Húngaras	6	0	6
Syrias	4	2	6
Israelitas	4	2	6
Lituanas	4	0	4
Inglezas	9	7	16
Polonezas	1	0	1
Armênias	5	0	3
Francesas	2	0	2
Total	87	223	310

Fonte: *Annaes da Assembléia Legislativa do Estado de São Paulo. Sessão ordinária de 1937.* São Paulo: Industria Gráfica Siqueira S. A., 1953, v. 1.

Naquele momento, tentava-se diminuir também os problemas de alfabetização no Estado, proporcionados pelo número insuficiente de salas de aula e escolas para atender as demandas sociais crescentes. Na abertura da sessão solene da Assembléia Legislativa do Estado de São Paulo, em 1937, indicava-se que o número de "unidades escolares (escolas isoladas e classes de grupo escolar) deve[ria] subir cada anno, em proporções que não só attendam á natural expansão demographica do Estado, como reduzam gradualmente o valor do nosso 'deficit' em escolas primárias."[4] Observava-se que das 2.369 unidades escolares estaduais existentes em 1910, passava-se em 1936 a 10.573 (Tabela 2). Embora o aumento tivesse sido significativo, nem por isso resolveria o problema (Cf. BITTENCOURT, 1990).

4 Sessão solene de instalação em 9 de julho de 1937. In: *Annaes da Assembléia Legislativa do Estado de São Paulo. Sessão ordinária de 1937.* São Paulo: Industria Gráfica Siqueira S. A., 1953, v. 1, p. 35.

Tabela 2: Distribuição do número de escolas estaduais segundo o número de habitantes do Estado de São Paulo entre 1910 e 1936

ANNOS	*POPULAÇÃO DO ESTADO*	*UNIDADES ESCOLARES ESTADUAIS*	*Nº DE UNIDADES PARA CADA 100 MIL HABITANTES*
1910	3.237.000	2.369	73
1915	3.856.000	3.737	97
1920	4.592.188	4.637	100
1925	5.180.000	5.995	115
1930	5.843.000	8.219	140
1934	6.433.327	9.239	143
1935	6.590.000	9.981	151
1936	6.895.000	10.573	153

Fonte: *Annaes da Assembléia Legislativa do Estado de São Paulo. Sessão ordinária de 1937.* São Paulo: Industria Gráfica Siqueira S. A., 1953, v. 1

Em 1936 havia, no Estado de São Paulo, 34 estabelecimentos de ensino secundário. Considerava a Assembléia Legislativa que o "apparelho official de educação secundaria do Estado cresc[ia] subtamente, nestes três últimos annos. Da matricula de 1.443 alumnos, verificada em 1930, chega[ria], em 1936, a um total de 9.412, nas escolas mantidas pelo Estado. Estão em funcionamento 33 escolas estaduaes desse grau (cursos fundamentaes de 24 gymnasios e de 9 escolas normaes), sem contar o curso fundamental annexo ao Instituto de Educação, da Universidade de São Paulo. Installaram-se ainda, em 1936, cursos complementares junto aos gymnasios de Campinas e de Ribeirão Preto. Todos os cursos acima enumerados se acham sob a fiscalização preliminar do Governo Federal, com excepção dos gymnasios da Capital, Campinas e de Ribeirão Preto, já equiparados ao Colégio Pedro II, e dos de Tatuhy e Jaboticabal, que têm inspeção permanente".[5] Embora nas décadas seguintes se mantivessem crescentes os percentuais de matrículas de alunos e a criação de escolas no ensino 'primário' e 'secundário', as discussões políticas, e também "intelectuais", continuaram a apontar pro-

5 *Annaes da Assembléia Legislativa do Estado de São Paulo. Sessão ordinária de 1937.* São Paulo: Industria Gráfica Siqueira S. A., 1953, v. 1, p. 42.

blemas relativos aos altos índices de analfabetismo no Estado e no país (Cf. CUNHA, 1992; GANDINI, 1995).

Na década de 1950 o Estado de São Paulo contaria com 9.134.423 habitantes, sendo destes 8.440.768 brasileiros, 627.433 estrangeiros e 65.888 naturalizados.[6] Nesse sentido, enquanto em 1872, o Estado agrupava, aproximadamente, 8,2% da população brasileira, em 1920 registraria 14,9%, e em 1950 acumularia 17,5%. Por outro lado, a cidade de São Paulo, capital do Estado, também teve altos índices de crescimento: em 1872 contava 31.385 habitantes, em 1890 tinha 64.944, em 1900 agrupava 239.820 pessoas e em 1920 passaria a ter 579.033 habitantes (Tabela 3). Na cidade do Rio de Janeiro, então capital do país, os números foram os seguintes: em 1872, 274.972, em 1890, 522.651, em 1900, 691.565 e em 1920, 1.157.873.[7] Constata-se, assim, que os índices de crescimento da cidade de São Paulo foram maiores que o da própria capital do país.[8]

Tabela 3: Distribuição da população brasileira e paulista entre 1872 e 1950

		1872	1890	1900	1920	1940	1950
População	Homens	5.224.551	7.237.932	8.831.002	15.443.818	20.614.088	25.885.001
Brasil	Mulheres	4.887.510	7.095.983	8.487.554	15.191.787	20.622.227	26.059.396
	Total	10.112.061	14.333.915	17.318.556	30.635.605	41.236.315	51.944.397
São Paulo		837.354	1.384.753	2.282.279	4.592.188	7.180.316	9.134.423
Capital		31.381	64.934	239.820	579.033	1.326.261	2.227.512

6 *Anuário Estatístico do Brasil de 1958.* Rio de Janeiro: Serviço Gráfico do Instituto Brasileiro de Geografia e Estatística, 1958, ano XIX.

7 *Anuário Estatístico do Brasil de 1937.* Rio de Janeiro: Serviço Gráfico do Instituto Brasileiro de Geografia e Estatística, 1938, ano III.

8 SOUZA, T. O. M. Pequeno esbôço geográfico do Estado de São Paulo. In: TAUNAY, A. E. (et. al.) *São Paulo em quarto séculos.* São Paulo: s\e, 1954, p. 1-39.

Fonte: *Anuário Estatístico do Brasil de 1937*. Rio de Janeiro: Serviço Gráfico do Instituto Brasileiro de Geografia e Estatística, 1938, ano III; *Anuário Estatístico do Brasil de 1939-1940*. Rio de Janeiro: Serviço Gráfico do Instituto Brasileiro de Geografia e Estatística, 1941, ano V; *Anuário Estatístico do Brasil de 1948*. Rio de Janeiro: Serviço Gráfico do Instituto Brasileiro de Geografia e Estatística, 1949, ano IX; *Anuário Estatístico do Brasil de 1950*. Rio de Janeiro: Serviço Gráfico do Instituto Brasileiro de Geografia e Estatística, 1951, ano XI; *Anuário Estatístico do Brasil de 1955*. Rio de Janeiro: Serviço Gráfico do Instituto Brasileiro de Geografia e Estatística, 1955, ano XVI; *Anuário Estatístico do Brasil de 1957*. Rio de Janeiro: Serviço Gráfico do Instituto Brasileiro de Geografia e Estatística, 1957, ano XVIII; *Anuário Estatístico do Brasil de 1958*. Rio de Janeiro: Serviço Gráfico do Instituto Brasileiro de Geografia e Estatística, 1958, ano XIX.

Durante as décadas de 1930 a 1950 houve avanços no número de alunos matriculados e formados em todos os níveis de ensino. Em 1934, por exemplo, matriculavam-se 2.676.756 de alunos em todos os níveis de ensino. Somente no Estado de São Paulo se matriculariam 630.192 alunos, equivalendo a 23,5% de todas as matrículas efetuadas no país. No ensino 'elementar' estavam matriculados 575.572 (23,18%) alunos, no 'secundário' 48.846 (30,46%), e no superior 5.774 (16,3%). A distribuição do número de unidades escolares entre o Estado de São Paulo e o Brasil obteve resultados semelhantes ao das matrículas (Tabela – 4).

Tabela 4: Distribuição do número de unidades escolares e de alunos matriculados entre Brasil e São Paulo, 1932-34

		Unidades	Escolares		
LOCAL	ANO	TOTAL	ELEMENTAR	SECUNDÁRIO	SUPERIOR
Brasil	1932	29.948	28.306	1.314	328
	1934	33.952	31.810	1.703	439
São Paulo	1932	4.554	4.166	335	53
	1934	6.307	5.682	534	91
		Matriculas	Segundo o	Grau	
LOCAL	ANO	TOTAL	ELEMENTAR	SECUNDÁRIO	SUPERIOR
Brasil	1932	2.274.213	2.123.305	120.412	30.496
	1934	2.676.756	2.480.995	160.345	35.416
São Paulo	1932	508.201	472.250	31.782	4.169
	1934	630.192	575.572	48.846	5.774

Fonte: *Anuário Estatístico do Brasil de 1937*. Rio de Janeiro: Serviço Gráfico do Instituto Brasileiro de Geografia e Estatística, 1938, ano III.

A distribuição das matrículas de alunos em 1934, segundo o sexo, entre o Estado de São Paulo e o Brasil foram às seguintes: no Brasil se matricularam 2.676.756 de alunos, dos quais 1.425.365 eram homens e 1.251.391 eram mulheres; em São Paulo se matricularam 630.192 alunos, sendo 342.063 homens e 288.129 mulheres (Tabela 5).

Tabela 5: Distribuição dos alunos matriculados segundo o sexo, no Brasil e em São Paulo, entre 1932 e 1934

			Matriculas	*em*	*Geral*			
LOCAL	ANO	TOTAL	MASCUL.	FEMIN.	FEDERAL	ESTADUAL	MUNICIPAL	PARTICULAR
Brasil	1932	2.274.213	1.222.057	1.052.156	35.031	1.376.035	363.515	499.632
	1934	2.676.756	1.425.365	1.251.391	39.217	1.551.282	487.304	598.953
São Paulo	1932	508.201	276.109	232.092	1.653	378.474	24.573	103.501
	1934	630.192	342.063	288.129	1.944	450.112	38.122	140.014

Fonte: *Anuário Estatístico do Brasil de 1937*. Rio de Janeiro: Serviço Gráfico do Instituto Brasileiro de Geografia e Estatística, 1938, ano III.

De acordo com esses dados, observa-se o crescimento, em todo país, das matrículas de alunos nas escolas, do número de professores contratados e da expedição de diplomas.[9] Esse processo acelerava-se a partir da década de 1930 (Tabela 6).

Tabela 6: Distribuição das unidades escolares, do corpo docente, das matrículas e expedições de diplomas no Brasil entre 1932 e 1935

ANO	LOCAL*	UNIDADES	CORPO DOCENTE	MATRÍCULAS	APROVAÇÕES	CONCLUSÕES
	1	15.719	36.583	1.376.035	--	81.263
1932	2	5.290	9.613	363.515	--	19.664
	3	8.678	27.618	499.632	--	43.661
	1	17.268	43.011	1.616.482	649.617	95.737
1935	2	9..347	14.239	567.074	227.822	28.040
	3	9.803	31.452	646.553	330.470	72.621
ANO	GRAU**	UNIDADES	CORPO DOCENTE	MATRÍCULAS	APROVAÇÕES	CONCLUSÕES
	A	28.306	59.005	2.123.305	--	127.784
1932	B	1.314	13.205	120.412	--	16.459
	C	328	3.815	30.496	--	4.202
	A	34.450	69.330	2.656.224	1.074.896	174.647
1935	B	1.791	17.093	172.239	125.603	22.689
	C	420	5.100	34.173	28.529	5.715

Fonte: *Anuário Estatístico do Brasil de 1937*. Rio de Janeiro: Serviço Gráfico do Instituto Brasileiro de Geografia e Estatística, 1938, ano III.
* Local: 1 - Estadual; 2 - Municipal; 3 - Particular.
** Grau: A - Ensino Elementar; B - Ensino Secundário ou médio; C - Ensino Superior.

Na década de 1940, o avanço no número de matrículas permaneceu (Tabela 7), mas ao lado desse crescimento continuou alto o índice de analfabetismo no país (Tabela 8).

9 Para maiores detalhes consultar: RODRIGUES, C. Ensino primário em São Paulo. In: TAUNAY, A. E. (et. al.) *São Paulo em quarto séculos.* São Paulo: s\e, 1954, p. 345-371.

Tabela 7: Distribuição de unidades e matrículas no Brasil entre 1932 e 1945

	Ensino	1932	1937	1942	1943	1944	1945
Unidades	Primário	27.662	38.829	43.752	43.433	42.977	44.039
	Secundário	394	629	886	1.304	1.241	1.291
Matrículas	Primário	2.071.437	2.910.441	3.336.225	3.133.184	3.377.151	3.496.104
	Secundário	56.208	123.590	199.435	211.246	233.223	246.070

Fonte: *Anuário Estatístico do Brasil de 1948*. Rio de Janeiro: Serviço Gráfico do Instituto Brasileiro de Geografia e Estatística, 1949, ano IX.

Tabela 8: Índice nacional de analfabetismo em 1940 segundo as faixas etárias

	Total	5 a 9 anos	10 a 19 anos	20 a 29 anos
Sabe ler e escrever	7.344.772	393.918	2.049.206	1.798.118
Não sabe	9.908.255	2.467.350	2.771.928	1.678.374

Fonte: *Anuário Estatístico do Brasil de 1948*. Rio de Janeiro: Serviço Gráfico do Instituto Brasileiro de Geografia e Estatística, 1949, ano IX.

Nota-se, desse modo, que ainda que houvesse crescimento significativo em todos os níveis de ensino, apenas alguns 'estratos sociais' atingiam todas as etapas da formação escolar até chegarem à universidade (Cf. MATE, 2002; NUNES, 2001; BITTENCOURT, 1990; CUNHA, 1992; NADAI, 1983).

Em 1944, por exemplo, matriculavam-se 3.377.151 de alunos nas escolas primárias, 233.223 nas escolas secundárias e 26.004 no ensino superior. No Estado de São Paulo se matriculavam, naquele ano, 800.226 (23,69%) alunos em escolas primárias, 71.753 (30,76%) em escolas secundárias e 6.320 (24,3%) no ensino superior. Já na capital, matriculavam-se 193.811 (24,2%) alunos em escolas primárias, 32.855 (45,78%) em escolas secundárias e 5.195 (82,19%) no ensino superior. Depreende-se desses dados que, apenas no Estado de São Paulo, concentrava-se quase um quarto de todas as unidades escolares distribuídas pelo Brasil, sendo que, na capital esses índices aumentavam de acordo com o grau de ensino, chegando a concentrar quase 83% das instituições de ensino superior do Estado (Tabela – 9).

Já em 1947, o número de unidades escolares passaria a 67.082 com 5.120.509 alunos matriculados, das quais 58.502 de ensino primário com

4.336.437 (84,6%) alunos, 1.524 unidades no ensino secundário com 313.101 (6,1%) alunos e 354 unidades no ensino superior com 31.209 (0,6%) alunos. No Estado de São Paulo, encontravam-se 10.410 unidades escolares com 1.092.508 (21,3%) alunos, distribuídas da seguinte forma: 8.208 de ensino primário com 871.180 (20%) alunos, 398 de ensino secundário com 83.145 (23,5%) alunos e 76 de ensino superior com 6.385 (19,5%) alunos. Já na cidade de São Paulo, encontravam-se 2.061 unidades escolares com 327.520 (6,38%) alunos, sendo, 1.075 de ensino primário com 207.471 (4,77%) alunos, 139 de ensino secundário com 38.081 (12%) alunos e 55 de ensino superior com 5.298 (16,97%) alunos.[10]

Tabela 9: Distribuição das unidades escolares e matrículas em 1944

		Total	Primário	Secundário	Superior
	Brasil	50.000	42.977	1.241	326
Unidades	Capitais	9.551	5.744	632	265
Escolares	São Paulo	9.683	7.738	365	77
	Capital	1.864	1.008	129	56
Matrículas de	Brasil	4.013.797	3.377.151	233.223	26.004
alunos	Capitais	1.225.469	799.994	141.809	22.971
	São Paulo	996.978	800.226	71.753	6.320
	Capital	302.201	193.811	32.855	5.195

Fonte: *Anuário Estatístico do Brasil de 1948.* Rio de Janeiro: Serviço Gráfico do Instituto Brasileiro de Geografia e Estatística, 1949, ano IX.

Em 1956 existiam 80.606 unidades escolares no Brasil com 5.886.554 de alunos, dos quais, 3.005.494 (51%) homens e 2.881.060 (49%) mulheres. Já no Estado de São Paulo, encontravam-se 11.970 unidades escolares com 1.266.333 (21,5%) alunos, sendo que, 678.390 (53,5%) homens e 587.943 (46,5%) mulheres. No ensino primário (de caráter estadual), encontravam-se 33.073 unidades escolares no Brasil com 3.326.411 alunos, dos quais

10 *Anuário Estatístico do Brasil de 1950.* Rio de Janeiro: Serviço Gráfico do Instituto Brasileiro de Geografia e Estatística, 1951, ano XI.

1.708.069 (51,3%) homens e 1.618.342 (48,7%) mulheres. No Estado de São Paulo havia 8.726 (26,38%) unidades com 1.049.456 (31,6%) alunos, 557.899 (53%) homens e 491.557 (47%) mulheres. O corpo docente no ensino primário estava assim distribuído: no Brasil havia 105.305 professores, em que 69.763 (73,8%) eram normalistas com regência de classe e 24.722 (26,2%) não normalistas, totalizando 94.485 (89,7%), e com 8.053 (7,6%) auxiliares normalistas e 2.767 (2,7%) não normalistas, totalizando 10.820 (10,3%); em São Paulo, registrava-se 31.876 (30,2%) professores, dos quais 28.295 (40,5%) eram normalistas com regência de classe e 39 (0,15%) não normalistas, e com 3.525 (43,7%) auxiliares normalistas e 17 (0,6%) não normalistas. Já no ensino fundamental comum com cinco séries (NUNES, 2001; BITTENCOURT, 1990; BUENO, 1987) contava 40.730 unidades com 1.706.037 alunos, 871.811 (51%) homens e 834.226 (49%) mulheres, das quais, 3.123 unidades localizavam-se no Estado de São Paulo com 136.978 (8%), alunos, 72.936 (53%) homens e 64.042 (47%) mulheres. O corpo docente distribuía-se da seguinte maneira: havia 51.954 professores, 11.559 (22,75%) normalistas com regência de classe e 39.240 (77,25%) não normalistas, totalizando 50.799, 529 (45,8%) auxiliares normalistas e 626 (54,2%) não normalistas, totalizando 1.155; dos quais, 4.808 (9,25%) professores estavam no Estado de São Paulo, em que 4.284 (37%) eram normalistas com regência de classe e 235 (0,59%) não normalistas, 286 (54%) auxiliares normalistas e 3 (0,47%) não normalistas.[11]

A transformação no setor representava o aumento do número de pessoal qualificado para desempenhar as funções de professor 'primário' e 'fundamental'. O número significativo de docentes que se localizava em São Paulo, ocorria, de um lado, em função do número de alunos que estavam se formando nos Institutos de Educação e nas Faculdades de Filosofia, Ciências e Letras do Estado, e de outro, porque no Estado de São Paulo os salários pagos aos professores eram, em geral, melhores que os salários pagos nos outros Estados. Havia, naquele momento, em todo país, 159 unidades es-

11 *Anuário Estatístico do Brasil de 1958*. Rio de Janeiro: Serviço Gráfico do Instituto Brasileiro de Geografia e Estatística, 1958, ano XIX. O ensino secundário não registra os mesmos dados. Dividia-se em ginasial e colegial científico e clássico.

colares com Faculdades de Filosofia públicas e 320 unidades particulares, com 1.661 professores nas públicas e 2.727 nas particulares, e 5.486 alunos matriculados nas públicas e 8.717 nas particulares.[12]

No ano de 1958 existiam 28 cursos de Geografia (5 federais, 4 estaduais, 1 municipal e 18 particulares), 29 de História (5 federais, 4 estaduais, 2 municipais e 18 particulares) e 27 de Geografia e História (4 federais, 3 estaduais e 20 particulares) no país. Nos cursos de Geografia estavam 236 professores, sendo 138 (58,5%) homens e 98 (41,5%) mulheres, nas seguintes dependências administrativas: 46 nas federais, 32 nas estaduais, 8 nas municipais e 150 nas particulares. Nos cursos de História havia 237 professores, sendo 131 (55%) homens e 106 (45%) mulheres, nas seguintes dependências administrativas: 44 nas federais, 29 nas estaduais, 13 nas municipais e 151 nas particulares. Nos cursos de Geografia e História, contava-se 242 professores, sendo 199 (82%) homens e 43 (18%) mulheres, nas seguintes dependências administrativas: 42 nas federais, 24 nas estaduais e 176 nas particulares. Matriculavamse, naquele ano, 706 alunos em Geografia, dos quais, 278 (39%) homens e 428 (61%) mulheres; 939 alunos em História, sendo, 308 (33%) homens e 631 (67%) mulheres, e 899 em Geografia e História, 346 (38,5%) homens e 553 (61,5%) mulheres.[13] Na Universidade de São Paulo encontravam-se 12 professores no curso de Geografia, 11 no de Geografia e História e 11 no de História; matriculando-se 128 alunos no curso de Geografia, 166 no de Geografia e História (que foi separado, em 1956, e recebia matriculas apenas de alunos veteranos) e 149 no de História.[14]

Verifica-se nessa análise sucinta que a participação das mulheres foi representativa no ensino 'primário' e 'fundamental', principalmente, a partir da década de 1940, seja como alunas, quanto como professoras, no Estado de São Paulo e no país. No ensino superior sua participação se apresentava significativa de acordo com determinados cursos, como se verá abaixo.

---

12 *Anuário Estatístico do Brasil de 1958*. Rio de Janeiro: Serviço Gráfico do Instituto Brasileiro de Geografia e Estatística, 1958, ano XIX, p. 367.

13 *Anuário Estatístico do Brasil de 1958*. Rio de Janeiro: Serviço Gráfico do Instituto Brasileiro de Geografia e Estatística, 1958, ano XIX, p. 392-93.

14 *Anuário Estatístico do Brasil de 1958*. Rio de Janeiro: Serviço Gráfico do Instituto Brasileiro de Geografia e Estatística, 1958, ano XIX, p. 399-402.

A movimentação dos alunos e alunas da Faculdade de Filosofia, Ciências e Letras da Universidade de São Paulo, 1934-1952

Pretende-se discutir agora a movimentação de alunos e alunas da Faculdade de Filosofia, Ciências e Letras da Universidade de São Paulo, entre as décadas de 1930 e início de 1950, segundo o número de alunos inscritos e formados, tendo em vista quais eram mais escolhidos por mulheres e quais eram mais escolhidos por homens.

A importância desta análise está em se demonstrar que, embora houvesse, a partir da década de 1930, uma diversificação no mercado de trabalho no Brasil, vindo a proporcionar o ingresso de mulheres em novos setores (que não o familiar), quando pretendiam ascender socialmente visando atingir postos mais destacados na escala de trabalho, esbarravam-se sobre tentativas de conservação e manutenção do papel masculino – como vimos no segundo capítulo.

Para empreender esta análise foram utilizadas as listas de matrículas de alunos e as listas de formandos do período, publicadas nos *Anuários da Faculdade de Filosofia, Ciências e Letras*, entre as décadas de 1930 e 1950. Complementa-se o acervo documental com entrevistas com alunos e professores – elaboradas por outros pesquisadores – que estiveram nos cursos neste período. Infere-se que a escolha dos cursos pelos alunos esteve ligada às características do mercado de trabalho na época e as possibilidades de ingresso de mulheres em áreas da Faculdade de Filosofia.

A inauguração de Faculdades de Filosofia, Ciências e Letras, na década de 1930, em áreas do saber até então inexistentes no país, correspondeu simultaneamente às necessidades do mercado de trabalho, da sociedade e a iniciativas políticas (Cf. CARDOSO, 1982; NADAI, 1987; ROIZ, 2004a). Os jovens que se matriculavam nos cursos oferecidos pela FFCL/USP provinham de variados estratos sociais, mas que podemos apenas levantar hipóteses sobre suas origens sociais, porque poucos documentos restaram sobre o período na instituição. Os documentos existentes, como os *Anuários* produzidos pela instituição, entre as décadas de 1930 e 1950, os prontuários de professores, agrupados as suas correspondências pessoais, e os poucos prontuários de alunos ainda existentes, dizem-nos quase nada sobre suas origens.

Por outro lado, as interpretações produzidas pela historiografia versada no tema se dividem: a) ou combinam o aparecimento da demanda social de jovens pleiteando vagas nas universidades, em função da crise política e econômica do final dos anos de 1920 no Estado de São Paulo; b) ou supõe que foram originários de 'frações da classe dirigente', naquele momento em decadência, ou em processo de diversificação de suas riquezas, em função da crise econômica de 1929; que além de abrir outros setores na sociedade e na composição da riqueza pessoal, fez surgir novos grupos dirigentes, no Estado de São Paulo e pelo país, entre industriais e comerciantes, políticos e profissionais liberais; c) ou ainda, levanta-se a hipótese de que parte daquele contingente de alunos vinha tentando ascender de camadas populares que faziam parte originalmente, e onde seus pais trabalhavam como lavradores, operários e empregadas domésticas (Cf. LIMONGI, 1988, 1989; MICELI, 2001, 1995, 1989; PONTES, 1998).

Ao determos nossa atenção sobre os índices de matrículas de alunos (Tabela – 10), observa-se pequenas alterações no número de alunos, proporcionada, de um lado, pelas transferências, desistências e reprovações, e de outro, pela permanência da mesma regulamentação, que limitava em até 30 alunos inscritos para cada série das sessões e subseções – embora nem sempre o limite fosse respeitado completamente.

A partir da reforma curricular de 1946, na qual dispunha a categoria de especialista entre as áreas oferecidas nas sessões e subseções, corresponde um aumento no número de matriculados (Tabela 11). Primeiro, porque havia o acréscimo de um (e em alguns casos dois) ano no tempo de conclusão do curso, e ainda que se mantivessem altas as transferências, desistências e reprovações, provavelmente os alunos observassem melhores condições na formação profissional, uma vez que a repetição do nome de alunos entre as séries também aumentou neste período. Segundo, o número de mulheres matriculadas nos cursos cresceu significativamente neste período (parcialmente efetuada pela incorporação do comissionamento entre alguns dos alunos matriculados nos cursos, especialmente as mulheres), e no caso destas as desistências eram bem menores, como se verá abaixo.

Ao comparar-se o número de matriculados com o número de alunos formados entre os cursos (Tabela 12), comprova-se os altos índices de reprovações e desistências, mesmo se considerado que as matrículas representavam o total de alunos inscritos nas séries e as listas de formandos consideravam apenas o número de alunos aprovados no último ano dos cursos das sessões e subseções da Faculdade de Filosofia.

A variação entre o número de alunos matriculados e o número de formandos permaneceu alta durante todo o período em análise (Tabela 13). Essa variação, entretanto, será avaliada abaixo. Como se verá, quando comparadas às listas de alunos matriculados com a de formandos, em alguns casos, ocorriam disparidades significativas. Por um lado, as mudanças poderiam ser decorrentes de falha na contagem de alunos, mas se houve foi comum a todos os cursos. Por outro, se ocorreram a notamos quando o número de alunos formados era muito superior ao número de alunos matriculados no último ano de cada curso. Para melhor visualizar o problema, procurou-se acompanhar anualmente as turmas de alunos.

Para Fernando Limongi (1989) os altos índices de evasão correspondiam, em boa parte, aos alunos dispensados do vestibular, e que já traziam um diploma superior. Esses alunos eram mais velhos e possuíam uma experiência com o mercado de trabalho. Para ele, o comissionamento, disposto para alunos provenientes das escolas normais, com diplomas de normalistas, favoreceu o aumento da demanda social na instituição, especialmente de mulheres, porque esses alunos se mostravam mais dispostos a permanecer no curso. Em geral, provenientes de escolas do interior, ou mesmo, sendo professores(as) no interior (em escolas urbanas ou rurais), almejavam lapidar sua formação e alcançarem melhores condições de trabalho, uma vez que já estavam afastados a algum tempo dos estudos, sendo a "distância média entre a conclusão do secundário e o ingresso na FFCL (...) de 5 anos, indicando que, para a maioria dos casos, houve uma longa interrupção entre a passagem de um a outro nível de ensino" (LIMONGI, 1988, p. 209). Para ele "o diplomado da FFCL fez seu curso médio no interior, em escolas públicas, em geral municipais, quando não em Escolas Normais do interior" (LIMONGI, 1988, p. 208). Os comissionados ao se inscreverem as vagas oferecidas não tinham a necessidade de apresentarem diploma de nível secundário, já que era aceito como equivalente seu diploma de normalista. Para ele, os alunos que se formavam nas escolas secundárias, principalmente aquelas particulares da capital, procuravam mais os cursos oferecidos pelas Faculdades Profissionais (entendidas como a de Direito, Medicina e Engenharia), por fazerem parte das 'classes dirigentes' do Estado, e se aproximarem daqueles cursos para os quais a família já possuía um histórico. Nesse sentido, sua análise vem oferecer maiores subsídios aos apontamentos até aqui feitos.

Na primeira turma de alunos da Faculdade de Filosofia (Tabela - 14), observa-se pequena participação de mulheres em todos os cursos, quando não sua ausência completa, por ser esta turma constituída, fundamentalmente, de alunos que eram membros das 'classes dirigentes', e que tanto na opinião de Fernand Braudel (1937, p. 113-21), como na de Pierre Monbeig (1937, p. 105-112), foram representantes do governador, membros ou próximos a 'comunhão paulista' de *O Estado de S. Paulo*, ou ainda, filhos de fazendeiros do café - alguns em processo de 'decadência' (MICELI, 2001; LIMONGI, 1988) - e de 'grã-finos' da época. Segundo esses autores, a partir do segundo ano, em função dos altos índices de evasão, buscava-se com o investimento em bolsas e comissionamentos, aumentar-se a demanda social de alunos e alunas na instituição. O resultado alcançado foi à alteração do perfil dos alunos, prosseguem, com a diversificação do público, tornando mais complexa a composição do perfil dos alunos, assim como no que dizia respeito ao nível cultural desta nova clientela, em geral "inferior" as turmas iniciais dos cursos.

Para Fernando Limongi (1988) esses fatores favoreceram o ingresso de mulheres no curso, opinião também correspondente à análise de Sônia Maria de Freitas (1992). Para ambos, as mulheres vinham pleitear as vagas, em boa parte dos casos, como normalistas. Como demonstra o estudo de Fernando Limongi (1988, p. 196 e ss.), as mulheres correspondiam a quase 70% da demanda de alunos recrutados sob comissionamento. Mas quando visto o perfil dos comissionados entre os cursos, observa o autor, a maior demanda feminina ia para as Humanidades (Filosofia, Geografia e História, Letras, Ciências Sociais) e a maior demanda masculina para as Exatas e Biológicas (Física, Matemática, Química, Ciências Naturais). O mesmo resultado foi alcançado em nossa análise sobre a movimentação dos alunos (Tabelas 15, 16, 17 e 18). O depoimento de Alice Canabrava, que foi aluna do curso de Geografia e História nos anos 1930, é significativo para se observar como era visto o comissionamento na época:

> Como tantas outras, fui uma das professoras do magistério primário beneficiadas pelo ato do governo estadual que facultou o comissionamento das interessadas junto à recém-criada Faculdade de Filosofia, Ciências e Letras da Universidade de São Paulo, desde que aprovadas em concurso de provas. [Um pouco mais à frente, no seu depoimento, dizia que procedia de uma cidadezinha do interior paulista chamada Araras] onde lecionava no grupo escolar local, o único do município. Havia iniciado a carreira em Manduri, distrito de Piraju – São Paulo, em 1931, na Alta Sorocabana (CANABRAVA, 2003, p. 6-7).

Embora o número de mulheres fosse mais significativo que o de homens, para se ter uma ideia do que representava o comissionamento, nos anos de 1950, o depoimento de Samuel Netto é significativo:

> Quando me formei [na Escola Normal 'Sud Mennucci'], percorri o interior do Estado. Lecionei. Sou professor de primeiro grau, com muito orgulho. Depois lecionei no segundo grau. Também fiz uma vilegiatura pelo interior do Estado: estive na Alta Sorocabana, em Santa Cruz do Rio Pardo, em Paraguaçu Paulista, em Tatuí, e outras cidades do Estado. Era professor do Instituto de Educação de Santa Cruz do Rio Pardo quando surgiu uma oportunidade. Foi-me dito que a USP, na Maria Antônia, estava oferecendo vagas para professores do magistério normal, que poderiam ficar comissionados e com isso fazer seus estudos em São Paulo. Foi isso que me levou à Universidade de São Paulo. Tive um comissionamento para estudar. O comissionamento, no entanto, era com prejuízo de vencimentos e tudo o mais. Fiz, então, o curso de Pedagogia da USP, no noturno, pois não havia Psicologia como curso superior. Formei-me (...) em 1959... (Depoimento n. 38. In: MORAES, 1999, p. 4)

Os comissionamentos, na década de 1930, dividiam-se entre todos os cursos sem muitas diferenças numéricas. A partir do final da década de 1940, os comissionamentos começaram a se concentrar no curso de Pedagogia.

Por outro lado, verificou-se que as mulheres mantinham maior regularidade nos cursos do que os homens (Tabelas 15 e 16). Embora em alguns cursos fossem minorias, as mulheres tinham maior estabilidade de notas e regularidade nos cursos, como se verifica na segunda turma de Ciências Sociais e Políticas em que ingressaram 11 mulheres no primeiro ano, 9 prosseguindo no segundo ano e as mesmas 9 se formando no ano seguinte. O mesmo resultado se percebe na turma de Letras Clássicas e Português, em que ingressaram 8 mulheres permanecendo até a formatura 5 delas, e no caso dos 5 homens que ingressaram, todos já ao final do primeiro ano haviam desistido. Houve casos em que a desistência não ocorria, mas em seu lugar vinha à transferência de curso, e mesmo nesses casos as mulheres eram mais regulares, nos cursos que iniciavam.

Com exceção dos cursos de Geografia e História, Letras Clássicas e Português e Línguas Estrangeiras foi a partir da terceira turma de formandos (Tabela 16), que se observa em alguns cursos, que o número de mulheres já se mostra até superior ao de homens. No curso de Geografia e História, por exemplo, formaram-se 12 alunos, dos quais, 4 (33%) homens e 8 (67%) mulheres. O mesmo sendo válido para os cursos de Ciências Sociais e Políticas e Línguas Estrangeiras. Formaram-se, no primeiro, 11 alunos, sendo 5 (45,5%) homens e 6 (55,5%) mulheres. No segundo, formaram-se 5 alunos, sendo 1 (20%) homem e 4 (80%) mulheres.

Na quarta turma (Tabela 17) foram encontrados resultados semelhantes, para o curso de Geografia e História. Naquela turma houve uma pequena variação quanto ao número de homens e mulheres formados nos cursos de Ciências Sociais e Políticas e Línguas Estrangeiras, provavelmente, pelo resultado de transferências de alunos de outros cursos e a desistência de algumas mulheres.

O número elevado de mulheres nos cursos apontados demonstra que havia uma preferência por eles, que foi o resultado de fatores internos e externos. Para Cleide Cerdeira (2001), nos cursos de humanidades havia uma maior aceitação do público feminino por parte dos homens e da sociedade, fundamentalmente, porque se destacava mais a figura da "professora". Por outro lado, a formação em alguns cursos, como o de Geografia e História correspondia a duas habilitações no mercado de trabalho. Portanto, não é de se estranhar que a procura por esses cursos resulte num maior público feminino nestas turmas e nas turmas seguintes (Tabelas – 18 e 19).

Para Deusdá Magalhães Mota, na "época, era muito difícil estudar na Faculdade da USP. Eu já entrei velho na Faculdade, com 28 anos, em 1941. Eram professores estrangeiros a examinar, tinha a dificuldade de língua, as provas do exame eram em português, mas as aulas eram em francês. Quase todas as aulas eram em francês, só os assistentes brasileiros que davam aula em português. Entrei na faculdade e cursei quatro anos e mais dois de licenciatura. A maioria da turma era feminina, só quatro homens (...). O curso era diurno, não havia curso noturno (...). As faculdades do interior, em geral, eram mais fracas". A sua opção pelo curso ocorreu porque já dava aulas de geografia no Ginásio Paulistano e na "faculdade fiz o curso de geografia e história, [porque] saía-se com habilitação para as duas cadeiras" (MOTA In: FONSECA, 1997, p. 90).

Eduardo d'Oliveira França, que foi aluno do curso de Geografia e História, em fins da década de 1930, relata que: "Nós estávamos, de certa forma, pouco preparados para receber os ensinamentos de culturas mais refinadas. Mas (...) havia uma disposição muito grande de aprender (...). A nossa bibliografia (...) era paupérrima. Nós não conhecíamos realmente os grandes historiadores, os grandes autores, seja da França, seja de fora da França. (...) Tínhamos de ser iniciados e para isso tínhamos preparo preliminar. Cada vez que um professor citava um autor, saíamos a procura do livro (...). E os professores franceses (...) tiveram um papel muito grande na modelagem e no estilo do que se destinava a ser um centro de estudos de História e de Geografia." Um pouco mais a frente em seu depoimento diria que naquela "ocasião, o governo, para estimular a procura de um ensino que era novidade em nosso meio, comissionou muitos professores primários (...) uns tantos possuíam estatura, formação, aptidão para fazer os cursos; outros, porém, tinham dificuldades em acompanhá-los" (FRANÇA In: FREITAS, 1993, p. 183).

Para Fernando Limongi na "Escola Politécnica (...) não se registra a formatura de uma única mulher, ausência que perdura até 1946. A Faculdade de Direito apresenta a presença de algumas poucas mulheres por turma (...). Na FFCL, nas primeiras quatro turmas, a participação das mulheres sobre o total de formandos atinge a marca dos 42,8% dos formandos" (1988, p. 216). Em sua análise sobre o assunto Cleide Cerdeira (2001) chegou a resultados semelhantes aos de Limongi.

Em nossos dados, observamos que, na década de 1940, a participação das mulheres correspondia a todos os cursos da instituição, demonstrando que a participação destas, entre ingressantes e formandos, começava a acentuar-se também nos cursos de História Natural, Química e Filosofia (Tabelas – 20, 21 e 22).

Além de ser significativa à participação de mulheres no período, destaque-se que a participação de alunos imigrantes ou filhos de imigrantes entre os cursos também foi significativa, sendo destacada na análise de Fernando Limongi (1988) e Sônia Maria de Freitas (1992, 1993). Ainda que os dados não permitam considerações sistemáticas sobre o assunto, e nem as fontes revelem maiores detalhes sobre o tema, nota-se que havia uma procura regular por parte de japoneses 'natos ou descendentes' no curso de Física, e em menor escala no curso de Letras Clássicas e Português. Por outro lado, também era representativa a participação de italianos, portugueses e espanhóis 'natos ou descendentes' em alguns cursos como: Letras Neolatinas, Letras Clássicas e Português, Filosofia, Ciências Sociais. No curso de Geografia e História, embora menor, a procura também existia.

Segundo a análise de Cleide Cerdeira (2001, p. 94 e ss), na década de 1930, formava-se no curso de Ciências Sociais da Faculdade de Filosofia, Ciências e Letras da Universidade de São Paulo, um total de 19 (54%) mulheres e 16 (46%) homens, o que revelaria que se vista a década em seu conjunto o número de mulheres foi mais representativo. Coisa que não ocorreu na década seguinte quando se formava 44 (40,7%) mulheres e 64 (59,3%) homens, demonstrando que esses índices, embora não regulares, revelariam uma procura constante das mulheres pelo curso. Porque, na década de 1950, formaria 53 (54%) mulheres e 44 (46%) homens, e na de 1960 286 (66%) mulheres e 147 (44%) homens. Em nossa análise se comprovou as observações da autora, valendo o mesmo para a movimentação de uma turma para outra, em que a dinâmica entre os sexos sofreu, de um ano para o outro, alterações semelhantes àquelas destacadas acima, e nos dados catalogados entre as turmas (Tabela 23 e 24).

Para a mesma autora ocorreria movimento diferente no curso de Filosofia, em que houve 19 (39,5%) mulheres e 29 (60,5%) de homens formados na década de 1930 e 24 (28%) mulheres e 61 (72%) homens na década de 1940. Acompanhando esses índices ano a ano, observamos variações semelhantes (Tabelas – 15, 16, 17, 18, 19 e 20). Para esta, somente ocorreria pequena alteração nesses índices a partir da década de 1950, quando se formaram 69 (52%) mulheres e 63 (48%) homens, o mesmo valendo para os anos 60, com 79 (53,7%) mulheres e 68 (46,3%) homens formados. Junto com os dados aqui levantados se observa que mesmo não sendo inicialmente procurado por mulheres, talvez, em razão do destaque atribuído a figura do filósofo voltar-se mais para os homens; nos anos 1950, aquele 'imaginário social' seria repensado, uma vez que os locais de atuação do filósofo reduziam-se, quase sempre, as salas de aula. No caso do curso de Física, mesmo nos anos de 1950 e 60 se formariam 68 (74,7%) homens e 23 (33,3%) mulheres, e 361 (80%) homens e 89 (20%) mulheres, nos anos 1960.

No que diz respeito ao curso de Geografia e História, a autora confirma o que até aqui foi exposto, demonstrando a grande procura por parte de mulheres, sendo que, formaram-se na década de 1940 139 (66,8%) mulheres e 69 (33,2%) homens, e na de 1950 146 (67,2%) mulheres e 71 (32,8%) homens, totalizando 208 formandos no primeiro período e 217 no segundo. Quando observado esse movimento, de um ano para outro, nota-se que mesmo quando o número de homens era menor, as transferências ocorriam com mais frequência entre estes. Mas isso não impede que se observe também como ocorriam as transferências para o caso das mulheres. Segundo depoimento, recolhido por Cleide Cerdeira, de uma aluna do curso na época, assim relatava a sua transferência: "Nunca cogitei em deixar de fazer uma faculdade (...). Vim transferida da Faculdade Federal de Filosofia da Bahia, fundada em 1942. O meu pai [que era médico] escolheu a USP, pois achava-a a melhor de todas. Prestei vestibular na Bahia, tendo sido aprovada em primeiro lugar do primeiro curso de História. Obtive transferência para a USP, conforme a lei vigente. No entanto, antes de ser outorgada a transferência na USP fui examinada por uma comissão de professores das várias áreas, o que poderia ser chamado de um novo vestibular" (Entrevista n. 24. In: CERDEIRA, 2001).

Ocorre ainda que as mulheres permaneciam mais nos cursos do que os homens. No caso do curso de Geografia e História esse movimento foi constante na década de 1940. De um ano para o outro, em fins dos anos 1940, nota-se a maior evasão masculina em várias turmas (Tabelas – 25, 26, 27 e 28). No caso das evasões, ou mesmo transferências, detectou-se que foi um movimento mais assíduo entre os homens, não ficando limitado apenas ao curso de Geografia e História.

O panorama até aqui descrito, revela algumas características dos cursos das sessões e subseções da Faculdade de Filosofia, Ciências e Letras da Universidade de São Paulo. Em primeiro lugar, as alterações legislativas e curriculares alteravam a procura nos cursos, vindo a aumentar esse movimento para ambos os sexos, e no caso feminino dimensioná-lo para todos os cursos oferecidos na instituição. Em segundo lugar, note-se que essas mudanças curriculares especializaram os cursos, em alguns casos, estendendo-os em até cinco anos, como foi o caso em 1949, quando se formaram, no quinto ano, 6 alunos em Ciências Sociais (5 homens e 1 mulher), 2 em Filosofia (1 homem e 1 mulher), 3 mulheres em Letras Neolatinas e 3 alunos em Letras Anglo-Germânicas (2 homens e 1 mulher).

Até aquele momento, aproximadamente, 16 turmas de alunos haviam se formado nos diferentes cursos oferecidos pela Faculdade de Filosofia. Esses alunos vinham tanto da cidade de São Paulo, como outras cidades do Estado São Paulo. Em alguns casos até de outros Estados, sendo filhos de brasileiros ou descendentes de imigrantes (Cf. LIMONGI, 1988; FREITAS, 1993; FONSECA, 1997). Entretanto, esses rastros são bastante esparsos e não permitem uma sistematização consistente sobre o movimento de alunos na Faculdade de Filosofia, Ciências e Letras, delineando-se suas: ocupações, de onde vinham (naturalidade) e onde moravam (residência). Embora os formandos dos cursos da Faculdade de Filosofia, nessa época, fossem na sua maioria mulheres (Tabela 25, 26, 27, 28 e 29), esses números se revertiam no que dizia respeito à pesquisa, uma vez que a maior parte estava sendo feita por homens – como demonstramos no primeiro capítulo. E, em geral, eram eles que assumiam as cadeiras no curso, inicialmente como auxiliares de ensino, ou ainda como assistentes de outro professor, depois como professores adjuntos e finalmente, se passassem todas as etapas, como catedráticos da cadeira, na qual iniciaram sua carreira, ou às vezes em outra, conforme acesso e aprovação em concurso.

A importância desta análise esteve em se demonstrar que, embora houvesse, a partir da década de 1930, uma diversificação no mercado de trabalho no Brasil, vindo a proporcionar o ingresso de mulheres em novos setores (que não o familiar), quando pretendiam ascender socialmente visando atingir postos mais destacados na escala de trabalho, esbarravam-se sobre tentativas de conservação e manutenção do papel masculino nestas linhas de comando intelectual e administrativo (Cf. TUPY, 2002, p. 113-42; MANOEL, 1992, 1998. NADAI, 1991; TRIGO, 1997), que as deslocavam para o magistério 'primário' e 'secundário'.

TABELAS:

Tabela 10: Distribuição das Matrículas entre os cursos da Faculdade de Filosofia, Ciências e Letras, 1934-1942

CURSOS ANOS	*1934*	*1935*	*1936*	*1937*	*1938*	*1939*	*1940*	*1941*	*1942*
Filosofia	46	39	35	46	30	31	30	21	13
Matemática	29	--	16	17	23	37	39	38	42
Física	10	--	3	6	6	12	10	10	7
Química	29	--	19	23	33	46	55	54	52
História Natural	15	29	26	41	35	31	35	21	22
Geografia e História	16	31	41	48	62	68	74	51	50
Ciências Sociais	23	32	25	48	28	33	48	42	39
Letras Clássicas	5	9	14	28	24	41	59	60	57
Letras Neolatinas	--	--	--	--	12	38	59	60	58
Letras Anglo-Germânicas	--	--	--	--	--	--	6	11	30
Pedagogia	--	--	--	--	--	--	5	7	26
Línguas Estrangeiras	9	18	22	29	--	--	--	--	--
Colégio Universitário	--	--	--	151	--	--	--	--	--
Curso de Didática	--	--	--	--	--	32	45	134	27
Total	182	158	201	437	253	369	465	509	423

Fonte: Anuários da Faculdade de Filosofia, Ciências e Letras.

Tabela 11: Distribuição das Matrículas entre os cursos da Faculdade de Filosofia, Ciências e Letras, 1943-1951

CURSOS *ANOS*	*1943*	*1944*	*1945*	*1946*	*1947*	*1948*	*1949*	*1950*	*1951*
Filosofia	9	16	20	54	47	45	57	61	76
Matemática	40	62	43	31	32	36	43	31	52
Física	7	14	20	16	24	34	37	45	37
Química	57	64	61	52	71	67	54	51	57
História Natural	25	42	34	32	41	49	56	58	71
Geografia e História	59	73	51	36	61	75	93	120	125
Ciências Sociais	29	41	30	42	51	59	70	51	63
Letras Clássicas	42	55	38	37	44	55	66	76	93
Letras Neolatinas	52	62	46	53	67	87	114	118	136
Letras Anglo-Germânicas	46	57	37	42	59	61	81	105	118
Pedagogia	36	47	40	24	43	42	52	126	149
Línguas Estrangeiras	--	--	--	--	--	--	--	--	--
Colégio Universitário	--	--	--	--	--	--	--	--	--
Curso de Didática	87	78	155	129	18	15	2	9	9
Total	486	611	575	548	558	625	725	851	986

Fonte: Anuários da Faculdade de Filosofia, Ciências e Letras.

Tabela 12: Distribuição dos Formandos entre os cursos da Faculdade de Filosofia, Ciências e Letras, 1936-1944

CURSOS ANOS	*1936*	*1937*	*1938*	*1939*	*1940*	*1941*	*1942*	*1943*	*1944*
Filosofia	11	14	7	10	6	18	7	5	3
Matemática	6	3	3	2	5	6	11	11	8
Física	1	2	1	5	3	7	3	2	3
Química	--	4	5	6	12	14	19	14	20
História Natural	--	4	4	2	12	16	8	8	13
Geografia e História	7	15	9	15	23	33	12	19	30
Ciências Sociais	1	17	10	6	7	12	16	11	18
Letras Clássicas	1	6	4	9	11	28	22	24	35
Letras Neolatinas	2	15	7	5	3	28	24	25	34
Letras Anglo-Germânicas	--	--	--	--	--	1	4	7	25
Pedagogia	--	--	--	--	--	--	4	6	16
Total	28	80	50	60	82	163	130	132	205

Fonte: Lista de Formandos. In: *Anuários da Faculdade de Filosofia, Ciências e Letras.*

Tabela 13: Distribuição dos Formandos entre os cursos da Faculdade de Filosofia, Ciências e Letras, 1945-1952

CURSOS ANOS	*1945*	*1946*	*1947*	*1948*	*1949*	*1950*	*1951*	*1952*
Filosofia	6	3	9	17	10	7	4	11
Matemática	17	13	6	10	5	3	1	1
Física	6	3	3	3	5	4	2	4
Química	25	8	21	15	13	7	19	7
História Natural	16	5	7	8	4	7	7	7
Geografia e História	43	15	18	6	7	15	16	16
Ciências Sociais	16	5	9	4	7	10	6	8
Letras Clássicas	23	18	15	7	7	15	6	6
Letras Neolatinas	29	20	21	7	17	17	37	30
Letras Anglo-Germânicas	22	14	16	8	9	15	16	32
Pedagogia	29	28	15	4	21	30	9	14
Total	132	132	140	89	105	130	123	136

Fonte: Lista de Formandos. In: *Anuários da Faculdade de Filosofia, Ciências e Letras.*

Tabela 14: Distribuição dos alunos da primeira turma da Faculdade de Filosofia, Ciências e Letras da Universidade de São Paulo, segundo o sexo, os cursos e os anos

CURSOS / ANOS	*1º ano – 1934*	*2º ano – 1935*	*3º ano – 1936*
Filosofia	46	12	11
Ciências Matemáticas	29	07	06
Ciências Físicas	10	--	01
Ciências Químicas	29	--	--
Ciências Naturais	15	--	--
Geografia e História	16	10	08
Ciências Sociais e Políticas	23	02	01
Letras Clássicas e Português	05	03	03
Línguas Estrangeiras	09	03	02

CURSOS / ANOS	*1º ano*	*1934*	*2º ano*	*1935*	*3º ano*	*1936*
	masculino	feminino	masculino	feminino	masculino	feminino
Filosofia	44	02	11	01	10	01
Ciências Matemáticas	29	00	07	00	06	00
Ciências Físicas	10	00	--	--	01	00
Ciências Químicas	26	03	--	--	--	--
Ciências Naturais	15	00	--	--	--	--
Geografia e História	16	00	10	00	08	00
Ciências Sociais e Políticas	22	01	01	01	00	01
Letras Clássicas e Português	05	00	03	00	03	00
Línguas Estrangeiras	06	03	00	03	00	02

FONTE: Lista de matriculas de alunos. In: *Anuário da Faculdade de Filosofia, Ciências e Letras, 1934-1935; 1936; 1937-1938.*

Tabela 15: Distribuição dos alunos da segunda turma da Faculdade de Filosofia, Ciências e Letras da Universidade de São Paulo, segundo o sexo, os cursos e os anos

CURSOS / ANOS	*1º ano – 1935*	*2º ano – 1936*	*3º ano – 1937*
Filosofia	27	14	14
Ciências Matemáticas	16	05	03
Ciências Físicas	05	02	02
Ciências Químicas	40	04	04
Ciências Naturais	31	07	04
Geografia e História	29	17	15
Ciências Sociais e Políticas	34	19	19
Letras Clássicas e Português	13	05	05
Línguas Estrangeiras	23	15	16

CURSOS / ANOS	*1º ano*	*1935*	*2º ano*	*1936*	*3º ano*	*1937*
	masculino	feminino	masculino	feminino	masculino	feminino
Filosofia	16	11	05	09	04	10
Ciências Matemáticas	13	03	03	01	01	02
Ciências Físicas	05	00	02	00	02	00
Ciências Químicas	36	04	03	01	03	01
Ciências Naturais	27	04	04	03	02	02
Geografia e História	12	17	04	13	05	10
Ciências Sociais e Políticas	23	11	10	09	10	09
Letras Clássicas e Português	05	08	00	05	00	05
Línguas Estrangeiras	03	20	03	12	03	13

FONTE: Lista de matriculas de alunos. In: *Anuário da Faculdade de Filosofia, Ciências e Letras, 1934-1935; 1936; 1937-1938.*

Tabela 16: Distribuição dos alunos da terceira turma da Faculdade de Filosofia, Ciências e Letras da Universidade de São Paulo, segundo o sexo, os cursos e os anos

CURSOS / ANOS	*1° ano – 1936*	*2° ano – 1937*	*3° ano – 1938*
Filosofia	02	10	10
Ciências Matemáticas	04	02	03
Ciências Físicas	--	01	02
Ciências Químicas	--	06	06
Ciências Naturais	06	12	07
Geografia e História	16	13	12
Ciências Sociais e Políticas	05	11	11
Letras Clássicas e Português	05	05	03
Línguas Estrangeiras	04	05	05

CURSOS / ANOS	*1° ano 1936*		*2° ano 1937**		*3° ano 1938*	
	masculino	feminino	masculino	feminino	masculino	feminino
Filosofia	01	01	--	--	05	05
Ciências Matemáticas	04	00	--	--	03	00
Ciências Físicas	--	--	--	--	02	00
Ciências Químicas	--	--	--	--	06	00
Ciências Naturais	05	01	--	--	07	00
Geografia e História	08	08	--	--	04	08
Ciências Sociais e Políticas	03	02	--	--	05	06
Letras Clássicas e Português	03	02	--	--	02	01
Línguas Estrangeiras	00	04	--	--	01	04

FONTE: Lista de matriculas de alunos. In: *Anuário da Faculdade de Filosofia, Ciências e Letras, 1934-1935; 1936; 1937-1938.* * Para o ano de 1937 apenas aparece a lista de formandos sem, com isso, vir impressa a lista de matricula de alunos, o que impossibilitou o levantamento do sexo para o 1° e 2° ano.

Tabela 17: Distribuição dos alunos da quarta turma da Faculdade de Filosofia, Ciências e Letras da Universidade de São Paulo, segundo o sexo, os cursos e os anos

CURSOS / ANOS	*1º ano – 1937*	*2º ano – 1938*	*3º ano – 1939*
Filosofia	22	10	07
Ciências Matemáticas	12	05	04
Ciências Físicas	03	01	06
Ciências Químicas	13	06	07
Ciências Naturais	23	12	04
Geografia e História	18	10	11
Ciências Sociais e Políticas	18	06	05
Letras Clássicas e Português	17	10	07
Línguas Estrangeiras	07	05	05

CURSOS / ANOS	*1º ano*	*1937**	*2º ano*	*1938*	*3º ano*	*1939*
	mas-culino	femi-nino	mas-culino	femi-nino	mas-culino	femi-nino
Filosofia	--	--	09	01	06	01
Ciências Matemáticas	--	--	04	01	03	01
Ciências Físicas	--	--	01	00	05	01
Ciências Químicas	--	--	06	00	07	00
Ciências Naturais	--	--	10	02	03	01
Geografia e História	--	--	06	04	05	06
Ciências Sociais e Políticas	--	--	04	02	03	02
Letras Clássicas e Português	--	--	07	03	04	03
Línguas Estrangeiras	--	--	02	03	03	02

FONTE: Lista de matriculas de alunos. In: *Anuário da Faculdade de Filosofia, Ciências e Letras, 1937-1938, 1939-1949, 2v.*

* Para o ano de 1937 apenas aparece a lista de formandos sem, com isso, vir impressa a lista de matricula de alunos, o que impossibilitou o levantamento do sexo para o 1º e 2º ano.

Tabela 18: Distribuição dos alunos da quinta turma da Faculdade de Filosofia, Ciências e Letras da Universidade de São Paulo, segundo o sexo, os cursos e os anos

CURSOS / ANOS	*1º ano – 1938*	*2º ano – 1939*	*3º ano – 1940*
Filosofia	11	06	05
Ciências Matemáticas	15	09	05
Ciências Físicas	03	03	03
Ciências Químicas	22	11	13
Ciências Naturais	18	12	12
Geografia e História	40	26	23
Ciências Sociais e Políticas	11	05	05
Letras Clássicas e Português	12	09	08
Línguas Estrangeiras	02	02	08

CURSOS / ANOS	*1º ano*	*1938*	*2º ano*	*1939*	*3º ano*	*1940*
	masculino	feminino	masculino	feminino	masculino	feminino
Filosofia	07	04	04	02	03	02
Ciências Matemáticas	13	02	07	02	04	01
Ciências Físicas	03	00	03	00	03	00
Ciências Químicas	15	07	08	03	08	05
Ciências Naturais	11	07	07	05	06	06
Geografia e História	14	26	06	20	07	16
Ciências Sociais e Políticas	07	04	04	01	03	02
Letras Clássicas e Português	07	05	04	05	03	05
Línguas Estrangeiras	01	01	01	01	04	04

FONTE: Lista de matriculas de alunos. In: *Anuário da Faculdade de Filosofia, Ciências e Letras*, 1937-1938, 1939-1949, 2v.

Tabela 19: Distribuição dos alunos da sexta turma da Faculdade de Filosofia, Ciências e Letras da Universidade de São Paulo, segundo o sexo, os cursos e os anos

CURSOS / ANOS	*1º ano – 1939*	*2º ano – 1940*	*3º ano – 1941*
Filosofia	18	17	16
Ciências Matemáticas	24	15	06
Ciências Físicas	03	05	08
Ciências Químicas	28	20	16
Ciências Naturais	15	14	11
Geografia e História	31	29	27
Ciências Sociais e Políticas	23	20	18
Letras Clássicas e Português	25	27	27
Línguas Estrangeiras	31	27	27

CURSOS / ANOS	*1º ano*	*1939*	*2º ano*	*1940*	*3º ano*	*1941*
	masculino	feminino	masculino	feminino	masculino	feminino
Filosofia	13	05	12	05	11	05
Ciências Matemáticas	16	08	12	03	06	00
Ciências Físicas	03	00	05	00	05	03
Ciências Químicas	18	10	10	10	10	06
Ciências Naturais	10	05	09	05	06	05
Geografia e História	09	22	07	22	05	22
Ciências Sociais e Políticas	19	04	19	01	16	02
Letras Clássicas e Português	12	13	14	13	11	16
Línguas Estrangeiras	08	23	08	19	08	19

FONTE: Lista de matriculas de alunos. In: *Anuário da Faculdade de Filosofia, Ciências e Letras, 1939-1949*, 2v.

Tabela 20: Distribuição dos alunos da sétima turma da Faculdade de Filosofia, Ciências e Letras da Universidade de São Paulo, segundo o sexo, os cursos e os anos

CURSOS / ANOS	*1º ano – 1940*	*2º ano – 1941*	*3º ano – 1942*
Filosofia	08	05	05
Matemática	19	18	11
Física	02	01	03
Química	24	21	18
História Natural	09	08	07
Geografia e História	22	16	11
Ciências Sociais	22	15	16
Letras Clássicas e Português	24	22	22
Letras Neolatinas	24	18	15
Letras Anglo-Germânicas	06	04	04
Pedagogia	05	03	03

CURSOS / ANOS	*1º ano*	*1940*	*2º ano*	*1941*	*3º ano*	*1942*
	masculino	feminino	masculino	feminino	masculino	feminino
Filosofia	04	04	03	02	03	02
Matemática	13	06	13	05	10	01
Física	00	02	00	01	02	01
Química	13	11	10	11	10	08
História Natural	03	06	02	06	02	05
Geografia e História	09	13	07	09	04	07
Ciências Sociais	11	11	08	07	07	09
Letras Clássicas e Português	07	17	07	15	07	15
Letras Neolatinas	06	18	04	14	03	12
Letras Anglo-Germânicas	03	03	02	02	02	02
Pedagogia	02	03	01	02	01	02

FONTE: Lista de matriculas de alunos. In: *Anuário da Faculdade de Filosofia, Ciências e Letras, 1939-1949, 2v.*

Tabela 21: Distribuição dos alunos da oitava turma da Faculdade de Filosofia, Ciências e Letras da Universidade de São Paulo, segundo o sexo, os cursos e os anos

CURSOS / ANOS	*1º ano – 1941*	*2º ano – 1942*	*3º ano – 1943*
Filosofia	--	--	--
Matemática	14	12	05
Física	01	01	01
Química	17	12	11
História Natural	02	01	02
Geografia e História	08	13	12
Ciências Sociais	09	07	05
Letras Clássicas e Português	11	12	12
Letras Neolatinas	15	15	15
Letras Anglo-Germânicas	07	06	13
Pedagogia	04	03	03

CURSOS / ANOS	*1º ano*	*1941*	*2º ano*	*1942*	*3º ano*	*1943*
	masculino	feminino	masculino	feminino	masculino	feminino
Filosofia	--	--	--	--	--	--
Matemática	12	02	07	05	02	03
Física	01	00	01	00	01	00
Química	14	03	10	02	09	02
História Natural	01	01	00	01	01	01
Geografia e História	03	05	07	06	04	08
Ciências Sociais	05	04	03	04	02	03
Letras Clássicas e Português	04	07	04	08	04	08
Letras Neolatinas	03	12	03	12	03	12
Letras Anglo-Germânicas	01	06	01	05	02	11
Pedagogia	01	03	00	03	00	03

FONTE: Lista de matriculas de alunos. In: *Anuário da Faculdade de Filosofia, Ciências e Letras, 1939-1949, 2v.*

Tabela 22: Distribuição dos alunos da nona turma da Faculdade de Filosofia, Ciências e Letras da Universidade de São Paulo, segundo o sexo, os cursos e os anos

CURSOS / ANOS	*1º ano – 1942*	*2º ano – 1943*	*3º ano – 1944*
Filosofia	08	04	03
Matemática	19	18	10
Física	03	03	04
Química	22	21	19
História Natural	14	13	14
Geografia e História	26	28	23
Ciências Sociais	16	14	12
Letras Clássicas e Português	23	20	19
Letras Neolatinas	28	21	21
Letras Anglo-Germânicas	20	21	21
Pedagogia	20	12	10

CURSOS / ANOS	*1º ano*	*1942*	*2º ano*	*1943*	*3º ano*	*1944*
	masculino	feminino	masculino	feminino	masculino	feminino
Filosofia	07	01	03	01	03	00
Matemática	15	04	11	07	06	04
Física	02	01	02	01	03	01
Química	11	11	10	11	10	09
História Natural	04	10	05	08	06	08
Geografia e História	11	15	13	15	11	12
Ciências Sociais	06	10	04	10	03	09
Letras Clássicas e Português	08	15	06	14	07	12
Letras Neolatinas	02	26	04	17	04	17
Letras Anglo-Germânicas	01	19	01	20	01	20
Pedagogia	08	12	03	09	03	07

FONTE: Lista de matriculas de alunos. In: *Anuário da Faculdade de Filosofia, Ciências e Letras, 1939-1949, 2v.*

Tabela 23: Distribuição dos alunos da décima turma da Faculdade de Filosofia, Ciências e Letras da Universidade de São Paulo, segundo o sexo, os cursos e os anos

CURSOS / ANOS	*1º ano – 1943*	*2º ano – 1944*	*3º ano – 1945*
Filosofia	05	08	05
Matemática	17	19	12
Física	03	03	06
Química	26	26	24
História Natural	10	07	08
Geografia e História	19	21	17
Ciências Sociais	07	07	07
Letras Clássicas e Português	10	16	14
Letras Neolatinas	16	17	14
Letras Anglo-Germânicas	12	16	11
Pedagogia	21	20	17

CURSOS / ANOS	*1º ano*	*1943*	*2º ano*	*1944*	*3º ano*	*1945*
	masculino	feminino	masculino	feminino	masculino	feminino
Filosofia	02	03	05	03	05	00
Matemática	10	07	11	08	04	08
Física	03	00	03	00	05	01
Química	15	11	13	13	13	11
História Natural	02	08	02	05	03	05
Geografia e História	04	15	07	14	06	11
Ciências Sociais	02	05	02	05	02	05
Letras Clássicas e Português	06	04	07	09	06	08
Letras Neolatinas	00	16	00	17	00	14
Letras Anglo-Germânicas	02	10	03	13	02	09
Pedagogia	10	11	09	11	07	10

FONTE: Lista de matriculas de alunos. In: *Anuário da Faculdade de Filosofia, Ciências e Letras, 1939-1949*, 2v.

Tabela 24: Distribuição dos alunos da décima primeira turma da Faculdade de Filosofia, Ciências e Letras da Universidade de São Paulo, segundo o sexo, os cursos e os anos

CURSOS / ANOS	*1º ano – 1944*	*2º ano – 1945*	*3º ano – 1946*	*4º ano – 1947*
Filosofia	05	05	04	03
Matemática	33	08	09	07
Física	07	04	07	01
Química	20	16	16	23
História Natural	21	09	08	13
Geografia e História	29	27	22	31
Ciências Sociais	22	10	09	08
Letras Clássicas e Português	21	17	17	17
Letras Neolatinas	24	26	24	19
Letras Anglo-Germânicas	20	18	15	12
Pedagogia	17	17	15	22

CURSOS / ANOS	*1º ano*	*1944*	*2º ano*	*1945*	*3º ano*	*1946*	*4º ano*	*1947*
	Masc.	Fem.	Masc.	Fem.	Masc.	Fem.	Masc.	Fem.
Filosofia	03	02	03	02	03	01	02	01
Matemática	16	17	02	06	03	06	02	05
Física	06	01	03	01	06	01	01	00
Química	12	08	11	05	11	05	14	09
História Natural	06	15	01	08	02	06	03	10
Geografia e História	07	22	09	18	06	16	13	18
Ciências Sociais	08	14	03	07	02	07	03	05
Letras Clássicas e Português	07	14	06	11	06	11	06	11
Letras Neolatinas	01	23	01	25	01	23	00	19
Letras Anglo-Germânicas	03	17	01	17	01	14	00	12
Pedagogia	06	11	05	12	04	11	05	17

FONTE: Lista de matriculas de alunos. In: *Anuário da Faculdade de Filosofia, Ciências e Letras, 1939-1949, 2v.*

Tabela 25: Distribuição dos alunos da décima segunda turma da Faculdade de Filosofia, Ciências e Letras da Universidade de São Paulo, segundo o sexo, os cursos e os anos

CURSOS / ANOS	*1º ano – 1945*	*2º ano – 1946*	*3º ano – 1947*	*4º ano – 1948*
Filosofia	10	12	11	09
Matemática	23	12	10	11
Física	10	03	04	02
Química	21	14	14	15
História Natural	17	07	07	09
Geografia e História	07	08	12	27
Ciências Sociais	13	08	08	14
Letras Clássicas e Português	07	07	06	13
Letras Neolatinas	06	04	07	17
Letras Anglo-Germânicas	08	10	09	14
Pedagogia	06	05	04	14

CURSOS / ANOS	*1º ano*	*1945*	*2º ano*	*1946*	*3º ano*	*1947*	*4º ano*	*1948*
	Masc.	Femin.	Masc.	Fem.	Masc.	Fem.	Masc.	Fem.
Filosofia	07	03	08	04	07	04	05	04
Matemática	12	11	03	09	03	07	06	05
Física	10	00	02	01	03	01	02	00
Química	13	08	08	06	07	07	08	07
História Natural	07	10	01	06	01	06	02	07
Geografia e História	01	06	03	05	06	06	11	16
Ciências Sociais	07	06	03	05	01	07	03	11
Letras Clássicas e Português	03	04	02	05	02	04	05	08
Letras Neolatinas	03	03	02	02	02	05	02	15
Letras Anglo-Germânicas	04	04	01	09	01	08	01	13
Pedagogia	02	04	01	04	00	04	03	11

FONTE: Lista de matriculas de alunos. In: *Anuário da Faculdade de Filosofia, Ciências e Letras, 1939-1949, 2v.*

Tabela 26: Distribuição dos alunos da décima terceira turma da Faculdade de Filosofia, Ciências e Letras da Universidade de São Paulo, segundo o sexo, os cursos e os anos

CURSOS / ANOS	*1º ano – 1946*	*2º ano – 1947*	*3º ano – 1948*	*4º ano – 1949*
Filosofia	28	15	11	08
Matemática	10	10	04	06
Física	06	04	07	06
Química	22	16	12	12
História Natural	17	08	08	04
Geografia e História	06	05	07	27
Ciências Sociais	25	12	11	09
Letras Clássicas e Português	13	09	10	11
Letras Neolatinas	26	18	18	20
Letras Anglo-Germânicas	17	15	11	12
Pedagogia	04	08	05	04

CURSOS / ANOS	*1º ano*	*1946*	*2º ano*	*1947*	*3º ano*	*1948*	*4º ano*	*1949*
	Masc.	Fem	Masc.	Fem.	Masc.	Fem.	Masc.	Fem.
Filosofia	29	09	11	04	07	04	06	02
Matemática	08	02	05	05	03	01	05	01
Física	06	00	03	01	05	02	04	02
Química	14	08	09	07	05	07	04	07
História Natural	06	11	02	06	02	06	01	03
Geografia e História	05	01	02	03	02	05	09	18
Ciências Sociais	22	03	08	04	05	06	02	07
Letras Clássicas e Português	06	07	05	04	06	04	04	07
Letras Neolatinas	07	19	03	15	03	15	02	18
Letras Anglo-Germânicas	03	14	01	14	00	11	01	11
Pedagogia	01	03	02	06	00	05	00	04

FONTE: Lista de matriculas de alunos. In: *Anuário da Faculdade de Filosofia, Ciências e Letras, 1939-1949, 2v.*

Tabela 27: Distribuição dos alunos da décima quarta turma da Faculdade de Filosofia, Ciências e Letras da Universidade de São Paulo, segundo o sexo, os cursos e os anos

CURSOS / ANOS	*1º ano – 1947*	*2º ano – 1948*	*3º ano – 1949*	*4º ano – 1950*
Filosofia	15	14	09	10
Matemática	08	09	07	06
Física	13	09	06	04
Química	17	19	09	07
História Natural	15	07	07	07
Geografia e História	12	10	05	17
Ciências Sociais	19	16	13	13
Letras Clássicas	10	11	13	16
Letras Neolatinas	23	17	13	16
Letras Anglo-Germânicas	20	19	17	18
Pedagogia	06	15	14	35

CURSOS / ANOS	*1º ano*	*1947*	*2º ano*	*1948*	*3º ano*	*1949*	*4º ano*	*1950*
	Masc.	Fem.	Masc.	Fem.	Masc.	Fem.	Masc.	Fem.
Filosofia	09	06	07	07	05	04	06	04
Matemática	07	01	05	04	04	03	06	00
Física	12	01	07	02	04	02	04	00
Química	12	05	13	06	08	01	04	03
História Natural	07	08	03	04	03	04	03	04
Geografia e História	04	08	04	06	01	04	06	11
Ciências Sociais	10	09	07	09	07	06	07	06
Letras Clássicas	04	06	05	06	08	05	09	07
Letras Neolatinas	05	18	05	12	02	11	04	12
Letras Anglo-Germânicas	06	14	05	14	04	13	03	15
Pedagogia	00	06	03	12	02	12	04	31

FONTE: Lista de matriculas de alunos. In: *Anuário da Faculdade de Filosofia, Ciências e Letras, 1939-1949, 2v.; 1950.*

Tabela 28: Distribuição dos alunos da décima quinta turma da Faculdade de Filosofia, Ciências e Letras da Universidade de São Paulo, segundo o sexo, os cursos e os anos

CURSOS / ANOS	*1º ano – 1948*	*2º ano – 1949*	*3º ano – 1950*	*4º ano – 1951*
Filosofia	11	11	06	07
Matemática	11	06	--	02
Física	16	08	06	02
Química	22	21	16	23
História Natural	24	07	05	08
Geografia e História	34	19	16	17
Ciências Sociais	16	10	05	06
Letras Clássicas	21	16	10	09
Letras Neolatinas	34	41	38	39
Letras Anglo-Germânicas	18	17	16	16
Pedagogia	08	08	10	12

CURSOS / ANOS	*1º ano*	*1948*	*2º ano*	*1949*	*3º ano*	*1950*	*4º ano*	*1951*
	Masc.	Fem.	Masc.	Fem.	Masc.	Fem.	Masc.	Fem.
Filosofia	08	03	07	04	04	02	05	02
Matemática	10	01	05	01	--	--	02	00
Física	16	00	08	00	06	00	02	00
Química	08	14	09	12	07	09	12	11
História Natural	13	11	03	04	01	04	01	07
Geografia e História	04	30	06	13	03	13	05	12
Ciências Sociais	14	02	07	03	04	03	05	01
Letras Clássicas	15	06	10	06	05	05	05	04
Letras Neolatinas	04	30	08	33	06	32	05	34
Letras Anglo-Germânicas	05	13	02	15	03	13	03	13
Pedagogia	02	06	01	07	02	08	02	10

FONTE: Lista de matriculas de alunos. In: *Anuário da Faculdade de Filosofia, Ciências e Letras, 1939-1949, 2v.; 1950; 1951.*

Tabela 29: Distribuição dos alunos da décima sexta turma da Faculdade de Filosofia, Ciências e Letras da Universidade de São Paulo, segundo o sexo, os cursos e os anos

CURSOS / ANOS	*1º ano – 1949*		*2º ano – 1950*		*3º ano – 1951*		*4º ano – 1952*	
Filosofia	27		15		12		14	
Matemática	21		11		02		04	
Física	17		14		08		04	
Química	12		15		10		13	
História Natural	31		11		08		07	
Geografia e História	42		32		16		18	
Ciências Sociais	33		15		09		09	
Letras Clássicas	17		20		15		12	
Letras Neolatinas	37		32		33		30	
Letras Anglo-Germânicas	32		31		31		33	
Pedagogia	17		23		15		14	
CURSOS / ANOS	*1º ano*	*1949*	*2º ano*	*1950*	*3º ano*	*1951*	*4º ano*	*1952*
	Masc.	Femin.	Masc.	Fem.	Masc.	Fem.	Masc.	Fem.
Filosofia	18	09	09	06	07	05	09	05
Matemática	19	02	10	01	02	00	04	00
Física	07	05	11	03	07	01	02	02
Química	07	05	07	08	05	05	07	06
História Natural	16	15	06	05	04	04	03	04
Geografia e História	11	31	09	23	06	10	06	12
Ciências Sociais	20	13	08	07	03	06	04	05
Letras Clássicas	11	06	13	07	11	04	10	02
Letras Neolatinas	11	26	08	24	09	24	08	22
Letras Anglo-Germânicas	06	26	04	27	03	28	05	28
Pedagogia	05	12	04	19	02	13	01	13

FONTE: Lista de matriculas de alunos. In: *Anuário da Faculdade de Filosofia, Ciências e Letras, 1939-1949, 2v.; 1950; 1951; 1952.*

Apêndice n. 2

A 'educação pelo olhar': povos nativos, 'cultura material' e a construção de identidades[1]

No início do século XX, o Brasil mais parecia um aglomerado de povos e etnias, do que uma nação, de acordo com vários 'intelectuais' do período (Cf. BRESCIANI, 2005; BRANDÃO, 2007; BOTELHO; SCHWARCZ, 2009). A função dos Museus, Institutos de Pesquisa, Faculdades e Universidades, não era apenas a de formar uma 'identidade nacional' (Cf. OLIVEIRA, 2000; MIRANDA DE SÁ, 2003; BURKE; PALLARES-BURKE, 2009), mas também a de criar condições para que o(s) povo(s) não fosse(m) apenas uma representação retórica e os 'povos nativos', uma caricatura de 'bons selvagens' (Cf. ALVES, 2001; SOIHET, 2007). Embora a criação desses 'lugares' (de construção da 'memória coletiva') só tenham se efetivado no século XIX – e sido consideravelmente tardia, em comparação com outras partes da América e da Europa –, após a vinda da família real portuguesa para o Brasil, nem por isso a sua função se tornou menor (OLIVEIRA, 2008).

É neste contexto específico que se busca analisar a trajetória de Sérgio Buarque de Holanda (1902-1982) na diretoria do Museu Paulista (também conhecido como Museu do Ipiranga) entre 1946 e 1956, e de Plínio Marques da Silva Ayrosa (1895-1961) na cadeira de *Etnologia Brasileira e noções de Tupi-guarani*, no curso de Geografia e História da Faculdade de Filosofia,

---

1 Versão deste apêndice foi publicada em: ROIZ, 2011b.

Ciências e Letras da Universidade de São Paulo, entre 1934 e 1952. Para empreender esta análise, as principais fontes compulsadas nesta pesquisa foram as suas correspondências pessoais e os *Anuários da Faculdade de Filosofia, Ciências e Letras* da Universidade de São Paulo.[2]

A importância deste tipo de estudo está em demonstrar algumas das estratégias encontradas pela intelectualidade para demonstrar os desequilíbrios entre o Estado e a Nação, a elite e a população, a história 'real' e a história 'legal' (e legislativa), e os usos do passado empreendidos por diferentes grupos sociais, para justificarem sua ação (LIMA, 1999; SOIHET, 2007), ao se apropriarem da história e legarem em sua escrita, o papel exercido por certos grupos e atores sociais, em prol de outros, normalmente silenciados e esquecidos, em função das estratégias das classes dirigentes daquele período (LARRETA; GIUCCI, 2007; ALMEIDA; VERGARA, 2008). Mesmo considerando as formas como foram apropriados os 'povos nativos', a partir do século XIX (principalmente no Romantismo brasileiro), para darem o contorno e a originalidade do tipo de povo e de Nação construídos nos Trópicos, foi apenas no século seguinte que se passou a escrever também a história desses grupos (negros e indígenas) e a se visualizar a sua contribuição para a formação da nacionalidade brasileira. É neste quadro que ganha importância os Museus, Institutos, Faculdades e Universidades, como lugares de preservação da 'memória coletiva' das sociedades, ao armazenarem os fragmentos deixados pelo passado, na forma de documentos escritos e

2 Na década de 1930 foram impressos três volumes: USP, FFCL. *Anuário da Faculdade de Filosofia, Ciências e Letras, 1934-1935*. USP, São Paulo: Empreza Grafica da "Revista dos Tribunaes", 1937; USP, FFCL. *Anuário da FFCL.,1936*. USP, São Paulo: Empreza Grafica da "Revista dos Tribunaes", 1937; USP, FFCL. *Anuário da FFCL., 1937-1938*.USP, São Paulo: Empreza Grafica da "Revista dos Tribunaes", 1939. Na década de 1950 foram publicados outros cinco volumes: USP, FFCL. *Anuário da FFCL., 1939-1949*. USP, São Paulo: Seção Gráfica; Industria Gráfica José Magalhães Ltda., 1953, 2v.; USP, FFCL. *Anuário da FFCL., 1950*. USP, São Paulo: Seção Gráfica; Industria Gráfica José Magalhães Ltda., 1952; USP, FFCL. *Anuário da FFCL., 1951*. USP, São Paulo: Seção Gráfica; Industria Gráfica José Magalhães Ltda., 1953; USP, FFCL. *Anuário da FFCL., 1952*. USP, São Paulo: Seção Gráfica; Industria Gráfica José Magalhães Ltda., 1954.

vestígios da 'cultura material' (SCHWARCZ, 1993; GOMES, 2009). Sobre esse aspecto, que se pode destacar a função dos Museus, em sua 'educação pelo olhar', ao exporem os fragmentos do passado com a catalogação, organização e exposição dos vestígios da 'cultura material' dos diferentes grupos étnicos, e que vieram a formar aquela população (FUNARI, 2005).

Dos Museus e Institutos de Pesquisa...

No Brasil, desde, pelo menos, a Independência, que pensar a construção da nacionalidade foi uma constante em todo século XIX, no quadro dos estudos históricos, em que os historiadores se encontravam ligados diretamente à esfera política, lugar que favorecia o desempenho das funções profissionais, por facilitar a pesquisa em arquivos, Museus e Institutos nacionais e estrangeiros. Na qualidade, quase sempre, de funcionários estatais, os historiadores aplicavam-se ao estudo do passado. No século XIX foi comum o desempenho de funções diplomáticas articularem-se ao exercício da escrita da história, a exemplo de: Francisco Adolfo de Varnhagen (1816-1878), (José Maria da Silva Paranhos Jr. mais conhecido como) Barão do Rio Branco (1845-1912) e Manoel de Oliveira Lima (1865-1928), que, não por acaso, seriam historiadores-diplomatas (RODRIGUES, 1965; WEHLING, 1999; MALATIAN, 2001).

Em outros casos, o aparecimento de 'cultores' do oficio de historiador irradiava-se a partir da imprensa periódica, para a qual a função de jornalista mesclava-se a de historiador na escrita da história (RODRIGUES, 1965; JANOTTI, 1977; COELHO, 1999), como ocorreu com João Francisco Lisboa (1812-1863) e José Francisco da Rocha Pombo (1857-1933).

Naquele momento, os 'lugares sociais' de sociabilidade preferências entre aqueles 'intelectuais' limitavam-se, quase sempre, a *Revista do Instituto Histórico e Geográfico Brasileiro* (IHGB), criada em 1839, as atividades políticas e culturais próprias do IHGB e seus congêneres estaduais, ao colégio Pedro II, a pesquisas em Bibliotecas nacionais e estrangeiras, a administração de Museus e a *Academia Brasileira de Letras* (ABL), criada em 1897.

A troca de correspondências também esteve articulada aos intercâmbios culturais dos intelectuais do período, como forma de divulgação de ideias, apresentação de projetos e desenvolvimento de procedimentos de pesquisa.

A obra de João Capistrano de Abreu (1853-1927) compõe um exemplo elucidativo sobre o formato daquelas correspondências pessoais, ao informar o desenvolvimento de sua obra, quais seus interlocutores, quais seus leitores e quais seus objetivos pessoais (GOMES, 1996; 2009; GONTIJO, 2013). Seus diálogos se estendiam não apenas entre os intelectuais brasileiros, dos quais Afonso D'Escragnolle Taunay foi um de seus interlocutores quando iniciava seus primeiros estudos sobre a sociedade paulista (que dariam origem aos seus trabalhos sobre os bandeirantes e a história do café), mas também repercutia entre intelectuais europeus e americanos (WEHLING, 1994; ARAUJO, 2003). Na época:

> A produção histórica constituía atividade de membros da classe dominante ou por ela recrutados e dada a inexistência de formação profissional específica, os historiadores que produziram no decorrer da Primeira República formaram-se em outras áreas do conhecimento, sendo a dedicação autodidata à história entendida como vocação (MALATIAN, 2001, p. 11).

Assim, se os estudos históricos brasileiros acompanharam, no século XIX, as preocupações da produção histórica internacional, o aparecimento e a institucionalização do ensino universitário neste campo do saber foi tardio, proliferando-se apenas a partir da década de 1930, com a criação dos primeiros cursos de Geografia e História em Faculdades de Filosofia, Ciências e Letras (ROIZ, 2004a) – como vimos nos capítulos anteriores desta pesquisa.

Ainda que, a partir de 1838, fosse criado o Instituto Histórico e Geográfico Brasileiro (IHGB), a pedido de sua majestade, o imperador D. Pedro II, e rapidamente passasse a se desdobrar em congêneres estaduais, a função básica dos Institutos que era de coleta, interpretação e análise das fontes sobre a História do Brasil (GUIMARÃES, 1988), só seria complementada com a criação de Museus, que não por acaso, estariam responsáveis pela coleta e organização da 'cultura material' dos 'povos nativos', antes e depois da vinda dos colonizadores europeus (SCHWARCZ, 1993).

Desnecessário acrescentar que esta iniciativa além de estar intimamente relacionada com o contexto de formação dos Estados-nacionais europeus (HARTOG, 2003a), das independências das colônias americanas e do surgimento de novas disciplinas (como a Antropologia, a Sociologia e a Arqueologia), também estaria marcada pelos debates sobre a ideia de 'civilização' e 'barbárie', que estariam mediando à construção e a justificativa de formação de uma identidade, de uma cultura, de uma história, de uma língua e de um Estado nacional entre os povos presentes em um território estabelecido e reconhecido por leis que lhe assegurariam sua soberania (FONTANA, 1998; REIS, 2002; 2003a; 2003b). Daí a importância de se escrever a(s) história(s) das nações, e o papel desempenhado pelos Institutos e pelos Museus durante esse período na Europa e nas Américas foi marcante (HARTOG, 2003b, 2003c; RODRIGUES, 1965, 1969).

Foi justamente durante esse período que foi inaugurado em 7 de setembro de 1895 o Museu Paulista, a princípio como museu de História Natural. Com esse encargo que o zoólogo alemão Hermann Von Ihering (1850-1930) assumiria a diretoria do Museu, lá permanecendo até 1916.

Em 1917, o engenheiro e historiador Afonso D'Escragnolle Taunay (1876-1958) assumiu a sua diretoria e lhe conferiu um perfil de museu de história (ALVES, 2001; BREFE, 2005). As circunstâncias do primeiro centenário da Independência do país em 1922 também favoreceriam esta iniciativa. Ao preparar o Museu para as comemorações do centenário da Independência este o remodelou quase que completamente (Cf. BREFE, 2005; ARAUJO, 2006). Na diretoria do Museu Afonso de Taunay também pôde efetuar pesquisas que lhe permitiriam avançar em suas análises sobre a história do café e do bandeirante (ARAUJO, 2006).

A partir de 1946, Sérgio Buarque de Holanda assumiria a diretoria do museu e lá permaneceria até 1956, quando seria exonerado do cargo para assumir interinamente a cadeira de História da Civilização Brasileira, no curso de História da Faculdade de Filosofia, Ciências e Letras da Universidade de São Paulo. Entre 1952 e 1954 este se afastou do cargo para lecionar e pesquisar na Itália, "deixando o etnólogo alemão Herbert Baldus como diretor-substituto da instituição" (FRANÇOZO, 2005, p. 585). Durante o período em que esteve à frente do Museu Sérgio Buarque empreendeu uma verdadeira remodelação dos setores, e das áreas de pesquisa e de coleta de fontes da instituição, preocupando-se com a contratação de pessoal qualificado para o exercício dessas funções. Foi com esse objetivo que se esforçou para conseguir a contratação de Herbert Baldus (1899-1970) e Harald Schultz

(1909-1965) como seu assistente, para a recém criada seção de etnologia do Museu (FRANÇOZO, 2005, 2007). Além disso, este também retomaria a publicação da *Revista do Museu Paulista*, que havia sido criada quando Afonso de Taunay estava na diretoria. Durante esse período Sérgio Buarque aproveitou para dar continuidade a suas pesquisas, com a publicação de artigos, que na década de 1950 formariam o livro *Caminhos e Fronteiras*, além de publicar já em 1945 o livro *Monções*.

Desnecessário pormenorizar neste espaço a trajetória de Sérgio Buarque antes de ingressar na diretoria do Museu Paulista, sabidamente conhecida (WEGNER, 2000; MONTEIRO, EUGÊNIO, 2008). Mas é inevitável deixar de acrescentar que para Sérgio Buarque de Holanda (2006), recuperar o passado para dar um novo contorno ao presente, não era suficiente para mudar a situação vivida pelo Estado de São Paulo e pelo país no início dos anos 1930.[3] Nem tão pouco era viável empreender 'projetos políticos' no

3 Isso por que, para uma parte da 'intelectualidade paulista', os acontecimentos de 1929 (crise da bolsa de valores de Nova York e da economia cafeeira no Brasil), de 1930 (início do governo provisório de Getúlio Vargas e fim da Primeira República), e de 1932 (derrota dos combatentes paulistas, ao tentarem restaurar a hegemonia do estado de São Paulo, na 'Revolução Constitucionalista') causaram uma verdadeira crise de 'consciência histórica'. Em função dos caminhos então duvidosos para o Estado, alguns grupos e 'intelectuais' se organizaram com o objetivo de pensar 'novos' projetos de 'escritura da história', para rever o 'passado', o 'presente' e até o 'futuro' paulista e nacional, e contornar a situação, a que se encontravam imersos, diante daquela 'crise' política e econômica. Na falta de uma melhor definição, argumento que se concentraram entre: a) '*um discurso mitológico*' (com ênfase nas 'origens' de um passado 'mítico', centrado na 'figura' do bandeirante) que foi defendido tanto por Afonso D'Escragnolle Taunay (1876-1958), quanto por Alfredo Ellis Júnior (1896-1974), como uma forma de se sair da 'crise', tendo em vista o passado 'grandioso' e 'exemplar' do 'povo' do Estado de São Paulo; b) '*um discurso ideológico*' (por estar centrado no presente e em 'projetos políticos' de transformação econômica e social, por meio da educação), que foi defendido pelo 'grupo dirigente' do jornal *O Estado de S. Paulo*, representado por Júlio de Mesquita Filho (1892-1969), Fernando de Azevedo (1894-1974) e Armando de Salles Oliveira (1887-1945) – que ao ser chamado por Getúlio Vargas, em 1933, como interventor do Estado de São Paulo, viram nele a oportunidade ideal para porem em prática um 'projeto político', articulado a um 'projeto educacional' (que

presente, sem antes mudar as 'atitudes' e a 'mentalidade' da 'classe dirigente' do país, que estavam enraizadas no passado colonial. Portanto, voltar ao 'passado' e analisá-lo era necessário, mas não para 'mitificá-lo' na figura do desbravador 'bandeirante', e sim para desgarrar-se dele, por estar impedindo mudanças de 'hábitos' e de 'ação' em pleno século XX, ainda enraizado nas atitudes coloniais portuguesas. Voltar-se, com isso, para o presente também era necessário, mas não para empreender 'discursos ideológicos', que, inevitavelmente, amarrados ao passado, excluiriam 'as massas anônimas' dos processos políticos, ao serem debatidas as propostas de mudança política e social, por meio da inclusão de novas leis.

Desse modo, não se fixando a um 'discurso mitológico' sobre o passado, ainda centralizado no Instituto Histórico e Geográfico Brasileiro (IHGB), e a seus congêneres estaduais, e a historiografia 'metódica' francesa do século XIX; nem tão pouco a um 'discurso ideológico' que prescrevia 'visões de mundo' para o presente, e voltado para a experiência histórica francesa do último quarto do século XIX; mas sim inspirando-se no 'americanismo', e tendo por base o historicismo e a sociologia alemã, o que Sérgio Buarque propôs, naquele momento, foi uma saída 'utópica'. Para ele, uma "superação da doutrina democrática só será efetivamente possível, entre nós, quando tenha sido vencida a antítese liberalismo-caudilhismo" (2006, p. 198). Que, em verdade, nada mais fazia do que reproduzir o comportamento 'cordial',

colhia suas bases no movimento 'escola-novista'), por presumirem que, uma vez perdida a hegemonia no campo político e econômico, o Estado de São Paulo recuperaria seu lugar junto a Nação, não ao mitificar o seu 'passado glorioso', mas sim ao transformar as bases da 'cultura nacional', por meio de um projeto de implantação de universidades, escolas, e novos profissionais para o ensino; c) e '*um discurso utópico*' (com ênfase numa mudança gradual, mas profunda, da 'consciência histórica' dos indivíduos), primeiro defendido por alguns 'intelectuais' vinculados ao 'movimento modernista' em São Paulo, e, depois, de modo mais sistemático por Sérgio Buarque de Holanda (1902-1982), ao presumir que o grande problema, não do Estado de São Paulo, mas sim da 'Nação', era justamente as suas amarras com 'as raízes ibéricas de um passado', que além de não engrandecer o país, tornava-o amplamente excludente com as 'massas anônimas', haja vista que os processos políticos se definiam com base em acordos entre as 'classes dirigentes', e não em função de processos 'democráticos'.

no qual os indivíduos agiam mais por impulso do 'coração' e pelo sentimento imediato, do que a partir da 'razão' e do 'planejamento'. Portanto, desvencilhar-se das 'raízes' do passado, naquele momento histórico, possibilitaria a construção de um 'futuro democrático', mais aberto as mudanças sócio-culturais e as 'massas anônimas'. Mesmo que consideremos que na década de 1940, Sérgio Buarque estivesse transitando da crítica literária e sociológica para a análise histórica, mais propriamente dita (como vimos no quinto capítulo), não há como negar que ele carregaria aqueles objetivos, e estes apareceriam de uma forma mais amadurecida em sua obra e em sua administração do Museu Paulista. A obra: *Caminhos e Fronteiras* (de 1957), além de trazer nitidamente esta virada teórica e metodológica na abordagem do autor, também traria a contribuição da etnografia, ao estudar os povos indígenas, e da arqueologia, ao visualizar os vestígios da 'cultura material', que foi fruto de sua trajetória no Museu (Cf. FRANÇOZO, 2007).

Já em seu livro *Monções* o autor demonstraria a redução de escala de análise, em sua interpretação dos avanços dos caminhos e das navegações empreendidas pelos bandeirantes paulistas, nos séculos XVII e XVIII, com vistas a empreenderem viagens fluviais entre Porto Feliz e Cuiabá, para capturar índios para substituírem o trabalho escravo dos negros africanos; e, além disso, também em busca de ouro e outros metais preciosos (Cf. WEGNER, 2000). De acordo com Mariana Françozo:

> Ao circular pelo Museu Paulista, pela Escola de Sociologia e Política e pelo ambiente acadêmico das ciências humanas em São Paulo nas décadas de 1940 e 1950, Sérgio Buarque presenciou e participou da formação e da consolidação das ciências sociais como disciplinas no Brasil. Nesse processo, foi fundamental a presença de professores e pesquisadores estrangeiros nas instituições de ensino e pesquisa paulistas, que trouxeram consigo temas, métodos e conceitos que formariam a base dos estudos em ciências sociais no período (FRANÇOZO, 2007, p. 139).

Por outro lado, em sua gestão no Museu, Sérgio Buarque notou o abandono de alguns acervos, como o de etnografia e de etnologia, pouco aproveitados pela falta de pessoal qualificado para organizá-los e catalogá-los adequadamente. De pronto, a sua principal tarefa foi a de negociar junto ao secretário de educação de São Paulo a contratação de profissionais para tal tarefa, indicando o nome de Herbert Baldus, para exercer essa função, numa seção de etnologia criada para tal meta. Em algumas cartas, Sérgio Buarque procurava justificar os motivos da contratação e da indicação de Baldus. Para Mariana Françozo:

> Além da criação da seção de etnologia e das contratações de Baldus e Schultz, mais uma iniciativa de Sérgio Buarque de Holanda foi importante no sentido de incentivar as pesquisas etnológicas feitas no Museu Paulista. Em novembro de 1946, esse diretor manifestou ao secretário de Educação de São Paulo a intenção de retomar a publicação da *Revista do Museu Paulista*. Lembrando que ela havia sido extinta em 1938, afirma que desde então diversos institutos científicos, nacionais e estrangeiros tinham solicitado a retomada da publicação, o que atestaria sua importância (FRANÇOZO, 2005, p. 592).

Como não bastasse isso, informa ainda que já havia recebido contribuições suficientes para fechar um primeiro número. A proposta foi aprovada e a revista foi retomada no ano seguinte. Além do mais:

> As mudanças até agora descritas tiveram, evidentemente, um grande impacto no perfil do Museu Paulista. Tendo sido primeiro um museu dedicado à zoologia, depois à zoologia e à história paulista, essa instituição passou, a partir de 1946, a incentivar e a realizar pesquisas nos domínios da antropologia e da arqueologia como suas principais atividades. Os relatórios da seção de etnologia, escritos e publicados por Baldus anualmente, na *Revista do Museu*, deixam clara essa nova vertente do museu (FRANÇOZO, 2005, p. 594).

A iniciativa de Sérgio Buarque também irá favorecer aos cursos de História Natural e de Geografia e História da recém criada Faculdade de Filosofia, Ciências e Letras da Universidade de São Paulo (criada em 1934), como veremos abaixo.

... às Faculdades de Filosofia

Não há como detalhar neste espaço o contexto de criação das primeiras Faculdades de Filosofia no país – assunto, aliás, que discutimos na introdução e nos primeiros capítulos desta investigação.[4] Contudo, foi dentro do período de funcionamento do regime de cátedras, que o curso de Geografia e História da Faculdade de Filosofia, Ciências e Letras da Universidade de São Paulo (FFCL/USP),[5] renovou a sua grade curricular diversas vezes, entre as décadas de 1930 e 1950, em função de insuficiências observadas pelos professores, quanto às disciplinas oferecidas no curso[6] – como vimos no terceiro capítulo.

A disciplina de *Etnografia brasileira e noções de Tupi-Guarani* era oferecida no primeiro ano do curso como uma introdução à formação linguística e cultural brasileira, seguindo-se nos outros dois anos em análises pormenorizadas da língua 'Tupi-Guarani'. A cadeira de *Etnografia Brasileira e Tupi-Guarani* foi criada em 1934, logo quando iniciou o primeiro ano letivo do curso de Geografia e História. Até aquele momento os cursos especializados em nível superior nesta área constituíam uma novidade (Cf. MICELI, 1989; 1995; 2001).

---

4 Para detalhamento desta questão, ver: ROIZ, 2004a.

5 Foram inaugurados três cursos nos anos de 1930: dois no Rio de Janeiro e um em São Paulo. O primeiro foi o da Universidade de São Paulo, criado em 1934. O segundo foi o da Universidade do Distrito Federal, criado em 1935, e o terceiro o da Universidade do Brasil, criado em 1939. Sobre esse ponto a experiência de fundação de cursos de Geografia e História no setor privado foi esparsa.

6 As renovações da estrutura curricular, entre as décadas de 1930 e 1950, no curso de Geografia e História da FFCL/USP ocorreram no período de vigência do regime de cátedras, no qual os profissionais do curso, muitas vezes, notavam a fragilidade da grade curricular antes das discussões chegarem ao nível dos debates políticos e, portanto, serem efetuadas as mudanças institucionais necessárias. Meses e mesmo anos transcorriam da aprovação da lei federal à implantação de decreto em nível estadual, até a instalação da medida nas instituições. Cada instituição adequava-se às medidas de acordo com as suas condições e necessidades internas, caracterizando-se também como um processo lento e, nem sempre, completo.

Foi o professor Plínio Marques da Silva Ayrosa que assumiu a cadeira desde o início.[7] Quando foi contratado para a cadeira de *Etnografia Brasileira*, Plínio Ayrosa não possuía título de doutor na área, o que não o impediu de trilhar sua trajetória acadêmica nesta cadeira até o final dos anos 1950, como catedrático. O concurso de provas e títulos para o cargo de professor catedrático a cadeira ocorreu entre 23 e 27 de março de 1939, e foi o primeiro a ser realizado na Faculdade de Filosofia. O candidato apresentou tese intitulada: *Dos índices de relação determinativa de posse no tupi-guarani*, que foi publicada no Boletim de Etnologia Brasileira, no mesmo ano.

No curso que vinha ministrando desde 1934, Plínio Ayrosa já parecia apresentar um projeto para o desenvolvimento dos estudos etnológicos brasileiros, tendo como objetivo formar o professor secundário e o profissional na área. Em seu primeiro relatório anual para a cadeira, de 1935, considerava uma tarefa 'honrosa' tentar se mostrar às dimensões culturais do país, mas 'ingrata' porque tudo estava para ser feito na área; tendo, além disso, o futuro pesquisador (profissional deste campo) apenas trabalhos esparsos sobre o assunto, "estudos realizados em geral sem método e desgarrados, quasí sempre, da necessária sistematízação científica", não existindo no "Brasil, de fato, um único trabalho capaz de servir, embora provisòriamente, às exigências de uma cadeira de Etnografia, como não há mesmo, entre as classes mais ou menos cultas, o conceito exato da vastidão do nosso campo etnográfico, das infinitas fontes de pesquisas que êle nos proporciona e, menos ainda, da preciosidade dos documentos de tôda ordem que se perdem, ina-

7 Nascido a 13 de março de 1895, em São Paulo, Capital, aonde também veio a falecer a 2 de junho de 1961. Bacharel em Letras pelo antigo Ginásio de Ciências e Letras. Graduou-se em engenharia pela Escola Politécnica do Rio de Janeiro. Esteve encarregado de um curso de Tupi no Centro do Professorado Paulista, antes de ingressar na Faculdade de Filosofia em 1934. Foi homenageado diversas vezes e foi sócio de várias academias. Autor de muitos trabalhos antes e depois de assumir a cadeira de Etnologia Brasileira e Tupi Guarani, se destacando no período anterior: *Palavras de origem tupí na linguagem popular do Brasil*, de 1934. "Curriculum Vitae" do Prof. Plínio Ayrosa. In: *Anuário da Faculdade de Filosofia, Ciências e Letras, 1934-1935*, 1937, p. 322.

proveitados, nos recessos esquecidos dos campos e florestas interiores, e nas salas esquecidas de nossos museus antiquados" (AYROSA, 1937, p. 132).

Para ele, foi apenas esmiuçada uma pequena parte do território, sem, contudo, aprofundar-se suas características idiomáticas e culturais. As pesquisas haviam sido genéricas e pouco delimitadas temporal e espacialmente, sendo ao pesquisador, a partir de agora, necessário se preocupar em fazer pesquisas empíricas, com fontes e objetos delimitados. A função básica da etnografia consistia em "descrever os grupos humanos tal qual se encontrem num dado momento histórico, e que à etnologia cabe a pesquisa de suas origens e a determinação dos cíclos culturais aos quais se possam prender [...], mas é preciso demonstrar primeiro a possibilidade de vida de uma ciência autônoma, que se baste a si mesma, que se não estenda para além dos limites teòricamente traçados para o seu próprio desenvolvimento" (AYROSA, 1937, p. 134). Diante disto, verificava-se a nítida possibilidade de abertura de um campo de pesquisa na área, mas que estava ainda em sua fase inicial, por que:

> [...] diante dessa situação que se não pode modificar abruptamente, cumprirá à Cadeira, antes de tudo, procurar reunir o quanto se encontre esparso pelas vastas bibliotecas nacionaes e estrangeiras, capaz de servir ao seu ideal construtivo, e reunir em grosso, sem espírito preponderante de seleção, sem prevenções doutrinárias, sem pré-julgamentos de qualquer origem. Logo após, ou concomitantemente se for possível, com a mesma largueza e tolerância, arrecadar e canalizar, para os museus brasileiros, as sobras documentais etnográficas que a rebeldia de algumas tríbus, que o clima áspero de algumas regiões e que a impenetrabilidade de algumas mesopotâmias ainda não hajam deixado se esgueirar para as famosas coleções do estrangeiro. Esses, parece-nos, deverão ser os primeiros passos da Cadeira (AYROSA, 1937, p. 135).

A melhoria das condições de trabalho para o pesquisador iria viabilizar o aumento progressivo de análises sobre esse campo, ainda pouco explorado, nos lustros que se seguiram à década de 1930. Mas:

[...] no momento mesmo em que se reconhece que tudo ou quase tudo está por fazer, seria um contrassenso atulhar o cérebro dos moços estudantes com os fragmentos arestosos da incipiente etnografia brasileira, restrita sempre ao capítulo ameríndio. Eles devem ser os futuros cooperadores da grande obra que se há de realizar e, por isso, devem ser encaminhados com cuidado e instruídos com absoluta probidade, de tal forma que se capacitem da necessidade de estudar e trabalhar com amor e paciência, ao mesmo passo que se ponham a coberto de ilusões perigosas e da tentação de afirmações impossíveis sem sólidas bases documentais (AYROSA, 1937, p. 137).

Os jovens estudantes, na época, vinham do ensino secundário sem uma base sólida de conhecimentos sobre a cultura geral – fato, aliás, observado por muitos outros docentes do período, como vimos nos capítulos dois e três –, e desconhecendo completamente o que seriam os vestígios da 'cultura material'. Se não competia à cadeira arrumar a falha de uma cultura incompleta, também não deveria o professor deixar de notar as deficiências de aprendizado dos alunos. Com esse dilema, cabia ao professor "cooperar com os próprios alunos no levantamento desse nível", por meio de aulas 'extraordinárias' que busquem suprir as falhas mais graves, indicando os caminhos necessários para que os alunos pudessem atingir um nível de autonomia, e sozinhos corrigissem as falhas individuais de aprendizagem. Dentre o conjunto étnico e cultural brasileiro, 'a família tupi-guarani' foi, para ele, a que deixou os traços mais visíveis na cultura nacional e, portanto, a que deveria receber um tratamento diferenciado. Para ele: "À cadeira de tupí-guaraní [...] competirá o preparo de compêndios que se não desviem do traçado geral adotado para o estudo de qualquer língua: concisão, método e desenvolvimento progressivo da matéria a estudar" (AYROSA, 1937, p. 141). Aprofundando-se o nível cultural dos alunos sobre os aspectos linguísticos e regionais do idioma, por meio de compêndios gerais para iniciar os estudantes nas suas primeiras investidas no campo da fala e da escrita do tupi-guarani, poder-se-ia avançar demonstrando as variedades interpretativas entre autores, de um lado, e a cultura assimilada pela população, de outro. Uma vez que: "Dizer que o tupí-guaraní de hoje, falado no Paraguai, não pode ser estudado na obra de Montoya, ou que o tupí-guaraní da Amazônia não pode ser estudado com o auxílio de Anchieta, é confundir dois aspectos inconfundíveis de tôdas as línguas: o fundamental, o gramatical e o teórico, com o oscilante, com o popular, com o prático" (AYROSA, 1937, p. 144). Um nível aparentemente simples de ser notado, mas diante de suas sutilezas, muito difícil de ser observado pelo iniciante. Além do mais: "Para a consecução dêsse largo programma, nos vamos valer principalmente da obra de Batista Caetano que, como prolongamento espontâneo da obra de Montoya e Anchieta, tem delas tôdas as vantagens sem muitos dos seus defeitos" (AYROSA, 1937, p. 146). Para tanto, era necessário habituar os alunos com o contato direto ao tupi-guarani, inserindo-os, em seguida, no contexto de produção dos textos, para poderem interpretá-los melhor.

Sobre esse ponto específico, a contribuição dos Poderes Públicos e da Secretaria de Educação do Estado de São Paulo era necessária, porque a maioria das obras já se encontrava, há muito tempo, esgotada e fora do alcance da maioria dos estudiosos. Nesse sentido, caberia entre as medidas mais urgentes, a publicação, nos anos seguintes, dos textos fundamentais para o conhecimento da língua e de suas características gramaticais. Todavia, mesmo nos anos de 1940 e 1950, a produção de pesquisas na área de etnologia brasileira e tupi-guarani, e a publicação de obras já esgotadas, permaneceram muito restritas – e mesmo o apoio de instituições como o Museu Paulista eram insuficientes para sanar todas essas deficiências, apenar dos nítidos avanços que nele se deram naquele período.

Pode-se perguntar nesse momento: Porque o tupi-guarani? Ou ainda, qual o projeto que se pretendia concretizar? Para Plínio Ayrosa o 'tupi-guarani' tinha o registro mais significativo sobre a herança linguística dos povos da América Portuguesa. Ele não observava da mesma forma a contribuição da cultura afro-brasileira, possivelmente por que no período a visão elaborada por Gilberto Freyre ainda era restrita (LARRETA; GIUCCI, 2007). Já para os fundadores da Faculdade de Filosofia, e que foram os elaboradores dos programas dos cursos, o 'tupi-guarani' ainda era uma língua comum em algumas comunidades, sendo ainda significativo porque fez parte da cultura do "bandeirante paulista" (AZEVEDO, 1963, 1971).

As cadeiras com as quais Plínio Ayrosa manteve maiores intercâmbios, talvez pela própria especificidade de fonte e objeto, foram justamente aquelas que se encontravam em outros cursos, como a de Sociologia (I e II), de Filologia Portuguesa e, anos depois, também com a cadeira de Antropologia – que de início estava anexa à cátedra e, com a reforma de 1946, passava para o Departamento de Sociologia e Antropologia (ROIZ, 2004a). Embora dissesse, já em 1935, que da "arqueologia, da geografia, da história [...] e de dezenas de outros ramos dos conhecimentos humanos, há de a etnografia sempre necessitar para o estabelecimento racional de suas pesquisas ou descrições, para o preenchimento das lacunas que encontre, para a amarração, entre si, dos pontos e questões sociais cujas coordenadas tenha podido fixar" (AYROSA, 1937, p. 134), as cadeiras de História e de Geografia, ainda que se relacionassem com esta, não mantinham grandes intercâmbios no nível da pesquisa e do ensino oferecido no curso de Geografia e História.

A distribuição da disciplina de *Etnografia Brasileira e Tupi-Guarani* sofreu pequenas alterações no início dos anos de 1940, como aplicação do programa do professor, ao tentar arranjar melhor o assunto para a formação do professor secundário, com base em compêndios, e do pesquisador da área, com textos de estudiosos pioneiros no campo da etnologia e etnografia, e do tupi-guarani na América Latina. Ambas as metas, entretanto, amarravam-se no mesmo curso oferecido pelo professor. Em suas palavras:

> Os nossos programas foram várias vêzes alterados, não só no seu conteúdo como também na distribuição da matéria, procurando adaptar-se ao desenvolvimento da Etnografia e à conveniência dos alunos. Durante vários anos levamos a efeito seminários semanais e exigimos dos alunos trabalhos práticos ou de pesquisa técnica. O grande desenvolvimento que tiveram as Cadeiras de Geografia e História, em meados do decênio [1939-1949], levou-nos, porém, a exigir dos estudantes apenas trabalhos compatíveis com o tempo de que podiam realmente dispor (AYROSA, 1953, p. 551).

Também no início dos anos de 1940, organizava-se o Departamento de Etnografia Brasileira e língua Tupi-Guarani, para onde foram fundadas bibliotecas departamentais para pesquisas e estudos. Nela havia no final dos anos de 1930, pouco mais de 207 obras que compreendiam 501 volumes, a maioria dos quais concedidos pelo professor Plínio Ayrosa. Já nos anos de 1940 foram acrescentadas muitas outras, chegando ao final daquela década a possuir mais de 1.000 obras especializadas em linguística, tupi-guarani, etnologia e etnografia.[8] Apesar de a Arqueologia ser apenas uma disciplina auxiliar

8 Relatório do Departamento de Etnografia e Língua Tupi-guarani. In: *Anuário da Faculdade de Filosofia, Ciências e Letras, 1939-1949*, 1953, 2v., p. 552. O Museu de

nas pesquisas da cadeira, Plínio Ayrosa sempre indicava a sua importância, em especial, na organização dos Museus, aos quais recorria para conduzir os alunos em suas pesquisas práticas, como no caso do Museu Paulista, para lhes demonstrar a organização dos vestígios da 'cultura material' (artesanato, armas, locais de dormir, caçar e pescar, etc.), e lhes solicitar trabalhos.

Considerações finais

Nesse sentido, vimos como tanto Sérgio Buarque de Holanda, quanto Plínio Marques da Silva Ayrosa, em diferentes 'lugares sociais' (CERTEAU, 2002) se preocuparam com a coleta, organização e interpretação de fontes escritas e da 'cultura material' de 'povos nativos' e europeus, que ao fim e ao cabo formariam o 'povo brasileiro'. De igual modo, apresentaram uma interpretação sobre a história do Brasil pautada nesses vestígios, em que a contribuição dos 'povos nativos' se apresentava ativamente. Em ambos os casos, a Etnografia, a Etnologia, a Antropologia e a Arqueologia foram fundamentais para que estes pautassem suas interpretações e análises da sociedade brasileira. Ambos tentaram, cada qual a seu modo, ver mais a história de 'baixo' do que a de 'cima' – o que Sérgio Buarque de Holanda

---

Etnologia, criado no final dos anos 1930, compreendia de início "700 peças que existiam em 1939 – provenientes da coleção do Instituto de Educação, da coleção 'Irmã Catarina de Oliveira' e de doações de diversos particulares – o seu número atingiu aproximadamente 1.500 peças dez anos após, tôdas devidamente catalogadas". Organizava-se, além disso, no acervo do Departamento, fotografias e discos com gravações de tupi-guarani. O acervo fotográfico chegava em 1949 "com aproximadamente 1.000 fotografias e 250 diapositivos". As iniciativas prosseguiram nos anos 50 com a organização de: "1. Mapas, a côres, da distribuição dos grupos ameríndios do Brasil; 2. Mapa de localização dos centros de pesquisas arqueológicas do Brasil; 3. Cêrca de duzentas lâminas para projeção em aula, sôbre Etnografia; 4. Gravação, em discos, de cantos tupi, obtidos pelo Prof. Egon Schaden [que naquele momento estava como professor de Antropologia, pelo departamento de Sociologia e Antropologia]". Além disso, o departamento "continuou o intercâmbio cultural que desde a sua fundação mantêm com Universidades e instituições congêneres de diversas partes do mundo, intercâmbio que consiste principalmente na permuta de publicações", obras raras, textos e mapas, sobre os diversos grupos étnicos da América Latina e do Brasil.

conseguiu alcançar com maior felicidade e precisão em suas obras. Ambos ainda procuraram demonstrar que a população brasileira era formada pelo cruzamento e pela miscigenação de vários povos e grupos étnicos brancos, negros e indígenas. Com isso, vale destacar que fizeram parte de um movimento que se preocupou, nas primeiras décadas do século passado, quando houve a criação das primeiras universidades no país, em circunstanciar os momentos decisivos, as fontes e os vestígios da 'cultura material' que melhor proporcionassem a análise da formação cultural e da constituição da nacionalidade brasileira (BRANDÃO, 2007; BOTELHO; SCHWARCZ, 2009).

Fontes e referências bibliográficas

a) Fontes manuscritas

Cadernetas de freqüência e matéria lecionada, 1940-1948, curso de Geografia e História, FFCL/UP. Arquivo Permanente da UFPR. Cx. s/n. Ano: 1941 a 1953, com 147 cadernetas.

Currículo de Eurípedes Simões de Paula, 1942 e 1946, FFCL/USP. CAPH. MCP -04, MCP -03, Cx. P-1.

Currículo de Eduardo d'Oliveira França, 1951, FFCL/USP. CAPH. MCF - 03, Cx. F-1.

Currículo de Alfredo Ellis Júnior, 1939, FFCL/USP. CAPH. MCE -01, Cx. E-1.

Currículo de Myriam Ellis, 1952 e 1957, FFCL/USP. CAPH. MCE -02, MCE – 03, Cx. E-1.

Programa do curso de Geografia e História de 1952. FFCL/USP. CAPH. PM – 081 – Acervo.

Programa da disciplina de história da civilização antiga e medieval de 1950. FFCL/USP. CAPH. FSDH, Cx. 3, E-13.

b) Fontes impressas:

AB'SABER, Aziz N. Vinte e cinco anos de Geografia em São Paulo (1934-1959). *Boletim Paulista de Geografia*, FFCL\USP, nº 34, mar.1960, p. 71-82.

AYROSA, Plinio. Cadeira de Etnologia Brasileira e Tupi-guarani. Orientação geral dos cursos. In: *Anuário da Faculdade de Filosofia, Ciências e Letras, 1934-1935*, 1937.

____. Relatório do Departamento de Etnografia e Língua Tupi-guarani. In: *Anuário da Faculdade de Filosofia, Ciências e Letras, 1939-1949*, 1953, 2v. *Annaes da Assembléia Legislativa do Estado de São Paulo de 1935*.

Organizados pelos Tachygraphos Mariano Costa Ferreira; Gustavo Milliet e Manoel M. Erichsen. São Paulo: 1936, 3v.

Annaes da Assembléia Legislativa do Estado de São Paulo de 1936. Organizados pelos Tachygraphos Mariano Costa Ferreira; Gustavo Milliet e Manoel M. Erichsen. São Paulo: 1937, 4v.

Annaes da Assembléia Legislativa do Estado de São Paulo. Sessão ordinária de 1937. São Paulo: Industria Gráfica Siqueira S. A., 1953, 3v.

Anais do I Simpósio de Professôres de História do Ensino Superior em 1961. Assis: s\e, 1962.

Anais do III Simpósio de Professôres de História do Ensino Superior em 1966. Franca: s\e, 1966.

Anuário Estatístico do Brasil de 1937. Rio de Janeiro: Serviço Gráfico do Instituto Brasileiro de Geografia e Estatística, 1938, ano III.

Anuário Estatístico do Brasil de 1939-1940. Rio de Janeiro: Serviço Gráfico do Instituto Brasileiro de Geografia e Estatística, 1941, ano V.

Anuário Estatístico do Brasil de 1948. Rio de Janeiro: Serviço Gráfico do Instituto Brasileiro de Geografia e Estatística, 1949, ano IX.

Anuário Estatístico do Brasil de 1950. Rio de Janeiro: Serviço Gráfico do Instituto Brasileiro de Geografia e Estatística, 1951, ano XI.

Anuário Estatístico do Brasil de 1955. Rio de Janeiro: Serviço Gráfico do Instituto Brasileiro de Geografia e Estatística, 1955, ano XVI.

Anuário Estatístico do Brasil de 1957. Rio de Janeiro: Serviço Gráfico do Instituto Brasileiro de Geografia e Estatística, 1957, ano XVIII.

Anuário Estatístico do Brasil de 1958. Rio de Janeiro: Serviço Gráfico do Instituto Brasileiro de Geografia e Estatística, 1958, ano XIX.

Anuário da FFCL/UP, 1940-1941, Curitiba, 1942.

Anuário da FFCL/UP, 1946-1947, Curitiba, 1948.

Anuário da FFCL/UP, 1948, Curitiba, 1949.

Anuário da FFCL/UP, 1949, Curitiba, 1950.

AZEVEDO, A. A geografia em São Paulo e sua evolução. *Boletim Paulista de Geografia*, FFCL\USP, nº 16, mar.1954, p. 45-66

AZEVEDO, A. & SILVEIRA, J. D. O ensino de Geografia na Faculdade de Filosofia da Universidade de São Paulo. *Boletim Paulista de Geografia*, FFCL\USP, nº 3, out. 1949, p. 72-87.

Boletim Geográfico, São Paulo, FFCL/USP, 1949-1976.

BRAUDEL, Fernand. O ensino da História – suas diretrizes (Cátedra de História da Civilização). In: *Anuário da Faculdade de Filosofia, Ciências e Letras da Universidade de São Paulo, 1934-1935*. São Paulo: Empreza Gráfica da "Revista dos Tribunaes", 1937, p. 113-121.

CAMPOS, Pedro M. 'O Professor Francês': Jean Gajé. *Revista de História.* Número Jubilar Bis, São Paulo/USP, Tomo II, 103: 723-732, 1975, 2v.

CATUNDA, Omar. A posição da matemática na cultura geral. In: *Anuário da Faculdade de Filosofia, Ciências e Letras, 1939-1949*, 1953, p. 119-131.

DEFFONTAINES, Pierre. A associação dos Geógrafos Brasileiros. *Revista Geografia*, São Paulo, 1 (1): 8, 1935.

_______. Posições da Geografia Humana – Porque Geografia Humana. *Boletim Paulista de Geografia*, nº 32, jul.1959, p. 3-16.

DREYFUS, André. O valor da Faculdade de Filosofia e a ciência pura. In: *Anuário da Faculdade de Filosofia, Ciências e Letras, 1939-1949*, 1953, p. 63-82.

_______. A função da Faculdade de Filosofia, Ciências e Letras. In: *Anuário da Faculdade de Filosofia, Ciências e Letras, 1939-1949*, 1953, p. 91-103.

FRANÇA, Ary. Novas diretrizes em Geografia Humana. *Boletim Paulista de Geografia*, nº 5, jul.1950, p. 3-11.

FRANÇA, Eduardo D'O. Discurso na entrega do título de professor emérito. São Paulo, 1994. Centro de apoio à pesquisa em História "Sérgio Buarque de Holanda" (CAPH) – FFLCH\USP. Inventários e acervos de: Eduardo D'Oliveira França, caixa: 1 envelope: 1.

_____. Entrevista ao Departamento de História da FFLCH/USP. São Paulo, 1990. Centro de apoio à pesquisa em História "Sérgio Buarque de Holanda" (CAPH) – FFLCH\USP. Inventários e acervos de: Eduardo D'Oliveira França, caixa: 1 envelope: 1.

GAGÉ, Jean. Considerações sobre o curso de História da Civilização. In: *Anuário da Faculdade de Filosofia, Ciências e Letras, 1937-1938*, 1939.

_______. *Gades, as navegações atlânticas e a rota das Índias na Antiguidade*. FFCL. Boletim da Cadeira de História da Civilização. n. 2, 1940.

_______. *Questão do Oriente*. 1941. AESP/CAPH/FFLCH/USP.

GLEZER, Raquel. Eurípedes Simões de Paula: uma biografia. In.: MELLO e SOUZA, Antônio et alli (org.). In Memoriam de Eurípedes Simões de Paula: artigos, depoimentos de colegas, alunos, funcionários e ex--companheiros de FEB; vida e obra. São Paulo, 1983. p. 661-706.

In memória de Eurípides S. de Paula: artigos; depoimentos de colegas, alunos, funcionários e ex-combatentes da FEB; vida e obra. *Revista de História*. 113: 381-713. São Paulo: Composto e Impresso na Seção Gráfica da FFLCH/USP, 1983.

MELO, M. L. Os estudos regionais e o papel das Universidades. *Boletim Paulista de Geografia*, FFCL\USP, nº 20, jul. 1955, p. 56-76.

MELLO, Astrogildo Rodrigues de. Os primórdios da Faculdade de Filosofia, Ciências e Letras da Universidade de São Paulo. *Revista de História*, USP, n. 103, p. 717-722, 1975. Link: http://revhistoria.usp.br/images/stories/revistas/103v2/a19v103n2.pdf.

_______. Os estudos históricos no Brasil. *Revista de História*, USP, n. 6, p. 381-390, 1951. Link: http://revhistoria.usp.br/images/stories/revistas/006/A009N006.pdf.

_______. Contrabando e bandeirismo na segunda metade do século XVII. *Revista de História*, USP, n. 36, p. 341-352, 1958. Link: http://revhistoria.usp.br/images/stories/revistas/036/A003N036.pdf.

_______. México pré-colombiano: aspectos da civilização do povo "azteca". *Revista de História*, USP, n. 48, p. 289-304, 1961. Link: http://revhistoria.usp.br/images/stories/revistas/048/A002N048.pdf.

_______. *As encomiendas e a política colonial de Espanha*, Tese de doutorado em Ciências, publicada no boletim XXXIV da FFCL/USP, no número 1 da cadeira de História da Civilização Americana, 1943.

_______. *O trabalho forçado de indígenas nas lavouras de Nova - Espanha*, Tese de cátedra em história da civilização americana, publicada no boletim LXIX da FFCL/USP, no número 3 da cadeira de História da Civilização Americana, 1946.

_______. Centenário do Senador Alfredo Ellis. *Anuário da FFCL, 1950*, 1952, p. 179-186.

MYASAKY, N. PLÍNIO AYROSA (1896-1961). *Revista de História*, USP, n. 100, p. 869-871, 1974. Link: http://revhistoria.usp.br/images/stories/revistas/100v2/a29v100n2.pdf.

MONBEIG, Pierre. Cadeira de Geografia Física e Humana. Orientação didática. In: *Anuário da Faculdade de Filosofia, Ciências e Letras, 1934-1935*. São Paulo: Empreza Gráfica da "Revista dos Tribunaes", 1937, p. 105-112.

_______. Os modos de pensar na geografia humana. *Boletim Paulista de Geografia*, nº 15, out.1953.

MORAES, C. S. ALFREDO ELLIS JÚNIOR (1896-1974). *Revista de História*, USP, n. 100, p. 859-862, 1974. Link: http://revhistoria.usp.br/images/stories/revistas/100v2/a25v100n2.pdf.

MULLER, N. L. AROLDO DE AZEVEDO (1910-1974). *Revista de História*, USP, n. 100, p. 863-864, 1974. Link: http://revhistoria.usp.br/images/stories/revistas/100v2/a26v100n2.pdf.

NOVAIS, Fernando A. Discurso na cerimônia de outorga do título de professor emérito da FFLCH ao professor Eduardo D'Oliveira França. São Paulo, 1994. Centro de apoio à pesquisa em História "Sérgio Buarque de Holanda" (CAPH) - FFLCH\USP. Inventários e acervos de: Eduardo D'Oliveira França, caixa: 1 envelope: 1

Seção: Noticiário. In: *REVISTA DE HISTÓRIA*, São Paulo: FFCL/USP, 1/28(1-112), 1950 a 1977.

SIMÕES DE PAULA, Eurípedes. A História e o seu ensino na Faculdade (aula inaugural em 11 de março de 1949). In: *Anuário da FFCL., 1939-1949*. USP, São Paulo: Seção Gráfica; Indústria Gráfica José Magalhães Ltda., 1953, 2v., p. 157-164.

______. *O comércio varegue e o Grão-Principado de Kiev.* Tese de doutorado em Ciências. Boletim da FFCL/USP, n. XXVI, da cadeira de História da Civilização Antiga e Medieval, n. 3, 1942.

______. *Marrocos e suas relações com a Ibéria na Antiguidade.* Tese de cátedra. Boletim da FFCL/USP, n. LVII, da cadeira de História da Civilização Antiga e Medieval, n. 4, 1946.

______. Noticiário. *Revista de História.* São Paulo/USP, 6(24): 541, 1955.

______. Editorial. *Revista de História.* São Paulo/USP, 1(1): 1-2, 1950.

______. Editorial. *Revista de História.* São Paulo/USP, 11(41): 3, 1960.

SIMÕES DE PAULA, Maria R. C. R. Teses defendidas no departamento de História da Universidade de São Paulo (1939-1974). *Revista de História.* Número Jubilar, São Paulo/USP, Tomo II, 2(100): 821-857, 1974, 2v.

SCHAW, Paul V. Idéias e sugestões. In: *Anuário da Faculdade de Filosofia, Ciências e Letras, 1936*, 1937, p. 41-65.

SOUZA, A. C. M. FERNANDO DE AZEVEDO. (1894-1974). *Revista de História*, USP, n. 100, p. 867-868, 1974. Link: http://revhistoria.usp.br/images/stories/revistas/100v2/a28v100n2.pdf.

USP 70 anos. Caderno especial. *Folha de S. Paulo*, sexta-feira, 23 de janeiro de 2004.

USP, FFCL. *Anuário da Faculdade de Filosofia, Ciências e Letras, 1934-1935.* USP, São Paulo: Empreza Grafica da "Revista dos Tribunaes", 1937.

USP, FFCL. *Anuário da FFCL.,1936.* USP, São Paulo: Empreza Grafica da "Revista dos Tribunaes", 1937.

USP, FFCL. *Anuário da FFCL., 1937-1938.*USP, São Paulo: Empreza Grafica da "Revista dos Tribunaes", 1939.

USP, FFCL. *Anuário da FFCL., 1939-1949.* USP, São Paulo: Seção Gráfica; Industria Gráfica José Magalhães Ltda., 1953, 2v.

USP, FFCL. *Anuário da FFCL., 1950.* USP, São Paulo: Seção Gráfica; Industria Gráfica José Magalhães Ltda., 1952.

USP, FFCL. *Anuário da FFCL., 1951*. USP, São Paulo: Seção Gráfica; Industria Gráfica José Magalhães Ltda., 1953.

USP, FFCL. *Anuário da FFCL., 1952*. USP, São Paulo: Seção Gráfica; Industria Gráfica José Magalhães Ltda., 1954.

TAUNAY, Afonso. A propósito do curso de História da Civilização Brasileira na Faculdade de Filosofia, Ciências e Letras. In: USP, FFCL. *Anuário da Faculdade de Filosofia, Ciências e Letras, 1934-1935*. USP, São Paulo: Empreza Grafica da "Revista dos Tribunaes", 1937, p. 122-131.

TAUNAY, Afonso.; CORREA FILHO, V.; HOLLANDA, S. B.; ELLIS JUNIOR, A.; MELLO FRANCO, A. A.; RIBEIRO, J. *Curso de Bandeirologia*. São Paulo: Departamento Estadual de Informações, 1946.

THEODORO, Janice. Eurípedes Simões de Paula: (1910 -1977) In.: *Revista de História*. São Paulo, n. 160, 2009, p. 17-50.

VILLELA LUZ, Nícia. A verdadeira crítica histórica. *Revista de História*. São Paulo, nº 48, 1961.

c) Referências Bibliográficas:

Livros, artigos e teses

ABUD, Kátia. *O sangue intimorato e as nobilíssimas tradições*. A construção de um símbolo paulista: o bandeirante. Tese de Doutorado em História, FFLCH/USP, 1985.

ALBUQUERQUE Jr., Durval M. Da história detalhe à história problema: o erudito e o intelectual na elaboração e no ensino do saber histórico. *Lócus. Revista de história*, UFJF, v. 10, n. 2, 2004, p. 53-72.

_______. De Amadores à desapaixonados: eruditos e intelectuais como distintas figuras de sujeito do conhecimento no Ocidente. *Trajetos*, Fortaleza/CE, v. 03, n. 06, p. 43-66, 2005.

_______. *História: a arte de inventar o passado*. Bauru/SP: Edusc, 2007.

_______. *O tecelão do tempo: novos ensaios de teoria da história*. São Paulo: Intermeios, 2019.

ABREU, R. *A fabricação do imortal – memória, história e estratégias de consagração no Brasil*. Rio de Janeiro: Rocco, 1996.

ADORNO, Sérgio. *Os aprendizes do poder. O bacharelismo liberal na política brasileira*. Rio de Janeiro: Paz e Terra, 1988.

AGUIRRE ROJAS, Carlos Antonio. El legado de los Annales Braudelianos: 1956-1968. *Revista Anos 90*, Porto Alegre, 3: 17-42, 1995.

_______. *Tempo, duração e civilização. Percursos braudelianos*. Tradução de Sandra Trabucco Valenzuela. São Paulo: Cortez, 2001.

_______. *Uma história dos Annales (1921-2001)*. Tradução de Jurandir Malerba. Maringá: Eduem, 2004.

ALMEIDA, M.; VERGARA, M. R. (Org.). *Ciência, história e historiografia*. São Paulo: Via Lattera; Rio de Janeiro: MAST, 2008.

ALONSO, A. *Idéias em movimento. A geração 1870 na crise do Brasil-Império*. São Paulo: Paz e Terra, 2002.

ALVES, A. M. A. *O Ipiranga apropriado: ciência, política e poder. O museu paulista, 1893-1922*. São Paulo: Humanitas, 2001.

ALVES, Fabrício. *Folheando páginas, descobrindo histórias: a Revista de História e a difusão da historiografia dos Annales no Brasil (1950-1960)*. PPGH/CCHLA/UFPB, Dissertação de Mestrado, 2010.

ANDRADE, Roberto. *Construindo Discursos e Compartilhando Memórias: a década de 70 e a formação de professores de História na Universidade Estadual de Londrina*. Programa de Pós-Graduação em Educação/UEL. Dissertação de Mestrado. 2008.

ANHEZINI, Karina. *Um metódico à brasileira: a história da historiografia de Afonso de Taunay (1911-1939)*. São Paulo: Editora UNESP, 2011.

ARANHA, Patrícia. *Geografia como Profissão: campo, auto-representação e historiografia (1934-1955)*. Programa de Pós-Graduação em História Social, IH/UFRJ. Tese de Doutorado. 2017.

ARANTES, Paulo Eduardo. *Um departamento francês de ultramar – estudos sobre a formação da cultura filosófica uspiana (uma experiência nos anos 60)*. Rio de Janeiro: Paz e Terra, 1994.

ARAUJO, Karina Anhezini. *Intercâmbios intelectuais e a construção de uma história. Afonso d'Escragnolle Taunay (1911-1929).* Franca, 2003. Dissertação de mestrado em História, Faculdade de Ciências Humanas e Sociais, UNESP, Franca.

_______. *Um metódico à brasileira: a história da historiografia de Afonso de Taunay (1911-1939).* Franca, 2006. Tese de doutorado em História, FHDSS, UNESP.

ARAÚJO FILHO, José; SIMÃO, Aziz; FRANÇA, Eduardo. Universidade de São Paulo, Faculdade de Filosofia, Letras e Ciências Humanas. Relatório sobre os professores francês, 1934-1987. In.: CARDOSO, luiz; MARTINIÈRE, Guy. *Brasil-França: vinte anos de cooperação (ciência e tecnologia).* Brasília: Fundação Alexandre Gusmaõ, 1989. p. 21-30.

ARAUJO, J. C. S. Concepções de universidade e de educação superior no *Inquérito de 1926* de Fernando de Azevedo. *Revista Brasileira de História da Educação*, n. 17, 2008, p. 73-102.

ARRUDA, José Jobson. A. & TENGARRINHA, J. M. *Historiografia Luso-brasileira contemporânea.* Bauru/São Paulo: Edusc, 1999.

ARRUDA, Maria Arminda N. *Metrópole e cultura.* São Paulo: Edusc, 2001.

ASSIS, Artur. *O que fazem os historiadores quando escrevem história?* A teoria de Jörn Rüsen e Do império à República de Sérgio Buarque de Holanda. Dissertação (mestrado em História), UNB/Brasília, 2004.

AZEVEDO, Fernando de. *História de minha vida.* São Paulo: Livraria José Olympio Editôra, 1971.

_______. *A cultura brasileira. Introdução ao estudo da cultura no Brasil.* – 4ª edição revista e ampliada – Brasília: Ed. UNB, 1963.

_______. *Novos caminhos e novos fins. A novo política de educação no Brasil* – 3ª edição – São Paulo: Edições Melhoramentos, s/d.

_______. *Figuras de meu convívio.* São Paulo: Edições Melhoramentos, s/d.

_______. *A educação na encruzilhada. Problemas e discussões.* São Paulo: Edições Melhoramentos, s/d.

_______. (Org.). *As ciências no Brasil.* São Paulo: Edições Melhoramentos, s/d., 2v.

BALBACHEVISKY, E. *Atos e estratégias institucionais: a profissão acadêmica no Brasil.* São Paulo, 1996. Tese (doutorado em Sociologia), Universidade de São Paulo, São Paulo.

BALHANA, Altiva P. Programa de Pós-Graduação em História da Universidade Federal do Paraná. *Revista Brasileira de História*, São Paulo, v. 3, n. 5, p. 11-19, 1983.

BARBOSA, F. A. Verdes anos de Sérgio Buarque de Holanda. Ensaio sobre sua formação intelectual até Raízes do Brasil. In: *Sérgio Buarque de Holanda*: Vida e Obra. Secretaria do Estado da Cultura. São Paulo – SP: Arquivo do Estado. USP e Instituto de Estudos Brasileiros, 1988.

BARROS, R. S. M. *A ilustração brasileira e a idéia de universidade.* São Paulo: FFCL/USP, 1959 (Boletim, n. 241).

BASTOS, E. R.; RIDENTI, M. & ROLLAND, D. (Org.). *Intelectuais: sociedade e política, Brasil-França.* São Paulo: Cortez, 2003.

BEIRED, José Luis B. A pesquisa de História da América: sua trajetória nas universidades paulistas (1942-2004). *Revista de História*, USP, n. 153, 2005, p. 35-51.

BENFICA, Tiago. *História e Universidade: a institucionalização do campo histórico na Universidade Estadual de Mato Grosso/Universidade Federal de Mato Grosso do Sul (1968- 1990).* Programa de Pós-Graduação em História, FCH/UFGD. Tese de Doutorado. 2016.

______. Os caminhos (da escrita) da história e os descaminhos de seu ensino. *Revista Fronteiras*, Dourados, v. 14, n. 25, p. 189-193, 2012. Link: http://ojs.ufgd.edu.br/index.php/FRONTEIRAS/article/viewFile/2204/1514.

BENOIT, L. O. *Sociologia Comtiana. Gênese e devir.* São Paulo: Discurso Editorial, 1999.

BENTIVOGLIO, J.; AVELAR, A. S. (Org.). *A afirmação da história como ciência no século XX: de Arlette Farge a Robert Mandrou.* Petrópolis/RJ: Vozes, 2018.

______. (Org.). *O futuro da história: da crise à reconstrução de teorias e abordagens.* Vitória/ES: Milfontes, 2019.

BENTIVOGLIO, J.; LOPES, M. A. (Org.). *A constituição da história como ciência: de Ranke a Braudel.* Petrópolis/RJ: Vozes, 2013.

BERQUÓ, E. Arranjos familiares no Brasil: uma visão demográfica. In: SCHWARCZ, L. M. (Org.). *História da vida privada no Brasil. Contrastes da intimidade contemporânea.* (v. 4). São Paulo: Cia das Letras, 1998, p. 411-37.

BEZERRA, F. C. *O Ensino Superior de História na Paraíba (1952-1974): aspectos acadêmicos e institucionais.* Dissertação de Mestrado em História, UFPB, 2007.

BITTENCOURT, Circe M. F. *Pátria, civilização e trabalho. O ensino de história nas escolas paulistas (1917-1939).* São Paulo: Edições Loyola, 1990.

_______. Os confrontos de uma disciplina escolar. *Revista Brasileira de História*, set.1992/ago.1993, p. 193-222.

_______. (Org.). *O saber histórico em sala de aula.* São Paulo: Contexto, 1997.

_______. *Ensino de História: fundamentos e métodos.* São Paulo: Cortez, 2005.

_______. *Livro didático e saber escolar - 1810-1910.* Belo Horizonte/MG: Autêntica, 2008.

_______. Reflexões sobre o ensino de História. *Estudos Avançados*, USP, v. 32, n. 93, p. 127-149, 2018. Link: http://www.scielo.br/pdf/ea/v32n93/0103-4014-ea-32-93-0127.pdf.

BLAY, E. A.; LANG, A. B. S. G. (Org.). *Mulheres na USP: horizontes que se abrem.* São Paulo: Humanitas, 2004.

BLAJ, Ilana. Pulsações, sangrias e sedimentação: Sérgio Buarque de Holanda e a análise da sociedade paulista no século XVIII. In: *Sérgio Buarque de Holanda*: Vida e Obra. Secretaria do Estado da Cultura. São Paulo - SP: Arquivo do Estado. USP e Instituto de Estudos Brasileiros, 1988. p. 55-60.

BLOCH, Marc. *Apologia da história ou o ofício de historiador*. Tradução de André Telles. Rio de Janeiro: Jorge Zahar Editor, 2001.

BONTEMPI Jr., Bruno. *A cadeira de História e Filosofia da Educação da USP entre os anos 40 e 60: um estudo das relações entre a vida acadêmica e a grande imprensa.* Tese de doutorado em Educação, PUC/SP, 2001.

BORGES, Simone. *Os Cursos de História da Universidade Católica de Goiás e da Universidade Federal de Goiás: um olhar histórico.* Programa de Pós-Graduação em Educação/UFG. Dissertação de Mestrado. 2006.

BOURDÉ, G. & MARTIN, H. *As escolas históricas.* Portugal: Publicações Europa/América, 1983.

BOURDIEU, Pierre. O campo científico. In: ORTIZ, Renato (Org.). *Pierre Bourdieu.* São Paulo: Ática, 1983, p. 122-155.

_______. *La Noblesse D'etat: grandes ecoles et esprit de corps.* Paris: Minuit, 1989.

_______. *A economia das trocas simbólicas.* Tradução e introdução de Sérgio Miceli – 2ª edição – São Paulo: Perspectiva, 1999.

_______. *Meditações Pascalianas.* Tradução de Sérgio Miceli. Rio de Janeiro: Bertrand Brasil, 2001.

_______. *O poder simbólico.* 7ª Ed. Rio de Janeiro: Bertrand Brasil, 2007.

_______. *Homo Academicus.* Espanha: Siglo XXI, 2008 (1ª Ed. 1984).

_______.; PASSERON, J-C. *A reprodução: elementos para uma teoria do sistema de ensino.* Tradução de Reynaldo Bairão. Petrópolis/RJ: Vozes, 2008 (1ª Ed. 1970).

_______.; PASSERON, J-C. *Los herderos: los estudiantes y la cultura.* Argentina: Siglo XXI, 2009 (1ª Ed. 1964).

_______. *O senso prático.* Tradução de Maria Ferreira. Petrópolis/RJ: Vozes, 2009.

_______. *A dominação masculina.* Tradução de Maria Helena Kühner. 6ª Edição. Rio de Janeiro: Bertrand Brasil, 2009b.

BOUTIER, J. & JULIA, D. (Org.). *Passados recompostos: campos e canteiros da história.* Tradução de Marcella Mortara e Anamaria Skiner. Rio de Janeiro: UFRJ; FGV, 1998.

BOTELHO, A.; SCHWARCZ, L. M. (Org.). *Um enigma chamado Brasil: 29 intérpretes e um país*. São Paulo: Companhia das Letras, 2009.

BRANDÃO, Gildo M. *Linhagens do pensamento político brasileiro*. São Paulo: Hucitec, 2007.

BRAUDEL, Fernand. *Reflexões sobre a história*. Tradução de E. Brandão – 2ª edição – São Paulo: Martins Fontes, 2002.

_______. *Escritos sobre a história*. São Paulo: Perspectiva, 1993.

BREFE, A. C. F. *O Museu Paulista: Affonso de Taunay e a memória nacional, 1917-1945*. São Paulo: Ed. UNESP, 2005.

BRESCIANI, M. S. M. *O charme da ciência e a sedução da objetividade: Oliveira Vianna entre intérpretes do Brasil*. São Paulo: Ed. UNESP, 2005.

BURKE, P.; PALLARES-BURKE, M. L. G. *Repensando os trópicos: um retrato intelectual de Gilberto Freyre*. Tradução de Fernanda Veríssimo. São Paulo: Ed. UNESP, 2009.

BURKE, Peter. *A escola dos Annales, 1929-1989. A revolução francesa da historiografia*. Tradução de Nilo Odalia – 4ª reimpressão – São Paulo: Edunesp, 1997.

_______ (org.) *A escrita da história. Novas perspectivas*. Tradução de Magda Lopes – 4ª reimpressão – São Paulo: Edunesp, 1992.

_______. *Uma história social do conhecimento. De Gutemberg a Diderot*. Tradução de Plínio Dentzien. Rio de Janeiro: Jorge Zahar Editor, 2003.

BUENO, B. A. B. *Associação de pais e mestres na escola pública do estado de São Paulo (1931-1986)*. São Paulo, 1987. Tese de doutorado em Educação, FE/USP, São Paulo.

CAIRE-JABINET, M-P. *Introdução à historiografia*. São Paulo: Edusc, 2003.

_______. *L'Histoire en France du Moyen Âge à Nos Jours*. França: Flammarion, 2003. (coleção ChampsUNiversité).

CAMPOS, E. S. *História da Universidade de São Paulo*. São Paulo: USP, 1954.

CAMPOS, F. *Educação e cultura*. Rio de Janeiro: Ed. José Olympio, 1940.

CAMPOS, N. *Intelectuais paranaenses e as concepções de universidade (1892-1950)*. Curitiba/PR: Editora da UFPR, 2008.

_______. *Intelectuais e igreja católica no Paraná: 1926-1938*. Ponta Grossa/PR: Editora UEPG, 2010.

CANABRAVA, Alice P. *O caminho percorrido*. São Paulo: Associação Brasileira de Pesquisadores em História Econômica, 2003.

_______. *História econômica: estudos e pesquisas*. São Paulo: Hucitec; Editora Unesp; ABPHE, 2005.

CANDIDO, Antonio. A Faculdade no centenário da Abolição. In: Idem. *Vários escritos* – 3ª edição revista e ampliada – São Paulo: Livraria Duas Cidades, 1995, p. 307-322.

_______. A visão política de Sérgio Buarque de Holanda. In: MELLO E SOUZA, A. C. (Org.). *Sérgio Buarque de Holanda e o Brasil*. 3ª edição. São Paulo: Fundação Perseu Abramo, 1998.

_______. Sérgio em Berlim e depois. *Novos Estudos* (CEBRAP). São Paulo. 1(3): 7. jul 1982.

CANUTO, V. R. A. *Políticos e educadores. A organização do ensino superior no Brasil*. Petrópolis: Vozes, 1987.

CAPELATO, M. H. R.; GLEZER, R. & FERLINI, V. L. A. Escola uspiana de história. *Revista Estudos Avançados*, São Paulo, v. 8, n. 22, 1994, p. 349-358.

CAPELATO, M. H. R. *Os arautos do liberalismo. Imprensa paulista, 1920-1945*. São Paulo: Brasiliense, 1989.

_______. *O movimento de 1932:* a causa paulista. São Paulo: Brasiliense, 1981.

_______. & PRADO, M. L. *O bravo matutino. Imprensa e ideologia: o jornal O Estado de S. Paulo*. São Paulo: Ed. Alfa-omega, 1980.

CANO, W. *Raízes da concentração industrial em São Paulo*. Campinas: UNICAMP. IE, 1998a.

_______. *Desequilíbrios regionais e concentração industrial no Brasil*. Campinas: UNICAMP. IE, 1998b.

CARBONELL, Ch-O. *Histoire et historiens: une mutation idéologique des historiens français, 1865-1885*. Toulouse: Privat, 1976.

CARDOSO, I. A. R. *A universidade da comunhão paulista. O projeto de criação da Universidade de São Paulo*. São Paulo: Cortez, 1982.

CARDOSO, C. F. & VAINFAS, R. (Org.). *Domínios da História. Ensaios de teoria e metodologia*. Rio de Janeiro: Campus, 1997.

_______. (Org.). *Novos domínios da história*. Rio de Janeiro: Campus, 2012.

CARDOSO, C. F. & BRIGNOLI, H. P. *Os métodos da História*. Rio de Janeiro: Edições Graal, 1983.

CARELLI, M. *Culturas cruzadas. Intercâmbios culturais entre França e Brasil*. Tradução de Nícia Adan Bonalti. Campinas/São Paulo: Papirus, 1994.

CARRETERO, M. *Documentos de identidade: a construção da memória histórica em um mundo globalizado*. Belo Horizonte/MG: Artmed, 2010.

CARVALHO, J. M. *A escola de Minas de Ouro Preto. O peso da glória* – 2ª edição revista – Belo Horizonte: Ed. UFMG, 2002.

CARVALHO, M. V. C. Sérgio Buarque de Holanda, escritor de espírito, não de escola. *Ethnos Brasil*, São Paulo, v. 2, 2002, p. 21-27.

CARVALHO, S. M. B. *A formação do professor de história na Faculdade de Filosofia da Universidade Estadual de Ponta Grossa de 1950 a 1970:* propostas curriculares e memórias docentes. Tese de doutorado em Educação. UFPR, 2010.

CASTRO, Amélia D. A Licenciatura no Brasil. *Revista de História,* São Paulo, nº 100, 1974, p. 627-52.

CATANI, A. & MARTINEZ, P. H. (Org.). *Sete ensaios sobre o Collège de France*. São Paulo: Cortez, 1999.

CERDEIRA, C. M. B. *O ensino superior e a mulher: aspectos da presença feminina na Universidade de São Paulo nas décadas de 1930 a 1950*, São Paulo, 2001. Tese (Doutorado em História), Faculdade de Filosofia, Letras e Ciências Humanas da Universidade de São Paulo, São Paulo.

CERRI, L. F. *Ensino de história e consciência histórica.* Rio de Janeiro: FGV, 2011

CEZAR, Temístocles. *Ser historiador no século XIX: o caso Varnhagen.* Belo Horizonte/MG: Autêntica, 2018.

CHARLE, Christophe. *Homo historicus: reflexões sobre a história, os historiadores e as ciências sociais.* Rio de Janeiro: Editora FGV; Editora UFRGS, 2018.

CHARTIER, Roger. À beira da falésia. A história entre certezas e inquietudes. Tradução de Patrícia Chittoni Ramos. Porto Alegre: Ed. Universidade/UFRGS, 2002.

CHAUÍ, M. USP 94: a terceira fundação. *Revista Estudos Avançados*, São Paulo, 8(22), 1994.

CHAUNU, P. História econômica: retrospectiva e perspectiva. *Revista Anais de História*, São Paulo, 3: 9-36, 1971.

CHESNEAUX, J. *Devemos fazer tabula rasa do passado? Sobre história e os historiadores.* Tradução de Marcos A. da Silva. São Paulo: Ática, 1995.

CIAMPI, Helenice. *A História Pensada e Ensinada: da geração das certezas à geração das incertezas.* São Paulo: Educ, 2000.

CLAUSSE, A. A Idade Média. In: DEBESSE, M. (Org.). *Tratado das ciências pedagógicas.* São Paulo: Companhia Editora Nacional, 1974, 5v.

CORDOVA, Maria Julieta Weber. *Bento, Brasil e David: o discurso regional de formação social e história paranaense.* Curitiba/PR: Editora da UFPR, 2016.

COELHO, E. C. *As profissões imperiais. Medicina, Engenharia e Advocacia no Rio de Janeiro, 1822-1930.* Rio de Janeiro: Record, 1999.

CORSI, F. L. *Estado Novo: política externa e projeto nacional.* São Paulo: Edunesp; FAPESP, 2000.

COSTA, A. L. *A Formação do Profissional de História - o caso da UFRN (2004 a 2008).* Dissertação de Mestrado em História, UFPB, 2010.

______. *A construção da cadeira de História das Civilizações da USP nas cartas de Jean Gagé, Branca Caldeira e Eurípedes Simões de Paula.* Simpósio Nacional da Anpuh, 2015. *Recuperado de:* http://www.

snh2015.anpuh.org/resources/anais/39/1434480720_ARQUIVO_SimposioNacionalANPUHTextoCompleto.pdf.

______. *DE UM CURSO D'ÁGUA A OUTRO: memória e disciplinarização do saber histórico na formação dos primeiros professores no curso de História da USP*. Tese de doutorado em História, UFRJ, 2018. Link: http://objdig.ufrj.br/34/teses/869013.pdf.

______. Um regime de transição: o papel do IHGSP no curso de história da Universidade de São Paulo (1934). *ESTUDOS HISTÓRICOS*, v. 32, p. 530-549, 2019.

COSTA, M. A. S. *Biografia histórica: a trajetória intelectual de Sérgio Buarque de Holanda entre os anos de 1930 e 1980*. Tese de doutorado em História, UNESP/Assis, 2007.

CUNHA, L. A. R. *A expansão do ensino superior: causas e conseqüências*. São Paulo: Hucitec, 1975.

CUNHA, L. A. *A universidade crítica. O ensino superior na república populista*. – 2ª edição – Rio de Janeiro: Francisco Alves, 1989.

_______. *A universidade temporã. Da colônia à era Vargas*. – 2ª edição revista e ampliada – Rio de Janeiro: Francisco Alves, 1986.

CUNHA, M. V. *Indivíduo e sociedade no ideário escolanovista (Brasil: 1930-1960)*. São Paulo, 1992. Tese de doutorado em Educação, FE/USP, São Paulo.

DA CÁS, D. *História da universidade* brasileira: *a universidade de fato*. Marília, 1996. Tese de doutorado, FFC/UNESP, Marília.

DA CÁS, D.; MANOEL, I. A. *História da Universidade Luso-Brasileira: universidade Joanina de fato*. São Paulo: Cultura Acadêmica, 2009.

D'ALÉSSIO, M. M. Os *Annales* no Brasil. Algumas reflexões. *Revista Anos 90*, Porto Alegre, 2: 127-142, 1994.

_______. *Reflexões sobre o saber histórico*. São Paulo: Edunesp, 1998.

DANTES, M. A. M. & HAMBURGER, A. I. A ciência, os intercâmbios e a história da ciência: reflexões sobre a atividade científica no Brasil. In: HAMBURGER, A. I.; DANTES, M. A. M.; PATY, M. & PETITJEAN,

P. (Org.). *A ciência nas relações Brasil-França (1850-1950)*. São Paulo: Edusp; FAPESP, 1996.

DAUX, P. *Fernand Braudel. Uma biografia*. Tradução de Clóvis Marques. Rio de Janeiro: Record, 1999.

DE CERTEAU, M. A operação historiográfica. In: Idem. *A escrita da História*. Tradução de Maria de Lourdes Menezes – 2ª edição – Rio de Janeiro: Florense Universitária, 2002, p. 65-122.

DE LARA, C. *Klaxon & Terra Roxa e outras terras*: dois periódicos modernistas de São Paulo. São Paulo: IEB, 1972.

DE LORENZO, H. C. & COSTA, W. P. (Org.). *A década de 1920 e as origens do Brasil moderno*. São Paulo: Edunesp, 1997.

DE DECCA, Edgar S. *1930: o silêncio dos vencidos*. São Paulo: Brasiliense, 1981.

DECCA, Edgar S. Ensaios de nacionalidade: cordialidade, cidadania e desterro na obra de Sergio Buarque de Holanda. *Locus* (Juiz de Fora), v. 12, 2007, p. 145-160.

_______. As metáforas da identidade em Raízes do Brasil: decifra-me ou te devoro. *Varia História*, v. 22, 2006, p. 424-443.

DIAS, Maria Odila S. *O fardo do homem branco: Southey, historiador do Brasil*. São Paulo: Companhia Editora Nacional, 1974.

DIAS, Maria Odila L. S. Estilo e método na obra de Sérgio Buarque de Holanda. In: *Sérgio Buarque de Holanda*: Vida e Obra. Secretaria do Estado da Cultura. São Paulo – SP: Arquivo do Estado; USP e Instituto de Estudos Brasileiros, 1988.

______. Sérgio Buarque de Holanda na Universidade de São Paulo. *Estudos Avançados*, São Paulo, v. 8, n. 22, 1994, p. 269-274.

DICKMANN, I. (Org.). *História: historiadores e historiadoras*. São Paulo: Clube de Autores; Dialogar, 2017.

DIÉGUES Jr., M. *Imigração, Urbanização, Industrialização*. Brasília: MEC\INEP, 1964.

DIEHL, Astor A. *A cultura historiográfica brasileira. Do IHGB aos anos 1930*. Passo Fundo: Ediupf, 1998, 4v.

_______. *A cultura historiográfica brasileira. Década de 1930 aos anos 1970.* Passo Fundo: Ediupf, 1999, 4v.

DOSSE, François. *A história em migalhas. Dos Annales à Nova História.* Tradução de Dulce A. Silva Ramos – 2ª reimpressão – São Paulo: Ensaio; Campinas: Edunicamp, 1994.

_______. *A história à prova do tempo. Da história em migalhas ao resgate do sentido.* Tradução de Ivone Castilho Benedetti. São Paulo: Edunesp, 2001.

DUMOULIN, Olivier. *O papel social do historiador: da cátedra ao tribunal.* Belo Horizonte/MG: Autêntica, 2017.

ELLIS Jr., Alfredo. *A economia paulista no século XVIII: o ciclo do muar o ciclo do* açúcar. São Paulo: Academia Paulista de Letras de São Paulo, 1959.

_______. *Confederação ou separação.* 3ª Edição revista e aumentada. São Paulo: Editorial Paulista, 1934 (1ª Edição de 1933).

_______. *A nossa guerra.* Estudo de synthese critica político-militar. São Paulo: Editora Piratininga S. A., 1933.

_______. *A evolução da economia paulista e suas causas.* São Paulo: Companhia Editora Nacional, 1937.

_______. *Panoramas históricos.* São Paulo: FFCL/USP, 1946 (Boletim LXXIII, n. 6, da cadeira de *História da Civilização Brasileira*).

_______. *Meio século de bandeirantismo.* São Paulo: Companhia Editora Nacional, 1948.

_______. *Jaraguá (Romance de penetração bandeirante).* São Paulo: Empresa Editora J. Fagundes, 1936.

ELLIS, Myriam. *Alfredo Ellis Júnior, 1896-1974.* São Paulo: Editora Bentivegna, 1997.

ERBERELI JÚNIOR, Octávio. *A Escrita da História entre dois mundos:* uma análise da produção de Alice Piffer Canabrava (1935-1961). 2014. 258 f. Dissertação (Programa de Pós-Graduação em História e Sociedade) – FCL/UNESP, Assis, 2014.

_______. *A trajetória intelectual de Alice Piffer Canabrava: um ofício como sacerdócio (1935-1997)*. Tese de doutorado em História Econômica, USP, 2019.

EVANGELISTA, Olinda. *A Formação Universitária do Professor. O Instituto de Educação da Universidade de São Paulo (1934-1938)*. Florianópolis: NUP/CED/UFSC/Editora Cidade Futura, 2002.

FALCON, Francisco C. A identidade do historiador. *Revista Estudos Históricos*, Rio de Janeiro, v. 9, n. 17, 1996, p.7-30.

_______. "Historicismo": a atualidade de uma questão aparentemente inatual. *Revista Tempo*, Rio de Janeiro, v. 4, 1997, p. 5-26.

_______. *Estudos de Teoria da História e Historiografia*. Teoria da História, v. 1. São Paulo: Hucitec, 2011.

FALCON, Francisco C. & RODRIGUES, Antonio E. M. *Tempos modernos: ensaios sobre história cultural.* Rio de Janeiro: Civilização Brasileira, 2000.

FAGUNDES, Bruno Flávio Lontra. *O auge da História: história do curso de História da Universidade Federal do Paraná.* São Paulo: Letra e Voz, 2019.

_______. História, historiador e identidade profissional. Sobre a história do curso de História da Universidade Federal do Paraná. *Estudos Históricos,* v. 27, n. 54, 2014, p. 295-315.

FAORO, Raymundo. *A república inacabada.* Organização e prefácio de Fábio Konder Comparato. São Paulo: Globo, 2007.

FAUSTO, Boris. *A revolução de 1930. História e historiografia.* São Paulo: Companhia das Letras, 1997.

_______. *Getúlio Vargas:* o poder e o sorriso. São Paulo: Companhia das Letras, 2006.

FÁVERO, M. L. A. *Universidade do Brasil:* das origens à construção. 2ª Ed. Rio de Janeiro: UFRJ, 2010.

FEBVRE, Lucien. *Combates pela História.* 3ª edição. Lisboa: Editorial Presença, 1989.

_______. *A Europa: gênese de uma civilização.* Bauru/SP: Edusc, 2005.

_______. *O problema da incredulidade no século XVI: a religião de Rabelais.* Tradução de Maria Lucia Machado. São Paulo: Companhia das Letras, 2009.

_______. *El Problema de la Incredulidad en el Siglo XVI*: La Religion de Rabelais. México: Union Tipografica Editorial Hispano Americana, 1959.

FERREIRA, A. C.; LUCA, T. R.; IOKOI, Z. G. (Org.). *Encontros com a História: percursos históricos e historiográficos de São Paulo.* São Paulo: Edunesp, 1999.

FERREIRA, Antonio Celso. *A epopéia bandeirante. Letrados, instituições, invenção histórica (1870-1940).* São Paulo: Edunesp, 2002.

_______. A historiografia profissional paulista: expansão e descentramento. In: GLEZER, R. (Org.). *Do passado ao futuro:* edição comemorativa dos 50 anos da ANPUH. São Paulo: Contexto, 2011, p. 321-41.

FERREIRA, D. A. O. *Mundo rural e Geografia. Geografia Agrária no Brasil: 1930-1990.* São Paulo: Edunesp, 2002.

FERREIRA, M. M. Notas sobre a institucionalização de cursos universitários de História no Rio de Janeiro. In: GUIMARÃES, Manoel Luiz Salgado. (Org.). *Estudos sobre a escrita da história.* Rio de Janeiro: Editora 7 letras, 2006, p. 139-61.

_______. Os professores franceses e a redescoberta do Brasil. *Revista Brasileira* (ABL), Rio de Janeiro, v. 1, n. 43, 2005, p. 227-45.

_______. Perfis e trajetórias dos professores universitários do curso de História no Rio de Janeiro. In: OLIVEIRA, A. J. B. (Org.). *Universidade e lugares de memória.* Rio de Janeiro: Ed. UFRJ, 2008a, p. 235-68.

_______. Os desafios da profissionalização do ensino de História: duas trajetórias de professores universitários. In: ALMEIDA, M; VERGARA, M. (Org.). *Ciência, história e historiografia.* São Paulo: Via Lettera, 2008b, p. 175-89.

_______. (Org.). *Memória e identidade nacional.* Rio de Janeiro: FGV, 2010.

_______. A trajetória de Henry Hauser: um elo entre gerações. In: NEVES, L. M. B. P.; GUIMARÃES, L. M. P.; GONÇALVES, M. A.; GONTIJO, R. (Org.). *Estudos de Historiografia Brasileira*. Rio de Janeiro: FGV; FAPERJ, 2011, p. 237-60.

_____. O ensino da história na Faculdade Nacional de Filosofia da Universidade do Brasil. *História, Ciência, Saúde*, RJ, v. 19, n. 2, 2012, p. 611-639.

_____. *A História como ofício: a constituição de um campo disciplinar*. Rio de Janeiro: FGV, 2013.

FERREIRA, M. M.; SILVA, N. L. Os caminhos da institucionalização do ensino superior de história. *História & Ensino*, v. 17, n. 2, p. 283-306, 2011.

_____. Expansão do ensino superior de história em direção ao interior. *História Revista*, v. 21, n. 1, p. 131-153, 2016.

FERREIRA, M. M.; FRANCO, R. *Aprendendo história: reflexão e ensino*. Rio de Janeiro: FGV, 2011.

FERREIRA, M. M. & AMADO, J. (Org.). *Usos e abusos da História Oral*. Rio de Janeiro: FGV, 1996.

FERRETTI, D. Z. O uso político do passado bandeirante: o debate entre Oliveira Vianna e Alfredo Ellis Jr. (1920-1926). *Estudos Históricos*, FGV, n. 41, 2008, p. 59-78.

FESTER, H. C. R. *História pensada e ensinada na PUC/SP, 1971-1988*, São Paulo, 1998. Tese (doutorado em História), FFLCH/USP, São Paulo.

FICO, Carlos. & POLITO, Ronald. *A história no Brasil (1980-1989). Elementos para uma avaliação historiográfica*. Ouro Preto: Ed. UFOP, 1992, 2v.

FLORESCANO, E. A função social do historiador. *Revista tempo*, Rio de Janeiro, 4: 65-79, 1997.

FONSECA, Selva G. *Caminhos da história ensinada*. Campinas/SP: Papirus, 1993.

_______. *Ser professor no Brasil: história oral de vida*. Campinas/SP: Papirus, 1997.

FOUCAULT, Michel. *Arqueologia do saber.* Rio de Janeiro: Florense Universitária, 1997.

FRANÇA, Eduardo D'O. *Portugal na época da restauração.* São Paulo: Hucitec, 1997.

_______. *O poder real em Portugal e as origens do Absolutismo* (tese de doutoramento). Boletim LXVIII da Faculdade de Filosofia da Universidade de São Paulo, 1946.

_______. *Conhecimento do presente em História.* Ecos Universitários, n. 14; São Paulo, 1950.

_______. *Paris, cidade do povo* - Ecos Universitários, n. 16: São Paulo, 1951.

_______. *A Teoria Geral da História* - Revista de História, n. 6; São Paulo, 1951.

_______. *Considerações sobre a função cultural da História* - Revista de História, n. 8, São Paulo, 1951.

_______. *Em torno de Luis XIV* - Revista de História, n. 8, São Paulo, 1951.

_______. *O Testamento de um historiador: Marc Bloch* - Revista de História, n. 8, São Paulo, 1951.

_______. Contribuição do departamento de História à historiografia brasileira. *Boletim informativo.* Série de publicações da USP, ano II, n. 7, 1971.

_______. Conversa em torno de nosso ofício. *Revista Anais de História,* São Paulo, 6: 11-47, 1974.

_______. Eduardo França: um professor de História (Entrevista). *Revista Estudos Avançados,* São Paulo, 8(22), 1994.

FRANÇOZO, Mariana. O Museu Paulista e a história da antropologia no Brasil entre 1946 e 1956. *Revista de Antropologia,* USP, v. 48, n. 2, 2005, p. 585.

_______. Os outros alemães de Sérgio. Etnografia e povos indígenas em *Caminhos e Fronteiras. Revista Brasileira de Ciências Sociais,* v. 22, n. 63, 2007, p. 137-152.

FRANZINI, F. A Universidade e os muitos caminhos da História. *Revista História da Historiografia*, n. 13, p. 252-259, 2013. Link: https://www.historiadahistoriografia.com.br/revista/article/view/648/430.

FREITAS, Itamar. A "Velha" História Francesa no Ensino Superior: o exemplo de Afonso de Escragnolle Taunay na Faculdade Livre de Filosofia e Letras de São Paulo. In.: *Congresso Brasileiro de História da Educação*, II., 2002. Natal. Anais. Natal: UFRN/SBHE, 2002. http://www.sbhe.org.br/novo/congressos/cbhe2/pdfs/Tema4/0457.pdf Acesso em 11/02/2016. 18h40.

_______. A Pedagogia da História de Fernand Braudel (São Paulo, 1936). In: III Congresso Brasileiro de História da Educação, 2004, Curitiba. *Anais do III Congresso Brasileiro de História da Educação*, 2004.

FREITAS, Marcos C. (Org.). *Historiografia brasileira em perspectiva.* São Paulo: Contexto, 1998.

FREITAS, Sonia M. *Reminiscências: contribuição à memória da FFCL/USP, 1934-1954.* São Paulo, 1992. Dissertação de mestrado em História, FFLCH/USP, São Paulo.

_______. *Reminiscências.* São Paulo: Maltese, 1993.

FREYRE, Gilberto. Sérgio, mestre de mestres. *Folha de S. Paulo.* São Paulo, 11 de maio de 1982.

FUNARI, Pedro P. A. (Org.). *Identidades, discurso e poder: estudos da arqueologia contemporânea.* São Paulo: Annablume; FAPESP, 2005.

FURET, François. *A oficina da História.* Tradução de Adriano Duarte Rodrigues. Portugal: Gradiva, 1985.

GALVAO, Walnice N. Presença da literatura na obra de Sérgio Buarque de Holanda. *Estudos Avançados*; vol.15, n°. 42, 2001, p.471-486.

GANDINI, R. *Intelectuais, estado e educação. Revista brasileira estudos pedagógicos, 1944-1952.* Campinas: Edunicamp, 1995.

GLEZER, Raquel. *O fazer e o saber na obra de José Honório Rodrigues: um modelo de análise historiográfica.* São Paulo, 1976. Tese de doutorado em História, FFLCH\USP, 2v.

_______. História da historiografia brasileira: construção e permanências. In: SAMARA, E. M. (Org.). *Historiografia brasileira em debate: olhares, recortes e tendências.* São Paulo: Humanitas/FFLCH/USP, 2002, p. 25-46.

GLEZER, Raquel. (Org.). *Do passado ao futuro:* edição comemorativa dos 50 anos da ANPUH. São Paulo: Contexto, 2011.

GIANNAZ, C. A. *Faculdade de Filosofia da Universidade de São Paulo e o golpe militar de 1964: as dificuldades para a manutenção da liberdade de cátedras antes e depois do ato institucional n. 5 (1964-1985).* São Paulo, 1995. Dissertação de mestrado em Educação, FE/USP, São Paulo, 2v.

GOMES, Angela de Castro. *História e historiadores. A política cultural do estado novo.* Rio de Janeiro: FGV, 1996.

_______. *Essa gente do Rio... Modernismo e nacionalismo.* Rio de Janeiro: FGV, 1999.

_______. Essa gente do Rio... Os intelectuais cariocas e o modernismo. *Revista Estudos Históricos*, Rio de Janeiro, 6(11): 62-77, 1993.

_______. *A invenção do trabalhismo.* 2ª edição. Rio de Janeiro: Relume-Dumará, 1999.

_______. A escola republicana: entre luzes e sombras. In: GOMES, A. C.; PANDOLF, D. C. & ALBERT, V. (Org.). *A República no Brasil.* Rio de Janeiro: Nova Fronteira; CPDOC, 2002, p. 384-437.

_______. Cultura política e cultura histórica no Estado Novo. In: ABREU, M.; SOIHET, R.; GONTIJO, R. (Org.). *Cultura política e leituras do passado: historiografia e ensino de história.* Rio de Janeiro: Civilização Brasileira; FAPERJ, 2007.

_______. *A República, a História e o IHGB.* Belo Horizonte/MG: Argvmentvm Editora, 2009.

GONTIJO, Rebeca. *O velho vaqueano: Capistrano de Abreu, da historiografia ao historiador.* Tese de Doutorado em História; ICHF, UFF, 2006.

_______. *O velho vaqueano: Capistrano de Abreu (1853-1927).* Rio de Janeiro: 7 Letras, 2013.

GUIMARÃES, Lúcia P. *Da Escola Palatina ao Silogeu: Instituto Histórico e Geográfico Brasileiro, 1889-1938*. Rio de Janeiro: Museu da República, 2007.

GUIMARÃES, Manoel Luiz S. (Org.). *Estudos sobre a escrita da história.* Rio de Janeiro: Editora 7 Letras, 2006.

________. Nação e civilização nos trópicos: o Instituto Histórico e Geográfico Brasileiro e o projeto de uma história nacional. *Revista Estudos Históricos*, RJ/FGV, v. 1, n. 1, 1988, p. 4-28.

_______. Entre amadorismo e profissionalismo: as tensões da prática histórica no século XIX. *Topoi. Revista de História*, UFRJ, n. 5, 2002, p. 184-200.

_____. *Historiografia e Nação no Brasil, 1838-1857*. Rio de Janeiro: Eduerj; Anpuh 50 anos, 2011.

GULDI, Jo.; ARMITAGE, David. *Manifesto pela História.* Belo Horizonte/MG: Autêntica, 2018.

HAIDAR, M. L. M. *O ensino secundário no Império brasileiro.* São Paulo: Ed. Grijalbo; Edusp, 1972.

HALBAWACHS, M. *A memória coletiva*. São Paulo: Vértice, 1990.

HARTOG, François. *O século XIX e a história: o caso Fustel de Coulanges.* Rio de Janeiro: Ed. UFRJ, 2003a.

_______. *Régimes d'historicité.* Présentisme et expériences du temps. Paris: Le Seuil, 2003b.

_______. *Os antigos, o passado e o presente.* Trad. José Otávio Guimarães. Brasília: Ed. UNB, 2003c.

_______. *Crer em História.* Belo Horizonte/MG: Autêntica, 2017.

HOBSBAWM, Eric. *Sobre história: ensaios.* Tradução de Cid Knipel Moreira. São Paulo: Companhia das Letras, 1998.

_______. *Era dos extremos – o breve século XX (1914-1991)*. São Paulo: Companhia das Letras, 1995.

_______. *Tempos interessantes. Uma vida no século XX.* Tradução de S. Duarte. São Paulo: Companhia das Letras, 2002.

HOBSBAWM, Eric. & RANGER, T. (Org.). *A invenção das tradições.* Tradução de Celina Cardim Cavalcante - 2ª edição - Rio de Janeiro: Paz e Terra, 1997.

HOLANDA, Sérgio Buarque de. *Raízes do Brasil.* Edição comemorativa 70 anos. São Paulo: Companhia das Letras, 2006.

HOLANDA, Sérgio Buarque de. *Raízes do Brasil.* Rio de Janeiro: José Olympio, 1936.

_______. *Cobra de vidro.* 2ª Edição. São Paulo: Perspectiva, 1978.

_______. *Tentativas de mitologia.* São Paulo: Perspectiva, 1979.

_______. *O extremo oeste.* Introdução de José Sebastião Witter. São Paulo: Brasiliense, 1986.

_______. *Raízes de Sérgio Buarque de Holanda.* Organização e introdução de Francisco de Assis Barbosa. 2ª Edição. Rio de Janeiro: Rocco, 1989.

_______. *Capítulos de literatura colonial.* Organização e introdução de Antônio Candido. São Paulo: Brasiliense, 1991.

_______. *Caminhos e fronteiras.* 3ª Edição. São Paulo: Companhia das Letras, 1994.

_______. *O espírito e a letra: estudos de crítica literária I (1920-1947).* Organização, introdução e notas de Antônio Arnoni Prado. São Paulo: Companhia das Letras, 1996, v. 1.

_______. *O espírito e a letra: estudos de crítica literária II (1948-1959).* Organização, introdução e notas de Antônio Arnoni Prado. São Paulo: Companhia das Letras, 1996, v. 2.

_______. *Monções.* 1ª Reimpressão da 3ª Edição ampliada. São Paulo: Brasiliense, 2000.

_______. *Para uma nova história.* Organização de Marcos Costa. São Paulo: Editora Fundação Perseu Abramo, 2004.

_______. Do Império à República. In: *História Geral da Civilização Brasileira.* Tomo II, 5° volume; 7° edição. Rio de Janeiro: Difel, 2004.

_______. *Capítulos de história do Império.* Organização de Fernando Novais; posfácio de Evaldo Cabral de Mello. São Paulo: Companhia das Letras, 2010a.

_______. *Visão do Paraíso: os motivos edênicos no descobrimento e colonização do Brasil.* Posfácio de Ronaldo Vainfas e de Laura de Mello e Souza. São Paulo: Companhia das Letras, 2010b.

_______. *Escritos coligidos, 1920-1949*. Organização de Marcos Costa. São Paulo: Editora Fundação Perseu Abramo; Editora UNESP, 2011a.

_______. *Escritos coligidos, 1950-1979*. Organização de Marcos Costa. São Paulo: Editora Fundação Perseu Abramo; Editora UNESP, 2011b.

HUNT, Lynn. (Org.) *A nova História Cultural.* Tradução de Jefferson Luis Camargo. São Paulo: Martins Fontes, 1995.

IGLÉSIAS, Francisco. *Sérgio Buarque de Holanda, historiador.* In. Idem. *História e Literatura: ensaios para uma história das idéias no Brasil.* São Paulo: Perspectiva, 2009, p. 117-68.

_______. *Historiadores do Brasil. Capítulos de historiografia brasileira.* Rio de Janeiro: Nova Fronteira, 2000.

_______. A historiografia brasileira atual e a interdisciplinaridade. *Revista Brasileira de História*, 3(5): 129141, 1983.

_______. *História e ideologia.* São Paulo: Perspectiva, 1987.

_______. Situação da história econômica no Brasil. *Revista Anais de História*, São Paulo, 2: 9-64, 1970.

IOKOI, Zilda Márcia G. (Org.). *A escrita do historiador: cosmovisões em conflito.* São Paulo: Editora UNESP, 2018.

IUMATTI, Paulo.; SEABRA, M.; HEIDEMANN, H. D. (Org.). *Caio Prado Jr. e a Associação dos Geógrafos Brasileiros.* São Paulo: Edusp, 2008.

JANOTTI, Maria de Lourdes M. *João Francisco Lisboa: jornalista e historiador.* São Paulo: Ática, 1977.

LAHUERTA, Milton. *Intelectuais e transição: entre a política e a profissão.* São Paulo, 1999. Tese de doutorado em Ciência Política, FFLCH/USP, São Paulo.

LANGLOIS, Charles H. V. & SEIGNOBOS, Charles H. *Introdução aos estudos históricos.* São Paulo: Renascença, 1948.

LAPA, José Roberto do Amaral. *Historiografia brasileira contemporânea. A história em questão* – 2ª edição – Petrópolis/São Paulo: Vozes, 1981.

_______. *História e historiografia: Brasil pós-64.* Rio de Janeiro: Paz e Terra, 1985.

LARRETA, E. R.; GIUCCI, G. *Gilberto Freyre: uma biografia cultural.* Rio de Janeiro: Civilização Brasileira, 2007.

LE GOFF, Jacques. *História e Memória.* Tradução de Bernardo Leitão (et. al.) – 4ª edição – Campinas: Edunicamp, 1996.

_______. *Os intelectuais na Idade Média.* Rio de Janeiro: José Olympio, 2003.

LÉONARD, E-G. *O Protestantismo Brasileiro.* São Paulo: Aste, 1963.

LESSER, J. *A negociação da identidade nacional. Imigrantes, minorias e a luta pela etnicidade no Brasil.* Tradução de Patrícia de Queiroz Carvalho Zimbres. São Paulo: Edunesp, 2001.

LIBLIK, C. S. F. K. *Uma história toda sua: trajetórias de historiadoras brasileiras.* Curitiba/PR: Editora da UFPR, 2019.

LIMA E FONSECA, Thais N. *História & Ensino de História.* Belo Horizonte: Autêntica, 2003.

LIMA, N. T. *Um sertão chamado Brasil: intelectuais e representação geográfica da identidade nacional.* Rio de Janeiro: Revan, 1999.

LIMONGI, Fernando. Mentores e clientela da Universidade de São Paulo. In: MICELI, Sérgio (Org.). *História das Ciências Sociais no Brasil.* São Paulo: Vértice; Editora Revista dos Tribunais: IDESP, 1989, 2v., p. 111-187.

_______. A Escola Livre de Sociologia e Política em São Paulo. In: MICELI, Sérgio (Org.). *História das Ciências Sociais no Brasil.* São Paulo: Vértice; Editora Revista dos Tribunais: IDESP, 1989, 2v., p. 217-233.

_______. *Educadores e empresários culturais na construção da USP.* Campinas, 1988. Dissertação de mestrado em História, IFCH/ UNICAMP, Campinas.

LOBO, Eulália M. L. *Imigração portuguesa no Brasil.* São Paulo: Hucitec, 2001.

LOPES, M. A. (Org.). *Ideias de História: tradição e inovação de Maquiavel a Herder.* Londrina/PR: Eduel, 2007.

LOPES, M. A.; MUNHOZ, S. J. (Org.). *Historiadores de nosso tempo.* São Paulo: Alameda, 2010.

LOPES, Marcos A. (Org.). *Fernand Braudel. Tempo e história.* Rio de Janeiro: FGV, 2003.

_______. (Org.). *Grandes nomes da história intelectual.* São Paulo: Contexto, 2003.

LUCA, Tânia R. *A revista do Brasil: um diagnóstico para a (n)ação.* São Paulo: Edunesp, 1999.

LUCA, Tânia R. *Leituras, projetos e (re)vista(s) do Brasil (1916-1944).* São Paulo: Editora UNESP, 2011.

LUSTOSA, Isabel. *Insultos impressos. A guerra dos jornalistas na independência, 1821-1823.* São Paulo: Companhia das Letras, 2000.

MACHADO, Daiane V. *Por uma ciência histórica:* o percurso intelectual de Cecília Westphalen, 1950-1998. Tese de doutorado em História, UNESP, 2016.

MACHADO, Daiane V. Por uma ciência histórica: o percurso intelectual de Cecília Westphalen, 1950-1998. In: VARELLA, Flávia Florentino Varella; ANHEZINI, Karina (Org.). *Desafios e caminhos da teoria e da história da historiografia* (2016). Coleção Concurso SBTHH, Vol. III. 1ª Ed. Mariana: SBTHH, 2018, v. III, p. 469-841.

______. Institucionalização acadêmica da História: entre o autodidatismo e a profissionalização. *Revista História da Historiografia*, n. 12, p. 242-247, 2013.

MACHADO, J. A. *Vida e morte do bandeirante.* In: SANTIAGO, S. (org.) *Interpretes do Brasil.* 2ª Edição. Rio de Janeiro: Editora Nova Aguilar, 2002, v. 1, p. 1189-1358.

MACHADO NETO, A. L. *Estrutura social da república das letras. Sociologia da vida intelectual brasileira (1870-1930).* São Paulo: Edusp, Gradiva, 1973.

MAHL, Marcelo. *Teorias Raciais e Interpretação Histórica: o Instituto Histórico e Geográfico de São Paulo (1894-1940)*. Dissertação de Mestrado. Programa de Pós-Graduação em História/UNESP. 2001.

MALERBA, Jurandir. (Org.). *A velha história: teoria, metodologia e historiografia*. Campinas: Papirus, 1998.

MALATIAN, Teresa Maria. *Oliveira Lima e a construção da nacionalidade*. Bauru – São Paulo: Edusc; FAPESP, 2001.

MANOEL, Ivan Aparecido. *O pêndulo da História. Tempo e eternidade no pensamento Católico (1800-1960)*. Maringá: Eduem, 2004.

_______. A presença católica na educação brasileira (1859-1959). *Revista Didática*, Edunesp, n.28, 1992, p. 25-39.

_______. O ensino da História no Brasil: origens, evolução e problemas. In: RIBEIRO Jr., J. (et. al.) *História no vestibular da UNESP, 1990-2000*. São Paulo: Fundação Vunesp, 2002, p. 41-71.

_______. *Igreja e educação feminina (1859-1919)*. São Paulo: Edunesp, 1996.

_______. *Igreja e educação feminina: os colégios das Irmãs de São José de Chamberry (1859-1919)*. São Paulo, 1988. Tese de doutorado em História, FFLCH\USP.

MARINHO, M. G. S. M. C. *Norte-americanos no Brasil. Uma história da Fundação Rockefeller na Universidade de São Paulo (1934-1952)*. Campinas: Editora Autores Associados; São Paulo: Universidade São Francisco; FAPESP, 2001.

MARTINEZ, Paulo Henrique. Fernand Braudel e a primeira geração de historiadores universitários da USP (1935-1956): notas para estudo. *Revista de História*. São Paulo, n. 146, 2002, p. 11-27.

MARTINS, Wilson. *História da inteligência brasileira (1550-1960)*. São Paulo: Cultrix, 1976/8, 7v.

MASSI, Fernanda P. *Estrangeiros no Brasil: a missão francesa na Universidade de São Paulo*. Campinas, 1991. Dissertação de mestrado em História, IFCH/UNICAMP, Campinas.

_______. Franceses e Norte-americanos nas Ciências Sociais Brasileiras. In: MICELI, Sérgio (Org.). *História das Ciências Sociais no Brasil.* São Paulo: Vértice; Editora Revista dos Tribunais: IDESP, 1989, 2v., p. 410-460.

_______. Brasilianismos, 'brazilianists' e discursos brasileiros. *Revista estudos históricos*, Rio de Janeiro, 3(5): 29-44, 1990.

MATE, Cecília H. *Tempos modernos na escola. Os anos 30 e a racionalização da educação brasileira.* Bauru: Edusc; Brasília: INEP, 2002.

MATOS, J. S. O intelectual e a obra Raízes do Brasil: uma discussão historiográfica. *Biblos* (Rio Grande), v. 1, 2006, p. 151-170.

_______. Sérgio Buarque de Holanda: um historiador do tempo presente. Revista História; *Unicruz*, Cruz Alta/ RS, v. 1, n. VI, 2003, p. 90-100.

MAZZONI, J. R. *Universidade brasileira: o primeiro ciclo em questão.* Bauru: Edusc, 2001.

MELLO, João M. C. *O capitalismo tardio. Contribuição à revisão crítica da formação e do desenvolvimento da economia brasileira.* Campinas: UNICAMP. IE, 1998.

MESGRAVIS, Laima. O curso de pós-graduação do departamento de História da Faculdade de Filosofia, Letras e Ciências Humanas da Universidade de São Paulo. *Revista Brasileira de História*, São Paulo, 3(5): 87-118, março/1983.

_______. A produção histórica sobre São Paulo de 1960 a 1995. *Revista Estudos de História*, Franca, 4(2): 93-108, 1997.

MESNARD, P. A pedagogia dos jesuítas. In: CHATEAU, J. *Os grandes pedagogistas.* São Paulo: Companhia Editora Nacional, 1978, p. 60-116.

MESQUITA FILHO, Júlio de. *A crise nacional. Reflexões em torno de uma Data.* São Paulo: Seção de Obras de O ESP, 1925.

_______. *Política e cultura.* São Paulo: Martins, 1969.

MEUCCI, Simone. *Institucionalização da Sociologia no Brasil: primeiros manuais e cursos.* São Paulo: Hucitec; FAPESP, 2011.

MICELI, P. Sobre História, Braudel e os vaga-lumes. A escola dos *Annales* e o Brasil (ou vice-versa). In: FREITAS, M. C. (Org.). *Historiografia Brasileira em perspectiva.* São Paulo: Contexto, 1998, p. 259-70.

MICELI, Sérgio. *Intelectuais à brasileira.* São Paulo: Companhia das Letras, 2001.

MICELI, Sérgio. (Org.). *História das Ciências Sociais no Brasil.* São Paulo: Vértice; Editora Revista dos Tribunais: IDESP, 1989, 2v.

_______. (Org.). *História das Ciências Sociais no Brasil.* São Paulo: Sumaré; FAPESP, 1995, 2v.

_______. *A desilusão americana - relações acadêmicas entre Brasil e Estados Unidos.* São Paulo: Editora Sumaré, 1990.

MIRANDA DE SÁ, D. *Idéias sem fronteiras: da generalidade à especialização no pensamento intelectual no Brasil republicano (1895-1935).* Tese de doutorado, UFRJ, 2003.

MOISES, H. N. *Curso de graduação em ciências biológicas na USP: subsídios para sua avaliação.* São Paulo, 1990. Dissertação de mestrado em Educação, FE/USP, São Paulo.

MONBEIG, Pierre. *Pioneiros e fazendeiros de São Paulo.* Tradução de Ary França e Raul de Andrade e Silva - 2ª edição - São Paulo: Hucitec; Polis, 1998.

MONTEIRO, John. *Os negros da terra: índios e bandeirantes na origem de São Paulo.* 5ª Reimpressão. São Paulo: Companhia das Letras, 2009.

MONTEIRO, John. *Tupis, tapuias e historiadores.* Estudos de história indígena e de indigenismo. Tese de Livre Docência, Unicamp, Campinas, 2001.

_______. Caçando com gato: raça, mestiçagem e identidade paulista na obra de Alfredo Ellis Jr. *Novos Estudos CEBRAP*, São Paulo, v. 38, 1994, p. 79-88.

MONTEIRO, Pedro M.; EUGÊNIO, João K. (Org.). *Sérgio Buarque de Holanda: perspectivas.* Campinas/SP: Ed. Unicamp; UERJ, 2008

MONTEIRO, P. M. Sergio Buarque de Holanda e os atores da nossa revolução. *Cadernos de História Social*, Campinas (SP), n. 4, 1996, p. 59-72.

MORAES, Antonio Carlos R. *A gênese da Geografia moderna.* São Paulo: Edusp; Hucitec, 1989.

_______. *Geografia, pequena história crítica* - 12ª edição - São Paulo: Hucitec, 1993.

_______. Notas sobre a identidade nacional e institucionalização da Geografia no Brasil. *Revista Estudos Históricos*, Rio de Janeiro, v. 4, n. 8, 1991, p. 166-176.

________. *Território e História no Brasil.* São Paulo: Hucitec; Annablume, 2002.

MORAES, J. G. V. & REGO, J. M. *Conversas com historiadores brasileiros.* São Paulo: Ed. 34, 2002.

MORAES, S. T. P. *Professores universitários e psicólogos contam suas vidas.* São Paulo, 1999. Tese de doutorado em Psicologia, IP/USP, São Paulo, 5v.

MOTA, Carlos G. *Ideologia da cultura brasileira (1933-1974). Pontos de partida para uma revisão histórica* - 9ª edição - São Paulo: Ática, 2000.

MUCCHIELLI, L. O nascimento da sociologia na universidade francesa (1880-1914). *Revista Brasileira de História*, São Paulo, 21(41): 35-54, 2001.

NADAI, Elza.; BITTENCOURT, C.; MICELI, P.; NICHOLAS, D. (Org.) *O ensino de história e a criação do fato.* São Paulo: Contexto, 2009.

NADAI, Elza. *A educação como apostolado: história e reminiscências (São Paulo, 1930-1970).* São Paulo, 1991. Tese de livre docência em Educação, FE/USP, São Paulo.

_______. *O Ginásio do Estado em São Paulo: uma preocupação republicana (1889-1896).* São Paulo: FE/USP, 1987a (Coleção estudos e documentos, n. 26).

_______. *Ideologia do progresso e ensino superior: São Paulo, 1891-1934.* São Paulo: Edições Loyola, 1987b.

_______. O projeto republicano de educação superior e a Universidade de São Paulo. *Revista de História.* São Paulo, n. 115, 1983, p. 3-16.

_______. O ensino de história no Brasil. *Revista Brasileira de História*, set.1992/ago.1993, p. 143-162.

NADER, P. E. P. Histórias adversas. A confrontação entre a história dos *Annales* e a chamada história positivista. *Revista USP*, São Paulo, 23: 63-7, 1994.

NASCIMENTO, B. C. *Revista de História: trajetórias historiográficas na Universidade de São Paulo*. Vitória/ES: Milfontes, 2018.

NETTO, U. T. G. *Leituras dos textos de Lucien Febvre e Marc Bloch nos Annales. Introdução a análise do conhecimento histórico.* São Paulo, 1973. Tese de doutorado em História, FFCL/USP, São Paulo.

NEVES, L. M. B. P.; GUIMARÃES, L. M. P.; GONÇALVES, M. A.; GONTIJO, R. (Org.). *Estudos de Historiografia Brasileira.* Rio de Janeiro: FGV; FAPERJ, 2011.

NICODEMO, Thiago L. *Urdidura do vivido: Visão do paraíso e a obra de Sérgio Buarque de Holanda nos anos 1950.* São Paulo: Edusp, 2008.

_______. *Alegoria moderna: consciência histórica e figuração do passado na crítica literária de Sérgio Buarque de Holanda.* Tese de doutorado em História; FFLCH/USP, 2011.

NICODEMO, Thiago L.; SANTOS, Pedro A. C.; PEREIRA, Mateus H. F. *Uma introdução à história da historiografia brasileira (1870-1970).* Rio de Janeiro: Editora FGV, 2018.

NICOLAZZI, Fernando. (Org.). *História e historiadores no Brasil: do fim do Império ao alvorecer da República - c. 1870-1940.* Porto Alegre: EdiPUCRS, 2015.

NOGUEIRA, A. R. Sérgio Buarque de Holanda: o Homem. In: *Sérgio Buarque de Holanda*: Vida e Obra. Secretaria do Estado da Cultura. São Paulo - SP: Arquivo do Estado; USP e Instituto de Estudos Brasileiros, 1988, p. 17-26.

NORA, Pierre. (Org.). *Ensaios de ego-história.* Tradução de Ana C. Cunha. Portugal: Edições 70, 1989.

NOVAIS, Fernando A. *Portugal e Brasil na crise do Antigo Sistema colonial (1777/1808).* São Paulo: Hucitec, 1985.

NUNES, Clarice. As políticas públicas de educação de Gustavo Capanema no governo Vargas. In: BOMENY, H. (Org.). *Constelação Capanema: intelectuais e políticas.* Rio de Janeiro: FGV, 2001, p. 103-126.

_______. O Estado Novo e o debate educacional dos anos 30. In: FREITAS, Marcos Cezar de (Org.). *Memória intelectual da educação brasileira.* Bragança Paulista: Edusf, 1999.

NUNES, Clarice. *Anísio Teixeira: a poesia da ação.* São Paulo: Edusf, 2000.

NUNES, Maria T. *Ensino secundário e sociedade brasileira.* Sergipe: Ed. UFS, 2001.

OLIVEIRA, A. J. B. (Org.). *Universidade e lugares de memória.* Rio de Janeiro: UFRJ, Fórum de Ciência e Cultura, 2008.

OLIVEIRA, J. P. G. *Disciplinas, docentes e conteúdos: itinerários da História na Faculdade Católica de Filosofia de Sergipe (1951-1962).* Dissertação de mestrado em Educação. UFS, 2011.

_______. O curso de História e Geografia da Faculdade Católica de Filosofia de Sergipe: reflexões sobre seu currículo. *Revista Histedbr*, v. 30, 2008, p. 164-74.

OLIVEIRA, Lucia Lippi. *Americanos. Representações da identidade nacional no Brasil e nos EUA.* Belo Horizonte: Ed. UFMG, 2000.

OLIVEIRA, M. (Org.). *As ciências sociais no Paraná.* Curitiba: Protexto, 2006.

ODÁLIA, Nilo. *As formas do mesmo. Ensaios sobre o pensamento historiográfico de Varnhagen e Oliveira Lima.* São Paulo: Edunesp, 1997.

PAIM, Antonio. Por uma universidade no Rio de Janeiro. In: SCHWARTZMAN, S. (org.) *Universidades e Instituições Científicas no Rio de Janeiro.* Brasília, CNPq, 1982.

PALLARES-BURKE, Maria Lucia G. *As muitas faces da história. Nove entrevistas.* São Paulo: Edunesp, 2000.

PARADA, M.; RODRIGUES, H. E. (Org.). *Os historiadores: clássicos da história do Brasil. Dos primeiros relatos a José Honório Rodrigues.* Petrópolis/RJ: Vozes, 2018, v. 4.

PARADA, M. (Org.). *Os historiadores: clássicos da história. De Ricoeur a Chartier.* Petrópolis/RJ: Vozes, 2014, v. 3.

______. (Org.). *Os historiadores: clássicos da história. De Tocqueville a Thompson.* Petrópolis/RJ: Vozes, 2013, v. 2.

______. (Org.). *Os historiadores: clássicos da história. De Heródoto a Humboldt.* Petrópolis/RJ: Vozes, 2012, v. 1.

PÉCAUT, Daniel. *Os intelectuais e a política no Brasil (entre o povo e a nação).* São Paulo: Ática, 1990.

PEIXOTO, Fernada A. *Diálogos brasileiros. Uma análise da obra de Roger Bastide.* São Paulo: Edusp, 2000.

PEREIRA, Maria Aparecida. *Subsídios para a História da Educação no Brasil: um Estudo da Revista do Instituto Histórico e Geográfico de São Paulo.* Programa de Pós-Graduação em Educação/UFSCAR. Tese de Doutorado. 2013.

PEREIRA, Ludmila. *O Historiador e o Agente da História: os embates políticos travados no curso de História da Faculdade Nacional de Filosofia da Universidade do Brasil (1959-1969).* Programa de Pós-Graduação em História/UFF. Dissertação de Mestrado. 2010.

PEREIRA, S. L. N. *Geografia: caminhos e lugares da produção do saber geográfico no Brasil.* São Paulo, 1997. Dissertação de mestrado, FFLCH/USP, São Paulo.

PERISSINOTTO, Renato M. *Classes dominantes e hegemonia na República Velha.* Campinas: Edunicamp, 1994.

PERROT, Michelle. *As mulheres ou os silêncios da história.* Tradução de Viviane Ribeiro. Bauru/SP: Edusc, 2005.

PETITJEAN, P. As missões universitárias francesas na criação da Universidade de São Paulo (1934-1940). In: HAMBURGER, A. I.; DANTES, M. A. M.; PATY, M. & PETITJEAN, P. (Org.). *A ciência nas relações Brasil-França (1850-1950).* São Paulo: Edusp; FAPESP, 1996, p. 259-330.

PILETTI, Nelson. *A reforma Fernando de Azevedo. Distrito Federal, 1927-1930.* São Paulo: Estudo e documentos publicação da FE/USP, 1982 (v. 20).

PONTES, Heloisa. *Destinos mistos – os críticos do grupo Clima em São Paulo (1940-1968).* São Paulo: Companhia das Letras, 1998.

PRADO, Luiz Fernando Silva. *História da América no Brasil: catálogo de dissertações e teses.* Goiânia: Kelps, 2015. Link: https://edisciplinas.usp.br/pluginfile.php/4194343/mod_resource/content/0/Catalago_Historia_da_America_no_Brasil_LUIZ_FERNANDO.pdf.

PRADO, Maria Ligia C. *A ideologia liberal de 'O Estado de São Paulo' (1932-1937).* São Paulo, 1974. Dissertação de mestrado em História, FFLCH/USP, São Paulo.

PROST, A. Como a história faz o historiador? *Revista Anos 90.* Porto Alegre, 14: 7-28, 2000.

PORTO, Ana. *O Curso de História na Universidade Federal de Alagoas: dos primórdios à sua consolidação (1952-1979).* Programa de Pós-Graduação/UFAL. Dissertação de Mestrado. 2009.

PULICI, C. *Entre sociólogos: versões conflitivas da "condição de sociólogo" na USP dos anos 1950-1960.* São Paulo: Edusp; FAPESP, 2008.

QUEIROZ, Suely R. Ao mestre com carinho. In: *Sérgio Buarque de Holanda*: Vida e Obra. Secretaria do Estado da Cultura. São Paulo – SP: Arquivo do Estado; USP e Instituto de Estudos Brasileiros, 1988, p. 67-72.

REIS, José Carlos. *História e Teoria. Historicismo, modernidade, temporalidade e verdade.* Rio de Janeiro: FGV, 2003b.

_______. *Wilhelm Dilthey e a autonomia das ciências histórico-sociais.* Londrina: Eduel, 2003a.

_______. *Nouvelle Histoire e tempo histórico. A contribuição de Febvre, Bloch e Braudel.* São Paulo: Ática, 1994a.

_______. *Tempo, História e Evasão.* Campinas/São Paulo: Papirus, 1994b.

_______. *Annales: a renovação da história.* Belo Horizonte: Ed. Ufop, 1996.

_______. *A História: entre a filosofia e a ciência* – 2ª edição – São Paulo: Ática, 1999.

_______. *As identidades do Brasil: de Varnhagen a FHC* – 5ª edição – Rio de Janeiro: FGV, 2002.

_______. *Escola dos Annales. A inovação em História.* São Paulo: Paz e Terra, 2000.

REVEL, Jacques. História e Ciências Sociais: os paradigmas dos *Annales*. In: Idem. *A invenção da sociedade.* Tradução de Vanda Anastácio. Rio de Janeiro: Difel, s/d., p. 13-41.

RIBEIRO Jr., José. O ensino da História e o contemporâneo histórico. *Revista Anais de Historia*, São Paulo, 9: 9-24, 1977.

_______. Memória e produção historiográfica. *Revista pós-história*, Assis, 1: 31-37, 1993.

RIBEIRO, M. A. R. As primeiras pesquisadoras brasileiras em história econômica e a construção da disciplina no Brasil. *Revista História Econômica & História de Empresas*, v. 2, n. 2, p. 7-40, 1999.

RICCI, Cláudia. *A Formação do Professor e o Ensino de História: espaços e dimensões de práticas educativas (Belo Horizonte, 1980/2003).* Programa de Pós-Graduação em História Social/USP. Tese de Doutorado. 2003.

ROCHA, Marlon Bessa M. *Matrizes da modernidade republicana: cultura política e pensamento educacional no Brasil.* São Paulo: Ed. Autores Associados; Ed. Plano, 2003.

_______. *Educação conformada: a política pública de educação (1930-45).* Campinas, 1990. Dissertação de mestrado, UNICAMP\IFCH.

ROCHA, H. A. B.; GONTIJO, R.; MAGALHÃES, M. S. (Org.). *A escrita da história escolar: memória e historiografia.* Rio de Janeiro: FGV, 2009.

ROCHA, H. A. B.; REZNIK, L.; MAGALHÃES, M. S. (Org.). *A História na escola.* Rio de Janeiro: FGV, 2009.

RODRIGUES, José Honório. *História e historiadores do Brasil.* São Paulo: Editora Fulgor, 1965.

_______. *A pesquisa histórica no Brasil* – 2ª edição revista e ampliada – São Paulo: Companhia Editora Nacional, 1969.

RODRIGUES, Lidiane. *A Produção Social do Marxismo Universitário em São Paulo: Mestres, Discípulos e um Seminário. (1958-1978).* PPGHIS/ USP. Tese de Doutorado, 2012.

_______. Armadilha à Francesa: homens sem profissão. In.: *História da Historiografia*. Ouro Preto/Edufop, n. 11, dez., 2013. p. 85-103

RODRIGUES, M. C. M. *A institucionalização da formação em História: o curso de Geografia e História da UPA/URGS (1943-1950)*. Porto Alegre, 2002. Dissertação de mestrado em História, UFRGS.

_______. O papel da universidade no "campo da história": o curso de Geografia e História da UPA/URGS na década de 40. *Métis: história e cultura*. UCS, v. 1, n. 2, 2003, p. 75-101.

ROIZ, Diogo da Silva. *A institucionalização do ensino universitário de História na Faculdade de Filosofia, Ciências e Letras da Universidade de São Paulo, 1934-1956*. Franca, 2004a. Dissertação (mestrado em História), UNESP/Franca.

_______. Estrutura e funcionamento do regime de cátedras no curso de Geografia e História na FFCL/USP entre 1934 e 1956. *Revista Estudos de História*. Franca/SP, v.11, n.2, p. 159-189, 2004b.

_______. A movimentação dos alunos da Faculdade de Filosofia, Ciências e Letras da Universidade de São Paulo, 1934-1952. *La Salle*, Canoas, v. 11, n. 22, 2006, p. 25-48.

_______. A institucionalização do ensino universitário de Geografia e História na Faculdade de Filosofia, Ciências e Letras da Universidade de São Paulo entre 1934 e 1956. *Revista Ágora*, Unisc, v. 13, n. 1, 2007, p. 65-104.

_______. A recepção da escola dos *Annales* na Europa e nas Américas: algumas reflexões. *Akropolis*, Unipar, v. 16, n. 4, 2008, p. 211-26.

_______. Dos 'discursos fundadores' à criação de uma 'memória coletiva': formas de como se escrever a(s) História(s) da Universidade de São Paulo. *Revista Brasileira de História da Educação*, n. 19, 2009a, p. 137-185.

_______. A reconstituição do passado e o texto literário: a resposta dos historiadores a virada linguística. *Diálogos*, UEM, v. 13, n. 3, 2009b, p. 587-624.

_______. A interpretação da História total no pensamento de Fernand Paul Braudel entre 1949 e 1958. *Biblos*, Rio Grande, v. 23, n. 1, 2009c, p. 185-217.

_______. O ofício de historiador: entre a 'ciência histórica' e a 'arte narrativa'. *História da Historiografia*, v. 4, 2010, p. 255-78.

_______. A população indígena na historiografia de Mato Grosso do Sul: o caso do programa de pós-graduação em História da UFMS, Campus de Dourados. *Revista História & Perspectiva*, UFU, v. 23, n. 43, 2010b, p. 251-302.

_______. Usos do passado e escrita da história: o bandeirante e a história paulista em Alfredo Ellis Jr. (1932-1937). *Revista de Ciências Humanas*, UFSC, v. 45, n. 1, 2011a, p. 183-99.

_______. A educação pelo olhar: povos nativos, cultura material e a construção de identidades. *Revista de Ciências Humanas*, Viçosa, v. 11, n. 2, 2011b, p. 390-404.

_______. *Os caminhos (da escrita) da História e os descaminhos de seu ensino: a institucionalização do ensino universitário de História na Faculdade de Filosofia, Ciências e Letras da Universidade de São Paulo (1934-1968)*. Curitiba/PR: Editora Appris, 2012a.

_______. *Linguagem, cultura e conhecimento histórico: ideias, movimentos, obras e autores*. Jundiaí/SP: Paco Editorial, 2012b.

_______. *A dialética entre o "intelectual-letrado" e o "letrado-intelectual": projetos, tensões e debates na escrita da história de Alfredo Ellis Jr. e Sérgio Buarque de Holanda (1929-1959)*. Tese de doutorado em História, UFPR, 2013.

_______. A institucionalização do ensino universitário de História na Faculdade de Filosofia, Ciências e Letras da Universidade Federal do Paraná (1938-1971). *Revista Diálogos*, UEM, v. 23, n. 3, p. 1-30, 2019a. (Prelo).

_______. A escrita e o ofício da história no curso de Geografia e História da Faculdade de Filosofia, Ciências e Letras da Universidade do Paraná (1938-1948). *Revista Brasileira de História da Educação*, v.19, p.1-24, 2019b. Link: http://www.scielo.br/pdf/rbhe/v19/2238-0094-rbhe-19-e083.pdf.

_______. Ser historiador no século XX: Alfredo Ellis Júnior (1938-1956) entre o autodidatismo e a profissionalização do trabalho intelectual de História. *Revista Projeto História*, PUC/SP, v. 64, p. 41-81, 2019c. Link: https://revistas.pucsp.br/revph/article/view/39231.

_______. *Para ser historiador no Brasil: a história de um país e o ofício de historiador entre Alfredo Ellis Jr. e Sérgio Buarque de Holanda (1929-1959)*. São Paulo: Alameda, 2019d.

_______.; FARIAS, Marcilene N. Eduardo D'Oliveira França e a escrita de uma História das Civilizações (1942-1968). *Revista Emblemas*, v. 8, n. 1, p. 129-167, 2011.

_______. & SANTOS, Jonas R. Historiadores Brasileiros e Franceses: uma hipótese para a recepção da escola dos Annales no Brasil. *Revista História & Perspectivas*, n. 27/28, 2003, p. 105-134.

_______. A invenção de uma tradição: 'A escola dos *Annales*'. *Revista Tempos Históricos*, Unioeste, v. 7, n. 1, 2005, p. 39-62.

______. A História e a pesquisa histórica na Sociedade Brasileira para o Progresso da Ciência (SBPC). *Locus*, UFJF, v. 14, n. 26, 2008, p. 265-79.

______. Da França para o Brasil: leituras e apropriações do Marxismo e da "Nova História Cultural" num departamento de História. *Revista Territórios e Fronteiras*, UFMT, v. 4, n. 1, 2011, p. 152-87.

______.; FAUSTINO, O. A. Limites e possibilidades de pesquisa entre a História das Mentalidades e a Nova História Cultural. *Ensaios de História*, UNESP, v. 5, n. 1/2, 2000, p. 89-110.

______.; TEIXEIRA, Paulo E. O uso de imagens para o ensino da história e cultura africana e afro-brasileira e a questão do racismo no Brasil. *Educere et Educare*, Unioeste, v. 5, n. 9, 2010, p. 209-30.

ROIZ, S. T. O. A institucionalização do ensino universitário de História no Brasil. *Revista Brasileira de História da Educação*, v. 14, n. 34, p. 281-284, 2014. Link: http://periodicos.uem.br/ojs/index.php/rbhe/article/view/38873/pdf_9.

RUDI, Thiago Augusto Modesto. *De L' Histoire de L'Histoire: o passado dos estudos históricos na França (1810-1933).* 2019. Tese (Doutorado em Programa de Pós-Graduação em História) – Universidade Estadual Paulista – Câmpus de Franca.

RÜSEN, Jörn. *Razão histórica. Teoria da História I: os fundamentos da ciência da história.* Tradução de Estevão de Rezende Martins. Brasília: Ed. UnB, 2001.

SANTOS, M. *Bandeirantes paulistas no sertão do São Francisco: povoamento e expansão pecuária de 1688 a 1734.* São Paulo: Edusp, 2009.

SALES, V. (Org.). *Os historiadores.* São Paulo: Editora UNESP, 2011.

SALGUEIRO, Heliana A. (Org.). *Pierre Monbeig e a Geografia Humana Brasileira: a dinâmica da transformação.* Bauru/SP: Edusc; Fapesp, 2006.

SANCHES, R. R. *Sérgio Buarque de Holanda: a trajetória de um intelectual independente.* Tese de doutorado em Sociologia, UNESP, Campus de Araraquara, 2007.

SANTOS, A. S. Francisco Iglésias e o curso de Geografia e História da Faculdade de Filosofia de Minas Gerais (década de 1940). *História da historiografia,* v. 6, n. 11, p. 104-121, 2013. Link: https://www.historiadahistoriografia.com.br/revista/article/view/521/348.

SPIRANDELL, C. C. *Trajetórias intelectuais: professoras do Curso de Ciências Sociais da FFCL-USP (1934-1969).* Tese de doutorado em Sociologia, FFLCH?USP, 2008. Link: https://teses.usp.br/teses/disponiveis/8/8132/tde-18082009-122601/publico/CLAUDINEI_CARLOS_SPIRANDELLI.pdf.

SAWAIA, P. *Esboço histórico da Faculdade de Filosofia, Ciências e Letras da Universidade de São Paulo, 1934-1969.* São Paulo: USP, 1979.

SAVIANI, Demerval. *História das Idéias Pedagógicas no Brasil.* 2ª Edição revista e ampliada. Campinas/SP: Autores Associados, 2008.

________. *A pedagogia no Brasil. História e teoria.* Campinas/SP: Autores Associados, 2008b.

SCHAFF, Adam. *História e verdade.* Tradução de Maria Paula Duarte. São Paulo: Martins Fontes, 1995.

SCHAPOCHNIK, Nelson. *Letras de fundação: Varnhagen e Alencar – projetos de narrativa instituinte.* São Paulo, 1992. Dissertação de mestrado em História, FFLCH/USP, São Paulo.

SCHNEIDER, Alberto Luiz. *Capítulos de história intelectual: racismos, identidades e alteridades na reflexão sobre o Brasil.* São Paulo: Alameda, 2019.

SCHWARCZ, Lilia K. M. *O espetáculo das raças. Cientistas, instituições e questão racial no Brasil.* São Paulo: Companhia das Letras, 1993.

SCHWARTZMAN, Simon.; BOMENY, H. M. B. & COSTA, V. M. R. *Tempos de Capanema.* São Paulo: Paz e Terra; Rio de Janeiro: FGV, 2000.

SCHWARTZMAN, Simon. *Formação da comunidade científica no Brasil.* São Paulo: Companhia Editora Nacional; Rio de Janeiro: Financiadora de Estudos e Projetos, 1979.

_______. (Org.). *Universidades e instituições científicas no Rio de Janeiro.* Brasília: CNPq, 1982.

_______. (Org.). Educação. In: Idem. *Estado Novo, um auto-retrato (arquivo Gustavo Capanema).* Rio de Janeiro: CPDOC/FGV; Brasília: Ed. UNB, 1983, p. 354-378.

SILVA, Célia. *Faculdade Estadual de Filosofia, Ciências e Letras de Ponta Grossa/Universidade Estadual de Ponta Grossa: 50 Anos Do Curso De História. Programa de Pós-Graduação em Educação/UEPG.* Dissertação de Mestrado. 2002.

SILVA, N. *Institucionalização do ensino superior de história e profissionalização docente no interior do Brasil - Araguaína, TO (1985-2002).* Tese de doutorado em História, UFRJ, 2011.

SILVA, A. R. C.; NICOLAZZI, F.; PEREIRA, M. (Org.). *Contribuições à história da historiografia Luso-brasileira.* São Paulo: Hucitec, 2014.

SILVA, Rogério Forastieri da. *História da Historiografia. Capítulos para uma história das histórias da historiografia.* São Paulo: Edusc, 2001.

SILVA, T. T. *Documentos de identidade: uma introdução às teorias do currículo.* Belo Horizonte/MG: Autêntica, 1999.

SIRINELLI, J-F. & RIOUX, J-P. (Org.). *Para uma história cultural.* Tradução de Ana Moura. Lisboa: Estampa, 1998.

SIRINELLI, J-F. Os intelectuais. In: REMOND, René (Org.). *Por uma história política.* Tradução de Dora Rocha. Rio de Janeiro: FGV; Ed. UERJ, 1996, p. 231-270.

_______. A geração. In: FERREIRA, M. M. & JANAÍNA, A. (Org.). *Usos e abusos da história oral.* Rio de Janeiro: FGV, 1996, p. 131-138.

SMITH, B. G. *Gênero e História: homens, mulheres e a prática histórica.* São Paulo: Edusc, 2003.

SOIHET, R.; AZEVEDO, C.; GONTIJO, R.; ALMEIDA, M. R. C. (Org.). *Mitos, projetos e práticas políticas.* Rio de Janeiro: Civilização Brasileira, 2009.

SOIHET, Raquel.; ABREU, M.; GONTIJO, R. (Org.). *Cultura política e leituras do passado: historiografia e ensino de história.* Rio de Janeiro: Civilização Brasileira, 2007.

SOIHET, Raquel.; BICALHO, M. F. B.; GOUVÊA, M. F. (Org.). *Culturas políticas: ensaios de história cultural, história política.* Rio de Janeiro: Mauad, 2005.

SOIHET, Raquel.; ABREU, M. (Org.). *Ensino de história: conceitos, temáticas e metodologia.* Rio de Janeiro: Casa da Palavra, 2003.

STEPHEN, B. *As invenções da história: ensaios sobre a representação do passado.* Tradução de Flávia Vilas Boas. São Paulo: Edunesp, 1994.

TANURI, L. M. *A escola normal no estado de São Paulo no período da 1ª República.* Marília, 1973. Tese de doutorado, FFC/UNESP, Marília.

TAVARES, M. C. *Da substituição de importações ao capitalismo financeiro.* Rio de Janeiro: Zahar, 1972.

TÉTART, P. *Pequena história dos historiadores.* Tradução de Maria Leonor Loureiro. Bauru: Edusc, 2000.

TITO, R. *A institucionalização do Ensino Superior de História em Porto Nacional - Tocantins (1963-2002).* Tese de doutorado em História, UFRJ, 2011.

TRIGO, M. H. B. *Espaços e tempos vividos: estudo sobre os códigos de sociabilidade e relações de gênero na Faculdade de Filosofia da USP (1934-1970)*. São Paulo, 1997. Tese de doutorado, USP, São Paulo.

TUPY, I. S. S. T. Gênero e demografia histórica: a presença feminina nos recenseamentos gerais da população brasileira (1920-1940). *Revista População e Família*. FFLCH\USP, São Paulo, n. 4, 2002, p. 113-42.

WALLERSTAIN, I. (et. al.) *Para abrir as ciências sociais*. São Paulo: Cortez, 1996.

WATAGHIN, L. Fundação da Faculdade de Filosofia, Ciências e Letras da Universidade de São Paulo: a contribuição dos professores italianos. *Revista do Instituto de Estudos Brasileiros*, 34: 151-174, 1992.

WEFFORT, F. C. *Formação do pensamento político brasileiro: ideias e personagens*. São Paulo: Ática, 2006.

WEHLING, A. *A invenção da história. Estudos sobre o historicismo.* Rio de Janeiro: Editora Central da Universidade Gama Filho; Niterói: Editora da Universidade Federal Fluminense, 1994.

_______. *Estado, História, Memória: Varnhagen e a construção da identidade nacional.* Rio de Janeiro: Nova Fronteira, 1999.

WEGNER, R. *A conquista do oeste. A fronteira na obra de Sérgio Buarque de Holanda*. Belo Horizonte: Ed. UFMG, 2000.

WESTPHALEN, C. M. Os cursos de Pós-Graduação em História da Universidade Federal do Paraná. História: Questões & Debates, Curitiba, v. 14, n. 26/27, p. 6-19, jan./dez. 1997.

WIGGERSHAUS, R. *A escola de Frankfurt. História, desenvolvimento teórico, significação política.* Tradução do Alemão de Lilyane Deroche-Gurcel; tradução do Francês de Vera de Azambuja Harvey. Rio de Janeiro: Difel, 2002.

WHITE, Hayden. *Trópicos do discurso: ensaios sobre a crítica da cultura.* São Paulo: Edusp, 1994.

_______. *Meta-história. A imaginação histórica no século XIX.* São Paulo: Edusp, 1995.

WHITROW, G. J. *O tempo na história. Concepções sobre o tempo da pré-história aos nossos dias.* Tradução de Maria Luiza X. de A. Borges. Rio de Janeiro: Jorge Zahar Editor, 1993.

VAINFAS, Ronaldo. *O trópico dos pecados*. Doutorado em História Social. Universidade de São Paulo, USP, 1988.

VELOZO, M. & MADEIRA, A. *Leituras brasileiras. Itinerários do pensamento social e na literatura*. São Paulo: Paz e Terra, 1999.

VEYNE, Paul. *Como se escreve a História*. Brasília: Ed. UNB, 1998.

VENÂNCIO, Giselle Martins. *Oliveira Vianna entre o espelho e a máscara*. Belo Horizonte/MG: Autêntica, 2015.

VENÂNCIO, Giselle Martins. Da escrita impressa aos impressos da biblioteca: uma análise da trajetória de leitura de Francisco José de Oliveira Vianna. In: DUTRA, E. F.; MOLLIER, J-Y. (Org.). *Política, nação e edição:* o lugar dos impressos na construção da vida política no Brasil, Europa e Américas nos séculos XVIII-XX. São Paulo: Annablume, 2006, p. 87-108.

VILA NOVA, S. *Donald Pierson e a Escola de Chicago na sociologia brasileira: entre humanistas e messiânicos*. Lisboa: Vega, 1998.

VIEIRA, R. L. *Fernand Braudel: reconstrução historiográfica do capitalismo*. Assis, 2002. Tese de doutorado em História, FCL/UNESP, Assis.

XAVIER, M. E. S. P. *Capitalismo e escola no Brasil. A constituição do liberalismo em ideologia educacional e as reformas do ensino (1931-1961)*. Campinas: Papirus, 1990.

Obras de consulta

ABREU, A. A. (et. al.) *Dicionário histórico-biográfico brasileiro pós-1930* – 2ª edição revista e atualizada – Rio de Janeiro: Ed. FGV; CPDOC, 2001, 5v.

BURGUIÈRE, André. (Org.). *Dicionário das Ciências Históricas*. São Paulo: Imago, 1993.

Dicionário Brasileiro da Língua Portuguesa. São Paulo: Mirador Internacional, 1976.

FERREIRA, A. B. H. *Dicionário Aurélio século XXI*. 4ª reimpressão. Rio de Janeiro: Nova Fronteira, 1999.

Sobre o autor

Diogo da Silva Roiz é Professor Associado na Universidade Estadual de Mato Grosso do Sul (UEMS), nos cursos de Pedagogia e de Ciências Sociais, e dos programas de pós-graduação em Educação e do ProfHistória. Doutor em História pela Universidade Federal do Paraná (UFPR), onde também concluiu estágio de pós-doutorado em 2015. Foi um dos editores da revista *Interfaces da Educação.* Foi coordenador institucional do projeto: *Biografias intelectuais: trajetórias de pesquisadoras pioneiras nos estudos históricos brasileiros*, contemplado pelo Edital n. 013/2015 – Memórias Brasileiras: Biografias, da Capes. Suas pesquisas tem se preocupado com a constituição do campo disciplinar da História no Brasil, a história de historiadores e historiadoras, a formação do ofício de historiador e a história da historiografia. E-mail: diogosr@uems.br.

Autor de:

ROIZ, D. S.; GONTIJO, R.; ZIMMERMANN, T. (Org.). *As historiadoras e o(s) gênero(s) na escrita da História I: pioneiras nos estudos históricos brasileiros.* São Paulo: Mercado de Letras, 2020.

ROIZ, D. S.; GONTIJO, R.; ZIMMERMANN, T. (Org.). *As historiadoras e o(s) gênero(s) na escrita da História II: uma geração de pesquisadoras que consolidou os estudos históricos no Brasil.* São Paulo: Mercado de Letras, 2020b.

ROIZ, D. S.; GONTIJO, R.; ZIMMERMANN, T. (Org.). *As historiadoras e o(s) gênero(s) na escrita da História III: estudiosas da História de nosso tempo.* São Paulo: Mercado de Letras, 2020c.

ROIZ, D. S.; SANTOS, J. R. *As transferências culturais na historiografia brasileira: leituras e apropriações do movimento dos Annales no Brasil.* Jundiaí/SP: Paco Editorial, 2012.

ROIZ, D. S.; SANTOS, J. R. *A construção social da cidadania em uma sociedade intercultural: o ensino da cultura e da história africana e afro-brasileira em sala de aula*. Campinas/SP: Autores Associados, 2020.

ROIZ, D. S. *Os caminhos (da escrita) da História e os descaminhos de seu ensino*. Curitiba/PR: Editora Appris, 2012.

______. *Para ser historiador no Brasil: a história de um país e o ofício de historiador entre Alfredo Ellis Jr. e Sérgio Buarque de Holanda (1929-1959)*. São Paulo: Casa Alameda Editorial, 2019.

______. *O curso de Geografia e História da FFCL/USP e a constituição de um campo disciplinar em São Paulo (1934-1968)*. São Paulo: Casa Alameda Editorial, 2020.

______. *Os historiadores, a história e a construção de identidades I*. 1. ed. Curitiba/PR: Brazil Publishing, 2019.

______. *Os historiadores, a história e a construção de identidades II*. 1. ed. Curitiba/PR: Editora Brazil Publishing, 2019.

______. *Os (des)caminhos da narrativa entre as incertezas da História e da Literatura*. Belo Horizonte/MG: Editora Relicário, 2020.

Esta obra foi impressa em São Paulo no verão de 2021. No texto foi utilizada a fonte Minion pro em corpo 10,8 e entrelinha de 15,5 pontos.

Alameda nas redes sociais:
Site: www.alamedaeditorial.com.br
Facebook.com/alamedaeditorial/
Twitter.com/editoraalameda
Instagram.com/editora_alameda/